KIELER GEOGRAPHISCHE SCHRIFTEN

Begründet von Oskar Schmieder

Herausgegeben vom Geographischen Institut der Universität Kiel
durch C. Corves, R. Duttmann, R. Hassink, W. Hoppe, R. Ludwig,
G. v. Rohr, H. Sterr und R. Wehrhahn

Schriftleitung: P. Sinuraya

Band 115

MYRIAM XIMENA GALLEGUILLOS ARAYA-SCHÜBELIN

Möglichkeiten zum Abbau von Segregation in Armenvierteln

Die Frage nach der sozialen und ökonomischen
Nachhaltigkeit urbaner Ballungsräume
am Beispiel Santiago de Chile

KIEL 2007

IM SELBSTVERLAG DES GEOGRAPHISCHEN INSTITUTS
DER UNIVERSITÄT KIEL
ISSN 0723 – 9874
ISBN 987-3-923887-57-6

Bibliographische Information Der DeutschenBibliothek
Die Deutsche Bibliothek verzeichnet diese Publikation in der Deutschen
Nationalbibliografie; detaillierte bibliografische Daten sind im Internet über
http://dnb.ddb.de abrufbar.

ISBN 987-3-923887-57-6

Die vorliegende Arbeit entspricht im Wesentlichen der von der Mathematisch-Naturwissenschaftlichen Fakultät der Christian-Albrechts-Universität zu Kiel im Jahre 2006 angenommenen Dissertation mit dem Titel: Möglichkeiten zum Abbau von Segregation in Armenvierteln : Die Frage nach der sozialen und ökonomischen Nachhaltigkeit urbaner Ballungsräume; Santiago de Chile: Santiago de Nueva Extremadura, Kommune La Pintana; Arturo Prat, Kommune La Florida; Esperanza Andina, Kommune Peñalolén.

Das Titelfoto ziegt die neue Siedlung Esperanza Andina (San Carlos)
von Peñalolén, Santiago de Chile
Foto: Jürgen Schübelin

Alle Rechte vorbehalten

Danksagung

Die vorliegende Untersuchung über Möglichkeiten zum Abbau von Segregation in Armenvierteln am Beispiel der chilenischen Hauptstadt Santiago ist das Ergebnis eines Forschungsvorhabens, das am Geographischen Institut der Christian-Albrechts-Universität zu Kiel von Prof. Dr. Jürgen Bähr und Prof. Dr. Rainer Wehrhahn geleitet wurde. Vor allem ihnen bin ich zu großem Dank verpflichtet, ohne ihre Betreuung, stetige Motivation und Beratung wäre diese Arbeit nicht zustande gekommen.

Mein Dank gilt aber auch Prof. Dr. Irene Molina vom Kulturgeographischen Institut der Universität Uppsala und Prof. Dr. Francisco Sabatini vom Institut für städtebauliche Studien der Pontificia Universidad Católica de Chile in Santiago, die mich mit großem Engagement motiviert haben, mich auf dieses Forschungsthema einzulassen und während der gesamten Entstehungs- und Recherchephase dieses Vorhabens zahlreiche wertvolle Anregungen beisteuerten.

Außerordentlich dankbar bin ich Dr. Brigitte Hamm vom Institut für Entwicklung und Frieden (INEF) der Universität Duisburg-Essen für ihre hilfreichen Anmerkungen und Korrekturhinweise sowie Prof. Jorge Cerda Troncoso von der Universidad de Santiago für seine unverzichtbare Unterstützung bei der Datenaufbereitung des empirischen Teils dieser Arbeit und meiner Kollegin, Dr. Claudia Rodríguez Seeger, die mir den Weg von Santiago de Chile nach Kiel wies und mich immer wieder neu motivierte.

Für die Überarbeitung der zahlreichen Abbildungen und die wertvolle Hilfe bei der Erstellung der Druckvorlage bin ich Frau Petra Sinuraya (CAU Kiel) außerordentlich dankbar.

Eine besondere Würdigung und meine große Dankbarkeit gebührt den Erzieherinnen der Kindergärten von Santiago de Nueva Extremadura und Arturo Prat, ohne deren selbstlose Unterstützung und Begleitung es niemals möglich gewesen wäre, das Vertrauen der Menschen dieser beiden Armenviertelsektoren zu gewinnen und den empirischen Teil dieser Untersuchung erstellen zu können. All den Familien aus den drei Armenvierteln Santiago de Nueva Extremadura, Arturo Prat und Esperanza Andina im Süden und Südosten der chilenischen Hauptstadt, die mir ihr Vertrauen und ihre Zeit geschenkt, mich in ihre Wohnungen eingeladen haben und damit diese Untersuchung erst ermöglichten, danke ich aufrichtig.

Im Campamento Esperanza Andina geht mein besonderer Dank vor allem an Familie Rivera, mit Luz, Ignacio und der kleinen Francisca, die sich für mich gegenüber den anderen Armenviertelbewohnern verbürgten und die Umsetzung dieses Forschungsprojektes mit Engagement begleitet haben.

All denjenigen, die in der einen oder anderen Form durch ihre Hinweise, Anregungen und ihre kritischen Rückmeldungen zur Umsetzung dieses Projektes beigetragen haben, danke ich auf diesem Weg von ganzem Herzen: Meinen Dozentinnen und Dozenten – aber auch meinen Mitstudierenden und Kollegen am Institut für städtebauliche Studien der Pontificia Universidad Católica de Chile in Santiago.

Gewidmet ist dieser Band meiner Tochter Ana Cecilia und meinem Mann Jürgen, die mich während des gesamten Forschungsvorhabens in Chile und während der Erstellung dieser Arbeit in Duisburg begleitet, ermutigt und allzeit mit großer Geduld unterstützt haben.

Kiel, im März 2007   Myriam Ximena Galleguillos Araya-Schübelin

Inhaltsverzeichnis

Danksagung	I
Inhaltsverzeichnis	III
Abbildungsverzeichnis	VI
Tabellenverzeichnis	VII

1	**Einleitung**	1
2	**Theoretische Grundlagen**	3
2.1	**Raum als Ort der Koexistenz und der Gesellschaftsbildung: Die Verbindung sozialer und räumlicher Ebenen**	3
2.2	**Die geographische Dimension der Segregation**	4
2.2.1	Sozialer Raum: Segregierter Raum	6
2.2.2	Stadtentwicklungspolitik und Segregation	8
2.2.3	Geographische Dimension: Räumliche Isolation und Chancenlosigkeit	14
3	**Theoretische und praktische Relevanz des Themas**	17
3.1	**Das Paradigma der nachhaltigen Entwicklung und der urbane Raum**	17
3.1.1	Paradigmenwechsel in der Entwicklungstheorie und Stadtentwicklung nach menschlichem Maß	18
3.1.2	Wohnen in der ökonomischen und entwicklungstheoretischen Grundlagenforschung	21
3.2	**Theoretische Ansätze zur Homogenisierung versus sozialer Integration in der Stad**t	25
3.2.1	Die soziologische Lebensstilanalyse und ihr Beitrag zur Differenzierungs- und Ungleichheitsforschung im urbanen Raum (Ortseffekte)	28
3.3	**Vom benachteiligten zum benachteiligenden Viertel**	35
3.3.1	Lebens- und Aktionsformen in lateinamerikanischen Armenvierteln	33
3.3.2	Selbsthilfeinitiativen und kostensparende Wohnungsbauprogramme	42
3.3.3	Das Konzept der *Slums of hope*	44
3.4	**Das Menschenrecht auf Wohnen und das Recht auf Wohnzufriedenheit**	47
3.4.1	Bedingungen für die Schaffung neuer „Wohnumwelten"	48
3.4.1.1	Die Wahrnehmung des städtischen Raumes aus der Perspektive seiner Bewohner	52
3.4.1.2	Die Aneignung öffentlicher Räume aus der Gender-Perspektive	54
3.4.2	Wohnzufriedenheit als Indikator für soziale Integration versus Exklusion	56
3.4.3	Wohnzufriedenheit versus Lebensbedingungen in Armenvierteln – Überblick zum Stand der Forschung	59

3.4.4	Wohnumfeld-Zufriedenheit und die Bewertung von Wohnungsbauprogrammen	60
4	**Empirische Forschungsbefunde**	**63**
4.1	**Lateinamerika: Gespaltene Gesellschaften, Armut, Ungleichheit und soziale Ausgrenzung**	**63**
4.1.1	Das Modell kolonialer Akkumulation und Ungleichheit als Herrschaftsprinzip zwischen Eroberern und Eroberten	64
4.2	**Der urbane Raum als Chance zur Integration?**	**67**
4.2.1	Fragmentierung und intraurbane Polarisierung	68
4.3	**Santiago de Chile – seit der kolonialen Stadtgründung ein Modell für sozialräumliche Trennung**	**71**
4.3.1	Das neoliberale Modell und seine sozialräumlichen Auswirkungen	72
4.3.2	Das territoriale Prinzip der sozialen Homogenität	74
4.3.3	Die neue stadträumliche Aufteilung und Verdrängung der Armenviertelbewohner an die Peripherie von Santiago	78
4.3.4	Staatliche Politik, Gewalt und Kriminalität	82
4.4	**Wirtschaftwachstum und die Entwicklung des Immobilienmarkts**	**84**
4.4.1	Der *trickle down*-Effekt und die Probleme einer unausgeglichenen Einkommensverteilung	84
4.4.2	Der Immobilienmarkt und der Bruch mit dem morphologischen Muster urbaner Stadtstruktur	89
4.4.3	Geographische und relative Nähe versus dauerhafte Segregation	91
4.4.4	Neue Nachbarschaften und Möglichkeiten der sozialen Integration	95
5	**Methodik**	**99**
5.1	**Einleitung**	**99**
5.2	**Der urbane Raum aus der Perspektive seiner Nutzer**	**100**
5.2.1	Von Wohnzufriedenheit zur Habitat-Zufriedenheit	1001
5.2.2	Das Ringmodell als methodologische Grundlage des Fragenrasters	103
5.2.3	Faktoren für Habitat-Zufriedenheit	105
5.3	**Wahl der Fallbeispiele**	**107**
5.3.1	Santiago de Nueva Extremadura – Kommune La Pintana – Santiago de Chile	107
5.3.1.1	Die Armenviertelsiedlung Santiago de Nueva Extremadura	112
5.3.2	Arturo Prat – Kommune La Florida – Santiago de Chile	114
5.3.2.1	Die Armenviertelsiedlung Arturo Prat	116
5.3.3	Esperanza Andina – Kommune Peñalolén – Santiago de Chile	117
5.3.3.1	Die Armenviertelsiedlung Esperanza Andina	120
5.4	**Forschungsleitende Fragestellung**	**122**
5.5	**Forschungsschwerpunkte und Ziele**	**122**
5.6	**Hypothesen der Untersuchung**	**123**

5.7	Methodik des Vorgehens	124
5.7.1	Die Untersuchungstechniken	125
5.7.1.1	Befragung einer repräsentativ ausgesuchten Stichprobe von Personen	125
5.7.1.2	Offene systematische Beobachtung	126
5.7.1.3	Video-Aufzeichnungen	126
5.7.1.4	Interviews mit Schlüsselpersonen	126
5.8	**Aufarbeitung der Daten**	127
5.9	**Einschränkungen**	127
6	**Fallstudie und ihre Ergebnisse**	131
6.1	**Habitat-Zufriedenheit**	131
6.2	**Faktoren für Habitat-Zufriedenheit**	138
6.2.1	Faktoren der Habitat-Zufriedenheit im Fall einer großflächigen Armenviertelsiedlung mit durchgehend homogenen Armutstrukturen – unter Anwendung des Ringmodells	138
6.2.2	Faktoren der Habitat-Zufriedenheit am Beispiel einer Armenviertelsiedlung mittleren Ausmaßes – mit einsetzenden heterogenen Sozialstrukturen – unter Anwendung des Ringmodells	143
6.2.3	Faktoren der Habitat-Zufriedenheit am Beispiel einer von der Fläche her kleinen Armenviertelsiedlung – umgeben von heterogenen Sozialstrukturen – unter Anwendung des Ringmodells	144
6.2.4	Auswertung der Kontrollfrage in Santiago de Nueva Extremadura und Arturo Prat nach den Gründen dafür, das Viertel zu verlassen – und im Fall von Esperanza Andina danach, was den Interviewten im Fall eines Umzugs fehlen würde	148
6.3	**Fortbewegungsmuster, zurück zu legende Wege und soziale Netzwerkstrukturen**	152
6.3.1	Ziele von Fahrten zum Arbeitsplatz	152
6.3.2	Benötigte Fahrtzeiten zum Arbeitsplatz	153
6.3.3	Fortbewegungsart zum Arbeitsplatz	154
6.3.4	Ziele von Fahrten zum Einkaufen	155
6.3.5	Benötigte Fahrzeit für Einkaufsgänge	155
6.3.6	Fortbewegungsart für Einkaufsgänge	156
6.4	**Das soziale Netz, seine Qualität und geographische Orte der Begegnung**	156
6.5	**Die Bewertung sozialer Probleme – aus einer *etic*-Perspektive**	160
7	**Diskussion und zusammenfassende Bewertung**	167
8	**Schlußfolgerungen**	187
	Abstract	202
	Resumen	202

| 9 | Literaturverzeichnis | 204 |

Anhang

Fragebogen 217
Glossar 224

Abbildungsverzeichnis

Abb. 1: Santiago de Chile. Standort der Fallstudie — 109
Abb. 2: Santiago de Chile 1979-1985. Zwangsumsiedlungen von *pobladores*-Familien — 111
Abb. 3: Armenviertelsiedlung Santiago de Nueva Extremadura. Straßenplan — 113
Abb. 4: Armenviertelsiedlung Arturo Prat. Straßenplan — 117
Abb. 5: Peñalolén. Neue Immobilienentwicklung — 119
Abb. 6: Armenviertelsiedlung Esperanza Andina. Straßenplan — 121
Abb. 7: Santiago de Nueva Extremadura. Faktoren positiver/negativer Wahrnehmung. Wichtigkeit und Verteilung in dem Ringmodell — 142
Abb. 8: Arturo Prat. Faktoren positiver/negativer Wahrnehmung. Wichtigkeit und Verteilung in dem Ringmodell — 144
Abb. 9: Esperanza Andina. Faktoren positiver/negativer Wahrnehmung. Wichtigkeit und Verteilung in dem Ringmodell — 148
Abb. 10: Armenviertelsiedlungen Santiago de Nueva Extremadura, Kommune La Pintana; Arturo Prat, Kommune La Florida. Gründe dafür, das Viertel zu verlassen, falls das möglich wäre — 151
Abb. 11: Armenviertelsiedlung Esperanza Andina, Kommune Pcñalolén, Santiago de Chile. Was wird am neuen Standort, in San Carlos de Peñalolén, fehlen? — 151
Abb. 12: Armenviertelsiedlung Esperanza Andina, Kommune Peñalolén, Santiago de Chile. Situationen und Orte der Kontakte. Provisorischer Standort — 159
Abb. 13: Armenviertelsiedlung Esperanza Andina, Kommune Peñalolén, Santiago de Chile. Situationen und Orte der Kontakte. Endgültiger Standort — 160
Abb. 14: Armenviertelsiedlung Santiago de Nueva Extremadura, Kommune La Pintana, Santiago de Chile. *Etic*-Perspektive — 162
Abb. 15: Armenviertelsiedlung Arturo Prat, Kommune La Florida, Santiago de Chile. *Etic*-Perspektive — 163
Abb. 16: Armenviertelsiedlung Esperanza Andina, Kommune Peñalolén, Santiago de Chile. *Etic*-Perspektive — 164
Abb. 17: Modell Habitat-Zufriedenheit und die verschiedenen urbanen Sozialräume — 179
Abb. 18: Das Ringmodell und die Differenzierung der sozialen Räume innerhalb eines urbanen Ballungszentrums — 181
Abb. 19: Die Evolution von Habitat-Zufriedenheit in einen Kontext von extremer Armut – unter dem Einfluß der geographischen Ausdehnung und der sozioökonomischen Homogenität der jeweiligen Armenviertelsiedlung — 182

Tabellenverzeichnis

Tab. 1: Diskurs-Elemente – als Ergebnis der Befragung von 300 Armenviertelbewohnern — 106

Tab. 2: Untersuchungstechniken nach Methoden – Zielen – Art der Information — 125

Tab. 3: Habitat-Zufriedenheit. Ringmodell — 132

Tab. 4: Positive und negative Faktoren für Habitat-Zufriedenheit: Die wichtigsten in den drei Fallbeispielen genannte Argumente – in Bezug auf die Ringmodell-Komponeten — 150

Tab. 5: Zusammenfassung der Antworten auf die Fragen nach dem Ortsverhalten, der Wohnumfeldwahrnehmung und der Habitat-Zufriedenheit – sowie der Variablen im Zusammenhang mit Ausdehnung und der sozioökonomischen Homogenität urbaner Armenviertel — 161

Tab. 6: Drogenkonsum und Drogenhandel, Ausdehnung und Homogenität von urbanen Armenvierteln — 171

1 Einleitung

Segregationsprozesse, denen die Menschen an der Peripherie der meisten urbanen Ballungszentren in Chile und vielen anderen lateinamerikanischen Großstädten ausgesetzt sind, die Verhinderung nachbarschaftlicher Beziehungen zwischen Wohnvierteln unterschiedlicher sozioökonomischer Zusammensetzung, die Diskriminierung beim Zugang zur urbanen Infrastruktur und die in den vergangenen Jahren zusätzlich durch wachsende Kriminalität und Gewalt erschwerten Lebensbedingungen konfrontieren uns mit der unausweichlichen Frage nach der sozialen Dimension von Stadtentwicklung. Das Wissen um den Grad der Zufriedenheit bzw. Unzufriedenheit, das Armenviertelbewohner gegenüber ihrem Habitat entwickeln und die verschiedenen Komponenten, die diese Wahrnehmung beeinflussen und strukturieren, bilden wichtige Grundlagen für das Ringen um eine nachhaltige, sozial tragfähige Stadt.

Die chilenische Hauptstadt Santiago charakterisiert sich – und zwar stärker als die meisten anderen lateinamerikanischen Städte – durch besonders deutlich ausgeprägte sozialräumliche Unterschiede. In diesem Spannungsfeld bewegt sich diese Untersuchung über Möglichkeiten zum Abbau von Segregation in Armenvierteln. Dabei geht es um die ganz grundsätzliche Frage nach der sozialen und ökonomischen Nachhaltigkeit urbaner Ballungsräume.

Die wichtigsten Arbeitsschritte dafür waren in dieser Untersuchung:

- eine theoretisch-historisch hergeleitete Analyse zu Erscheinungsformen und Folgen sozialräumlicher Polarisierung und Trennung – unter besonderer Berücksichtigung ihrer geographischen Dimension sowie der außergewöhnlich markanten Ansätze einer konsequenten sozialräumlichen Homogenisierung. Polarisierung und Trennung sind dabei als Gegenstück zu einer sozial heterogenen Integration zu betrachten, die das Recht auf ein sozial integriertes Wohnen und die Zufriedenheit von Unterschichtsviertel-Bewohnern im Blick auf ihren Habitat beinhaltet. Diese Analyse erfolgt am Beispiel dreier verschiedener Armenviertelsektoren an der Süd- und Südost-Peripherie von Santiago de Chile,

- die Erweiterung des Konzeptes der Wohnzufriedenheit zu einer Habitat-Zufriedenheit. Diese kann als entscheidende Bedingung für das sozialwissenschaftliche Verständnis verschiedener Wahrnehmungs-Komponenten angesehen werden, die aus der Perspektive von Armenviertel-Bewohnern für die Entwicklung von Integrationsprozessen und dadurch für die Schaffung einer sozial tragfähigen Stadt notwendig sind, aber auch als Methode, um Wahrnehmungsprozesse im urbanen Kontext besser nachvollziehen zu können,

- die Erstellung einer Fallstudie, durch die gezeigt wird, wie Voraussetzungen für eine hohe Habitat-Zufriedenheit entstehen können, die zugleich sozialer Ausgrenzung entgegen wirken. Solche Voraussetzungen sind im einzelnen: die Verringerung sozialräumlicher Distanz zwischen Unterschichts- und Mittelschichtsangehörigen, die Schaffung sozial heterogener Räume, die Aktivierung von Selbsthilfeinitiativen, die Mobilisierung lokaler Potenziale sowie auch die Vernetzung vorhandener Ressourcen.

- Schließlich erfolgt eine Würdigung beider Konzepte (Habitat-Zufriedenheit und Abbau von Segregation) als Garanten für die soziale und ökonomische Stabilität eines urbanen Ballungsraumes. Strategien, bei denen die Vision eines sozial nachhaltigen Stadtgefüges im Mittelpunkt steht, werden diskutiert – verbunden mit der Schlussfolgerung, dass die Sicherung beider Komponenten als zentrale Aufgabe der Stadtplanung betrachtet werden kann.

2 Theoretische Grundlagen

2.1 Raum als Ort der Koexistenz und der Gesellschaftsbildung: die Verbindung sozialer und räumlicher Ebenen

Der Philosoph Martin Heidegger stellt der lateinischen Idee vom *spatium in extensio* – also der theoretisch unendlichen Weite – das deutsche Konzept des Raumes gegenüber, das als phänomenologisch begrenztes Territorium verstanden wird (HEIDEGGER 1954). In seinem Verständnis findet die Begrenzung jedoch nicht dort statt, wo etwas endet, sondern dort, wo das Vorhandensein von etwas Anderem beginnt. Mit anderen Worten, erst die Begrenzung gibt dem Raum Bedeutung.[1] Ort ist somit „Zeit im Raum", was entsprechend der Empirie und dem Wortsinn nach einen Prozess des „Verortens" impliziert. An diesem Ort kommt es deshalb zu einer Beziehung zwischen Raum und Verhalten, weil sich das Leben weder in einem Vakuum noch in der Ewigkeit abspielt, sondern in einem klar eingrenzbaren Raum und in einem Zeitrahmen, also einem genau zu bestimmenden Hier und Jetzt (SEPÚLVEDA et al. 1992).

In der klassischen soziologischen Theorie ist es Georg Simmel, der eines der wichtigsten Beispiele für die Verbindung sozialer und räumlicher Ebenen beisteuert. Simmel, der der erste Vertreter eines psychosoziologischen Ansatzes in der Stadtforschung ist, definiert den Ort – angelehnt an Kants Vorstellung von Raum – als Möglichkeit zur Koexistenz und macht dabei deutlich, dass Raum an sich überhaupt keinen Effekt erzeugt, sondern dass erst durch komplexe soziale Prozesse eine Kontrolle über diesen Raum und seine entsprechende Zuordnung entstehen. Erst diese Abläufe machen den Raum als solchen aus. Die sozialen Prozesse, die sich innerhalb einer bestimmten räumlichen Einheit abspielen, entwickeln sich zunächst zwischen einzelnen Orten, die jedes Individuum für sich besetzt, indem es den zuvor leeren Raum in einen belebten Raum verwandelt, der nun das Szenarium für dieses Beziehungsgeflecht bildet (SIMMEL 1920, 1939).

Simmel war also einer der ersten, der auf anschauliche Weise zum Ausdruck gebracht hat, wie der Raum und seine Grenzen die symbolischen Inhalte bestimmen. Diese Gedanken haben zuletzt durch Luhmanns Theorie der sozio-strukturellen Systeme[2] an Aktualität gewonnen. Dieses Phänomen wird aus der Perspektive Simmels durch den Begriff der „Grenze" erklärt, die einen zentralen Platz in seinem Werk einnimmt, obwohl sein Verständnis von Raum passiv (also nicht aus sich heraus tragend) ist und dieser ausschließlich als eine Konstruktion der sozialen Welt verstanden wird. Der gesellschaftliche Raum,

---

[1] In der Tradition von Galilei und Descartes, die bis zu Kant und darüber hinaus reicht, erscheint der Raum als Zwischenraum *(spatium)*, der ein Ding vom anderen trennt, als Abstand *(distantia)* zwischen einem Ding und dem anderen und als Ausdehnung *(extensio)*, die das Sein der Dinge selbst ausmacht, sobald man die Dinge von deren sogenannten sekundären, subjektiven Qualitäten wie Farbe oder Ton entblößt. Der residuale Raum, der so entsteht, reduziert sich auf das Schema eines leeren Raumes (WALDENFELS 1996).
[2] Aus der Perspektive der soziostrukturellen Systeme Luhmanns und bezogen auf Wohn- und Lebensorte wird der Raum als eine Dimension der Wirklichkeit beschrieben, die sich für die Menschen mit Sinn erfüllen kann und die die Grundlage für jede Interaktion bildet (GIDDENS et al. 1996).

den Simmel immer als Ort für eine Gruppe versteht, hat ihm zufolge drei grundlegende Merkmale: seine Exklusivität, seine Begrenzungen sowie die sozialen Beziehungen und ihre Inhalte, die sich in ihm abspielen (SIMMEL 1920, 1939).

Simmels frühes Verständnis von sozialer Differenzierung bezeichnet den Prozess der Trennung und Absonderung gesellschaftlicher Teilbereiche innerhalb einer ursprünglich einheitlichen Gesellschaftsstruktur. Anders ausgedrückt: Unter „sozialer Differenzierung" versteht Simmel die Auflösung einheitlicher bzw. geschlossener gesellschaftlicher Strukturen in spezifische Teilbereiche. Dies führt zur Herausbildung von komplexen neuen Strukturen, etwa in Form von spezifischen sozialen Rollen, Verhaltensweisen, Gruppen und Organisationen, aber auch von unterschiedlichen Deutungsmustern, Orientierungen und Lebensformen: Konstitutiv für den Prozess der sozialen Differenzierung sind die zunehmende Arbeitsteilung und Spezialisierung. Die Analyse der komplexen, ausdifferenzierten sozialen Strukturen (sozialer Mikroprozesse) ist Simmel zufolge die zentrale Aufgabe der Soziologie (SIMMEL 1920, S. 588).

Der Raum wird nicht nur durch die Individuen gebildet und verändert, sondern er ist auch Gegenstand einer subjektiven Aneignung. Auf diese Weise schafft, stimuliert oder verhindert er diverse Formen der sozialen Interaktion. Der Raum ist nicht nur der Ort, an dem sich die sozialen Praktiken vollziehen, sondern er bildet selbst einen der Faktoren, der im Herausbildungsprozess dieser sozialen Praktiken eine Rolle spielt und damit auch auf die Formung der Subjekte und ihre symbolische Vorstellung von der Stadt einwirkt (MORA & SOLANO 1993).

2.2 Die geographische Dimension der Segregation

Immer wieder haben die unterschiedlichsten Autoren auf die Paradoxa der kapitalistischen Modernisierung aufmerksam gemacht und – vor allem aus soziologischer Perspektive – als eine der zentralen Diagnosen im Blick auf die Konsequenzen dieser Wandlungsprozesse die voranschreitende Fragmentierung der Gesellschaft benannt. Anders als bei Heidegger, wo Grenzziehungen vor allem auf den Beginn von etwas Neuem, auf Chancen und Herausforderungen hinweisen, haben Grenzen jetzt überwiegend die Funktion, zu trennen, Ordnung, Homogenität und Exklusivität herzustellen. Die Angst vor der Vermischung mit dem Anderen, das rätselhaft und bedrohlich wirkt, spiegelt sich in der Obsession nach (Ab-)Trennung wider. „Die Moderne rühmt sich der Fragmentierung der Welt als eine ihrer bedeutendsten Leistungen, Fragmentierung ist die primäre Quelle ihrer Stärke. Die Welt, die in eine Fülle von Problemen auseinander fällt, ist eine handhabbare Welt. Oder besser, seitdem die Probleme handhabbar sind, erscheint die Frage der Handhabbarkeit der Welt vielleicht niemals auf der Tagesordnung, oder wird zumindest unbegrenzt aufgeschoben. Die territoriale und funktionale Autonomie, die die Fragmentierung der Kräfte zur Folge hat, besteht zuerst und vor allem in dem Recht, nicht über den Zaun zu schauen und nicht von der anderen Seite des Zaunes aus angeschaut zu werden. Autonomie ist das Recht, zu entscheiden, wann man die Augen offen hält und wann man sie schließt, das Recht zu trennen, zu unterscheiden, zu beschneiden und zu stutzen" (BAUMAN 1992, S. 26).

Mit dieser bitter-ironischen Apologetik des Soziologen Zigmunt Bauman wird deutlich, dass die Fragmentierung mit den entsprechenden Grenzziehungen zu dem zentralen Phänomen geworden ist, das über die urbanen Dynamiken und die Beziehungssysteme in unseren Gesellschaften entscheidet. Dabei geht es darum, sich abzugrenzen, einzuschließen, die Anderen, die sozial weniger Erfolgreichen, die Armen, die „Nicht-Benennbaren" (BAUMAN 1992) außerhalb dieser Grenzen zu halten.

Dieser Prozess macht die Rechte, Hoffnungen und Erwartungen der Menschen in Armenvierteln zunichte, um die es in dieser Untersuchung geht, und zwar darauf, einen ihre Grundbedürfnisse und ihre Menschenwürde befriedigenden Lebens- und Wohnstandard zu erreichen und als unverzichtbare Protagonisten bei der Konstruktion des urbanen Raumes anerkannt zu werden. Ihre Chance, Identität und Zugehörigkeit zu entwickeln und die auf diese Weise freigesetzten Potenziale zugunsten einer Verbesserung der eigenen Lebensbedingungen nutzen zu können, geht verloren. Die Vorstellung, einfach darauf verzichten zu können, einen wesentlichen Teil der Bevölkerung an der gestaltenden Konstruktion des urbanen Raumes zu beteiligen, erscheint höchst dysfunktional. Die Stadt wächst fragmentiert und mit ihr die Potenziale ihrer eigenen Zerstörung.

Zahlreiche Autoren weisen immer wieder darauf hin, dass vor allem die Megametropolen Lateinamerikas mit ihren *slums, favelas, pueblos jóvenes, cantegriles, poblaciones, bidonvilles* etc. ein außerordentlich selbstzerstörerisches Potenzial besitzen und von einer Nachhaltigkeit in der Stadtentwicklung keine Rede sein kann (SABATINI 2000; NUSCHELER 1991). Gemeint ist hier eine nicht mehr zu kontrollierende Kultur von Gewalt und Kriminalität, der weitestgehende Zusammenbruch staatlicher Ordnung, Anarchie und die völlige Unregierbarkeit ausgedehnter Armenviertelsektoren sowie nicht mehr zu bewältigende ökologische und sanitäre Probleme, die am Ende dazu führen, dass die Reichen und Wohlhabenden die Stadt verlassen und in angemessener Entfernung *gated communities* (MEYER & BÄHR 2001) bilden. Selbstverständlich soll hier nicht in Frage gestellt werden, dass auch diese zerfallenden Stadtlandschaften mit ihrer in Lateinamerika zum Massenphänomen gewordenen urbanen Subsistenzproduktion im Sinne von kapitalistischen Akkumulationsprozessen funktional sein können (SCHÜBELIN 1985).

2.2.1 Sozialer Raum: segregierter Raum

Das Konzept der sozialräumlichen Trennung, der Segregation[3], wird vor allem in der französischen Stadtsoziologie der späten sechziger Jahre entwickelt, wo es in den Arbeiten von Henry Lefebvre, Jean Lojkine aber auch David Harvey, Manuel Castells und anderen Strukturalisten[4] als analytisches Instrument verwendet wird (MORA & SOLANO 1993).

Lefebvre untersucht in seinen Forschungen die Art und Weise der Raumorganisation in kapitalistischen Gesellschaften: Die Verwandlung des Raumes in eine Handelsware, den – abhängig von der sozialen Zugehörigkeit – unterschiedlichen Zugang zum städtischem Raum, die subjektive Aneignung des Raumes und den Aufbau von sozial signifikanten und kulturell symbolischen Beziehungen. Das alles führt Lefebvres Meinung nach zu verschiedenen alltäglichen Situationen, die beeinflusst sind von den bestehenden Beziehungen zwischen dem Individuum, der sozialen Klasse, der es angehört, und der Umwelt, in der es lebt (MORA & SOLANO 1993).

Für LEFEBVRE (1969) ist das Problem der sozialräumlichen Trennung allerdings nicht erst im Gefolge der Verstädterung aufgetreten. Es hängt mit den Widersprüchen und der Zersplitterung der sozialen Klassen sowie mit dem Gegensatz zwischen der Produktion von gesellschaftlicher und abstrakter Arbeit, zwischen Gebrauchswert und Tauschwert zusammen. Die sozialräumliche Trennung der Stadt als eine räumliche Projektion der gesellschaftlichen Arbeitsteilung beweist für diesen Autor letztlich die Unmöglichkeit, mit den Mitteln des Städtebaus eine integrierte Gesellschaft zu schaffen. Lefebvre darf es sich zum Verdienst anrechnen, bereits vor mehr als zwanzig Jahren auf die grundlegenden Aspekte und die Problematik der sozialräumlichen Trennung hingewiesen zu haben:

- die räumliche Zuordnung und Verteilung verschiedener sozialer Gruppen innerhalb der Stadt und ihr jeweiliger Zugang zu kollektiven Konsumgütern,

- die kulturellen Auswirkungen bei der Entstehung von städtischen Räumen, die von einer sozioökonomisch einheitlichen Bevölkerungsschicht bewohnt werden,

- die Wert- und Einschätzung des eigenen Wohn- und Lebensraumes und das Selbstwertgefühl der ärmsten sozialen Gruppen in der Stadt – in Abhängigkeit von den sozialen Beziehungen, die sie im Laufe ihres Lebens knüpfen und unter Berücksichtigung des Grades ihrer materiellen und spirituellen Bedürfnisbefriedigung sowie schließlich

---

3 Von lateinisch *segregatio*, der Begriff bedeutet Absonderung, Trennung, Entfernung, etwa wenn von *segrego a re publica* = jemanden aus dem Gemeinwesen ausschließen, die Rede ist. Die Trennung umfasst über die allgemeine Bedeutung des Nebeneinanders hinaus etwas Institutionalisiertes und zugleich etwas Erzwungenes: Segregation bezeichnet das Gegenteil von Integration. In der bis zum Jahr 1991 existierenden südafrikanischen *Apartheid* (Rassentrennung) fand die Segregation ihre krasseste Ausprägung (BRONGER 2000).

4 Unter Strukturalismus versteht man ein soziologisches Modell, das in den vierziger Jahren des 20. Jahrhunderts entwickelt wurde, um im Rahmen einer gesamtgesellschaftlichen Synthese urbane Prozesse holistisch zu verstehen und zu bewerten. Im Kontext dieses Forschungsansatzes sind vor allem auch neue Bewertungen über Stadtentwicklung und soziale Veränderungen in Lateinamerika relevant (MUNIZAGA 1997).

- die Schwierigkeiten im sozialen Umgang innerhalb dieser Gemeinschaften aufgrund der vorherrschenden Beziehungsformen unter ihren Mitgliedern und aufgrund der Beschränkungen, denen sie durch sie umgebende Umwelt ausgesetzt sind[5] (LEFEBVRE 1969).

Für David Harvey spiegeln urbane Strukturen das Ergebnis der Fähigkeit zur Interessendurchsetzung bestimmter Gruppen wider. Aus diesem Blickwinkel wäre es die Wahrnehmung der mächtigsten Gesellschaftsgruppen und Organisationen, die für die sozialräumliche Differenzierung innerhalb der Stadtlandschaft verantwortlich ist. Der gleiche Autor definiert einige Jahre später ganz offen die Machtverhältnisse und Machtbeziehungen als die entscheidenden sozialräumlichen Aktions- und Ordnungsparameter. Für Harvey bildet die Kontrolle über die räumliche Organisation der Stadtlandschaft und die Herrschaft über die Nutzung dieses Raumes das entscheidende Instrument für die Reproduktion der gesellschaftlichen Machtverhältnisse (HARVEY 1989).

Der spanische Stadtsoziologe Manuel CASTELLS (1999) geht noch einen Schritt weiter: Er vertritt die Ansicht, dass der Raum an sich ein materielles Produkt ist, das in Verbindung mit anderen materiellen Produkten – Menschen eingeschlossen – steht. Diese materiellen Produkte haben ihren Anteil am Zustandekommen bestimmter gesellschaftlicher und damit auch historischer Beziehungen. Sie geben dem Raum eine gesellschaftliche Form, Funktion und Bedeutung. CASTELLS (1999) gelangt zu der Schlussfolgerung, dass die materielle Organisation von sozialen Praktiken sich durch Strömungsbewegungen konstituiert. Dabei versteht er unter Strömungsbewegungen die Abfolge von Wechselbeziehungen, von Austausch und Interaktion. Diese Interaktionsströmungen finden zwischen den Positionen statt, die die unterschiedlichen sozialen Akteure innerhalb der wirtschaftlichen, politischen und symbolischen Strukturen der Gesellschaft einnehmen. Auf diese Weise stellt sich dieser Raum, in dem die Strömungsbewegungen stattfinden, als eine neue Struktur dar, die die sozialen Praktiken beherrscht und insgesamt die Gesellschaft bildet.

Der Raum spielt bei diesem Mechanismus eine entscheidende Rolle. Die Eliten sind kosmopolitisch, die Masse der Stadtbewohner ist an ihr Viertel und ihre unmittelbaren Lebensbereiche gebunden. Der Raum von Macht und Reichtum erstreckt sich über die ganze Welt, während das Leben und die Erfahrung der Menschen mit bestimmten Orten, ihrer Kultur, ihrer Geschichte eng verknüpft und verwurzelt ist (BORJA & CASTELLS 1997; CASTELLS 1999). Für CASTELLS (1999) sind die räumlichen Formen und Prozesse durch

---

5 Lefebvres Postulat vom „Recht auf die Stadt" geht von der Synthese eines neuen Humanismus und einer neuen urbanen Praxis aus. Es ist diese Verbindung, die die Entwicklung einer Stadtgesellschaft ermöglichen würde, in der das „Recht auf die Stadt" ein Recht auf Leben in Freiheit bedeutet, auf Individualität auch innerhalb sozialer Netzwerkstrukturen, auf ein menschenwürdiges Habitat und darauf, an der Konstruktion und dem Wohnerleben partizipieren zu können. Dafür bedarf es eines Recht auf die aktive Mitwirkung an der Stadtgestaltung, also der Bürgerbeteiligung und schließlich der Aneignung dieser Stadt durch ihre Bewohner – als Gegenthese zum Phänomen der Entfremdung zwischen dem Stadtbewohner und seiner Stadt (LEFEBVRE 1969, S.44).

die Dynamik der sozialen Struktur im allgemeinen bestimmt, mit ganz widersprüchlichen Tendenzen, die sich aus bestehenden Konflikten und Strategien zwischen den verschiedenen sozialen Akteuren, die ihre entgegengesetzten Interessen und Werte durchzusetzen versuchen, ableiten. Darüber hinaus beherrschen diese sozialen Prozesse den Raum, indem sie sich auf jene Stadtlandschaft und ihr Ökosystem auswirken, das aus den ererbten früheren sozialräumlichen Strukturen heraus entstanden ist (CASTELLS 1999).

Milton Santos (zitiert in VILLAÇA 1998, S. 141) führt in diesem Zusammenhang sein Konzept des *sítio social* (sozialen Ortes) ein, nachdem er zu der Schlussfolgerung gelangt, dass Immobilienspekulation aus dem Zusammenspiel zweier konvergenter Bewegungen entsteht: Die Überlagerung eines natürlichen Ortes durch einen sozialen Ort und die ständige Konkurrenz von Aktivitäten und Personen um bestimmte Orte und Standorte verursachen intensive räumlich-soziale Dynamiken. Man kann also sagen, dass die Funktionsabläufe der urbanen Gesellschaft selektiv bestimmte Orte verändern, indem sie sie mit ihren funktionalen Anforderungen konfrontieren. So wird die Erreichbarkeit und Anbindung bestimmter Punkte innerhalb der Stadt verbessert, bestimmten Verkehrsachsen und Hauptstraßen gelingt es, ihre Attraktivität zu steigern und einzelne Stadtteile und Sektoren erhöhen Akzeptanz sowie soziales Prestige – und damit ihren Wert (VILLAÇA 1998).

Daher spielen sich die dynamischsten Aktivitäten in den privilegierten Stadtteilen ab. Was die Wahl des Wohnviertels anbelangt, verlaufen die entsprechenden Prozesse ganz ähnlich: Personen mit hohen Einkommen und entsprechenden gesellschaftlichen Ansprüchen werden immer versuchen, sich dort niederzulassen, wo sie die für sie optimalen Wohn- und Lebensbedingungen, verbunden mit dem höchsten sozialen Prestige, antreffen. Diese Entscheidungsfindungsprozesse sind sehr dynamisch, sie werden durch den jeweiligen Zeitgeist und die Mode beeinflusst. Aus diesem Grund gewinnen und verlieren die verschiedenen Stadtteile im Laufe der Zeit an Wert. Das Verständnis dieser Prozesse ist für die Wertentwicklungsanalyse sowohl von bürgerlichen Wohnvierteln als auch von Einkaufszentren und Geschäftsvierteln wichtig (VILLAÇA 1998).

2.2.2 Stadtentwicklungspolitik und Segregation

Für LOJKINE (1986) steht die sozialräumliche Trennung in einem engen Zusammenhang mit der Frage nach dem Zugang der unterschiedlichen sozialen Gruppen zu Konsumgütern, Dienstleistungen, kommunaler Infrastruktur und ihren jeweiligen Standorten innerhalb der Stadt. Lojkines wichtiger Beitrag zur Segregations-Forschung besteht darin, die Bedeutung und Rolle der Stadtplanung und -entwicklung – und dabei vor allem der Wohnungsbaupolitik – für die Strukturierung der Abläufe bei der sozialräumlichen Trennung mit der akademisch-theoretischen Diskussion verknüpft zu haben. Seiner Überzeugung nach tragen verschiedene Formen der Stadtentwicklungspolitik tendenziell dazu bei, Prozesse der sozialräumlichen Trennung zu begünstigen oder zu verschärfen – und zwar in dem Maß, in dem sie eine Organisationsform der Stadt zulassen und unterstützen, die durch eine ständige Vergrößerung der räumlichen Distanzen zwischen den Wohnvierteln der unterschiedlichen sozialen Gruppen bestimmt wird.

Dabei lassen sich in Lateinamerika verschiedene Tendenzen erkennen: Die „klassische" Variante besteht in der „Vertreibung" der Armen aus der Umgebung besser situierter Wohnviertel an die Peripherie der Stadt. Im Fall von Chile wird dieser in den achtziger Jahren geplante und strukturierte Prozess *política de homogeneización socio-espacial* genannt. Die zweite Möglichkeit besteht in einer freiwilligen Migration der Wohlhabenden aus historisch großbürgerlichen Innenstadtbereichen heraus in exklusive Vorortgemeinden in attraktiver landschaftlicher Lage, ausgestattet mit allen Infrastruktur- und Dienstleistungsangeboten. Als ein drittes Phänomen muss die Verelendung historischer Innenstadtbereiche erwähnt werden, deren schleichender Wertverlust es den Armen ermöglicht, sich einen Zugang zu den Stadtkernen und den mit dieser Lokalisierung verbundenen Erwerbsmöglichkeiten zu erschließen. Eine vierte Variante bildet die auch mit öffentlichen Mitteln finanzierte Innenstadtsanierung und Umwidmung ehemaliger, zentrumsnaher Industrie- und Gewerbeflächen in exklusive Wohnmöglichkeiten. Eine fünfte Tendenz besteht darin, dass periphere Armenviertelsektoren unter dem Expansionsdruck der Stadt einen derartigen Wertzuwachs erfahren, dass in ihrer unmittelbaren Nachbarschaft zunächst Wohnungsbauprogramme für besser Situierte entstehen, ein Prozess, der schließlich dazu führt, dass ihre Bewohner verdrängt werden – und sich diese Zonen insgesamt in Wohnviertel für Besserverdienende verwandeln (vor allem dieses Phänomen ist in der vorliegenden Arbeit Gegenstand der Untersuchung. Siehe Kapitel 4). Dieses Auseinanderdriften wird von einer Infrastrukturunterversorgung in den Stadtvierteln mit niedrigem Durchschnittseinkommen und durch eine Überversorgung der Stadtteile der Besserverdienenden begleitet (MORA & SOLANO 1993).

Ein weiteres Beispiel für eine Stadtentwicklungspolitik, die Prozesse von Segregation und sozialer Ausgrenzung verursacht, ist das so genannte *zoning*. Die Strategie des *zoning* wurde in Deutschland in der zweiten Hälfte des 19. Jahrhunderts entwickelt (LADD 1990). Vor dem Hintergrund der Notwendigkeit zur Massenproduktion für einen anonymen Markt, also der Industrialisierung, kam es zu einem schnellen Anwachsen der Städte, begleitet von differenzierten Prozessen der Arbeitsteilung und der Ausformung verschiedener sozialer Rollen. Die räumliche Nähe zwischen Wohnung, Arbeitsstätte und Handel ging verloren. Der Anstoß für diee Aufteilung von räumlichen Funktionen ging jedoch nicht nur von diesem Wachstum der Städte aus, sondern war auch das Ergebnis induzierter politischer und sozialer Entwicklungen (BONNY 1999).

Der Vorwand, gesunde und hygienische Wohnverhältnisse schaffen zu wollen, durch den das eigentlich dominierende Interesse an einer sozialen Segregation kaschiert wurde, bildete die Begründung für die besser verdienenden Schichten in vielen europäischen Städten, sich in monofunktionale, sozial homogene und exklusive Sektoren der Stadt zurückzuziehen (SABATINI 1999; BONNY 1999). Erste gutbürgerliche Villenviertel im Grünen entstanden. Sabatini, Ladd und Bonny stimmen bei ihrem Blick auf die europäische Stadt im Zeitalter der industriellen Revolution überein, dass die räumliche Enge und die Fabriken als ein Übel der industriellen Stadt angesehen wurden, die es zu bekämpfen galt. Vor diesem Hintergrund sehen sie eine Erklärung dafür, warum damit begonnen wurde, bestimmte Wohngebiete in angemessener räumlicher Distanz – geschützt vor den Widrigkeiten, der Enge und des Schmutzes – anzulegen, um den Schattenseiten der Industriegesellschaft und der nun durch sie dominierten Stadtlandschaft aus dem Wege zu gehen. Es liegt auf der Hand, dass in dieser Art von neuen Wohngebieten nur die Wohlhabenden Zuflucht fanden.

SABATINI (1999) argumentiert, dass es einerseits die Armen selbst seien, andererseits die mechanisierten Produktionsabläufe in den neuen Industrien mit ihren unterschiedlichen Formen der Kontamination – sowie natürlich die wachsenden städtischen Müllhalden und Kloaken, die all jene „Übel" darstellen, die bei der Sektorbildung als negative *externalities*[6] (Umfeldnachteile) wahrgenommen und gemieden werden – und von denen sich die Protagonisten des *zoning* möglichst weit absetzen wollen. Diesem Autor zufolge unterliegt die Armut – eben verstanden im Sinne eines derartigen sozialen „Nachteils", einer Belastung für das Umfeld – einer Spirale der Segregation: Sie beginnt mit dem Ausschluss und der Vertreibung der Armen aus bestimmten Zonen, gefolgt von der Ansiedlung (Konzentration) der „Marginalisierten" in Armenvierteln.

Wenn sich dann mit zunehmender Agglomeration von Armut und steigender Intensität der Diskriminierung die Probleme sozialer Desintegration verschärfen, wächst die kollektive Hoffnungslosigkeit, vergrößert sich das soziale Stigma, kommt es zum vorzeitigem Schulabbruch, zu nichtehelichen Schwangerschaften unter Jugendlichen, zur Gewalt innerhalb und außerhalb der Familie, zu Kriminalität, Alkohol- und Drogenabhängigkeit etc. Das bewusst geplante *zoning*, der Sektorbildung und sozioökonomischen Homogenisierung, hat damit zu Marginalisierung großer Bevölkerungsgruppen und zur sozialräumlichen Trennung in den Städten beigetragen.

Diese „Spirale der Segregation" beschleunigt sich, indem die Situation des gesellschaftlichen Ansehens- und Wertverlustes jener Sektoren, in denen sich die Armut konzentriert, auf das gesamte System der Stadt zurückwirkt – und zwar vor allem in Form eines Gefühls der Bedrohung und fehlender Sicherheit der Bürger. Der „Andere", der Bewohner des Armenviertels, ist nicht nur ein Fremder, mit dem die gut situierten Gruppen nichts zu tun haben möchten, sondern er verwandelt sich in eine Bedrohung. Die Antwort auf diese tatsächliche oder vermeintliche Gefahr bilden schließlich mit Gittern umzäunte, von Polizei und privaten Wachdiensten sowie elektronischen Überwachungssystemen geschützte Wohnkomplexe der Wohlhabenden.

---

6 Harris und Ullman arbeiten heraus, dass in bestimmten Gruppen die Wahrnehmung der Vor- und Nachteile eines Wohnviertels jede andere Form der Wahrnehmung beherrscht. In diesem Sinne wäre also auch das individuelle Verhalten vor allem von den Verhaltensweisen und Wahrnehmungen familiärer, sozialer und ethnischer Gruppen abhängig (BAILLY 1979).

Theoretische Grundlagen 11

Diese Spirale der Segregation, die SABATINI (1999) beschreibt, enthüllt, wie es der Autor selbst ausdrückt, ein zentrales Problem urbaner Politik: Eine Stadtplanung, die die Sektorenbildung zulässt, trägt dazu bei, die „sekundären" Umfeldnachteile wie eine extreme Wohn- und Verkehrsdichte, Kontamination in allen ihren Ausformungen, die sich in bestimmten Zonen gettoartig konzentrierende Armut mit ihren Begleiterscheinungen sowie das Gefühl von Unsicherheit bei den Bürgern wesentlich zu verschärfen (SABATINI 1999, S. 9; BONNY 1999). Die beiden Autoren gehen sogar noch weiter: An einigen ihrer Untersuchungsbeispiele zeigen sie, dass eine am *zoning* orientierte Stadtplanung all diese Phänomene nicht bloß als „Kollateralschäden" hinnimmt, sondern dass diese Problemhäufung teilweise erst durch die Instrumente der Stadtplanung ausgelöst wird. Auch BERMAN (1995) kritisiert offen die moderne Stadtplanung des 20. Jahrhunderts, deren Merkmal das *zoning* ist, weil sie die Städte als Orte gesellschaftlicher Vielfalt und Begegnung verarmen lässt. Er besteht auf dem Prinzip der Diversität als einer legitimen Reaktion auf den Modernismus, der seiner Meinung nach dazu tendiert, Stadtlandschaften in ihrer Struktur und Gestaltung zu homogenisieren – und dabei Identität und unverwechselbare Merkmale verwischt (BERMAN 1995).

Gegenwärtig dominiert in der Stadtplanung in Deutschland das neue Konzept der integrierenden „Funktionsmischung", dessen Ziel es ist, nach Möglichkeit die durch das Prinzip des *zoning* verursachten Fehler der Stadtplanung rückgängig zu machen. Dabei wird von der Notwendigkeit ausgegangen, die räumliche Differenzierung und fehlende soziale Nähe zu überwinden, weil beide Prozesse immer stärker als ein „moralisches Problem" wahrgenommen werden (ACKERS et al. 1983; BONNY 1999).

In dieser zunehmend an Bedeutung gewinnenden Diskussion macht MOLINA (1997) auf einen weiteren wichtigen Aspekt aufmerksam. Sie entwickelt das Konzept der *racialización*[7] der Stadt – und zwar vor dem Hintergrund der Segregation verschiedener ethnischer Gruppen in schwedischen Städten. Ihre Annäherung an das Phänomen geht von der residentiellen Segregation (also der Segregation entsprechend des Wohnortes) im Kontext mit der ethnischen Zugehörigkeit der jeweiligen Mehrheitsgruppe unter den Bewohnern eines Wohnviertels aus. Die Beziehungen der verschiedenen ethnischen Gruppen innerhalb der Stadt zueinander bilden für Molina ein konstituierendes Element für soziale Strukturen[8]. Beobachtet wird hier – wie auch in anderen europäischen oder nordamerikanischen Städten – mit welcher Intensität die ethnokulturelle und religiöse Zugehörigkeit bestimmte Gruppen prägen und auch innerhalb von sozialen Brennpunktzonen zu Subdivisionen führen.

---

7 MOLINA (1997) definiert *racialización* als einen Prozess, der Individuen und Institutionen innerhalb einer Gesellschaft dazu bewegt, sich in ihrem Denken, Handeln, bei Parteinahme und Ablehnung (Sympathie und Antipathie) von der jeweiligen ethnischen Zugehörigkeit ihres Gegenübers – Person oder Gruppe – leiten zu lassen. Ein direkter Kontakt, eine unmittelbare Beziehung zueinander ist dafür nicht notwendig.
8 Die Untersuchung zeigt am Beispiel der Stadt Uppsala, wie die Mechanismen funktionieren, durch die bestimmte Minderheiten von Immigranten – in verschiedenen Abstufungen – Opfer der Segregation und der Diskriminierung werden und sich extremen Schwierigkeiten ausgesetzt sehen, eine Wohnung und ein bestimmtes Stadtviertel entsprechend ihrer Bedürfnisse wählen zu können (MOLINA 1997).

In der Argumentation von Molina kommt dem sozialen Umfeld eine entscheidende Bedeutung zu. Dabei sind Parallelen zur vorliegenden Untersuchung über Wohnzufriedenheit im Kontext von urbaner Armut am Fall von Santiago de Chile klar zu erkennen. Die Autorin weist am Untersuchungsbeispiel der schwedischen Universitätsstadt Uppsala darauf hin, dass Einwanderer einer jeweiligen ethnisch-kulturellen Gruppe dazu tendieren, sich in bestimmten Stadtteilen, in möglichst enger räumlicher Nachbarschaft zu Verwandten oder Bekannten, nieder zu lassen, um sich dort sicherer zu fühlen, um an bereits vorhandenen Netzwerkstrukturen zu partizipieren und Sozialbeziehungen untereinander stärken zu können. Diese Gettobildung verschiedener ethnischer Minderheiten innerhalb von westlichen Gesellschaften ist für Molina allerdings eher durch den empfundenen Zwang, eine „Notgemeinschaft" bilden zu müssen, aber eben nicht als das Ergebnis eines Prozesses aus freien Stücken zu erklären. Für Molina wird hier das Resultat einer kollektiv erlittenen Diskriminierung, die bis zur Marginalisierung gehen kann, augenfällig.

Im Fall von lateinamerikanischen Armenvierteln spielt das soziale Umfeld ebenfalls eine bedeutende Rolle. Man kann teilweise auch hier von einer „Notgemeinschaft" sprechen. Selbst wenn sich dieses Wohnumfeld – wie wir in der vorliegenden Untersuchung sehen – positiv auf die Wohnzufriedenheit auswirkt, bedeutet das noch nicht, dass damit auch die dringendsten mit dem Habitat verbundenen Grundbedürfnisse befriedigt würden. Allerdings gelingt es auch dieser „Notgemeinschaft" nicht, die erlittene Segregation und Diskriminierung zu reduzieren. Fielen die Mechanismen von Ausgrenzung und Diskriminierung weg, wäre der entsprechende Wohnraum – samt hetero-ethnischen nachbarschaftlichen Netzwerkstrukturen – auch für die Angehörigen von Immigrantenminderheiten zugänglich. In diesem Fall würde es folglich auch keine Segregation als systemisches Phänomen geben.

Eine Voraussetzung dafür wäre natürlich auch die Annahme, dass die entsprechenden Wohnungen über ausreichende materielle Bedingungen verfügen, um den Bedürfnissen ihrer Nutzer gerecht zu werden, sowie die Garantie eines gleichen, freien Zugangs zum Wohnungsmarkt und die Möglichkeit, sich den gewünschten Stadtteil selbst aussuchen zu können. Die Fallstudie aus Uppsala schlägt eine Analyseperspektive vor, bei der Fragen aus dem Zusammenhang der sozialen Zugehörigkeit mit einer ethnischen Hierarchisierung verknüpft werden (beispielsweise werden finnische Einwanderer in Schweden ungleich weniger diskriminiert als türkische). Zusätzlich bezieht Molina auch noch Genderaspekte als Determinanten ein. Ermöglicht werden soll ein ganzheitliches Verständnis sowohl der Prozesse, die Segregation verursachen, als auch der Probleme, die im Kontext mit dieser Ausgrenzung für das Zusammenleben in der Stadt entstehen (MOLINA 1997).

In den sozialausgegrenzten Gettos US-amerikanischer Städte wie auch in den weit ausgedehnten, schlecht ausgestatteten *barrios* Lateinamerikas wird den in ihnen lebenden Frauen, mehr noch als in Europa, der Zugang zu Ressourcen der Stadt in hohem Maße erschwert und ihre Handlungs- und Partizipationsmöglichkeiten am städtischen Leben werden stark eingeschränkt (SABATÉ et al. 1995). Mädchen und Frauen meiden die öffentlichen Räume, insbesondere unbegleitet, da sie sie als bedrohlich und gefährlich empfinden (SABATINI 1995). Das Gefühl der Bedrohung und Angst nimmt in den Abend- und Nachtstunden zu – und führt dazu, dass Frauen, zumal aus Armenvierteln, eine schmerzhafte Reduzierung ihres Bewegungsspielsraumes und Ausgrenzung erleben.

In ihrer Studie über sozial benachteiligte Stadtteile und Armenviertelsektoren in Santiago de Chile belegen Olga Segovia und Marisol Saborido, dass Frauen sich viel weniger oft in öffentlichen Räumen mit geringer raumgestalterischer Qualität aufhalten als Männer: Der Frauenanteil nimmt immer weiter ab, je geringer die Aufenthalts-, Ausstattungs- und Gestaltungsqualität dieser öffentlichen Räume ist. Bezeichnend ist, dass nur in den von den NutzerInnen als ansprechend und offen gestaltet, „qualitätsvoll" empfundenen, belebten öffentlichen Räumen der Anteil anwesender Frauen und Männer ausgeglichen ist (SEGOVIA & SABORIDO 1996).

In den Armenvierteln an der Peripherie der Stadt, aber auch in den heruntergekommenen Innenstadtslums zeichnen sich die öffentlichen Räume meistens durch einen geringen sozialen Gebrauchswert aus. Fehlende Aufenthalts- und Gestaltungsqualitäten, Müll und Schmutz, mangelnde Sicherheit sowie durch Vandalismus verursachte Schäden führen dazu, dass sie von den potenziellen NutzerInnen im Quartier wenig aufgesucht werden. Erschwerend kommt hinzu, dass aufgrund einer geschlechtsspezifischen Erziehung den Mädchen sehr oft eingeschärft wird, sich vor der Gefahr von körperlichen und sexuellen Aggressionen in den öffentlichen Räumen zu hüten. So ist es nicht überraschend, dass Frauen bei sozialwissenschaftlichen Befragungen viel eher Probleme der Unsicherheit ansprechen als Männer, vor allem, was unbelebte, unwirtliche öffentliche Räumen anbelangt (BUCHEGGER & VOLLMAIER 1991).

Vor diesem Hintergrund ist es ermutigend, dass der Anspruch von Frauen auf gleichberechtigte Teilhabe an der urbanen Öffentlichkeit in der Geschlechterforschung vor allem in Deutschland zurzeit zur Diskussion steht. Die Erwartung vieler Frauen auf Gleichstellung, Lasten- und Chancengleichheit in allen Lebensbereichen – gleichberechtigte Partnerschaft in der Privatsphäre, Gleichstellung in der Arbeitswelt sowie gleichberechtigte aktive Beteiligung in der städtischen Öffentlichkeit – geht seit den achtziger Jahren einher mit dem signifikanten Wandel des weiblichen Selbstverständnisses in den westlichen Industrieländern, zu dem für die jüngeren Generation vor allem auch die Teilhabe an der Erwerbsarbeit gehört (HIRATA & SENOTIER 1996). Zweifellos sind große Unterschiede zwischen Frauen feststellbar, sowohl was ihren sozialen Status als auch ihre kulturellen Hintergründe und ihre wirtschaftlichen Möglichkeiten anbelangt. Dennoch hat die wachsende Beteiligung der Frauen in der Berufswelt in allen europäischen Ländern zu einer – von einer Generation zur nächsten – deutlich erkennbaren Veränderung bei weiblichen Lebensentwürfen und Erwartungshaltungen geführt, was wiederum konkrete Veränderungen von weiblichen Mobilitäts- und Handlungsmustern in städtischen Räumen zur Folge hatte (GARCIA-RAMON & PRATS 1995).

Diese sind im Vergleich zu männlichen Mobilitätsmustern häufig durch viel komplexere, kleinteiligere Bewegungsketten innerhalb des urbanen Umfeldes gekennzeichnet, was sich aus der Notwendigkeit, die Arbeit im häuslichen Bereich mit der Berufsarbeit zu vereinen, erklärt. Da Frauen, auch erwerbstätige Frauen, viel weniger als Männer motorisiert sind, trifft diese Beobachtung sowohl für den europäischen wie auch den lateinamerikanischen Kontext zu (SPITTHÖVER 1993; SABATÉ et al. 1995). Frauen sind erheblich mehr auf öffentliche Verkehrsmittel und fußläufige Bewegungsmuster in sicheren öffentlichen Räumen angewiesen. Wie die Untersuchungen von Jaqueline Coutras zeigen, bildet zwar das Wohnumfeld – stärker als für Männer – für die meisten Frauen den Lebensmittelpunkt, gleichwohl vergrößern sich die täglichen Bewegungsradien. Frauen nehmen, vor allem, wenn sie erwerbstätig sind, immer stärker auch am städtischen Leben im Umfeld ihres Arbeitsplatzes teil (COUTRAS 1996).

2.2.3 Geographische Dimension: Räumliche Isolation und Chancenlosigkeit

Die geographische Dimension der urbanen Segregation[9] bezieht sich auf die aufgezwungene Ausgrenzung von Bevölkerungsgruppen, die von wirtschaftlicher Verarmung und gesellschaftlicher Marginalisierung betroffen sind, sich in benachteiligten städtischen Quartieren konzentrieren bzw. dorthin abgedrängt werden. Hauptsächlich in innerstädtischen Altbau- und Mischgebieten sowie in peripheren Lagen entwickeln sich sozialräumliche Armutsinseln, die vom umliegenden städtischen Umfeld zunehmend abgeschnitten sind. Meistens sind es weit reichende Defizite bei den Versorgungsmöglichkeiten und in der sozialen Infrastruktur, eine isolierte Lage, fehlende öffentliche Verkehrsmittel sowie städtebauliche und architektonische Mängel, die gewisse Gebiete auf dem Wohnungsmarkt unattraktiv für zahlungskräftigere Bevölkerungsgruppen machen.

In den Vereinigten Staaten hat die Erforschung von Einflüssen der Wohnumgebung auf die Psyche der Menschen und ihr Sozialverhalten seit den achtziger Jahren an Bedeutung gewonnen. Insbesondere Wilson, der in seinen Arbeiten die Herausbildung einer *urban*

---

9 DAVIS (1994) argumentiert, dass die Segregationsprozesse in städtischen Räumen zwei unterschiedliche sozialräumliche Dimensionen einschließen. Die eine betrifft die geplante Abschottung einkommensstarker Bevölkerungsgruppen. Der Rückzug in abgesicherte Wohnquartiere geht einher mit einer Tendenz zur Privatisierung und Kontrolle des öffentlichen Raumes durch Rechtsvorschriften und Mittel der räumlichen Gestaltung. Die zweite ist die aufgezwungene Ausgrenzung und Abdrängung von armen Bevölkerungsgruppen (DAVIS 1994). In dieser sogenannten „Zitadellenkultur" wird die soziale Nutzung durch die Kaufkraft und die Lebensweise einiger *happy few* bestimmt (LIESER, KEIL 1990, zitiert in Municipalidad de Rosario 2000). Die Frage, ob oder wie sich die US-amerikanischen Tendenzen in Europa durchsetzen werden, ist in Deutschland zur Zeit Gegenstand einer lebhaften Debatte (HÄUSSERMANN & SIEBEL 1993; HEITMEYER et al.1998, zitiert in Municipalidad de Rosario 2000). Es ist davon auszugehen, dass auch in europäischen und lateinamerikanischen Städten eine der größten Gefahren für die öffentlichen Räume aus den Tendenzen ihrer Privatisierung erwächst.

Theoretische Grundlagen 15

underclass[10] unter anderem mit dem Fehlen positiver Rollenvorbilder begründet, steuerte wesentliche Impulse zum wissenschaftlichen Verständnis und der Systematisierung der Auswirkungen der Wohnumgebung bei. In der Mehrzahl der US-amerikanischen Studien konnte ein negativer Einfluss von Architektur und Struktur benachteiligter Wohnsektoren auf die psychosoziale Befindlichkeit der Bevölkerung in diesen Gebieten aufgezeigt werden (WILSON 1987, S. 57 zitiert in FARWICK 1998, S. 152).

Mit dem Anstieg der Armut in den USA erhält die räumliche Konzentration von Armut eine zunehmende Bedeutung. Die Problematik der sozial und räumlich isolierten Bevölkerung in den Gettos der Großstädte hat Ausmaße erreicht, die in messbarer Weise Transformationsprozesse augenfällig werden lässt. Auch in deutschen Städten nimmt das Ausmaß der räumlichen Konzentration von Armut zu[11] (FARWICK 1998, S.146). Aufgrund der räumlichen Isolation und der Chancenlosigkeit der Bewohner spricht man von einer „sozialen Exklusion" der Bevölkerung. Beide Begriffe, *urban underclass* und soziale Ausgrenzung, beschreiben Prozesse der Marginalisierung eines Teils der städtischen Bevölkerung, die einer sozialen und räumlichen Isolation inmitten eines bisher unbekannten gesellschaftlichen Wohlstands ausgesetzt ist (Farwick 1998, S.146).

Das Konzept der geographischen Dimension der sozialräumlichen Trennung (SABATINI 1998) bezieht sich auf den räumlichen Aspekt des Phänomens, das Menschen aus verschiedenen sozialen Verhältnissen physisch voneinander entfernt. Diese Trennung könnte gemeinsam mit den ökonomischen Unterschieden und den Folgen der sozialen Homogenität der Armut in Stadtvierteln und Kommunen den entscheidenden Faktor für das Aufkommen von Gefühlen des Ausgeschlossenseins, des psychosozialen Unbehagens und der sich daraus ergebenden funktionalen Probleme in der Stadt bilden. Auf der Mikroebene, also innerhalb dieser Gettos der Ausgeschlossenen, sind es die Wesenselemente des Informellen, Unsicheren, die Situation von Illegalität und die Unbeständigkeit, die die Wohn- und Lebenssituation prägen. Im Fall der durch Wohnungsnot erzwungenen illegalen Landnahme kommt diesen Faktoren der größte Einfluss auf die subjektive Dimension der sozialräumlichen Trennung zu, sie verursachen das Gefühl der Segregation oder der „städtischen Marginalisierung" (SABATINI 1998).

Hinzu kommt als eine ganz wichtige Komponente die subjektive Dimension der sozialräumlichen Trennung, die sich nach *Sabatini* et al. (2000) auf die Wahrnehmung der Menschen gegenüber ihrer eigenen Zugehörigkeit zu einer sozialen Gruppe und die Art

---
10 Gemeint ist ein Segment der Armutsbevölkerung, das sich, sozial und räumlich ausgegrenzt, dem Teufelskreis der Armut nicht mehr entziehen kann (FARWICK 1998, S. 146).
11 Das Drama der postindustriellen Stadt besteht nach Häussermanns Auffassung darin, dass in den Städten mit hoher Arbeitslosigkeit und hohem Migrationsdruck eine vermeintlich nicht mehr integrierbare Bevölkerung entsteht, die von Ausgrenzung bedroht ist. Die polare Entwicklung in den Großstädten ist verbunden mit einer Umverteilung von unten nach oben: Die Einkommen der Gutverdienenden werden immer größer, ihr Anteil am Gesamteinkommen nimmt zu, die Gewinne von Selbständigen und größeren Unternehmen explodieren – auf der anderen Seite nimmt der Anteil der Geringverdienenden am gesamten Reichtum der Gesellschaft ab, die Realeinkommen der betroffenen Menschen sinken, die Umverteilungswirkungen des Sozialstaats sind immer weniger zu spüren (HÄUSSERMANN 1998).

und Weise, mit der sich diese Gruppe den sie umgebenden Raum aneignet, bezieht. Im Falle armer Familien ist das Gefühl, marginalisiert und damit ausgeschlossen zu sein, ein Schlüsselfaktor bei der Erklärung der Frage, warum die sozialräumliche Trennung tief greifende Folgen sozialer Desintegration mit sich bringt (SABATINI et al. 2000).

3 Theoretische und praktische Relevanz des Themas

... unsere Erfahrungsarmut ist nur ein Teil der großen Armut, die wieder ein Gesicht – von solcher Schärfe und Genauigkeit wie das der Bettler im Mittelalter – bekommen hat.

Walter Benjamin

3.1 Das Paradigma der nachhaltigen Entwicklung und der urbane Raum

„Die Umwelt ist der Raum, in dem wir alle leben, und Entwicklung ist das, was wir alle tun, im Bemühen, unser Schicksal auf dieser Erde zu verbessern. Beides lässt sich nicht voneinander trennen"(GRO HARLEM BRUNDTLAND in: ALTWEGG 2002, S. 21). Diese so einfache wie grundlegende Einsicht wurde vor allem von der Wohnungsbau- und Stadtplanungspolitik für die Angehörigen niedriger Einkommensgruppen während der vergangenen Jahrzehnte immer wieder sträflich missachtet. Dabei hat die Autorin konsequent immer an der gleichen Botschaft festgehalten: Der Brundtland-Bericht aus dem Jahre 1987 wird nach wie vor als beispielgebend zitiert. Inhaltlich fordert die Idee von einer dauerhaften Entwicklung *(sustainable development)*, dass die Bedürfnisse der Menschen in der Gegenwart befriedigt werden, ohne zu riskieren, dass künftige Generationen ihre eigenen Bedürfnisse nicht mehr befriedigen können.

Mit der Idee der Nachhaltigkeit ist die Diskussion um den Entwicklungsbegriff kontroverser geworden, vor allem, wenn er ganzheitlich und global verstanden wird. Im Dependenzansatz wurden die entwickelten Länder noch als Verursacher von Unterentwicklung gesehen, nun sind sie Mitbetroffene von Fehlentwicklungen, wenn sie etwa die globalen Folgen von sich in zehntausend Kilometern entfernt abspielenden Regenwaldabholzungen und dadurch verursachten Klimaveränderungen zu tragen haben. Im Modernisierungsansatz waren die entwickelten Länder Modell für richtige Entwicklung, jetzt sind sie Mitverantwortliche für Fehlentwicklungen, weil ein destruktiver Lebensstil, der auf Energie- und Ressourcenverschwendung, dem ungebremsten Ausstoßen von Treibhausgasen und der agrarische Überproduktion basiert, nicht mehr nachahmbar ist[12] (NUSCHELER 1996). Auch die urbane Entwicklung muss – soll sie gegenwarts- und zukunftsorientiert sein – dem Prinzip der Nachhaltigkeit genügen. Es geht aber auch darum, hier und heute eine ausgewogene Entwicklung zu erreichen. Die Schere zwischen Gewinnern und Verlierern sollte sich so weit wie möglich schließen. Chancen müssen für alle geboten werden. Ansonsten ist weder sozialer Friede garantiert noch sorgsamer Umgang mit Ressourcen (vgl. PILZ 2001).

---

12 Nach dem Zusammenbruch der bürokratischen Planwirtschaften in Osteuropa setzt sich nahezu global ein neoliberaler Kapitalismus in der Wirtschaftspolitik durch. Damit Entwicklung erfolgreich ist, wird vor allem vorgeschlagen, die Rahmenbedingungen für private Investitionen zu verbessern. Allerdings sollte dieser Kapitalismus sozial und ökologisch gebändigt sein, um Armut zu überwinden und Umweltschäden zu vermeiden (vgl. NUSCHELER 1995).

Die bereits zitierte Präsidentin der Weltgesundheits-Organisation (WHO), Gro Harlem Brundtland, verweist bei der Diskussion über die Auswirkungen der Globalisierung vor allem auf den Aspekt einer weltweiten Verantwortungsethik: „Die Globalisierung an sich ist weder gut noch schlecht, sondern eine Realität mit vielen Folgen. (...) Globalisierung bedeutet, dass wir alle in einem Boot sitzen und gemeinsame Entscheidungen treffen müssen. Es geht darum, den armen Ländern den Zugang zu Entwicklung zu ermöglichen." (ALTWEGG 2002, S. 22). Auf die Entwicklung der urbanen Ballungszentren angewendet, ergeben sich zentrale Herausforderungen. Die Aktionspläne und Maßnahmen werden unterschiedlich aussehen, je nachdem ob es sich um eine Stadt mit Hyperwachstum in einem armen Land handelt oder um eine dynamisch wachsende Stadt mit mittlerem Entwicklungstand oder um eine reife Stadt mit hohem Wohlstandsniveau (PILZ 2001).

3.1.1 Paradigmenwechsel in der Entwicklungstheorie und Stadtentwicklung nach menschlichem Maß

Die Entwicklung der zurückliegenden Jahrzehnte gibt allen Anlass zu pessimistischen Prognosen, was die weitere Verschlechterung der urbanen Lebensqualität anbelangt. Für die Megastädte des Südens zeichnen Urbanisten teilweise apokalyptische Szenarien: Da ist die Rede von Zeitbomben, die sich durch noch extremere soziale Gegensätze und eine nie da gewesenen Umweltbelastung charakterisieren (THIEL 2002). Die Bürgermeister von zehn lateinamerikanischen Großstädten sprechen in der Declaración de Buenos Aires[13] von den Konsequenzen einer strukturellen Krise, die neben der Vernichtung von physischem Kapital durch Arbeitslosigkeit, erzwungene Auswanderung und die Auflösung sozialer Netze auch menschliches und soziales Kapital zerstöre (epd-Entwicklungspolitik 2002). Doch nicht nur die Großstädte in armen Ländern sind von diesem Prozess des Verfalls bedroht. Überall geht es in urbanen Ballungsräumen um die gleichen existentiellen Fragen nach genügend Arbeitsplätzen, ausreichend Wohnraum, Infrastruktur, Verkehr und einer nachhaltigen Art der Flächennutzung.

Doch Nachhaltigkeit hat vor allem auch eine soziale Dimension. Für Autoren wie Pilz, Schütz, Thiel oder Sangmeister ist das nicht nur eine Frage von Moral und Gerechtigkeit. Ohne einen gewissen Grad an austarierter Verteilung von Reichtum läuft eine Stadt Gefahr, in Situationen extremer gesellschaftlicher Spannung oder sogar in einen permanenten Krieg zwischen Besitzenden und Besitzlosen zu geraten. Soziale Nachhaltigkeit bedeutet nach diesem Verständnis, dass es gelingt, einzelne Stadtviertel für einen Austausch miteinander zu verknüpfen und voneinander profitieren zu lassen.

---

13 Schlussdokument einer Tagung von Vertretern von zehn *Mercosur*-Großstädten über die Folgen der Rezession in den Ländern des südamerikanischen Wirtschaftsverbundes, die im Dezember 2001 in der argentinischen Hauptstadt stattfand – und bei der die These vertreten wurde, dass die gegenwärtige tiefgreifende politische, soziale und wirtschaftliche Krise, deren Sog vor allem die urbanen Ballungszentren des Subkontinentes erfasst hat, kein Ausdruck einer zyklischen Depression, sondern einer Krise des Wachstumsmodells sei (vgl. epd-Entwicklungspolitik 2002).

Für die zurückliegenden drei Jahrzehnte lassen sich zwei konträre Haupttendenzen in der Wohnungspolitik der Staaten des Südens identifizieren: In Ostasien machten es sich manche Regierungen zur Aufgabe, Wohnraum in großer Zahl für ärmere Mitbürger zur Verfügung zu stellen und sie später zu ermutigen, diesen käuflich zu erwerben. Diese Wohnungen wurden in hoher Dichte entlang öffentlicher Verkehrsnetze errichtet. Andere Staaten – vor allem in Lateinamerika und in Afrika – tolerieren (mehr oder weniger bewusst), wenn Slumbewohner illegal brachliegende Flächen besetzen (vgl. PILZ 2001). Dies geschieht vor allem dort, wo ein fortschreitender Staatszerfall zu beobachten ist und daher auch keine Steuerungsinstanz jenseits der Marktgesetze in der Lage wäre, in die urbane Expansion regulierend einzugreifen.

Die zweite Variante ist meist nicht nachhaltig. Erstens ist es sehr schwierig und kostspielig, im Nachhinein die nötige technische (Wasser, Abwasser, Strom, Verkehrsanbindung, Müllentsorgung) und soziale Infrastruktur (Schulen, Gesundheitszentren) bereitzustellen. Überall dort, wo das nicht geschieht, werden aus Armenvierteln zwangsläufig Kloakenstädte (wie beispielsweise im Fall Haiti mit den *bidonvilles*). Zweitens genügen die errichteten Behausungen – oft nicht mehr als Bretter- oder Wellblechbuden – nicht einmal den minimalen Anforderungen an Hygiene, Schutz und Privatsphäre. Drittens entstehen solche Siedlungen häufig an der Peripherie der Städte, was eine Integration der Bewohner ins städtische Leben fast unmöglich macht.

Trotzdem: In den meisten Mega-Städten Afrikas und Lateinamerikas gibt es keine Alternative dazu – ähnlich wie die informelle Wirtschaft mit ihrer Funktion der Subsistenzproduktion (die, wie oben gezeigt, für ein ökonomisches System höchst funktional ist) – auch das informelle Wohnen anzuerkennen und den in den entsprechenden Vierteln lebenden Menschen Wohnrecht zuzusichern. (Auch dieser Prozess ist für das politische und gesellschaftliche System zunächst funktional). Die Verbesserung des Wohnraums, der Lebensbedingungen im *squatter* und der Infrastruktur kann dann durch eine Kombination von kollektiven Anstrengungen und Anreizen für individuelle Initiativen geleistet werden. Überall bedarf es dafür eines guten Zusammenspiels zwischen mehreren Akteuren: dem Staat, den Bürgerinnen und Bürgern, der Privatwirtschaft und der Stadtregierung. Wichtig sind starke Kommunen, weil sie auf Bedürfnisse der Bewohner ihrer Stadt direkt reagieren können und eher imstande sind, Ressourcen zu mobilisieren und wirksame Maßnahmen auszulösen (vgl. PILZ 2001). Urbane Nachhaltigkeit ist in diesem Kontext also eng mit der Forderung nach *good governance* auf kommunaler Ebene verbunden.

Ein institutioneller Rahmen, der Prozesse der Wirtschafts- und Sozialentwicklung auf solider Grundlage und langfristig (also nachhaltig) fördern kann, ist ein wesentlicher Rückhalt für menschliche Entwicklung insgesamt. Dieser Entwicklungsbegriff bezieht sich auf die Fähigkeiten der einzelnen Menschen, ihr Leben eigenständig zu gestalten und zu verändern. Auf die immer wieder gestellte Frage „Entwicklung, wozu?" drängt sich in diesem Kontext eine sozialpsychologische Antwort auf: Damit die Menschen die notwendigen Fähigkeiten erwerben können, die es ihnen erlauben, Lebensentwürfe zu realisieren, die ihr Dasein lebenswert machen (CEPAL 1998, 1999).

„Entwicklung" wird von Max-Neef[14] als „das Freisetzen von kreativen Potenzialen und Möglichkeiten" bei allen Mitgliedern einer Gesellschaft definiert, ein Konzept, das unabhängig von den „klassischen" Indikatoren für Wirtschaftswachstum verstanden wird – und auch in keiner Bedingungsbeziehung zu einem derartigen Wachstum steht (vgl. DREKONJA-KORNAT 2002, S. 25). Daraus ergibt sich die Schlussfolgerung, dass quantitatives, expansives Wachstum in qualitatives, intensives Wachstum umzuwandeln ist. Bei dem Konzept von einer qualitativen Entwicklung richtet sich das Hauptaugenmerk vor allem auf die Befriedigung der Grundbedürfnisse und eine Erhöhung der Lebensqualität – und damit natürlich verbunden eine „humane" Weiterentwicklung von Wissenschaft und Technologie (vgl. DREKONJA-KORNAT 2002, S. 27).

Dieser Ansatz, dem Max-Neef euphemistisch den Namen „Barfuß-Ökonomie" gegeben hat, legt besonderen Akzent auf Prozesse im unmittelbaren, kleinräumlichen Umfeld und auf das Engagement der Betroffenen in eigener Sache. Max-Neef fordert, dass jede Entwicklung von der Basis ausgehen muss und konstruiert dafür eine Matrix mit neun Grundbedürfnissen, die axiologisch mit vier Kategorien der Bedürfnisbefriedigung verbunden werden. Die neun Grundbedürfnisse sind: Subsistenz, Schutz, Zuneigung, Verstehen, Teilhabe, Erholung, kreatives Schaffen, Identität und Freiheit. Die vier Entsprechungen auf der Ebene der Bedürfnisbefriedigungen lauten: Sein, Haben, Tun und Interaktion (DREKONJA-KORNAT 2002, S.26). Damit werden vor allem zwei Ziele erreicht:

- Es lassen sich auf lokaler Ebene die tatsächlichen Bedürfnisse, aber auch Ängste, Sorgen und Bedrohungen identifizieren und
- es wird ein starker gruppendynamischer Effekt ausgelöst, der die Mitglieder einer Gemeinschaft kreativ inspiriert, sie zum kritischen Denken motiviert und sie einander näher bringt (DREKONJA-KORNAT 2002, S.26).

Dieser Vorschlag, der sich als Teil der Tradition wichtiger sozialwissenschaftlicher Schulen in Chile versteht – wie etwa dem Konzept der *economía popular de solidaridad* (vgl. RAZETO 1986) – tendiert zu einem positiven Zukunftsszenarium: eine Gesellschaft beruhend auf einer Kultur des Teilens, der Solidarität und der Chancengleichheit. Aber wie kommt man dorthin? Auch wenn Max-Neef dafür keine sicheren Strategien kennt, ist er fest davon überzeugt, dass die kleinen Schritte der „Barfuß-Ökonomen" hilfreich sein werden, um solidarische Aktionen unter den Armen, Widerstand von unten gegen die außer Rand und Band geratene Modernisierungsmaschinerie, Besinnung auf lokale Nähe,

---

14 Eine zentrale These im Gedankenwerk von Max-Neef ist, dass es eigentlich keine Korrelation zwischen dem Grad an (industrieller) Wirtschaftsentwicklung und dem relativen Glück der in einer solchen „entwickelten" Gesellschaft lebenden Menschen gibt; auch scheint der Grad an Einsamkeit und Entfremdung in entwickelten Gesellschaften zuzunehmen (DREKONJA-KORNAT 2002, S. 27).

alternatives Engagement, einen liebevollen Umgang mit Mensch, Tier und Natur zu fördern (DREKONJA-KORNAT 2002, S. 28).

Derartige Einsichten, dass es angesichts der Tatsache, dass die gesellschaftliche Komplexität offensichtlich einen Grad erreicht hat, an dem wesentliche Veränderungen nicht mehr technokratisch von Schreibtischen aus angeordnet und durch einfache Infrastrukturmaßnahmen durchgesetzt werden können, sondern sich nur noch dann verwirklichen lassen, „wenn alle Beteiligten ein aktives Interesse und eine persönliche Motivation in die gemeinsame Arbeit einbringen" (vgl. GANSER et al. 1993, S. 114-115), haben in den zurückliegenden Jahren zunehmend an Terrain gewonnen.

Stadtentwicklung erlangt vor diesem Hintergrund eine neue Bedeutung. Sie wird verstärkt als Strukturentwicklung begriffen, weil neben dem Ziel, die Wohnsituation zu verbessern, weitere – für den Alltag der Menschen und ihr Zusammenleben, für Produktion und Reproduktion relevante – Themen artikuliert werden. Die Grundlage dieses Planungsverständnisses bilden zwar nach wie vor Einzelmaßnahmen, die sich aber unter dem Dach einer gemeinsamen Perspektive, einem größeren Ziel verpflichtet, vereinen. Die Zielvorgaben erfolgen auf der Basis von gesellschaftlichen Grundwerten. Die auf diese Weise erarbeitete Qualität von Stadt und Landschaft wird daher in Zukunft zu einer entscheidenden Rahmenbedingung für die Entwicklung von Regionen (GANSER et al. 1993).

Einen geographischen Raum, in dem Menschen leben und arbeiten, zu entwickeln, ist also nicht etwa nur gleichbedeutend mit dem Entwerfen von Häusern, Fabriken, Straßen und Plätzen. Es geht, wie etwa das Weltentwicklungsprogramm der Vereinten Nationen (UNDP) postuliert hat, darum, dem Wissen um die Gestaltung und die Abläufe von sozialen Prozessen und den Gesetzen psychologischer Entwicklungen gerecht zu werden (vgl. UNDP 1998). Gerade auch einem *low cost* Sozialwohnungsbauprojekt muss eine Ex-ante-Evaluierung des Standortes unter Beteiligung der zukünftigen Bewohner vorausgehen. Dabei spielen als Referenzrahmen die soziokulturelle Umgebung, die politischen Rahmenbedingungen und die für das Vorhaben zur Verfügung stehenden Mittel eine Rolle. Mit einem solchen Prozess wird es möglich sein, Lösungen vor Ort je nach Eigenart eines jeden Wohnumfeldes zu entwickeln und dabei das Potenzial, die Vielfalt und Komplexität des Wohnprozesses zu begreifen und zu berücksichtigen (ZAPATA 1999).

3.1.2 Wohnen in der ökonomischen und entwicklungstheoretischen Grundlagenforschung

Hilfreich ist in diesem Zusammenhang jedoch zunächst ein Blick auf die ökonomische und entwicklungstheoretische Grundlagenforschung: Bei der Suche nach einer Antwort auf die Frage, was eigentlich Wohlstand und Wohlfahrt ausmachen und wer das Subjekt von Wohlfahrt ist, gelangt der indische Ökonom und Nobelpreisträger von 1998, Amartya Sen, zu der Einsicht, dass das Subjekt von Wohlfahrt immer nur der individuelle Mensch sein kann und sich der Grad seines Wohlstandes darin manifestiert, wie sich dieser Mensch fühlt, wie er die Qualität seines Lebens wahrnimmt (SEN 1999). Diese vermeintlich schlichte und offensichtliche Einsicht führt den indischen Entwicklungstheoretiker dazu, die Art und Weise zu hinterfragen, in der Wohlstand und Wohlfahrt bislang traditionell in der ökonomischen und sozialwissenschaftlichen Forschung verstanden, interpretiert und gemessen wurden (vgl. EQUIZA 2002).

Über das hinaus, was einem Menschen an materiellen Ressourcen zur Verfügung steht und was als vermeintlicher Indikator für sein Wohlbefinden und seinen Wohlstand verstanden wird, konzentriert Sen sein Interesse auf die Lebensziele und -projekte dieses Menschen und auf all das, was für diese Person erreichbar ist – unabhängig davon, ob er oder sie sich am Ende entscheidet, diese Lebensprojekte umzusetzen oder nicht (vgl. SEN 1999).

Die Bekämpfung von Armut besteht für ihn also nicht darin, dass alle zur Verfügung stehenden Ressourcen gleichmäßig verteilt sein sollten, sondern vielmehr darin, dass Gleichheit der Chancen und Zugangsmöglichkeiten zu diesen Ressourcen hergestellt wird, ähnlich wie wir es auch von der Konzeption der Sozialen Marktwirtschaft her kennen. Dabei impliziert im Sinne Sens die Befähigung zur Entfaltung der Persönlichkeit immer auch eine Wahlfreiheit, eigenverantwortlich darüber zu entscheiden, wie die eigene *capability* genutzt wird (vgl. WAGNER 2000). Dieser Ansatz überwindet das traditionelle, utilitaristische Konzept von Wohlstand und „gutem Auskommen" und öffnet den Weg hin zu einem Verständnis, das sich auf die Umsetzungschancen von Lebensprojekten eines Individuums konzentriert und das von dem Paradigma ausgeht, nach dem Entwicklungserfolge darauf beruhen, dass es einem Menschen gelingt, seine individuelle Freiheit in einer Weise zu erweitern, die es ihm möglich macht, sein Leben entsprechend seiner Vorstellungen und Optionen in Würde zu führen (EQUIZA 2002). Sen kritisiert den Kult um den Wohlstand, die Reduzierung von Lebensqualität auf materielle Indikatoren. Er lehnt vor allem das Nützlichkeitsprinzip als eine spezielle Ausdrucksform dieses Wohlstandskultes ab, indem er sehr viel grundsätzlicher auch gegen ein ökonomistisches Menschenbild argumentiert, das Lebensqualität und menschliches Wohlergehen vor allem auf ökonomische Kategorien, auf Wachstum und Wohlstand, reduziert. Mit anderen Worten: Geld allein macht nicht glücklich. Nach dem Verständnis von Sen geht Rationalität über Nutzenmaximierung hinaus. Rationales Handeln kann sich ebenso von moralischen Maßstäben leiten lassen.

In unserem Kontext ist in diesem Zusammenhang vor allem die Forderung und Schlussfolgerung Sens relevant, dass das Ziel aller staatlichen Einflussnahme und allen öffentlichen Agierens letztlich darin bestehen muss, die Bedingungen zu schaffen, die es dem

Individuum ermöglichen, die eigenen Lebensentwürfe zu verwirklichen. Das muss selbstverständlich auch für alle Fragen nach der Gestaltung der Lebens- und Wohnbedingungen benachteiligter und armer Bevölkerungsgruppen gelten.

Was den Bereich der normativen Ökonomik anbelangt, so haben die Arbeiten von Sen dazu beigetragen, dass diese nicht mehr nur allein mit dem Wohlfahrtsbegriff gleichgesetzt wird, sondern, dass die Wahlfreiheit des Individuums, die Möglichkeit, eigene Entscheidungen zu treffen, als eigenständiger Wert Anerkennung erfährt. Dieses Verständnis ist unmittelbar für den Entwicklungsbegriff von Sen konstitutiv. Und es spricht für sich, wenn der 1998 verstorbene Wirtschafts- und Sozialwissenschafter Mahbub ul Haq, der als der Schöpfer des seit 1990 jährlich vom Entwicklungsprogramm der Vereinten Nationen (UNDP) veröffentlichten Human Development Report gilt, 1995 schrieb, „dass der wahre Zweck von Entwicklung darin besteht, die Wahlmöglichkeiten der Menschen auf allen Feldern zu erweitern: wirtschaftlich, politisch, kulturell". Genau das ist auch die Grundlage für die Forschungen von Amartya Sen (WAGNER 2000, S. 118).

In Verbindung mit seinen Überlegungen zu den *capabilities* hat Sen das Konzept der „menschlichen Entwicklung" beeinflusst und seinen Beitrag dazu geleistet, dass neue und angemessenere Indikatoren zur Messung von Entwicklung wie der Human Development Index entstehen und sich durchsetzen konnten, durch die es gelang, die statistische Vorherrschaft der traditionellen Bruttosozialprodukt-Vergleiche zu brechen. Die Handschrift von Sen trägt besonders deutlich der UNDP-Bericht über menschliche Entwicklung aus dem Jahr 1997, an dessen Ausarbeitung er als Berater mitgewirkt hat. Mit diesem Bericht wurde nicht nur das Konzept der menschlichen Armut mit einem entsprechenden Index (Human Poverty Index, HPI) eingeführt, an dem im Zusammenhang mit dem Thema dieser Untersuchung vor allem die Bedeutung, die dem gesamten Bereich Habitat und Wohnumfeldbedingungen zugemessen wird, relevant ist. Darin findet sich auch ein Satz wie dieser: Eine auf die Menschen ausgerichtete Strategie zur Beseitigung der Armut sollte damit beginnen, die Fähigkeiten der Armen auszubauen (UNDP 1997).

Für Sen manifestiert sich das fundamentale Charakteristikum menschlichen Wohlbefindens und erreichter Lebensqualität darin, über die Fähigkeit zu verfügen, gesetzte Ziele zu erreichen. Er definiert die Gesamtheit eben dieser Fähigkeiten als ein System von Vektoren, das für die Umsetzung von Lebensprojekten, für tatsächlich erreichbare, erarbeitbare Ergebnisse zur Lebensqualitätsverbesserung und persönliche Erfolge steht. Die Evaluierung dieses Vektorensystems beruht also nicht darauf, all die erreichten Etappenziele einzeln zu untersuchen – sondern den Blick auf die Gesamtheit der erreichbaren Lebensprojekte zu richten. Die Lebensqualität eines Menschen wird also nicht in Relation zum erreichten Lebensstandard gemessen, sondern an den Fähigkeiten und Möglichkeiten dieser Person, die von ihr angestrebte Lebensweise wählen zu können.[15]

Kerngedanke seines Theorieansatzes ist für Sen die Vorstellung, dass durch den Erwerb von *capabilities* die Erweiterung von Wahlmöglichkeiten für das Individuum erreicht wird, was den Menschen mit deutlich größeren Freiheiten ausstattet. In einem zweiten Gedankenschritt verknüpft Sen diese größere Wahlfreiheit mit der Idee von gesellschaftlichem Fortschritt (vgl. SEN 1999). Sen führt aus, dass die Optionen für die Umwandlung unterschiedlicher materieller Ressourcen und Güter in Lebensprojekte und Entwicklungsmöglichkeiten für das betroffene Individuum zwei verschiedenen Arten von Begrenzungen gegenüberstehen, einer persönlichen, die Sen als individuelle Konditionen bezeichnet – und einer zweiten, die einen sozialen und durch die Gemeinwesenstruktur definierten Charakter hat (vgl. EQUIZA 2002).

Ein wesentlicher Teil der Politikansätze im Zusammenhang mit Entwicklungsanliegen war immer an der Frage nach der Verfügbarkeit über materielle Güter und Ressourcen ausgerichtet. Für Sen besteht die Herausforderung jedoch darin, Politik so zu gestalten, dass sie die Bedürfnisse der Menschen in den Mittelpunkt stellt und die Verwirklichung ihrer oben erwähnten Lebensprojekte ermöglicht. Eine solche Art von Politikansatz hat nicht nur Auswirkungen auf Fragen im Zusammenhang mit dem so genannten Human-Kapital, sondern vor allem auch auf institutionelle Aspekte und die Idee vom „Sozialen Kapital". Aus all dem ergibt sich für Sen zwingend, dass in einem neuen Verständnis von Entwicklungsprozessen die reduktionistische Doktrin von der anzustrebenden, ausreichenden Zurverfügungstellung von und dem Zugang zu materiellen Ressourcen sowie der Vermittlung von lediglich individuellen Fertigkeiten und Fähigkeiten überwunden werden muss – und zwar zugunsten einer Orientierung hin auf die Schaffung von Lebensbedingungen (in unserem konkreten Fall: Wohnwelten) und dem entsprechenden institutionellen Rahmen, die, statt Menschen in ihren Entwicklungsmöglichkeiten einzuschränken und zu verhindern, dass sich die erwähnten materiellen Güter in Potenziale und Lebensoptionen verwandeln, vor allem die Erweiterung des Freiheitsraumes der Individuen garantieren.

Im Zusammenhang mit der Fragestellung dieser Untersuchung lässt sich zusammenfassend sagen, dass Prozesse der räumlichen Ausgrenzung von Menschen, die unter Bedingungen von Armut und extremer Armut leben, im Sinne von Sens Theorie ganz zweifelsohne die Wahlmöglichkeiten für die Betroffenen entscheidend beschneiden und sich ihren Entwicklungspotenzialen genauso entgegenstellen, wie den entsprechenden „Funktionsmöglichkeiten", von denen Sen spricht.

---

15 Sen identifiziert dafür folgende Elemente:
- Die Gesamtheit der Güter, die eine Person besitzt,
- die Funktion, durch diese Güter anwendbare Eigenschaften erhalten,
- die Funktion des persönlichen Gebrauches dieser Güter – oder das Schema, nach dem das Individuum Lebensprojekte ausgehend von den Charakteristika und Potenzialen dieser Güter verwirklichen kann,
- die Gesamtheit aller verwirklichten Lebensprojekte – sowie schließlich
- Lebensqualität in Relation zu den tatsächlich verwirklichten Lebensprojekten (vgl. EQUIZA 2002).

3.2 Theoretische Ansätze zur Homogenisierung versus soziale Integration in der Stadt

Unter den klassischen architektonischen Ansätzen, die auf eine soziale Homogenisierung der Räume abzielen, spielen diejenigen, die ihr Hauptaugenmerk auf Aspekte der Sicherheit in der Stadt, also vor allem den Schutz vor Kriminalität, richten, eine dominante Rolle. NEWMAN (1972, S. 13) verkündet seine Grundsätze vom „defensible space", indem er irrigerweise von dem von ihm postulierten Bedürfnis jedes Säugetieres nach einem eigenen Territorium ausgeht. Für diesen Autor ist jede andere Person potenziell gefährlich, weshalb man gezwungen ist, in einem nach innen gerichteten Raum, einem fest umgrenzten Gebiet, Schutz zu suchen (vgl. NEWMAN 1972).

Einen anderen Ansatz verfolgen Chermayeff und Alexander, die ihre Theorie zur urbanen Soziologie auf der Bewertung der Privatsphäre als zentrales und unangefochtenes Prinzip für jede Art von Stadtgestaltung gründen. Auf diese Weise erhält das Weichbild der Stadt eine vollkommen neue Anatomie, die sich in zahlreiche hierarchisch geordnete Bereiche aufgliedert. Diese städtische Anatomie muss sich nach Ansicht der Autoren aus verschiedenen Bereichen zusammensetzen, in denen einerseits ganz unterschiedliche Intensitäten von Privatsphäre und andererseits von gesellschaftlich-öffentlichem Leben (z.B. in Beziehung zur Nachbarschaft) möglich sind (CHERMAYEFF & ALEXANDER 1977). Bei diesem theoretischen Ansatz geht es erneut um die Kontrolle urbaner Räume. Behauptet wird, dass ein Bereich umso besser kontrollierbar ist, je kleiner und begrenzter er erscheint. Daher wird die Schaffung von Barrieren und Trennzonen zwischen unterschiedlichen Ebenen von Privatsphäre und den Zonen für öffentliches und halböffentliches urbanes Lebens vorgeschlagen (TORRES et al. 1994).

In eindeutigem Widerspruch und Ablehnung dieser Vorstellungen schlägt JACOBS (1992) ein Modell vor, dass sich in die Perspektiven „kritischer Planung" einfügt. Sie fordert stattdessen eine Wiederbelebung der Straße. Nach Jacobs können das Leben und die Aktivitäten der Straße nicht normiert werden, weil sie von den Menschen spontan und in jedem Moment neu durch soziale Interaktion geschaffen werden. Daher müssen diese Räume, in denen sich die Bewohner begegnen, humane Züge tragen und sie müssen überschaubar sein, denn sie stellen das Umfeld für das Lernen und die kindliche Sozialisation dar, sie erlauben die Beaufsichtigung der Kinder durch die Eltern, fördern die Nachbarschaft und das Entstehen einer Gemeinschaftsidentität (JACOBS 1992). Mit anderen Worten, die beste Kontrolle über öffentlich genutzte Räume üben all die Menschen aus, die sie frequentieren und die in ihnen verweilen. Denn die Menschen sind von ihrem Wesen her darauf orientiert, mit anderen zu kommunizieren und Räume zu teilen. Es gibt keinen Anlass, zu denken, dass jeder andere ein Aggressor ist. Solche Konfliktsituationen bilden die Ausnahme (vgl. GREENE 1994).

Jacobs argumentiert zugunsten eines solchen urbanen Raumes, der große Unterschiede zwischen den Nachbarn aushält, Unterschiede, die sehr oft noch viel tiefer gehen als etwa bloß verschiedenartige ethnische Herkünfte innerhalb eines intensiven Stadtlebens. Diese Unterschiede sind, laut Jacobs, nur möglich und normal, solange die Straßen der großen Städte so ausgestattet sind, dass sie es den Menschen unterschiedlichster Herkunft ermöglichen, friedlich und zivilisiert, aber vor allem in Würde und ohne Aufsehen zu erregen, zusammenzuleben (JACOBS 1992).

In einem idealtypischen Modell vom Leben in der Stadt manifestieren sich die Unterschiede zwischen einzelnen Gruppen frei und ohne Einschränkung dadurch, dass Menschen entsprechend ihrer Affinitäten Gruppen konstituieren. Die soziale und räumliche Differenzierung hat dabei keinen ausschließenden Charakter. In der idealen Vorstellung vom Leben in der Stadt präsentieren sich Unterschiedlichkeiten ganz offen und unkompliziert – im Rahmen des Zusammenlebens von Mikro-Gemeinschaften, die sich aufgrund ihrer Geschichte und ihres Zusammengehörigkeitsgefühls differenzieren. Nach der Auffassung von Jacobs handelt es sich dabei weder um Phänomene sozialräumlicher Homogenität noch um Beziehungen, die entweder durch Vereinnahmung oder durch Ausschluss entstanden sind, sondern einfach um Diversität und Vermischungen von Menschen unterschiedlichster Herkunft (vgl. JACOBS 1995).

In diesem Zusammenhang lohnt es sich, auf die Diskussion zwischen den Autoren Sennet und Rapoport einzugehen, bei der es um die Frage geht, im Rahmen welcher sozialen Struktur und Gestalt die Stadt wachsen und sich entwickeln sollte. Zwischen SENNETS Auffassung (1970), der die soziale Mischung und Heterogenität als eine Quelle von Energie und kultureller Veränderung verteidigt, und der Haltung von Rapoport, der die kulturelle Vielfalt – allerdings auf der Grundlage homogener Gruppen – ebenfalls als Quelle von Energie und kultureller Veränderung sieht, gibt es jedoch deutliche Unterschiede. Nichtsdestotrotz existieren zwischen beiden Positionen gleichzeitig einige Berührungspunkte (vgl. RAPOPORT 1978).

Für SENNET (1975) besteht die Funktion des urbanen Umfeldes darin, die Menschen in Kontakt miteinander zu bringen und zu mischen, um so ihre traditionelle Routine und soziale Verknöcherung aufzubrechen. Dafür bedarf es laut Sennet einer gewissen „Unordnung des Umfeldes" (SENNET 1975, S. 38). Für Rapoport hingegen ist das Umfeld vor allem ein Instrument der Grenzziehung, der Rückbesinnung auf sich selbst und des Schutzes. Daher ist eine gewisse „Ordnung" unabdingbar. Dabei ist wichtig, dass es sich nicht um Ordnungsstrukturen handelt, die am Reißbrett von Stadtplanern entstanden sind und einfach implementiert wurden, sondern um das Ergebnis von Aneignungsprozessen durch die Bewohner, die das Gesicht einer Stadt und ihrer ganz unterschiedlichen Viertel prägen (RAPOPORT 1978).

Für Rapoport erwächst die Identität von Personen in erster Linie aus ihrer sozialen Identifizierung – und zwar ausgehend von einer gewissen Homogenität der Bezugsgruppe – während sich Identität nach Sennet mehr aus dem sozialen Konflikt innerhalb einer Umgebung entwickelt, die immer eine gewisse Heterogenität widerspiegelt. Die Unterschiede sind subtil, aber radikal. Beide Haltungen stimmen in der Bewertung der Wichtigkeit von Identität und der Notwendigkeit des Sich-Identifizierens überein, aber die Autoren gehen dabei von völlig unterschiedlichen soziopsychischen Entwicklungsprozessen aus. Sennets Identitätsbegriff setzt den Akzent auf die soziologische Identität, während sich Rapoport auf die Anthropologie stützt. RAPOPORT (1978) argumentiert für eine Strategie der Integration des Unterschiedlichen durch die Anerkennung eben dieser Differenzen und die Bildung von Gruppen unter Gleichen. Er hält es daher für zweckmäßig, verschiedenartige, in sich homogene – jedoch nicht zu große – Zonen zu entwerfen, die nahe genug beieinander liegen sollten, damit eine Begegnung miteinander und ein Lernen voneinander möglich ist (RAPOPORT 1978).

YOUNG (1990) führt einen weiteren Gesichtspunkt in die Diskussion ein. Auch sie teilt die Überzeugung, dass durch Stadtplanung ein relevanter Beitrag zur Konfliktverringerung und Integration geleistet werden kann. Sie definiert als optimale Situation für die soziale Integration diejenige, in der es „soziale Unterschiede ohne ausschließenden Charakter" gibt, und hält es für zweckmäßig, dass die Übergänge[16] zwischen den Gebieten, die jede Gruppe einnimmt, diffus sind (YOUNG 1990, S. 237). Diese Vision stimmt mit JACOBS Vorstellung (1992) von städtischen Räumen in Form von Straßen und öffentlichen Plätzen überein, wo Menschen sich begegnen und in Interaktion treten, die verschiedener sozialer Herkunft sind, aber in benachbarten Wohngebieten leben.

Obwohl das Leben in der Stadt, wie wir es heutzutage erfahren, uns tagtäglich viele Schranken und das Gefühl von Ausgeschlossensein[17] vermittelt, erhalten wir anderseits durch unsere eigene, empirische Erfahrung von Stadtleben auch Hinweise auf das, was eine Differenzierung ohne ausschließenden Charakter sein könnte. Viele Stadtteile in europäischen und nordamerikanischen Metropolen zeichnen sich durch unterschiedliche ethnische Identitäten aus, trotzdem leben dort immer auch Angehörige anderer Gruppen. In einer „guten" Stadt bewegt man sich von einem Wohnumfeld zum nächsten, ohne genau zu wissen, wo präzise das eine aufhört und das andere anfängt. Bei der Idealvorstellung städtischen Lebens sind die Grenzen offen und Übergänge fließend (YOUNG 1995).

In Übereinstimmung mit der Idee von dem integrierenden urbanen Raum hebt SABATINI (1998) hervor, dass die zentrale Funktion der Stadt genau darin besteht, dass sie die Möglichkeiten zu Begegnungen mit anderen bietet. Mehr noch, ihr enormes Potenzial als Raum für die Entfaltung wirtschaftlicher Aktivitäten und persönlicher Entwicklungschancen beruht auf der Vielfalt (vgl. SABATINI 1998). Wohnen bedeutet auch, die unterschiedlichen Beziehungsgeflechte, innerhalb derer wir leben, zu entwickeln.

---

16 Die Rede ist von „Übergängen" im Sinne der Idee von Heidegger, nach der es Orte gibt, an denen sowohl etwas endet – und gleichzeitig etwas neu beginnt, ohne dass dort Barrieren errichtet würden, die die Durchlässigkeit verhindern.

17 In einer modernen Großstadt kann dieses Gefühl zum Beispiel von einzelnen Ladenzeilen, einem exklusiven Einkaufszentrum oder einzelnen Geschäften und Restaurants ausgelöst werden, weil bereits die bloße Wahrnehmung von Luxus, Exklusivität und dem entsprechenden Preisniveau bestimmte Käufergruppen ausschließt.

Die Befriedigung der individuellen und sozialen Bedürfnisse durch das Knüpfen eigener Netzwerke zu fördern, bedeutet nicht, andere auszuschließen. Stattdessen geht es darum, zusätzliche – spezifischeren Interessen und Anforderungen gerecht werdende – Netze zu schaffen, die die bereits vorhandenen, vielfach traditionellen Sozialbindungen und lokalen Selbsthilfestrukturen ergänzen und erweitern, wobei die ursprünglich bestehenden, vielschichtigen Formen respektiert werden. Nicht die Ungleichheiten, sondern die Verschiedenartigkeit soll unterstützt werden. Es geht darum, Bedingungen für eine Chancengleichheit der am stärksten benachteiligten Sektoren innerhalb der Gruppe der Stadtbewohner zu schaffen, ohne in Gleichmacherei zu verfallen. Die Grundlagen für diesen Prozess sollen in jedem Fall auf den urbanen Formen menschlichen Zusammenlebens beruhen. Wenn jeder Bewohner den gleichen Zugang zu Dienstleistungen und Wohnqualität hat wie die Menschen in benachbarten Wohnvierteln, dann ist das ein Beitrag dazu, für jeden konkreten Fall eine nicht auf Segregation beruhende Lösung zu finden (VILLASANTE 1998).

3.2.1 Die soziologische Lebensstilanalyse und ihr Beitrag zur Differenzierungs- und Ungleichheitsforschung im urbanen Raum (Ortseffekte)

In seiner Arbeit „Das Elend der Welt" beschäftigt sich Pierre Bourdieu mit den Konsequenzen der von ihm beschriebenen „Abdankung des Staates" als Lenkungs- und Steuerungssystem gesellschaftlicher Prozesse (vgl. BOURDIEU et al. 1997, S. 207 ff.). Dabei sieht er in den Armenvierteln- und Gettolandschaften nordamerikanischer Großstädte eine Art „Zerrspiegel", in dem das Szenarium jener Art sozialer Beziehungen betrachtet werden kann, die sich dann entwickeln, wenn der Staat seine wichtigste Aufgabe vernachlässigt: die Aufrechterhaltung einer urbanen Infrastruktur, die für das Funktionieren jeder komplexen Gesellschaft in Ballungsräumen notwendig ist.

Indem der Staat eine Politik der systematischen Erosion öffentlicher Aufgaben und Einrichtungen betreibt, überlässt er ganze Teile der Gesellschaft den Kräften des Marktes und der Logik des „Jeder-für-Sich". Am stärksten betroffen sind von diesem Rückzug diejenigen, die über keinerlei ökonomische, kulturelle oder politische Ressourcen verfügen und deshalb am dringendsten auf eine ordnende und interessenausgleichende Politik angewiesen wären, um sich die Möglichkeit einer tatsächlichen Ausübung ihrer staatsbürgerlichen Rechte und Pflichten zu sichern (BOURDIEU et al. 1997, S. 170).

Bereits Georg Simmel beschreibt in seinem Werk „Die Philosophie des Geldes" das immer stärkere Auseinanderdriften von Lebensstilkulturen, das durch eine Pluralisierung der Gesellschaft verursacht wird (SIMMEL 1920). In diesem Phänomen sieht Simmel zunächst durchaus eine Chance zur Wahlfreiheit zwischen verschiedenen Lebensstilen. Als bedrohliche Konsequenz aus diesem Prozess kommt es jedoch zu einem typischen Merkmal dieses modernen Lebensstils, nämlich dem Zwang zur Individualisierung – mit all seinen fragmentierenden Konsequenzen (SIMMEL 1920). In diesem Zusammenhang bezeichnet Hradil soziale Ungleichheit durchaus „als wertvolle, nicht absolut gleich und systematisch verteilte, vorteilhafte und nachteilige Lebensbedingungen von Menschen, die ihnen aufgrund ihrer Positionen in gesellschaftlichen Beziehungsgefügen zukommen" (HRADIL 1993, S. 148). Soziale Ungleichheit bezieht sich nach diesem Verständnis also auf Vor- und Nachteile zwischen verschiedenen Personen innerhalb der Gesellschaft. Um nun die Lebenswelten dieser Menschen zu systematisieren und in kategorisierende Gruppen einzuteilen, wurde der Begriff „Lebensstil" entwickelt.

Der Begriff Lebensstil taucht in der soziologischen Literatur ursprünglich als „Lebensführung" auf und ist durch Max Weber (1864-1920) geprägt worden. Schon Weber versuchte, Gruppierungen und Konturen innerhalb einer Gesellschaft und deren Prinzipien und Wirkungsweise zu erkennen. In seinem Ansatz geht es um die religiöse Ethik bzw. deren Werte und die gruppenbezogene Betrachtung von verschiedenen gesellschaftlichen Schichten, um so die Ordnung und Zugehörigkeit von Personen innerhalb der Gruppe zu bestimmen. Die wichtigsten Wertemerkmale innerhalb einer Gruppierung sind die Ehre, das Prestige und die Bildung (vgl. MÜLLER 1989, S. 54).

Das Sozialkapital ist die Gesamtheit der aktuellen und potenziellen Ressourcen, die auf der Zugehörigkeit zu einer Gruppe beruhen (BOURDIEU 1997). Die Sozialkapital-Beziehungen basieren auf der Grundlage von Tauschbeziehungen. Der Umfang des Sozialkapitals hängt von der Intensität der Beziehungen eines Menschen und dem Kapital (ökonomisch, kulturell, symbolisch) ab. Das Sozialkapital wird nicht nur durch das ökonomische Kapital bestimmt, doch steht es zu ihm in einer Abhängigkeitsbeziehung, weil innerhalb der Tauschbeziehungen eine Gleichheit zwischen den „Vertragspartnern" voraus gesetzt wird. Der gemeinschaftlich erwirtschaftete Gewinn, der aus der Zugehörigkeit zu einer Gruppe erwächst, schafft wiederum Solidarität, die den Zusammenhalt garantiert (BOURDIEU 1997). Bourdieu beschreibt den sozialen Raum als abstraktes Konstrukt, aus dem Menschen in ihrem Alltagsleben ihren Blick auf die Welt werfen. Die persönliche, soziale Verortung des Individuums in diesem Raum wird kontinuierlich neu bestimmt.

Lebensstil bezeichnet die Gesamtheit vieler Verhaltensweisen, die schichtspezifisch in der Gesellschaft anzutreffen sind. Erstens wird durch den Lebensstil der jeweiligen Gruppenmitglieder die Zugehörigkeit und Identität einer Person deutlich. Die Zugehörigkeit zu einer Gruppe oder einem Stand wird durch den Habitus deutlich. Die Habitustheorie geht davon aus, dass jede Person gesellschaftlich geprägt ist. Diese Prägung betrifft die Wahrnehmung, das Denken und die Handlungen, die in diesem Sinne schematisiert sind. Dieses Phänomen nennt Treibel „Dispositionsschema". Derartige Schemata geben den Menschen eine Chance zur eigenen Verortung innerhalb der Gesellschaft, weshalb in diesem Kontext auch der Begriff „Ordnungssinn" benutzt wird (TREIBEL 1994, S. 210). Zweitens kommt es durch einen bestimmten Lebensstil zu klaren Abgrenzungen zu anderen Lebensstilen, d.h. zu anderen Gruppen und Schichten. Schließlich dient der Lebensstil als „Mittel und Strategie" (MÜLLER 1989, S. 55) innerhalb von Statusgruppen, etwa beim Knüpfen sozialer Kontakte. Bourdieu bezeichnet die sozialen Beziehungen als ein Produkt von Investitionsstrategien, die dem Investor einen Nutzen vermitteln sollen. Die Beziehungen müssen aufrecht erhalten werden, um Reproduktion und soziale Netze zu ermöglichen. Er sieht dabei den klassischen marxistischen Klassenbegriff zu eng gefasst, erweitert ihn und spricht – anstatt von Klasse – vom „sozialen Raum" (TREIBEL 1994, S. 212). Der soziale Raum überträgt seine Formen gesellschaftlicher Praxis und seine Bewertungsschemata auf das Individuum. Obwohl dieses sich seines Habitus nicht bewusst ist, empfindet das Individuum sein Verhalten als bewusst gewählt. Bourdieu nennt dieses Phänomen „Kooptationseffekt". Das Individuum bringt sich selbst – als Vertreter seines Habitus – in seinen sozialen Raum ein, so dass jener Habitus erhalten bleibt. Somit produziert der Habitus den Habitus (BOURDIEU 1997). Der soziale Raum prägt und definiert die in ihm lebenden und agierenden Menschen.

Der Habitus wird durch Sozialisation vermittelt, das heißt, er ist stark abhängig von der sozialen Position und der Lebenslage der Familien. Durch die Verinnerlichung des Habitus wird dieser zu etwas Unbewusstem und Selbstverständlichem, dem keine weitere Bedeutung zugemessen wird. Weiter ist zu bemerken, dass der Habitus nach diesem Verständnis von Bourdieu zwar jedem Individuum inhärent ist, er aber nicht individuell ausgestaltet wird. Anstatt dem Individuum eine „persönliche Note" zu verleihen, betrifft der Habitus eher den Grundrahmen, durch den alle zugehörigen Mitglieder eines sozialen Raumes erkennbar sind. Das Erkennen einer Zugehörigkeit erfolgt also nicht so sehr durch das individuelle Erleben von einzelnen Personen oder ihren engsten Familienangehörigen, sondern anhand einer Abgrenzung zu Personen, die aus anderen sozialen Räumen – z. B. anderen Klassen – stammen (SCHWINGEL 1995; KIMMERLE 2000). Erneut sind es also erst die Grenzen, die den entsprechenden Raum definieren.

Da sich der Habitus also auch als Abgrenzungsmittel gegenüber anderen – vor allem „niedrigeren" – Klassen definiert, können persönliche Abgrenzungsversuche anderen Akteuren gegenüber auch als Teil des klassenspezifischen habituellen Verhaltens gewertet werden (KIMMERLE 2000). Der Habitus stellt in der Philosophie von Bourdieu, Schwingel und Kimmerle also das Bindeglied zwischen dem sozialen Raum und den Klassen dar. Er wird erkennbar beispielsweise in Lauten, Melodien, emotionalem Engagement oder Bewegungen (BOURDIEU 1982). Der Habitus jedes Individuums wird einerseits durch den sozialen Raum strukturiert, andererseits strukturiert dieser Systeme zur Erzeugung von Verhalten und Bewertungsmustern. Er ist also „strukturierende und strukturierte Struktur zugleich" (SCHWINGEL 1995, S. 60). Unter dem sozialen Raum sind alle konkreten objektiven Bedingungen des Umfelds subsumiert, die ein Individuum betreffen. Daran gebunden sind objektiv erfassbare Wertvorstellungen, die jedes Individuum für sich selbst seit Beginn seiner Wahrnehmung erfährt. Der soziale Raum stellt das prägende Umfeld eines jeden heranwachsenden Individuums dar und übt somit – in der Diktion Bourdieus – einen „konditionierenden" und prägenden Effekt auf seine Bewohner aus.

3.3 Vom benachteiligten zum benachteiligenden Viertel

Bereits in einer frühen Phase kulturwissenschaftlicher Stadtforschung ging es Louis WIRTH (1938) darum, die Stadt als einen Schmelztiegel von Menschen unterschiedlichster ethnischer und kultureller Herkunft und dadurch als ein gutes Terrain für die Ausbildung einer reichhaltigen biologischen und kulturellen Vielfalt zu begreifen. Die Stadt als Lebensraum, so Wirth euphemistisch, toleriert individuelle Unterschiede nicht nur, sondern begünstigt sie sogar. Sie hat Menschen aus allen Teilen der Welt deshalb zusammengeführt, weil sie unterschiedlich sind und sich damit gegenseitig von Nutzen sein können – aber eben nicht, weil sie alle gleich oder homogen wären und über eine ähnliche Mentalität verfügen (WIRTH 1938).[18] Diese sozialanthropologischen und kulturwissenschaftlichen Ansätze in der Stadtforschung erleben seit einigen Jahren eine wichtige Renaissance und werden zunehmend theoretisch reflektiert und empirisch bearbeitet.

Während man in den sechziger Jahren noch glaubte, Urbanität sei Bürgerbeteiligung am Gemeinwesen „Stadt" und entfalte sich im umfassenden Sinn als „Bildung an Geist, Leib und Seele" der städtischen Bewohner, gelangte man zehn Jahre später zu der Auffassung, „Urbanität" drücke die Qualität einer Stadt aus. Diese sei hoch, wenn die Stadt „in ihrer baulichen und funktionellen Struktur eine bestimmte Dichte stadtspezifischer Angebote", etwa auf dem Dienstleistungs- und Bildungssektor, enthalte (HEIN 2000). Hinter diesem Paradigmenwechsel des Begriffs „Urbanität" spiegelte sich zugleich die Kritik wider, die Stadt ausschließlich unter ökonomischen Gesichtspunkten zu betrachten. In den achtziger Jahren schließlich verflachte der Begriff „Urbanität" zur Beliebigkeit eines Lebensstils.

Urbanität wird nun als ein Gefühl beschrieben, das zwischen Weltläufigkeit und Verwurzelung pendelt, von Schnelligkeit gekennzeichnet ist und sich alle möglichen Optionen erträumt; das mit Selbstbewusstsein und Grenzüberschreitungen zu tun hat, mit Drang zur öffentlichen Darstellung und Intimität zugleich. Kritiker dieser Entwicklung verweisen auf die verloren gegangene soziale Dimension. Sie diagnostizieren eine doppelte Spaltung urbaner Ballungszentren: Die erste Spaltung – durch externe Faktoren ausgelöst – sei die in wirtschaftlich prosperierende Städte und solche des Niedergangs – charakterisiert durch die Abhängigkeit von der „alten Ökonomie", besonders also Städte, die vom Bergbau und der Schwerindustrie gekennzeichnet sind – und die von der wirtschaftlichen Entwicklung überrollt wurden (HEIN 2000).

---

18 Nach WIRTH (1938) ist eine Stadt vor allem eine dauerhafte Ansiedlung. Damit sind drei Bedingungen verbunden, die sich auf das Zusammenleben der Menschen beziehen:
- die Anzahl der Einwohner,
- die Einwohnerdichte pro Fläche,
- die Verschiedenartigkeit der Bewohner.

Über Wirths noch recht formale Definition hinaus führen spätere Beschreibungen: Danach gehören zur Stadt Geschlossenheit, ausgeprägte Arbeitsteilung und soziale Differenzierung, aber auch die Zentralfunktion für ein Umland in ökonomischer, verwaltungsmäßiger, kultureller und sozialer Hinsicht. Und schließlich – was nicht zu unterschätzen ist – gehört zur Stadt ein bestimmter Lebensstil.

Die zweite Spaltung sei die innere Spaltung der einzelnen Städte in wohlhabende und integrierte Bewohnergruppen auf der einen Seite und arme und sozial Benachteiligte auf der anderen – und zwar so, dass beide Bevölkerungsgruppen nicht mehr zueinander in Kontakt kommen. Soziale Grenzlinien verlaufen in Städten sehr deutlich, auch wenn sie nicht auf immer festgelegt sein müssen. Seit Jahren lassen sich in den Städten neue Formen der sozialen Ungleichheit beobachten. Dabei geht es nicht einfach um die Zunahme von Armut, sondern – aus der Nähe betrachtet – um „Ausgrenzung".

Im krassen Gegensatz dazu steht die tatsächliche Entwicklung urbaner Realitäten vor allem in Lateinamerika. Dort dominiert bei der Beschäftigung mit dem Thema Habitat seit spätestens Mitte der siebziger Jahre fast ausschließlich die unternehmerische Perspektive, die sich am Potenzial des Immobilienmarktes und Möglichkeiten zur Gewinnmaximierung orientiert. Für die von dieser erdrückenden Marktdominanz in den Hintergrund gedrängten unterschiedlichen staatlichen Akteure ist – nach dem vollzogenen Transfer von ursprünglich öffentlicher Verantwortung an den Privatsektor – lediglich die Aufgabe verblieben, für diejenigen Gruppen, deren Kaufkraft nicht ausreicht, um unternehmerische Aktivitäten auszulösen, entweder Wohnungen und Wohnraum zu schaffen – oder zumindest zu bezuschussen, sowie spontane Entwicklungen und Selbsthilfeösungen von Wohnungssuchenden im Nachhinein zu sanktionieren und zu legalisieren.

Mit einer bewussten Gestaltung von Stadt und Stadtlandschaft hat dies jedoch nichts zu tun. Beide Formen der Intervention – sowohl die des Immobilien- und Wohnungsbaumarktes als auch die des Residualstaates – gehen meist nicht von den Bedürfnissen der Menschen im Zusammenhang mit dem alltäglichen Wohnen aus, sondern von etwas Funktionalem und Abstraktem. Basieren Planungs- und Entscheidungsprozesse im Gegensatz dazu mehr auf den zugleich komplexen und konkreten Merkmalen des Wohnens, mündet das Ergebnis dieser Anstrengungen im Idealfall nicht in großflächige Wohnungsbauprojekte, sondern führt dazu, dass innerhalb der Stadt viele unterschiedliche Kerne entstehen, was sich vom Standpunkt der Wohn- und Lebensqualität aus oftmals als wirkungsvoller und nachhaltiger erwiesen hat als im großen Maßstab angelegte Planungen und entsprechende Megaprojekte (VILLASANTE 1998). Man kann als regionale Tendenz in Lateinamerika beobachten, dass sich in den vergangenen Jahren die Expansion des urbanen Raums vor allem auf die Entstehung von neuen, teilweise außerordentlich großflächigen Wohnkomplexen gründete – und eben nicht auf die Schaffung einer gesamtstädtischen urbanen Infrastruktur oder von Gewerbegebieten mit der entsprechenden Architektur.

Damit verlor zunächst der öffentliche Raum an Bedeutung, dann aber auch der halböffentliche des Viertels *(barrio)*, während der enge, private Raum zunehmend an Gewicht gewann. In vielen Fällen mündete dieser Prozess der Aufteilung städtischen Raumes in die Entstehung von – in ihrer jeweiligen Zusammensetzung – tendenziell sozial homogenen Wohnquartieren, die räumlich zunehmend vom eigentlichen Kernbereich der Stadt getrennt sind. Ein Gefühl des Zusammenwachsens oder gar die Herausbildung einer

Stadtteilidentität ist – über die Grenzen des jeweils eigenen Wohnbereichs hinaus – so gut wie nie zu beobachten (GREENE 1994).

Das Phänomen der „gespaltenen" Lebensstile zeigt sich besonders deutlich dann, wenn in ein Viertel mit einer derartig homogenen Sozialprägung eine neue Bewohnergruppe, die aus einem anderen sozioökonomischen Kontext stammt, eindringt. Das Phänomen der „gespaltenen" Lebensstile stellt einen Prozess dar, bei dem sich eine immer größer werdende Kluft zwischen Einzelpersonen oder Haushalten und dem durchschnittlichen gesellschaftlichen Standard der Lebensführung auftut (HÄUSSERMANN 1998).

Ein solcher Prozess kann im Falle eines sozialen *upgrading* durch Immobilienunternehmen mit Unterstützung entsprechender Werbekampagnen und eines besonders günstigen Preis-Leistungs-Verhältnisses beim Wohnungsangebot ausgelöst werden. Auf diese Weise entsteht jedoch ein großer Druck auf die ursprüngliche Bewohnergruppe, die sehr schnell zur Minderheit werden kann – und sich am Ende gar völlig verdrängt fühlt. Aber auch im Falle eines *downgrading*-Prozesses, also der Ankunft von sozial schlechter gestellten Bewohnern, kann es, selbst wenn sich die Neuankömmlinge in der Minderheit befinden, zu einer Verdrängung der Alteingesessenen kommen (HAGGETT 1983; FRIEDRICHS 1995).

Allerdings lohnt es in diesem Kontext auch, Beispiele einer „erzwungenen Integration" zu untersuchen. In der wohlmeinenden Intention, der Segregation entgegenzuwirken, haben – etwa in Spanien – immer wieder Kommunalverwaltungen Anstrengungen unternommen, um Familien aus einem Lebenskontext von Armut und extremer Armut in besser situierten Vierteln im Innenstadtbereich unter zu bringen. Eine arme, kinderreiche Familie wird beispielsweise in eine Sozialwohnung von guter Qualität in ein Wohnviertel umgesiedelt, in dem sie völlig aus dem Rahmen fällt. Abgesehen von den Auseinandersetzungen innerhalb der Nachbarschaft, durch die alle Spielarten der „Xenophobie" geweckt werden, wird die „begünstigte" Familie entweder ihre neue zentrale Lage ausnutzen, um von dort aus mit allen möglichen Produkten zu handeln (legal oder auch illegal) oder versuchen, durch „Weiterverkauf" der Wohnung wieder in ihre alte Umgebung zurückzukehren. Diese Methoden, die Ärmsten der Armen in die Stadtviertel der Besserverdienenden umzusiedeln, erinnern an die ideologisch motivierten Experimente, Klassengegensätze durch das erzwungene, enge Nebeneinander von Bewohnern ganz unterschiedlicher sozialer Herkunft auflösen zu wollen, also durch die „Schaffung einer integrierten Gesellschaft durch die Stadtplanung" (VILLASANTE 1998, S. 153).

Wenn mehrere Ausgrenzungsfaktoren zusammenspielen, kann es leicht zu einer inneren Kündigung gegenüber der Gesellschaft kommen. Resignation, Teilnahmslosigkeit und Rückzug nehmen überhand. Von der Gesellschaft im Stich gelassen, erwarten diese Menschen nichts mehr von ihr; dies aber mit der Folge, dass sie sich genau so auch gegenüber der Gesellschaft verhalten. Die Konzentration dieser Menschen in einem bestimmten Stadtviertel macht wiederum die Herkunft aus diesem Stadtteil selbst zur Ursache von

Benachteiligung und Ausgrenzung. Eine teuflische Abwärtsspirale ist in Gang gesetzt. Die soziale Aussonderung kann so zur Gefahr der sozialen Desintegration ganzer Städte werden.

In den Stadtvierteln, in denen sich randständige Einheimische und Zuwanderer konzentrieren, ziehen oft die bisher dort ansässigen Familien fort – sei es, dass sie ihren Kindern die Schule des Viertels nicht (mehr) zumuten wollen, sei es, dass sie sich im Viertel unsicher und zunehmend fremd fühlen, sei es, dass sie die konkrete Nachbarschaft stört. Aus einem benachteiligten Viertel wird auf diese Weise leicht ein benachteiligendes Viertel. Das unbewusste soziale Lernen führt zur Nachahmung von Einstellungen und Verhaltensmustern, die sich von den Normen der Gesamtgesellschaft immer weiter entfernen. Jugendliche lernen in solchen Stadtvierteln z. B. kaum noch einen Erwachsenen kennen, der sich und seine Familie durch Erwerbsarbeit ernähren kann.

Familien werden überwiegend als Rumpffamilie mit wechselnden Partnern erlebt. Junge Menschen bekommen mit, dass diejenigen, die sich durch illegale Verhaltensweisen Leistungen erschleichen oder mit kriminellen Machenschaften zu schnellem Geld kommen, dafür noch Ansehen genießen, während Erwerbstätige, die einer geregelten Arbeit nachgehen, von ihren Nachbarn Spott und Hohn ernten. Sie erleben, dass Rassismus und Ausländerfeindlichkeit fast selbstverständliche Gesinnung werden. Anders gesagt: Im benachteiligten Stadtgebiet haben Jugendliche sehr viel weniger Gelegenheit, intakte soziale Rollen als Vorbilder kennen zu lernen und sich gegebenenfalls mit ihnen zu identifizieren. Die soziale Stabilität im Stadtteil nimmt ab, weil es sowohl an angemessenen und von ihrem baulichen Zustand her akzeptablen Wohnungen, an einer motivierenden Nachbarschaft im Viertel und an einer interessanten Stadtlandschaft fehlt, als auch an Menschen, die sich aktiv in den unterschiedlichsten Organisationen, Kirchengemeinden, Vereinen und Institutionen um die Belange des Viertels kümmern und ihre Rechte kennen, und die in der Lage sind, sich auszudrücken und Konflikte zu moderieren. Damit reduzieren sich auch die Möglichkeiten für nachbarschaftliche Begegnungen. Das wiederum hat fortschreitende Fremdheit, wachsende gegenseitige Ablehnung und Vorurteile zur Folge.

Was hier dargestellt wird, kann man leicht nachvollziehen, wenn man durch die Straßen eines solchen Viertels geht: Sinkende Kaufkraft und zurückgehende Nachfrage führen zum *desincentivo*, zum Fehlen von Motivation – mit der Folge der Schließung von Geschäften und dem Abbau kultureller Angebote. Fehlen öffentliche und private Dienstleistungsangebote, die Präsenz der öffentlichen Verwaltung, Ärzte, Apotheken, soziale Einrichtungen, Freizeitangebote und Nahverkehrsmöglichkeiten, dann fühlen sich die Bewohner „abgehängt" und im Stich gelassen. Sie reagieren darauf mit zunehmender Distanz zum politischen System und steigender Verweigerung, sich etwa an Wahlen zu beteiligen.

Theoretische und praktische Relevanz des Themas 35

In Europa kommt – deutlich stärker als in Lateinamerika – ein weiteres Phänomen hinzu: Das Beispiel zahlreicher Wohnbezirke ostdeutscher Städte nach dem Zusammenbruch der DDR und der deutschen Wiedervereinigung 1989/1990 zeigt, wie eine solche Veränderung des Gesichtes des Viertels – im Konzert mit einem allgemeinen Prozess der sozialen Desintegration – dazu beigetragen hat, den Boden für rassistische Parolen und ausländerfeindliche Aktionen zu bereiten.

Die beschriebenen Ausgrenzungsprozesse verlaufen allerdings nicht innerhalb kurzer Zeiträume, sondern stellen das Ergebnis eher mittelfristiger Entwicklungen dar. Deshalb ist es mit akuten, kurzfristigen Maßnahmen allein nicht getan. Ab einem bestimmten Grad sozialer Entmischung kann sich ein Viertel nicht mehr selbst helfen. Nötig wird eine konzertierte Aktion von Bewohnern, Gewerbetreibenden, Eigentümern im Stadtviertel und engagierten Kommunalpolitikern – aber auch anderen zivilgesellschaflichen Akteuren wie Kirchen, Vereinen, Initiativen und Wohlfahrtsverbänden.

3.3.1 Lebens- und Aktionsformen in lateinamerikanischen Armenvierteln

Als Antwort auf gewisse Idealisierungs- und Romantisierungstendenzen in der sozial- und vor allem auch der wirtschaftswissenschaftlichen Forschung Ende der achtziger, Anfang der neunziger Jahre, die – wie im Fall der Glorifizierung des informellen Sektors[19] – durchaus auch in einem funktionalen Kontext mit der Welle der neoliberalen „Revolutionen" in Lateinamerika stehen, erscheint es notwendig, auch kritischen Stimmen Gehör zu schenken: Eike Jakob Schütz betont zu Recht, dass die Abhängigkeit von Aktivitäten und Anstrengungen im Bereich des informellen Sektors in den Städten Lateinamerikas keine Dauerlösung im Sinn einer nachhaltigen Entwicklung darstellen kann. Sie konstituieren eher Überlebensstrategien, aus der Not geboren, Einzelkomponenten von prekären Systemen zur Subsistenzproduktion[20].

Die Zahl der Menschen, die unter den vorherrschenden sozialen, wirtschaftlichen und politischen Rahmenbedingungen und Strukturen ihre existentiellen Bedürfnisse (Grundbedürfnisse) nicht (mehr) befriedigen können, wächst ständig. Um unter den Bedingungen, die der Mehrzahl der Menschen aufgezwungen werden, überleben zu können, haben sich – aus der Not heraus – alternative Handlungsfelder, parallel zu den formalen

---

19 Der wichtigste Vertreter dieser Schule des „Neuen Weges", die Wirtschaftswachstum und soziale Entwicklung vor allem vom informellen Sektor, von Klein- und Kleinstunternehmen ausgehen sieht, mit den Armen als Motor für die Konsolidierung einer Gesellschaft, ist der peruanische Wirtschaftswissenschaftler und Unternehmer Hernando de Soto (DE SOTO 1992).

20 Der Begriff Subsistenzproduktion (Überlebensarbeit) wird hier – angelehnt an den Forschungsansatz der sogenannten Bielefelder Schule für Entwicklungssoziologie – im Sinne einer Produktion von Gebrauchswerten verstanden, bei denen – anders als bei der Lohnarbeit – das gesamte Risiko und die kompletten Reproduktionskosten auf den Schultern des arbeitenden Individuums und seiner Familienangehörigen lasten. Die Vorteile für den Staat und die formalen Wirtschaftsstrukturen, die sich aus einem derartig breiten Organisationsprozess weg von der Lohnarbeit hin zur „eigenverantwortlichen" Überlebensarbeit des isolierten Individuums ergeben, liegen auf der Hand: Die Verantwortung für die Reproduktion der Arbeitskraft wird völlig „privatisiert", während auf der anderen Seite die betroffenen Menschen durch den Erwerb von Grundnahrungsmitteln, Kleidung, sonstiger Konsumgüter und Dienstleistungen alles, was sie an Geldwerten erarbeitet haben, wieder in formale Markt- und Finanzstrukturen einfließen lassen müssen (SCHÜBELIN 1985, S. 161-163).

Strukturen entwickelt. Vielfach geht es bei diesen Prozessen um ein aus der Not geborenes Abkoppeln von den formalen Strukturen – und nicht so sehr um den Aufbau von Konkurrenzmärkten. Diese Überlebensstrukturen haben zunächst eine geographisch sehr begrenzte, lokale Wirkung (SCHÜTZ 2002).

Andererseits gibt es zahlreiche Überlappungen mit dem formalen Sektor. Jürgen Oestereich nannte diesen parallelen Bereich: „Nischen zum Überleben" (zitiert in SCHÜTZ 2002, S. 18). Zusammenfassend werden diese Handlungsfelder häufig als „informeller" Sektor bezeichnet. Die wohl wichtigste Überlappung zwischen informeller und formeller Ökonomie besteht in dem volkswirtschaftlichen Beitrag der Überlebensarbeit, die in einzelnen Staaten Lateinamerikas bis zu 70% des Bruttoinlandsproduktes ausmacht (VICHERAT 2002). Gemeint ist damit aber durchweg nur ein Teilbereich, nämlich der informelle Wirtschaftssektor. In allen das Leben (also Produktion und Reproduktion) und das Zusammenleben (Kommunikation, Organisation und Sozialstruktur) betreffenden Bereichen in den *barrios* der Armen sind diese Formen „informeller" Arbeit dominierend. Die Tatsache, dass solche informellen Produktions- und Reproduktionsabläufe in allen Realitäten urbaner Armut – in der einen oder anderen Weise – festzustellen sind, unterstreicht ihre strukturelle Bedeutung. Zu beobachten ist, dass in der Regel in allen *squatter*-Siedlungen auch die Frauen – genauso wie die heranwachsenden Kinder und Jugendlichen – zum Lebensunterhalt der Familie beitragen müssen, denn der Verdienst des Mannes reicht zum Überleben der Familie nicht aus. Auch gibt es zahlreiche „vaterlose" Familien. Damit die Frauen in der Lage sind zu arbeiten, ist es notwendig, Systeme zu entwickeln, um jüngere Kinder beaufsichtigen und versorgen zu können. Zu diesem Zweck werden von den Bewohnern vielfach selbst Formen zu Kinderbetreuung bis hin zu regelrechten Kindergärten organisiert. Dafür übernehmen häufig Mütter aus der *comunidad* die Verantwortung (SCHÜTZ 2002, S. 18-19).

Ein weiteres wichtiges Beispiel für derartige parallele Organisationsformen bildet der Bereich der Abfallbeseitigung: In den meisten Fällen sind *squatter*-Siedlungen nicht in das System der öffentlichen Müllabfuhr einbezogen. Deshalb muss auch die Müllbeseitigung in Selbsthilfe erfolgen. Da dadurch vor allem Infektionskrankheiten, von denen besonders die Kinder bedroht sind, vermieden werden, handelt es sich dabei um eine außerordentlich wichtige präventiv-medizinische Maßnahme (SCHÜTZ 2002, S. 18-19).

Sehr bekannt geworden sind in Lateinamerika im Kontext mit urbanen Selbsthilfeinitiativen auch verschiedene Formen der gemeinschaftlichen Nahrungszubereitung, die so genannten *ollas comunes*. Sie sind vor allem dann notwendig, wenn Frauen darauf angewiesen sind, außerhalb des Armenviertels zu arbeiten – oder, wenn für die individuelle Nahrungszubereitung schlicht die finanziellen Mittel fehlen. Die *ollas comunes* ermöglichen es einigen Frauen, als Köchinnen zu arbeiten, sie werden von der Gemeinschaft bezahlt. Die Nahrungsmittel können im Großeinkauf billiger erstanden werden. Auch ist eine hygienischere Essenszubereitung möglich. Gemeinschaftsküchen bildeten vor allem in den siebziger und achtziger Jahren den Einstieg für weitere Selbsthilfeaktivitäten der *comunidad* (HARDY 1987; SCHÜBELIN 1992, S. 39-44; CONCHA & SALAS 1994).

In *squatter*-Strukturen können in der Regel weder Polizei noch Justiz Recht und Sicherheit garantieren. Vielfach sind Armenviertellandschaften rechtsfreie Räume, in die Vertreter staatlicher Institutionen nur selten vordringen. Deshalb sind die Siedler darauf angewiesen, eigene Regeln und Schutzmechanismen zu entwickeln, beispielsweise Wachdienste zu organisieren, an denen sich alle Bewohner beteiligen müssen. Gewählte Komitees sprechen Recht, zum Beispiel in Grundstücksangelegenheiten oder bei Trunkenheits-, Gewalt- und Eigentumsdelikten, die sich innerhalb des Viertels abgespielt haben. Männer oder Frauen, die ihre Familien verlassen haben, werden verpflichtet, für diese zu sorgen. Wer notorisch gegen die von den Siedlern vereinbarten Regeln verstößt, wird aus der Gemeinschaft ausgestoßen und muss das Viertel verlassen. Angesichts der fehlenden Präsenz staatlicher Institutionen und Ordnungskräfte (Polizei) in einer Vielzahl von urbanen Armenviertelsektoren Lateinamerikas, zählen viele *squatter*-Bewohner seit langem bei der Lösung von Gewaltproblemen in ihrem Wohnumfeld nicht mehr auf die Unterstützung durch staatliche oder kommunale Autoritäten. Stattdessen entwickeln sie entweder individuell oder als Gruppen und Nachbarschaftsorganisationen Strategien zur Eindämmung der Gewalt und zur Befriedigung ihrer Sicherheitsbedürfnisse.

Die kollektiven Strategien zur Kontrolle von Kriminalität und Gewalt sind vor allem dann erfolgreich, wenn eine positive Einstellung gegenüber der eigenen Siedlung überwiegt, also auch eine Identifikation mit dem Wohnumfeld. Auf der anderen Seite fördert die Erfahrung sozialer Ausgrenzung und Isolierung sowie das Gefühl von Atomisierung und gegenseitigem Misstrauen individuelle und vielfach extreme Gegenreaktionen wie beispielsweise die eigene Bewaffnung oder eine Haltung des Sichverschanzens in den eigenen vier Wänden. Dieses Verhalten ist in der Regel nicht nur wenig effektiv, sondern beschwört stattdessen eher die Gefahr einer Eskalation von Gewalt herauf [21] (SPERBERG & HAPPE 2000, S. 53).

Einen weiteren wichtigen Themenbereich bildet in diesem Zusammenhang die Frage nach dem Zugang zum Immobilienmarkt. Vielen Familien ist wegen ihrer Armut dieser Grundstücksmarkt verschlossen. Auf legalem Wege hätten sie keine Chance, an ein bebaubares Terrain zu kommen. Unter dem Druck prekärer und völlig überbelegter, vielfach nur provisorischer Wohnbedingungen (etwa als *allegados* – „Hinzugekommene"), bleibt

---

[21] Im Fall der Armenviertelsiedlungen an der Südperipherie von Santiago, die – wie La Pintana – Teil dieser Untersuchung bilden, bestehen die von den *pobladores* individuell angewandten Strategien zur Verteidigung gegen Gewalt und Kriminalität vor allem darin, allen denkbaren Risikosituationen auszuweichen. Diese Strategie einer derart defensiven Risikovermeidung ist das Ergebnis eines hohen Maßes an Misstrauen gegenüber Nachbarn und Mitbewohnern und des Fehlens von Kommunikationsmechanismen, die im Augenblick einer Aggression Schutz und Hilfe bedeuten könnten. Vor allem in La Pintana zeigt sich, dass eine der Spätfolgen der Zwangsumsiedlungen von *pobladores* in den Süden Santiagos zu Beginn der achtziger Jahre darin besteht, dass bis zum heutigen Tag kein Nachbarschaftsbewusstsein und keine Selbsthilfetradition wachsen konnten.

ihnen nichts anderes übrig, als brachliegendes Land zu besetzen. Dies ist ihre einzige Chance, sich einen Ort zum Wohnen zu erkämpfen.

Die meisten dieser Landbesetzungen sind das Ergebnis einer sorgfältig organisierten und vielfach von langer Hand vorbereiteten Überraschungsaktion. Die Gruppe der beteiligten Familien hat sich darauf vorbereitet, gemeinschaftlich gegen eine Vertreibung Widerstand zu leisten. Ihre Aktion ist zwar nach den juristischen Kriterien des Eigentumsrechtes illegal, allerdings stellt sie im Sinne der meisten Verfassungen der Staaten Lateinamerikas kein Unrecht dar, da das Menschenrecht auf Obdach als juristisches Gut höher bewertet wird als das individuelle Eigentumsrecht, das, anders als beispielsweise der Artikel 14 im Grundgesetz der Bundesrepublik Deutschland, nicht mit einer sozialen Verantwortung verknüpft ist. Durch Einfallsreichtum und Geschick der Siedler gelingt es oftmals, ansonsten ungenutzte Flächen (wie beispielsweise Baulücken, Abraumhalden, Bahndämme, Böschungen und die Umgebung von Abwasserkanälen) als Siedlungsflächen zu gewinnen (SCHÜTZ 2002).

Die *pobladores* (*squatter*-Bewohner) sind fast immer gezwungen, ihre Hütten auf einem Gelände zu errichten, für das sie keine juristischen Eigentumstitel besitzen, von dem sie theoretisch also jederzeit wieder vertrieben werden können. Selbstredend verfügen sie über keine Baugenehmigung und über keinen legalen Zugang zu Strom, Wasser und Abwasser. Ihre Hütten errichten sie selbst und mit Unterstützung ihrer Nachbarn. Als Baumaterial werden häufig Abfallmaterialien aus Holz, Blech und Pappe verwendet (SCHÜTZ 2002). Diese neu entstandenen Siedlungen haben nur eine geringe Chance, an die sanitäre und kommunale Infrastruktur angeschlossen zu werden. Lateinamerikanische Kommunen optieren dafür, ihre wenigen Mittel bevorzugt in die Siedlungen der Wohlhabenden und der Mittelklasse zu investieren, aus denen sich auch die kommunalen Eliten rekrutieren und deren Bewohner in der Lage sind, ihre Lobbyinteressen durchzusetzen.

Die Bewohner von *squatter*-Siedlungen verfügen nur in den seltensten Fällen über die Mittel, um die Gebühren für kommunale Dienstleistungen und Infrastrukturanbindungen aufzubringen[22]. Deshalb muss auch die lebensnotwendige Infrastruktur in Selbsthilfe geschaffen werden. Dies geschieht durch das Anzapfen öffentlicher Strom- und Wasserleitungen, das gemeinschaftliche Anlegen von Wegen, den Bau von Latrinen und von Räumen für Kindergärten, Schulen oder Sozialzentren – jeweils in kooperativer Selbsthilfe (SCHÜTZ 2002, S.18-19). Diese Form der gemeinschaftlichen Arbeit wird in Lateinamerika – je nach Region und Tradition – entweder *minga, ayni, mutiral, convite* u. a. genannt. In fast allen Spontansiedlungen gibt es vielfältige Organisationsnetze: Nachbarschaftsverbände *(juntas de vecinos)*, Wach- und Sicherheitskomitees, informelle Fußballclubs,

---

[22] Eine gewisse Ausnahme von dieser Regel bilden beispielsweise in Santiago de Chile private Busunternehmen, die – motiviert durch die mögliche Erschließung neuer Fahrgastgruppen – bereit sind, relativ schnell *squatter*-Sektoren in ihre Routen aufzunehmen, da klar ist, dass sich die Menschen auf der Suche nach Arbeitsmöglichkeiten von der Peripherie ins Zentrum bewegen müssen und dafür bereit sind, auch relativ hohe Fahrpreise zu bezahlen. Dafür sind Busunternehmen auch bereit, ihre Fahrer immer wieder erheblichen Risikosituationen auszusetzen.

Jugend- und Kulturgruppen etc. Diese Organisationsstruktur ist heute – im Gegensatz zu früheren Jahren – nicht ideologisch oder parteipolitisch geprägt, sondern territorial (Wohngebiet, Nachbarschaft, Sektor) und problemorientiert (Komitees für Gesundheit, Jugend, Wohnbau etc.). In diesen Organisationen spielen Frauen eine stärkere Rolle als in anderen Bereichen der Gesellschaft (SCHÜTZ 2002, S. 18-19). Solche *pobladores*-Organisationen sind in vielen Ländern Lateinamerikas zu einer unübersehbaren politischen Kraft geworden. Vielerorts haben sich die Siedler- und Selbsthilfegruppen auf der Ebene der Kommune oder auch landesweit zu Föderationen zusammengeschlossen und bilden so soziale Bewegungen, die selbstbewusst und klar ihre Ziele im Zusammenhang mit der Verbesserung der Lebenssituation in Armenvierteln verfolgen[23]. Neu an diesem Prozess ist, dass sich hier zuerst die lokalen Gruppen der Betroffenen bilden, Selbsthilfeerfahrungen gesammelt werden und erst in einem zweiten Schritt Organisationen zweiten und dritten Grades entstehen. Diese Abfolge steht im Gegensatz zur Genese von Parteien, bei denen ein ideologischer Rahmen am Beginn des Prozesses steht und sich lokale Strukturen erst in einer fortgeschritteneren Phase konstituieren.

In den herkömmlichen lateinamerikanischen Massenmedien werden die Probleme der Armen entweder überhaupt nicht oder häufig aus einer verzerrenden Perspektive (Gewalt und Kriminalität) dargestellt. In vielen Armenviertelsiedlungen produzieren die Bewohner daher selbst ihre schriftlichen Kommunikationsinstrumente – etwa als vervielfältigte Blätter. In diesen *barrio*-Zeitungen orientiert sich der Inhalt an den Problemen und Geschehnissen des Viertels, zeigt diese aber häufig auch in ihrem Zusammenhang mit der allgemeinen nationalen Problematik und den strukturellen Armutsproblemen. Diese alternativen Formen der Kommunikation werden seit den achtziger Jahren durch Lokalradio-Projekte ergänzt, die den Anliegen der Armenviertelbewohner eine Stimme, die über den eigentlichen Bereich der Siedlung hinausreicht, geben konnten[24] (SCHARLOWSKI 1999).

Zur Ausformung einer gemeinsamen Identität der Bewohner eines solchen *squatters* spielen kulturelle Aktivitäten eine ganz entscheidende Rolle. Die wichtigsten Komponenten dabei sind Musik und Theater. Die Stücke werden selbst geschrieben, inszeniert und gespielt. Sie sind immer unterhaltend und haben in der Regel eine Botschaft. Sie ziehen Probleme und Ereignisse aus der Geschichte und dem Leben im Viertel in das Spiel mit ein. Da kein Geld für aufwändige Requisiten und Kostüme vorhanden ist, muss sehr viel Phantasie aufgewendet werden, um diese zu ersetzen. Das Theater hat eine starke gemeinschafts- und bewusstseinsbildende Wirkung, besonders wenn man selbst beteiligt ist (SCHÜTZ 2002, S. 18-19).

Immer wieder gibt es auch Beispiele für eigene Lieder, die Episoden aus der „Gründerzeit" der *población* beschreiben. Vielfach werden Feste, Jahrestage der *toma*, der il-

---
23 Zu erwähnen ist hier vor allem das brasilianische *movimento sem casa*, das analog zum *movimento sem terra* (MST) mit Grundstücksbesetzungen auf strukturelle Armutsprobleme im Zusammenhang mit der Habitat-Situation in der brasilianischen Gesellschaft aufmerksam machen möchte.
24 Bekannt geworden sind in Lateinamerika vor allem die von Nachbarschaftsorganisationen gegründeten Lokalradioprojekte in La Victoria (Santiago de Chile) oder *radio favela* (Belo Horizonte, Brasilien).

legalen Landbesetzung, Weihnachten, Neujahr gemeinsam begangen, Aktivitäten zum Nationalfeiertag ausgerichtet, etc. Dabei sind jedoch klare Unterschiede zwischen denjenigen Vierteln zu erkennen, die aus einer gemeinsamen Geschichte ihrer Bewohner, also einer *toma*, sprich dem Kampf um das Recht auf Wohnen, hervorgegangen sind und denjenigen, deren Genese entweder in Zwangsumsiedlungen oder einem allmählichen, individuellen Ansiedlungsprozess von Wohnungslosen liegt. Auch in anderen Bereichen, die alle im weitesten Sinne zur Reproduktion zu zählen sind, wie der bereits erwähnten Vorschulbetreuung, aber auch religiösen Aktivitäten und der Basisgesundheitsversorgung lassen sich ähnliche Phänomene ausmachen.

Sieht man diese zahlreichen und sehr verschiedenartigen Organisations- und Selbsthilfeprozesse nicht isoliert, sondern als System, dann wird deutlich, dass informelle Strukturen und Aspekte nicht nur im Zusammenhang mit produktiven – auf den Gelderwerb und die Subsistenzsicherung ausgerichteten – Aktivitäten zu suchen sind. Einige grundsätzliche Merkmale sind offenbar in allen angesprochenen Lebensbereichen festzustellen. Sie sind insofern struktureller Art: Entsprechende Aktivitäten finden in für den Einzelnen überschaubaren, geographisch begrenzten Räumen statt. Sie sind lokal orientiert. Ihr Maßstab ist ebenfalls überschaubar. Es handelt sich um direkte Antworten auf vorhandene Probleme, die ihre Grundlage nicht in der Theorie, sondern in der Erfahrung haben. Sie sind also konkret und nicht abstrakt.

Die für all dies zur Verfügung stehenden Mittel sind beschränkt. Dies führt zu arbeitsintensiven und ressourcensparenden Produktions- und Verhaltensweisen. Gemeinschaftliches Tun, Nachbarschaftshilfe, begründet auf dem Prinzip der Gegenseitigkeit, erhält eine neue, starke Bedeutung. Die Organisationsformen sind netzartig, weniger hierarchisch. Die von einem Problem Betroffenen sind gleichzeitig die Handelnden. Die strikte Aufgabenteilung zwischen Mann und Frau ist weitgehend aufgehoben. Die Handlungsweisen und organisatorischen Abläufe sind in hohem Maße flexibel, also anpassungsfähig (SCHÜTZ 2002).

Man könnte aus dem Gesagten folgern, dass all diese „alternativen" Lebens- und Handlungsformen nachgerade idyllische Perspektiven von Basisdemokratie und einer sich selbsttragenden Entwicklung – ausgehend von den Ärmsten – erschließen. Diese Schlussfolgerung wäre falsch. Noch immer geht es bei diesen *squatter*-Bildungsprozessen um einen Kampf ums Überleben, die geschaffenen Selbsthilfestrukturen sind äußerst labil und gefährdet, sie sind nicht in der Lage, neuerliche Verelendungsprozesse, ausgelöst durch makroökonomische Krisenentwicklungen und politische Gewichtsverschiebungen aufzuhalten. Sie ändern – so unverzichtbar sie für die Betroffenen auch sind – nichts Grundsätzliches an den prekären Produktions- und Reproduktionsbedingungen der Armenviertelbewohner. Ihre eigentliche Bedeutung liegt im Potenzial von *collective self-reliance*-Prozessen, also der Entwicklung eines kollektiven Selbstbewusstseins von Menschen in Lebenssituationen extremer Armut, wie sie die Süd-Süd-Kommission unter Julius Nyerere beschrieben hat (NOHLEN & NUSCHELER 1992, S. 472).

Der Eindruck verfestigt sich, dass all diese Manifestationen von Selbsthilfeinitiativen – anders als etwa Schütz schlussfolgert – keinen politisch motivierten Widerstandsakt „gegen die formalen Strukturen, die übermächtig sind, weil sie die Gesetze und die Macht, diese durchzusetzen, auf ihrer Seite haben" (SCHÜTZ 2002, S. 18-19) darstellen. Vielmehr antworten die Betroffenen mit ihren Aktionen notgedrungen auf ein Vakuum, das die Abwesenheit staatlicher Akteure und entsprechender sozial- und ordnungspolitischer Rahmenbedingungen und Konzepte geschaffen hat. Schütz ist zuzustimmen, wenn er beobachtet, dass es sich bei den Armen in den Städten Lateinamerikas keinesfalls um eine lethargische, fatalistische, inaktive und nur auf Hilfe von außen wartende Bevölkerungsgruppe handelt. Unter großen Anstrengungen, vielen Opfern und mit sehr viel Kreativität beteiligen sich diese Menschen an der Umgestaltung der eigenen sozialen Verhältnisse (SCHÜTZ 2002).

In der jüngeren entwicklungspolitischen Forschung hat sich jedoch zunehmend die ernüchternde Einsicht durchgesetzt, dass all diese Überlebensstrategien nur zum Teil einen Beitrag zur sozialen Nachhaltigkeit in urbanen Ballungszentren zu leisten vermögen. Auch in ihrer Kumulation (produktive und reproduktive Selbsthilfeinitiativen gemeinsam) sind sie keine Garantie für eine dauerhafte Lösung – also für eine tatsächliche gesellschaftliche Integration, für Chancengleichheit und für Verbesserung der Lebensqualität dieser Menschen aus Armenviertelsektoren.

Eine unverzichtbare zweite Komponente auf dem Weg zur sozialen Nachhaltigkeit bildet die Wiederentdeckung und Stärkung der Rolle von staatlichen – in diesem Fall vor allem von kommunalen – Institutionen bei sozialen Planungs- und Steuerungsprozessen. Auch in diesem Zusammenhang muss das neue Paradigma *good governance* heißen. In der Essenz bedeutet dies nichts anderes als eine „entwicklungsorientierte Regierungsführung", die in der Lage ist, die Relevanz der sozialen Rolle von Stadtplanung durchzusetzen. Ohne funktionierende Institutionen gibt es keine Entwicklung[25] (FAUST 2002, S. 277-280). Neu an diesem Ansatz ist jedoch der Gedanke der Bürgerbeteiligung, der breiten und tatsächlichen Partizipation der Betroffenen an den für ihre Lebens- und Umweltbedingungen relevanten Entscheidungen. Durch die oben beschriebenen, vielfältigen Organisationserfahrungen und *collective self-reliance*-Prozesse hätten die Menschen – in einem politischen System, das *good governance*-Kriterien gerecht wird – die Möglichkeit, sich, um mit der Bielefelder Schule für Entwicklungssoziologie zu sprechen, in eine „strategische Gruppe" von Akteuren, die gemeinsame „Appropriationschancen" teilen, zu entwickeln (BIERSCHENK 2002, S. 273-276).

---

25 Der Hintergrund für diese Überlegung besteht in der Einsicht, dass Marktprozesse mit ihrem Konkurrenzprinzip (wie wir gesehen haben, sind auch *squatter*-Ansiedlungen Ergebnisse von Markt- und Bodenpreisentwicklungen) nicht aus sich heraus funktionieren, sondern nur im Rahmen einer Marktverfassung, die ihnen die Politik setzen muss. Sie benötigen Spielregeln, die verhindern, dass der Stärkere – oder der Gerissenere – seinen Vorteil durchsetzt. Der Markt, allein gelassen, entwickelt eine Tendenz, sich selbst abzuschaffen, zu hemmungsloser Gewinnorientierung, um zum Kartell der jeweils Mächtigsten zu entarten (FAUST 2002).

3.3.2 Selbsthilfeinitiativen und Kosten sparende Wohnungsbauprogramme

Vor dem Hintergrund der unaufhaltsam expandierenden Armenviertellandschaften an der Peripherie der urbanen Ballungszentren Asiens, Afrikas und Lateinamerikas sowie der relativ geringen Wirkung bisheriger *low cost housing*-Strategien (SCHMIDT-KALLERT 1990, S. 118) stellte die von den Vereinten Nationen Mitte 1975 in Vancouver ausgerichtete HABITAT I-Konferenz einen Wendepunkt in der Wohnungspolitik für untere Einkommensschichten dar. Erstmals wurde in Vancouver auf einer UN-Konferenz das Recht auf menschenwürdiges Wohnen als gleichberechtigtes Grundrecht postuliert. Die von der HABITAT I-Konferenz empfohlene offizielle Strategie forderte jetzt allerdings die systematische Einbeziehung von Selbsthilfekomponenten (SCHOLZ & MÜLLER-MAHN 1993, S. 270) bei der Schaffung und Verbesserung von Wohnraum und der Basisinfrastruktur, durch die nicht nur die Kosten gesenkt, sondern auch die soziale Integration der Betroffenen – und damit die Nachhaltigkeit des entsprechenden Projektes – gefördert werden sollten (MERTINS 1984, zitiert in BÄHR & MERTINS 2000, S. 23).

Als Kriterien[26] dieses „neuen" Selbsthilfe-Konzeptes galten: Selbstverwaltung, Partizipation bei Planung, gemeinschaftliches Management und Durchführung der Maßnahmen, Verwendung einheimischer Baumaterialien, angepasster Technologien und Architektur – sowie Abwendung von einschränkenden Planungs- und Bauvorschriften (BÄHR & MERTINS 2000, S. 23). Partizipation der Zielgruppen wurde als „Schlüssel zum Erfolg" von Projekten erkannt. Es ist heute erwiesen, dass die seit annähernd vier Jahrzehnten angewandten Hilfskonzepte, nach deren Verständnis Entwicklung von „oben" initiiert, geplant und gesteuert werden kann *(social engineering)*, nicht den erwarteten Erfolg gebracht haben. Entwicklung und deren Nachhaltigkeit können nur über die aktive – und damit durchaus auch konfliktive – Beteiligung der betroffenen Menschen, d. h. nur durch Identifikation und Aneignung erreicht werden (NUSCHELER 1991). Auch im Weltentwicklungsbericht von 1990, sowie im Bericht der Süd-Kommission unter Julius Nyerere werden die Befriedigung der „Grundbedürfnisse" gleichberechtigt mit dem Recht auf einen Prozess des *self-reliant development* gefordert.[27]

Der erste Schritt dazu ist die Bildung von tragfähigen, selbstverantwortlichen Organisationen, die zu gemeinschaftlichem Handeln fähig sind und auch dazu, geeignete Instrumente entwickeln zu können. Solche Instrumente sind z. B. regelmäßige Zusammenkünf-

---

26 Diese Kriterien wurden vor allem von dem Architekten JOHN TURNER (1968) beeinflusst (zitiert in BÄHR & MERTINS 2000, S. 23, siehe auch TURNER 1978).
27 Die seit Ende der sechziger Jahre – übrigens nicht nur aus der *dependencia*-Theoriedebatte heraus – entwickelte Kritik an der bloßen Nachahmung des westlichen Entwicklungsweges mündete in die Forderung nach lokalen, eigenen, angepassten Konzepten der jeweiligen Entwicklungsländer. Strategien wie Dissoziation, autozentrierte Entwicklung, Armutsbekämpfung durch *collective self-reliance* oder ganz allgemein *self-reliance* stehen als Wegmarken für diese Diskussionsphase. Es verbanden sich damit vielfach zwar nicht direkt anwendbare Strategien, doch wurde der Blick oder das Empfinden dafür geschärft, dass Lösungen der akuten Probleme in den Entwicklungsländern „unten", d. h. bei den Betroffenen selbst und bei ihren Bedürfnissen ansetzen müssen (SCHOLZ & MÜLLER-MAHN 1993, S. 285).

te, im Konsens erarbeitete Diagnosen zu den prioritären Problemen eines Gemeinwesens, die eigene Suche nach Lösungsansätzen, gemeinsames Sparen, demokratische Entscheidungsfindung und Delegation von Aufgaben. Ziel ist dabei stets das Bewusstsein gemeinsamer Stärke und Verantwortung nach innen wie nach außen. Notwendig dafür sind das Erkennen der eigenen Probleme, die Fähigkeit zu ihrer Lösung und geeignete Rahmenbedingungen zur Lösungsrealisierung. In einer kritischen Betrachtung von BÄHR UND MERTINS (2000) wird deutlich, dass im Blick auf Wohnungsbaulösungen die „neuen" Projekttypen aber zunächst verdächtig oft den altbekannten gleichen. Die Strategie der *core housing*-Bauweise (BÄHR & MERTINS 2000, S. 22) rückt dabei jedoch bereits nach wenigen Jahren wieder in den Hintergrund und wird durch *sites and services*-Projekte[28] verdrängt, die Kosten sparender sind: Teilweise, wie z. B. in Santiago de Chile, Lima, Manila, Johannesburg und Durban, werden nur noch minimal oder gar nicht erschlossene Parzellen bereitgestellt (BÄHR & MERTINS 2000, S. 23).

Das Selbsthilfekonzept, von dem meistens nicht mehr als die Partizipation an den Arbeitsleistungen übrig geblieben ist, wurde in den folgenden Jahren ideologisch kontrovers diskutiert. Dessen ungeachtet avancierte Selbsthilfe in allen Ländern der Dritten Welt zum normativen Bestandteil der Wohnungspolitik für untere Sozialschichten (KUNTZE 1989, S. 98). Es hatte sich die Erkenntnis durchgesetzt: Informeller Wohnungsbau ist ein funktionales und daher tolerierbares „Ventil", um die einkommensschwachen urbanen Schichten bei geringen öffentlichen Kosten „unter Dach und Fach" zu bringen, zumal die Konsolidierung dieser euphemistisch „Selbstbaugebiete" genannten Viertel – und ihre Ausstattung mit einer gemeinschaftlich genutzten Infrastruktur – ebenfalls fast ausschließlich in Selbsthilfe erfolgt[29] (BÄHR & MERTINS 2000, S. 23).

3.3.3 Das Konzept der *Slums of Hope*

Generell werden urbane Landbesetzungen durch *squatter* (illegale Siedler) als Angriff auf das Privateigentum interpretiert und entsprechend mit Repression bekämpft. Das gilt in verstärktem Maße dann, wenn sich diese Landbesetzungen organisiert abspielen und mit einem hohen politischen Symbolwert behaftet sind – etwa wie am Beispiel der *sin casa*-Bewegung in Chile. Entstehen *squatter* als Ergebnis eines eher schleichenden Prozesses der „illegalen" Ansiedlung von Wohnungslosen, ist die polizeiliche Repression in

---
28 Bei dieser Variante wird von einer Kommunalverwaltung ein Grundstück erschlossen und in Kleinstparzellen aufgeteilt, die mit einer minimalen Infrastruktur ausgestattet werden, wie z. B. einem Trinkwasser- und Elektrizitätsanschluss, sowie befestigten Wegen. Diese Grundstücke werden an Familien mit niedrigem Einkommen verkauft, die dann auf eigene Verantwortung und Kosten ihre Hütten und kleinen Häuser errichten. Durch diese Strategie soll die Entstehung neuer, „wilder" Armenviertelsiedlungen verhindert werden. Vielfach hat sich jedoch gezeigt, dass diese Kleingrundstücke statt, wie geplant, von einer, bereits nach kurzer Zeit von vier bis fünf Familien besiedelt werden.
29 Als zusätzlicher Aspekt muss beachtet werden, dass, sobald die Familien ihre Grundstücke bezogen haben, für den Staat die Informalität endet: Jetzt werden Grundsteuerbescheide zugestellt, Anschlusskosten und monatliche Rechnungen für Strom, Wasser und Abwasser kassiert, sowie Müllgebühren erhoben. Das heißt, auf Menschen, die bisher in ihrem *squatter*-Kontext „gebührenfrei" lebten, kommen jetzt eintreibbare Belastungen zu, die vielfach die Möglichkeiten der Haushalte übersteigen. Denn, was sich verändert hat, ist zwar die Wohnsituation, aber nicht das Einkommen. Das hat oftmals ein Verlassen der neuen Wohnungen und die erneute Marginalisierung der Betroffenen zur Folge.

der Regel geringer – aber auch das öffentliche Interesse an der Situation der betroffenen Menschen.[30] Immer wieder wird zu Recht darauf hingewiesen, dass Slumbewohner – vor allem wenn sie Migranten aus einem ursprünglich ruralen Kontext sind – ihren „Aufbruch in die Stadt" als bewussten Schritt zur Verbesserung der eigenen Lage verstehen. Arbeit zu finden – und sei sie noch so prekär –, sich in der Stadt zu behaupten, bedeutet ein Erfolgserlebnis, wird als Lebensleistung begriffen. Und jene über die unmittelbare Subsistenz hinausgehenden Ziele, die der Migranten-Generation selbst unerreichbar sind, werden als Projektion und Perspektive auf die Kinder und Enkel übertragen (LLOYD 1979, zitiert in SCHULZE 1987).

Westliche Konzepte haben häufig zwischen den „edlen" und den „unwürdigen" Armen unterschieden. Die Ersteren akzeptieren die geltenden Werte der Gesellschaft und möchten sich verbessern, die Anderen lehnen diese Werte ab oder haben resigniert. In den Augen der Mittelschicht verdient die erste Gruppe eine Chance und entsprechende Unterstützung, die zweite Gruppe Bestrafung. Diesem Gegensatz entspricht das Begriffspaar *slums of hope* und *slums of despair* (Verzweiflung, Verelendung) (SCHULZE 1987).

Für viele Zuwandererviertel in Städten der Dritten Welt scheint die Bezeichnung *slums of hope* eher angemessen zu sein als der negative Gegenbegriff: Peter Lloyd beschreibt in seinem Buch „*Slums of Hope*" (1979) die im Gefolge von gut organisierten Landnahmen *(invasiones)* entstandenen *pueblos jóvenes* am Stadtrand von Lima als Wohnvororte einer dynamischen, ökonomisch aktiven, aufstiegsorientierten Bevölkerung, die mit aller Kraft darum kämpft, die eigene Armutssituation zu überwinden – und dafür auf beträchtliche eigenen Planungs- und Organisationspotenziale zählen kann (SCHULZE 1987).

Schon anderthalb Jahrzehnte zuvor hatten der Anthropologe MANGIN (1963) und der Architekt TURNER (1965) auf die Möglichkeit einer „progressiven Entwicklung" vom innerstädtischen Slumbewohner zu Mittelklasse-Vorortgründern aufmerksam gemacht. Motiviert durch die Vereinten Nationen haben sie neue Strategien zur schrittweisen Verbesserung der Wohnverhältnisse in Armenvierteln empfohlen, in denen die Legalisierung von Besitztiteln und die Unterstützung von Selbsthilfeanstrengungen der Bewohner eine wichtige Rolle spielen.[31]

---

30 Eine vollständige Vertreibung der *squatter* und Beseitigung der Slums wird zwar vielfach von den (ehemaligen) Eigentümern der entsprechenden Flächen, von sozioökonomisch besser gestellten Nachbarn oder Politikern gefordert, aber oft nur unter sehr großen Widerständen durchgesetzt. Eine vertriebene Gruppe versucht meist bereits nach kurzer Zeit in einer anderen Stadtgegend erneut eine Landbesetzung und in der öffentlichen Meinung tragen abstoßende Bilder von Repression und Brutalität in vielen Fällen zu einer Schwächung der politisch Verantwortlichen bei. So ist es oftmals leichter, Slums zu ignorieren oder hinter hohen Mauern zu verstecken. Auf Stadtplänen erscheinen Slums meist nicht oder nur in Form von unerklärbaren weißen Flächen (SCHULZE 1987).

31 TURNER entwirft an anderer Stelle (1968) ein dreistufiges Mobilitätsmodell, das versucht, die Aktionen und Handlungsdispositionen sozialer Aufsteiger zu systematisieren: a) Der *bridge-header* auf der unteren Ebene sucht als Neuankömmling in der Stadt zunächst nur sozialen und wirtschaftlichen Rückhalt. Einkommensbeschaffung hat Vorrang vor einer Verbesserung der Wohnverhältnisse. b) Der *consolidator* auf der mittleren Ebene ist der Prototyp des beruflich erfolgreichen Familiengründers. Er beteiligt sich an einer „illegalen" Invasion auf ungenutztem Staatsland nur, um eine Chance für Wohnraum für die eigene wachsende Familie zu erkämpfen und um Eigentum zu bilden. c) Der *status-seeker*, schließlich, dem der Aufstieg in die untere Mittelschicht geglückt ist, sucht seine Position zu sichern. Er arbeitet an

Doch dieses in erster Linie von John Turner entwickelte Wanderungs- und Mobilitätsmodell trifft vor allem auf die schnell wachsenden Megastädte Asiens, Afrikas und Lateinamerikas seit langem nur noch eingeschränkt zu. Angesichts des Migrationsdrucks auf die urbanen Ballungszentren – aber auch verursacht durch innerurbane Verschiebungen – haben sämtliche Wohnbereiche mit Bewohnern, die zu den niedrigen Einkommensgruppen gehören, die Funktion von Auffangquartieren für Neuzuwanderer übernommen, darunter auch bereits konsolidierte Hüttenviertel sowie soziale Wohnungsbausiedlungen (MERTINS 1985; BÄHR 1986). Die Vorstellungen Turners und die daraus ableitbare *squatter suburbanization hypothesis* lassen sich wie folgt zusammenfassen: Für neu in die Stadt kommende Migranten aus unteren Sozialschichten spielt die Nähe des Wohnstandortes zu möglichen Arbeitsstätten eine entscheidende Rolle. Als erster „Brückenkopf" in der Stadt werden daher Unterkünfte als Mieter bzw. Untermieter am Rande der City bevorzugt. Vielfach bilden diese Quartiere Teil von innerurbanen Slumlandschaften, *cités, conventillos,* heruntergekommene Straßenzüge mit einer prekären Bausubstanz. Erst wenn ein einigermaßen sicherer Arbeitsplatz mit regelmäßigen – wenngleich niedrigen – Einkünften gefunden ist, kann der oftmals mit der Familiengründung verbundene Wunsch nach einer eigenen Wohnung eine Wanderungsentscheidung in Richtung Stadtrand auslösen. Dabei wird in Kauf genommen, zunächst in einer behelfsmäßigen Hütte zu leben, die erst im Lauf der Jahre unter erheblichen Anstrengungen und Opfern weiter ausgebaut werden kann (BÄHR & MERTINS 1992).

Obgleich der Prozess der Landnahme als Gesamtereignis gegen geltende Eigentumsgesetze verstößt, respektieren die sich an der Besetzungsaktion beteiligenden Familien und Gruppen untereinander sehr penibel die jeweils zugeteilten Grundstücke und ihre Begrenzungen. Niemand anderes würde darauf siedeln. Derartige Regeln des Zusammenlebens werden umso konsequenter eingehalten, je homogener die Gruppe ist – und je konsolidierter ihr Organisationsgrad.

Interessant erscheint in diesem Zusammenhang, dass die auf den – innerhalb der Landbesetzergruppe zugeteilten Kleinstparzellen – erbauten Hütten als individueller – sprich privater – Besitz verstanden werden, es aber die Gemeinschaft der Armen ist, also die gesamte Gruppe, die den Fortbestand dieses Eigentums schützt. Die Antwort auf die Frage, ob wir es im jeweiligen Einzelfall mit einem *squatter of hope* zu tun haben, lässt sich nicht empirisch präzise beantworten. Allerdings ist in vielen Fällen eine Dynamik zu beobachten, durch die deutlich wird, dass die Bewohner von Slumsiedlungen, die auf der Grundlage einer Landnahme entstanden sind, oftmals bereits aus eigener Kraft zahlreiche Verbesserungen für die Wohn- und Lebenssituation des *squatter* erkämpft haben (z. B. selbstorganisierte Systeme zur Trinkwasserverteilung, informelle Stromversorgung,

---

seinem Haus, versucht, es zu vergrößern, bemüht sich um die Ausbildung seiner Kinder und ist auf sein Image bedacht. Er beginnt, sich um prestigeträchtige Aufgaben und Ämter innerhalb der Siedlung zu bemühen und greift verstärkt nach den Statussymbolen der Mittelschicht (SCHULZE 1987).

Müllbeseitigung und Gemeinschaftsinfrastruktur), ehe erste Maßnahmen staatlicher und kommunaler Instanzen einsetzten.

Die wirtschaftliche Krise der achtziger Jahre hat diese Entwicklungstendenzen noch verstärkt. ECKSTEIN (1990) fasste diesen Sachverhalt in ironischer Umkehrung eines zentralen Begriffspaares aus der Stadtentwicklungsdiskussion der sechziger und siebziger Jahre zusammen: Sie spricht nicht mehr von *slums of despair* im Zusammenhang mit innerstädtischen (Getto)-Wohngebieten und *slums of hope* im Hinblick auf die *squatter settlements*, sondern von *innercity slums of hope* und *squatter settlements of despair* (BÄHR & MERTINS 1992). Zum entscheidenden Parameter wird in diesem Konzept also nicht mehr in erster Linie die Frage nach der materiellen Befriedigung des Grundrechts auf Habitat sondern die Chance auf Integration der betroffenen Armenviertelbewohner in die urbane Gesellschaft.

Allen derartigen Siedlungsformen gemeinsam ist, dass sich – parallel zu einer gewissen Konsolidierung – sowohl in den *squatter settlements* wie auch in den semilegal entstandenen Siedlungen ein Bodenmarkt entwickelt. Sehr oft werden ursprünglich besetzte Grundstücke an Dritte verkauft, ohne dass die Eigentumsverhältnisse endgültig abgesichert sind. Dabei treten zwei Gruppen von Verkäufern auf: Zum einen gibt es in fast allen Hüttenvierteln Bewohner, die sich nur deshalb an einer Landbesetzungsaktion beteiligen, um eine Wertsteigerung des Terrains abzuwarten und später das Grundstück oder Haus mit Gewinn weiter zu veräußern. Sie werden daher als *professional squatters* oder *squatter speculants* bezeichnet (GILBERT & WARD 1985, S. 100, zitiert in BÄHR & MERTINS 1992). Zum anderen kommt es häufig aber auch zu Verkäufen aufgrund wirtschaftlicher Notsituationen, sei es, dass die Erstbewohner, die mit der allmählichen Urbanisierung und Infrastrukturverbesserung auf sie zukommenden Kosten nicht mehr tragen können, sei es, dass eine persönliche Krisensituation einen Verkauf erzwingt (ENGELHARDT 1989).

Im Ergebnis bedingt die Bevölkerungsfluktuation eine Verschiebung der Sozialstruktur in Richtung einkommensstärkerer Gruppen. Diese Zuwanderer sind in höherem Maße dazu fähig, in relativ kurzer Zeit die Qualität ihrer Häuser zu verbessern, so dass sich der Konsolidierungsprozess der Siedlung beschleunigt. Den Abwanderern hingegen bleibt nur die Alternative, in ungünstiger gelegenen Siedlungen ein Grundstück zu suchen bzw. zu besetzen (BÄHR & MERTINS 1992, S. 367).

3.4 Das Menschenrecht auf Wohnen und das Recht auf Wohnzufriedenheit

Lange Zeit konzentrierte sich die Diskussion um die Befriedigung des Grundrechtes auf menschenwürdiges Wohnen darauf, materielle Bedingungen und Mindeststandards zu definieren – sowie ein stärkeres staatliches Engagement bei der Bereitstellung von Wohnraum zu fordern, ohne die psychologisch-emotionale Dimension des Themas in ihrer ganzen Bedeutung zu erkennen[32]. Heute ist jedoch klar, dass es für das Erreichen von sozialer Nachhaltigkeit in urbanen Räumen unabdingbar ist, diesem Aspekt sowohl in der sozialwissenschaftlichen Forschung als auch bei politischen Entscheidungsprozessen gerecht zu werden. TRIEB und andere Autoren (1986) gehen davon aus, dass die psychologische Situation des Menschen sowie seine kreativen Fähigkeiten eines interessanten, attraktiven Umfeldes bedürfen, das auch in der Lage ist, ästhetische Bedürfnisse zu erfüllen, um so seinen Bewohnern immer wieder die Kraft für den täglichen Kampf um das Überleben und für die Entwicklung ihrer eigenen kreativen Möglichkeiten zu geben (TRIEB et al. 1986). Wohnzufriedenheit ist also das Ergebnis eines dynamischen Prozesses, bei dem gewisse objektive Eigenschaften[33] der persönlichen Wohnsituation und des Wohnumfeldes durch das Individuum bewertet werden (AMÉRIGO 1994). Das Ergebnis dieser Bewertung – also der Grad an Wohnzufriedenheit – beschreibt einen affektiven Zustand mit positivem Charakter, den das Individuum gegenüber seinem Wohngebiet empfindet und der dazu beiträgt, verschiedene Verhaltensweisen zu entwickeln, um die wahrgenommene Affinität gegenüber dem Wohnumfeld zu erhalten oder gar weiter zu erhöhen[34].

Auch für TOGNOLI (1987) und WIESENFELD (1994) ist dieser Prozess voller Dynamik: Wohnzufriedenheit kann entweder wachsen – oder verloren gehen. Die Zunahme von Wohnzufriedenheit spiegelt also auch das Ergebnis eines Anpassungsprozesses des Individuums an sein Wohnumfeld wider. Für beide Autoren ist es Ziel jeder Verhaltensweise, die ein Individuum im Zusammenhang mit seinem Wohnumfeld entwickelt, eine affektive Harmonie zwischen sich und der Umgebung zu erreichen. Wohnzufriedenheit wird hier also als ein Gleichgewichts-Zustand zwischen dem Nutzer und dem konstruierten Raum begriffen, zwischen den Bedürfnissen und Wünschen der Menschen und der realen Wohnsituation (TOGNOLI 1987; WIESENFELD 1994, zitiert in AMÉRIGO 1995, S. 54).

Haramoto geht noch einen Schritt weiter: Für ihn ist Wohnzufriedenheit eben nicht nur die Wahrnehmung, sondern vor allem auch die Bewertung der Bestandteile einer menschlichen Siedlung durch ihre Bewohner und die von außen kommenden Beobachter. Eine wichtige Rolle bei dieser Bewertung spielt die Interaktion zwischen den Menschen und der baulichen Infrastruktur sowie der Gestaltung des weiteren Wohnumfeldes. In den Abläufen und unterschiedlichen Phasen dieser Interaktion bilden sich Bedeutungshierarchien der verschiedenen sozialen, kulturellen, ökonomischen und politischen Variabeln

---

32 Der Bericht der Nord-Süd-Kommission für Entwicklungsfragen nennt beispielsweise folgende Prioritäten für die Lösung von Habitat-Problemen in den Ländern des Südens: die Notwendigkeit, Kosten und Mieten niedrig zu halten; die Bereitstellung von Dienstleistungen der öffentlichen Hand, um soziale Wohnungsbauprojekte anzustoßen; die Sicherung des Besitzes entsprechend des örtlichen Bodenrechtes; die Nähe zu vorhandenen Arbeitsplätzen und anderen sozialen Einrichtungen (Brandt-Report 1981, S. 74 ff.).
33 Unter „objektiven Eigenschaften" eines Wohngebietes versteht man in diesem Kontext jene Merkmale, die sich nicht aus der Bewertung des Individuums oder des Beobachters ergeben (WEIDEMANN & ANDERSON 1985, zitiert in AMÉRIGO 1995; AMÉRIGO 1994; HOURIHAN 1984). Für Gifford entsteht Wohnzufriedenheit dann, wenn die Präferenzen und persönlichen Vorlieben eines Individuums mit den baulich-räumlichen Eigenschaften seines Wohnquartiers übereinstimmen (zitiert in AMÉRIGO 1994).
34 Proshansky definiert Wohnzufriedenheit etwas niedrigschwelliger als das Fehlen von Klagen, die auch dann nicht vorgetragen werden, wenn die Möglichkeit besteht, Kritik zu äußern (PROSHANSKY 1983).

heraus (HARAMOTO 1992).³⁵ Auf den Kontext der vorliegenden Untersuchung bezogen, würde das bedeuten, dass bei einem Übergang von einem Überlebensszenarium *sin casa*, als *allegados* oder illegale Siedler hin zu einer Basislösung im Rahmen eines sozialen Wohnungsbauprogramms mit einem „festen Dach über dem Kopf", zunächst ein hoher Grad an Wohnzufriedenheit erreicht würde, der aber bereits nach kurzer Zeit angesichts des prekären Zustands der Wohnung, der übernommenen finanziellen Belastungen, der isolierten Lage der Wohnsiedlung und ihrer neuerlichen Verwahrlosung absorbiert würde.

3.4.1 Bedingungen für die Schaffung neuer „Wohnumwelten"

In der Allgemeinen Erklärung der Menschenrechte der Vereinten Nationen vom 10. Dezember 1948 wird in Artikel 25 ganz grundsätzlich, aber nachdrücklich für jeden Menschen das Recht auf eine Wohnung gefordert.³⁶ Erst drei Jahrzehnte später wird diese Grundsatzerklärung durch die Definition von Prioritäten bei der Einhaltung gewisser Mindeststandards für Wohnräume präzisiert (vgl. ILO 1976). Bei der Definition der *basic needs*, der menschlichen Grundbedürfnisse, heißt es in den Grundlagendokumenten der UN-Organisationen FAO, WHO, UNESCO und ILO (1976): Die Befriedigung der Grundbedürfnisse eines Menschen besteht in der Deckung grundlegender Erfordernisse wie Nahrung, Wohnung, Kleidung. Außerdem gehört dazu die Bereitstellung von lebenswichtigen Dienstleistungen wie gesundem Trinkwasser, sanitären Einrichtungen, Transportmitteln, Gesundheitseinrichtungen und eine angemessen entlohnte Arbeit für jeden erwerbsfähigen und arbeitswilligen Menschen. Zudem soll die Befriedigung der Grundbedürfnisse in einer gesunden, humanen und ausreichenden Umwelt erfolgen, die auch eine Beteiligung der Bewohner an allen Entscheidungen möglich macht, die ihr Leben, ihr Auskommen und ihre individuellen Freiheiten betreffen (vgl. ILO 1976).

Basierend auf der *global shelter*-Strategie der Vereinten Nationen von 1988 (Verpflichtung der Regierungen zum Schutz des Wohn- und Wohnumfeldbereichs) und der Agenda 21 der UN-Umweltkonferenz von 1992 in Rio de Janeiro (Forderung nach gesetzlichem Schutz der Bevölkerung vor Vertreibung aus ihrer Wohnung oder von ihrem Land) sollte auf der HABITAT II-Konferenz im Juni 1996 in Istanbul eine Bilanz der weltweiten Siedlungs- und Wohnungspolitik gezogen und ein globales Handlungsprogramm für die Städte beraten werden. Die Hauptziele der HABITAT-Agenda beziehen sich u. a. auf die Schaffung von „angemessenem Wohnraum für alle" sowie auf die „nachhaltige Siedlungsentwicklung in einer zunehmend durch Verstädterung geprägten Welt" (BMBau

---

35 GALSTER (1987) weist in diesem Zusammenhang auf ein Dilemma hin: Er beschreibt diesen Prozess als eine permanente Evaluierung, der das Wohnumfeld durch die in ihm lebenden Menschen unterzogen wird. In dieser Evaluierung bildet die Kluft zwischen der tatsächlichen Situation, in der das Individuum lebt, und dem angestrebten Idealzustand ein ganz wichtiges Element. Entsprechend dieses Schemas wird die Zunahme bei der Wohnzufriedenheit immer geringer ausfallen, je mehr sich die übrigen Lebens- und Einkommensperspektiven verbessern. Dieser Prozess verläuft analog zu dem ökonomischen Prinzip von der „degressiven Leistungsentwicklung" (GALSTER 1987).
36 Bundeszentrale für politische Bildung (Hrsg.) 1996.

1997, S. 18 ff. zitiert in BÄHR, MERTINS 2000, S. 25). Die Betonung soll dabei nicht so sehr auf dem quantitativen Ergebnis, also dem Erreichen großer Zahlen von neugeschaffenem oder saniertem Wohnraum liegen, sondern darauf, neue „Wohnumwelten" zu schaffen, Bedürfnisse zu befriedigen, die Eigenschaften und Eigenheiten der Zielgruppen zu berücksichtigen und das soziale Leben vor Augen zu haben, das durch Architektur und Wohnumfeldgestaltung entweder gefördert oder beschädigt werden kann. Gerade auch das Entwicklungsprogramm der Vereinten Nationen UNDP (1998) weist mittlerweile auf die Notwendigkeit hin, nicht nur die quantitativen Aspekte der bereit gestellten oder sanierten räumlichen Ressourcen zu beurteilen, sondern auch deren Beschaffenheit, ihre Qualität und – in diesem Kontext – die Bedürfnisse, die durch diese Ressourcen befriedigt werden sollen.

Genau das ist auch der Grund dafür, dass das UNDP seit zwei Jahrzehnten den Prozess von Entwicklung nicht mehr anhand ausschließlich wirtschaftlicher Parameter misst, sondern verschiedene soziale Variablen einbezieht, bei denen es um die Befriedigung der Grundbedürfnisse nach Gesundheit und Bildung geht, Faktoren, die als strategisch gesehen werden, damit Menschen überhaupt in der Lage sind, ihre vielfältigen Fähigkeiten, Möglichkeiten und Chancen entfalten zu können[37] (vgl. CEPAL 1998, 1999). In den meisten Entwicklungsländer-Metropolen haben jedoch weder Instrumente der „traditionellen" Stadtplanung mit ihren verschiedenen Programmen zum Bau von Billigst-Wohnungen, noch weniger die Gesetze der Marktwirtschaft dazu beigetragen,

- dass sich die Widersprüche zwischen den niedrigen und instabilen Einkommen der Bevölkerungsmehrheit mit ihrem Bedarf an Wohnraum und den vielfach äußerst ehrgeizigen und überzogenen Perspektiven in der offiziellen Stadtplanung im Sinne eines modernen Urbanismus aufgelöst hätten,

- dass der Zugang zu Arbeitsplätzen, Transportmitteln, Trinkwasser, Strom, Kanalisation, Märkten und sozialen Einrichtungen für alle Bewohner der Stadt gewährleistet werden könnte[38],

- dass es gelungen wäre, eines der gravierendsten Probleme für die Bewohner armer Viertel zu überwinden: die extreme räumliche Enge innerhalb der Wohnung. Bei den meisten Lösungen für soziale Wohnungsbauprogramme, die angeboten werden,

---

37 Das Pro-Kopf-Einkommen wird als wichtigste Messeinheit durch komplexere Indikatoren ergänzt, weil sich herausgestellt hat, dass Armut nur zur Hälfte durch Wirtschaftswachstum verringert wird: Im Zusammenhang mit dem Grundbedürfnisansatz entstand der *Human Development Index* (HDI), errechnet aus Lebenserwartung, Bildungsstand und Einkommen. Für den Kampf gegen die absolute Armut wiederum ist der *Human Poverty Index* (HPI) aufschlussreicher. Er fasst vier Armutsdimensionen zusammen: geringe Lebenserwartung, schlechte Ausbildung, fehlender Zugang zu Gesundheitsdiensten und Unterernährung bei Kleinkindern (vgl. UNDP 1997, S. 15). Er liefert ein Maß für die Verbreitung der menschlichen Armut in einem Land und ermöglicht damit einen differenzierten Zugang zur menschlichen Entwicklung *(human development)* (vgl. NUSCHELER 1996).

38 Stattdessen beobachten wir die gegenteilige Entwicklung: Die Bodenpreisspekulation führt dazu, dass sich in den meisten Städten Lateinamerikas solche Unterschicht-Wohnungsbauprojekte in immer größerer Entfernung zu den zentralen Bereichen in der Stadt konzentrieren, das heißt zu den Orten, an denen es möglich ist, Arbeit zu finden und Dienstleistungen in Anspruch zu nehmen. Die Konsequenzen dieser Peripherisierung werden im Folgenden ausführlich dargestellt.

erlaubt die räumliche Dimension der Wohnung keinen Schutz des Privatbereiches, der Intimität. Eine der Grundvoraussetzungen für das Sexualleben besteht nicht. Die psychosozialen Folgen der fehlenden Privatsphäre manifestieren sich unter anderem in latenten Neigungen zur Aggression, ständiger Frustration, Angst, wechselnden sexuellen Beziehungen, dem Fehlen von Möglichkeiten zur persönlicher Entwicklung, im Stress als Alltagsphänomen mit allen verheerenden Folgen für die körperliche und geistige Gesundheit der Bewohner einer solchen Unterkunft (SCHMIDT-KALLERT 1989; UNDP 1992).

Die Sprengkraft, die in Problemen fehlenden Wohnraumes steckt, führt dazu, dass Regierungen dazu neigen, sich immer wieder spontan dieser Problematik anzunehmen – aus dem Legitimationszwang heraus, überhaupt etwas zu tun, etwas vorzeigen zu können. Dadurch entsteht eine Dynamik, die keinen Raum für einen Dialog zwischen den verantwortlichen staatlichen Stellen und den betroffenen Menschen lässt, geschweige denn Projekte ermöglicht, bei denen die Wohnungssuchenden eine Chance zur Partizipation, zur Artikulation ihrer Vorstellungen und Bedürfnisse hätten (SCHMIDT-KALLERT 1989).

Das Ergebnis einer solchen Wohnungsbaupolitik, die autoritäre, paternalistische, aber vielfach auch populistisch-demagogische Züge trägt, zeigt sich oftmals schon nach kurzer Zeit in einer schwindenden Akzeptanz und Wohnzufriedenheit[39], die zu einer schnellen Wertminderung und einem Verfall der betroffenen Viertel führen. Schon 1969 weist LEFEBVRE in diesem Zusammenhang darauf hin, dass das Ziel, eine möglichst große Zahl an Unterkünften in möglichst kurzer Zeit zu möglichst geringen Kosten bereitzustellen, im Ergebnis dazu führen wird, dass die neuen, durch Austerität geprägten Wohnquartiere einen funktionalen und abstrakten Charakter besitzen werden. Bei dieser Frage wird noch einmal offensichtlich, dass eine Anhäufung von Wohnungen noch keine Stadt ausmacht, sondern dass sich der urbane Lebensraum aus sehr viel mehr und sehr viel komplexeren Funktionen definiert. Aus sozialökologischer Sicht nimmt das Wohnen als Prozess in einem komplexen Kontext (habitare) innerhalb dieser Stadtfunktionen sicherlich eine zentrale Rolle ein (LEFEBVRE 1969).

GÜNTHER UND RIBBECK (1974) machen im Zusammenhang mit LEFEBVRES bereits zitierten Beobachtungen (1969) darauf aufmerksam, dass es in einem uniformen, hochstandardisierten Wohnkomplex aus eigener Kraft keine Regenerationsfähigkeit geben kann, sofern nicht innerhalb des Stadtteils ein heterogenes Gegengewicht in Form von ganz verschiedenen Entwicklungs- und Integrationsformen sowie unterschiedlichen Bauetappen und -stilen anzutreffen ist. Mit anderen Worten: Die starre und mechanische Durchführung

---

39 Wohnzufriedenheit wird zunächst als eine positive Bewertung der Wohnumwelt, die die Lebensqualität erhöht, und mit Wohlbefinden und psychischer Stabilität einhergeht, verstanden. Zufriedenheit ist indessen nicht nur individuell erstrebenswert, sondern auch gesellschaftlich erwünscht. Zufriedene Bewohner engagieren sich für ihre Wohnumwelt und gehen mit der Wohnung und den Gemeinschaftseinrichtungen besonders pfleglich um. Sie identifizieren sich nicht nur mit ihrer Wohnung und ihrem Haus, sondern vielfach auch mit dem Stadtviertel, der Siedlung, in dem/der sie wohnen und sind bereit, Verantwortung zu übernehmen. Hohe Wohnzufriedenheit kann also Engagement und Verantwortung für die Wohnumwelt auslösen oder verstärken (Arbeitsgemeinschaft 2001, S. 8).

großangelegter – und leider meist sehr uniformer – Wohnungsbauprojekte für Menschen mit niedrigen und mittleren Einkommen führt zu einer steigenden Diskrepanz zwischen den Planungszielen und den Prioritäten der Mehrzahl der Bewohner (GÜNTHER & RIBBECK 1974).

Als Beispiel für großflächige *sites and services*-Maßnahmen (BÄHR & MERTINS 1992, S. 366) sei hier nur an die staatliche Wohnungsbaupolitik in Südafrika nach dem Ende des Apartheid-Regimes erinnert: Um den Prozess des *squattings* kontrollieren und räumlich lenken zu können *(orderly urbanization)*, wurden z. B. in Johannesburg und anderen südafrikanischen Großstädten Massenlösungen entsprechend des *sites and services*-Schemas für Zehntausende von Haushalten geschaffen. (JÜRGENS & BÄHR 1994; STEVENS & RULE 1999, zitiert in BÄHR & MERTINS 2000, S. 21). Die nach der HABITAT-Konferenz 1976 in Vancouver stark forcierten Programme des Niedrigkostenwohnungsbaus *(low cost housing)* basieren alle auf der Selbsthilfekonzeption und umfassen vor allem zwei Typen, für die gleiche Standort- und Größenkriterien gelten wie für die Siedlungen des sozialen Wohnungsbaus (BÄHR & MERTINS 1992).

Wenn man die kritische Analyse dieser fast mechanistischen, wie am Fließband, bzw. am Fotokopierer entstandenen, Wohnungsbauprojekte in Entwicklungsländern vertieft, stellt man fest, dass eine Mehrzahl dieser Programme, die sich auf starre Standards von Raum- und Bodenverteilung gründen und die Erstellung von preisgünstigen, wenig differenzierten Unterkünften zum Ziel haben, sich als homogen-uniform, statisch und in dem Maße als rasch veraltet erweisen, als sich die demographischen und sozioökonomischen Strukturen in ihrem gesamten Umfeld ändern (SCHMIDT-KALLERT 1989). Berücksichtigt man dabei noch, dass öffentliches Wohneigentum – vor allem, wenn seine Verwaltung bürokratischen, zentralistischen Strukturen obliegt –, gewöhnlich nicht gepflegt wird, stellt man fest, dass diese Stadtviertel bereits wenige Jahre nach ihrer Fertigstellung stark heruntergekommen sind, da dort sowohl die Wohnungen als auch die Ausstattung Spuren von Verwahrlosung aufweisen. Der Status als Mieter trägt ebenso wenig dazu bei, dass die Bewohner sich die öffentlichen und sozialen Räume einer solchen Siedlung aneignen und sie zu schützen suchen. Es müssen deshalb dringend Formen gefunden werden, damit *habitare*, der Prozess des Wohnens, zu einer Aneignung der Räume durch die in ihnen lebenden Menschen führt, also ein Identifikationsprozess mit dem Wohnumfeld stimuliert wird, und zwar sowohl in den privaten als auch in den öffentlich genutzten Bereichen (VILLASANTE 1998). An diesem grundlegenden Problem eines vorzeitigen Wertverlustes durch schleichende Verwahrlosung ändert sich auch dann nichts[40], wenn es den

---

40 Ein Beispiel für diese ernüchternde Erfahrung bilden die extrem kostensparenden, aber von der Bauausführung her qualitativ minderwertigen sogenannten *llave en mano*-Projekte in Santiago de Chile während der achtziger Jahre. Dieser Begriff bezieht sich auf die Idee einer Einfachst-Wohnraumlösung, die auf Mindeststandards beruht. Die Größe dieser „Minimalwohnungen" bewegt sich zwischen 24 und 40 Quadratmetern. In einigen Fällen sind kleine Erweiterungen in Eigenbau vorgesehen. Die dafür zur Verfügung stehenden Flächen überschreiten in der Regel neun Quadratmeter nicht.

Bewohnern gelingt, durch langjährige Sparleistungen und staatliche Förderprogramme Eigentümer der jeweiligen Wohneinheiten zu werden.

3.4.1.1 Die Wahrnehmung des städtischen Raumes aus der Perspektive seiner Bewohner

Im Blick auf die geographische Stadtforschung führte vor allem die Analyse LOWENTHALS (1968) zu einer Annäherung der Disziplinen. Er richtete das Augenmerk auf die Unterscheidung zwischen Schein und Wirklichkeit, das heißt, dass der geographische Raum eben nicht nur aus einer objektiven Perspektive heraus betrachtet und analysiert werden kann, sondern in Abhängigkeit seines von den Bewohnern persönlich und individuell wahrgenommenen subjektiven Wertes. Lowenthal erkennt die Notwendigkeit, geographische Analysen und psychologische Prozesse in eine Beziehung zueinander zu stellen. Er geht dabei von der Vorstellung aus, dass die Einzigartigkeit des Menschen auf der besonderen Art und Weise beruht, wie er die ihn umgebende Wirklichkeit wahrnimmt und in seinem räumlichen Verhalten von ihr beeinflusst wird (LOWENTHAL 1968).

Lowenthals Ansatz wird durch die Untersuchungen LYNCHS (1970) bestätigt (JOHNSTON & CLAVAL 1986; GARCÍA et al. 1995). In zahlreichen Arbeiten zur Stadtforschung, die während der zurückliegenden drei Jahrzehnte publiziert wurden, findet die Forderung dieser beiden Autoren Eingang, der Wahrnehmung des Umfeldes durch die Bewohner der Stadt, ihren Einstellungen, ihren Wertemustern und ihrer Individualität[41] bei allen Planungs- und Entscheidungsprozessen sehr viel stärker als in der Vergangenheit Rechnung zu tragen (TUAN 1974; MUNIZAGA 1997). Die klassischen Modelle über die Strukturierung des städtischen Raumes, etwa das der konzentrischen Ringe nach Burgess, das der Sektoren nach Hoyt und das der Stadt mit mehreren urbanen Kernen nach Harris und Ullman, werfen die zentrale Frage nach der idealen Vorstellung auf, die sich einzelne Menschen aber auch Gruppen und sozioökonomische Organisationen bilden, und untersuchen deren Rolle bei der Strukturierung des städtischen Raumes (KAUFFMANN 1969).

Noch einen Schritt weiter gehen SIEVERTS und andere (1973). Sie gelangen zu der Überzeugung, dass der wichtigste Faktor bei der Wahrnehmung des städtischen Raumes die emotionale Beziehung zum Wohnort ist. Die Erfahrungen positiver menschlicher Beziehungen – etwa zu Nachbarn – gewinnen dabei ein entscheidendes Gewicht. Sie werden in einen direkten Zusammenhang mit dem jeweiligen Ort, Stadtviertel oder Straßenzug gesetzt und haben oft noch nach vielen Jahrzehnten entscheidenden Einfluss auf die persönliche Bewertung einer erlebten Wohn- und Wohnumfelderfahrung (SIEVERTS et al. 1973). Die Stadtgeographin Anne BUTTIMER (1980) bestätigt diese Einschätzung: Sie beobachtet,

---

41 In den siebziger Jahren konsolidieren sich zunehmend Ansätze, die interdisziplinär eine Verbindung zwischen Geographie und Psychologie suchen. Erwähnt werden sollten in diesem Zusammenhang Arbeiten wie Image and Environment (DOWNS & STEA 1973), Maps and Minds (DOWNS & STEA 1977), Environment Knowing (MOORE & GOLLEDGE 1976), Environment and Behavior (PORTEAUS 1977), Human Behavior and Environment (ALTMAN & WOHLWILL 1977), Environmental Psychology (PROSCHANSKY et al. 1970), Cities, Space and Behavior (KING & GOLLEDGE 1978) sowie Spatial Choice and Spatial Behavior (GOLLEDGE & RUSHTON 1976) (zitiert in JOHNSTON & CLAVAL 1986; GARCÍA et al. 1995).

dass die Bewohner einer Stadt nicht nur eine intellektuelle, imaginäre und symbolische Vorstellung von ihrem Wohn- und Lebensort entwickeln – sondern ihre Wahrnehmung genauso stark von persönlichen und sozialen Beziehungen geprägt wird, die auf der Dialektik von Interaktion und Zugehörigkeit beruhen. Dazu kommen nach Ansicht von HOFMEISTER (1976) allerdings noch einige weitere Parameter: Seiner Auffassung nach sind bei der Bewertung des urbanen Umfeldes für die Bewohner die „nicht materiellen Qualitäten eines Ortes" maßgeblich, also sein soziales Prestige, das ökologische Umfeld, das Vorhandensein von Freizeitangeboten u. a.

BAILLY (1979) richtet den Fokus auf die soziokulturellen Aspekte, die dazu beitragen, Unterschiede zwischen einzelnen Straßenzügen und Stadtvierteln deutlich werden zu lassen und die so die Lebensweise der Einwohner entsprechend beeinflussen. Für diesen Autor ist das Verhalten von Stadtbewohnern nicht nur räumlich und funktional zu sehen, sondern auch affektiv. Die Vorstellungen, die sich die Menschen von ihrer Stadt machen, werden durch die Prinzipien der territorialen Zugehörigkeit und der Gemeinschaft verstärkt. Die jeweilige Struktur der Stadtviertel selbst hat jedoch, soviel ist bei allen zitierten Autoren deutlich geworden, weit reichende soziale Implikationen für das Leben der Bewohner. Städtische Struktur und soziokulturelle Differenzierung scheinen daher eng miteinander verbunden zu sein (BAILLY 1979). Um die Verifizierung dieser Aussage geht es auch bei der Untersuchung der Fallbeispiele aus Santiago de Chile in der vorliegenden Arbeit.

Die soziokulturellen Aspekte, auf die Bailly in seinen Untersuchungen abhebt, beziehen sich auf Prozesse zur Konstituierung sozialer Subjekte in Stadtvierteln mit hoher Armutskonzentration, auf die spezifischen Formen sozialer Interaktion, die sich in diesen Stadtvierteln entwickeln, auf die Formen der kulturellen Aneignung des von seinen Bewohnern geschaffenen städtischen Raumes, mit anderen Worten – auf das Alltagsleben in diesen Vierteln. Der Raum wird nicht als etwas rein Materielles gesehen, in dessen Rahmen sich soziale Begegnungen ereignen und Beziehungen entwickeln, sondern als eine weitere Komponente des gesellschaftlichen Lebens, die das soziale Handeln von Individuen und Gruppen beeinflussen kann (MORA & SOLANO 1993).

BAILLY (1979) gelangt darüber hinaus zu der für ihn zwangsläufigen Schlussfolgerung, dass das städtische Umfeld seinerseits in der Lage ist, das Leben seiner Bewohner, ihre persönlichen und gesellschaftlichen Werte zu verändern, die Verteilung von Wohnraum entsprechend der sozialen Schichtzugehörigkeit zu beeinflussen und schließlich sogar dazu, Krankheiten hervorzurufen. Sozioökonomische Kategorien und Kultur beeinflussen das Erinnerungs- und Wahrnehmungssystem durch Erziehung und Erfahrung. Der Gebrauch, der von dem städtischen Raum gemacht wird, hängt für Bailly von diesen Variablen ab sowie von den unterschiedlichen Konzepten der Angehörigen verschiedener sozialer Schichten über das, was nach ihrem subjektivem Empfinden im Zusammenhang mit Wohnung und Wohnumfeld notwendig ist – oder eben auch verzichtbar (BAILLY 1979).

3.4.1.2 Die Aneignung öffentlicher Räume aus der Gender-Perspektive

In diesem Zusammenhang ist es allerdings notwendig, sich der unterschiedlichen Blickwinkel und Erfahrungen von Männern und Frauen bei der Aneignung öffentlicher Räume bewusst zu werden. Historisch betrachtet setzte mit der Entwicklung von bürgerlichen Werten und der Herausbildung eines ideologischen Paradigmas der bipolaren Aufteilung der Gesellschaft in eine öffentliche und in eine private Sphäre zunächst ein allmählicher Prozess der Ausgrenzung von Frauen aus öffentlichen Räumen ein.[42]

Das Leben in der Stadt verspricht vor diesem Hintergrund – und im Kontrast zu archaischen Lebens- und Gesellschaftsformen in ländlichen Strukturen – insbesondere aus der Sicht der Frauen eine Befreiung von sozialen Kontrollen, von tradierten geschlechtsspezifischen Rollen- und Raumzuweisungen, es verbindet sich mit der Hoffnung auf ein tolerantes Zusammenleben und auf eine effektive Gleichstellung zwischen den Geschlechtern (RODENSTEIN 1994). Im Rahmen einer solchen Perspektive spielen gerade auch öffentliche Räume eine zentrale gesellschaftliche Rolle. In einer demokratischen Gesellschaft bieten sie sich als Szenarium für soziale Kommunikation und Interaktion an, für freie Meinungsbildung und Selbstdarstellung; sie leisten damit einen entscheidenden Beitrag für die Konsolidierung der sozialen Netzwerksysteme und des öffentlichen Diskurses (BORJA & CASTELLS 1997). Öffentliche Räume prägen das kollektive Gedächtnis der Bewohner und machen die Besonderheit, den Charakter eines Ortes aus. Sie erzeugen Identifikation der BürgerInnen mit ihrem Viertel, wodurch wiederum das Zugehörigkeitsgefühl der Menschen zu ihrer gesamten Stadt gestärkt wird. Öffentliche Räume fördern insofern soziale Integration in städtische Lebenswelten (siehe auch SIEVERTS 1997).[43]

Diese Optionen im Blick auf Entwicklungsmöglichkeiten städtischer Lebenswelten und das Begreifen der gesellschaftlichen Rolle von öffentlichen Räumen führt uns zu der politischen Dimension sozialräumlicher Planung. Während die Konzeption und Schaffung von Räumen für das Wohnen und Arbeiten weitgehend von Privatinteressen bestimmt sind, können öffentliche Räume eben nicht als ein zufälliges Nebenprodukt oder als beliebig freigelassene Restflächen von Privatplanungen betrachtet werden (Municipalidad de Rosario 2000). Um diese Vision eines gleichberechtigten Zusammenlebens

---

42 Die damit einhergehende geschlechtsspezifische Arbeitsteilung und die Raumzuweisungen von Frauen und Männern in der bürgerlichen Gesellschaft beeinflussten die Architektur- und Planungstheorien und stellten sich als naturgegebene Selbstverständlichkeiten dar. Die Kritik an diesen räumlichen Zuweisungen lautet: Während den Männern die außerhäusliche Sphäre, die Berufswelt und die Politik und somit die öffentlichen Räume weitestgehend uneingeschränkt zur Verfügung stehen, wird den Frauen die Haus- und Familienarbeit zugewiesen und damit ihr Aktionsradius eingeengt (TERLINDEN 1990; PARAVICINI 1990).

43 Diese etwas euphorische Darstellung vor allem in den Arbeiten von Borja und Castells ist sicherlich besonders von der Kulturerfahrung iberischer Städte geprägt. In einem nord- und mitteleuropäischen Kontext mit anderen Kommunikations- und Interaktionsmustern und einer stärker auf die eigene Wohnung konzentrierten Orientierung relativiert sich diese idealtypische Szenenbeschreibung.

zu realisieren, sind Architektur und Planung gefordert, Ansätze zu definieren, die der gesellschaftlichen Vielfalt an Nutzungserwartungen und Interessenlagen differenziert gerecht werden. Eine entscheidende Herausforderung bildet in diesem Zusammenhang die Aufgabe, eine gleichberechtigte Raumaneignung aller zu gewährleisten – und zwar ohne Unterschied nach sozialer Zugehörigkeit, kultureller Herkunft oder nach Geschlecht.[44] Wenn wir in diesem Kontext von sozialer Interaktion sprechen, geht es um ganz unterschiedliche Manifestationen und Intensitäten. Da ist zunächst die bloße Wahrnehmung anderer Menschen – und sei sie noch so flüchtig. Dann gibt es die Beobachtung von anderen, fremden Menschen, sowie die Interaktion über Blickkontakte, die bis hin zum kurzen Wortwechsel oder einem Gespräch führen kann. Alle diese Nuancen von Interaktionsformen können sich entweder zwischen einzelnen Individuen entwickeln – oder auch zwischen unterschiedlichen Gruppen. Ihr Szenarium ist in jedem Fall der öffentliche Raum (Municipalidad de Rosario 2000).

Dabei spielt für SENNET (1990) die soziale Interaktion und Kommunikation mit unbekannten Menschen eine herausragende Rolle. Sie ist ungeplant, unvorhergesehen. Sennet interpretiert diesen Prozess erneut im Sinne seiner Apologetik für die Differenzen unter den Menschen. Es ist dabei das Widersprüchliche, das Unerwartete, das Ungeordnete, das die Aufmerksamkeit auf das Unbekannte und die gesellschaftlichen Differenzen zieht. Für diesen Autor kann nur eine wahrgenommene Dissonanz das Bewusstsein für die Differenzen auslösen, nicht aber die Wiederholung, nicht die Ordnung des Rituellen (SENNET 1990).

Nicht verhohlen werden soll, dass die Neugestaltung öffentlicher Räume allerdings auch Gefahren birgt. Vor dem Hintergrund von Globalisierungsprozessen und neuer sich herausbildender Stadthierarchien wird die Schaffung attraktiver öffentlicher Räume oft als Mittel einer durch Marktinteressen vorangetriebenen Revitalisierung innerstädtischer Quartiere eingesetzt, die am Ende zu Gentrifikationsprozessen führt[45]. Deshalb stellt die Entwicklung eines ganzen Netzes öffentlicher Räume in der Stadt, die nicht nur die Aufwertung einzelner innerstädtischer Quartiere, sondern gerade auch die Neubestimmung benachteiligter, peripherer Gebiete verfolgt, eine politische Priorität dar, um zu einem sozialen Ausgleich beizutragen (Municipalidad de Rosario 2000).[46] Unter dieser Voraus-

---

44 In diesem Zusammenhang muss daran erinnert werden, dass eine gleichberechtigte Teilhabe von Frauen an den öffentlichen Räumen auch heute noch immer nicht überall sichergestellt ist. Im Zuge der Frauenemanzipationsbewegungen der zurückliegenden 100 Jahre hat sich bei Frauen die Erwartung und der Anspruch entwickelt, sich gleichberechtigt im Stadtraum aufzuhalten. Nacheinander haben sich Frauen das Wahlrecht erkämpft, das Recht auf höhere Bildung, das Recht auf Erwerbsarbeit. Heute geht es um das Recht auf eine sichere Stadt, in der Frauen ohne Gefährdung öffentliche Räume frequentieren können (Municipalidad de Rosario 2000).
45 Von vielen Seiten wird auf die Gefahr hingewiesen, dass die Aufwertung ausgewählter innerstädtischer Lagen die Verdrängung einkommensschwacher Haushalte sowie eine zusätzliche sozialräumliche Polarisierung der Stadt nach sich zieht.
46 Erfahrungen in europäischen Städten können nicht linear auf Verhältnisse in Städten Lateinamerikas übertragen werden. Sicherlich sind die jeweiligen regionalspezifischen sozialen und ökonomischen Rahmenbedingungen, die Bedeutung der klimatischen und kulturellen Besonderheiten sowie die lokalen geschichtlichen Hintergründe höchst unterschiedlich. Dennoch folgt auf der Grundlage eines solchen Hintergrundwissens die Erwartung, dass auch in den Städten La-

setzung kann die Berücksichtigung einer genderdifferenzierenden Perspektive Impulse auslösen, die zukunftsfähige Ergebnisse bei der Planung und Gestaltung von städtischen Lebenswelten eher möglich machen und bei denen Sicherheit, Toleranz und Gleichstellung im Vordergrund stehen.

3.4.2 Wohnzufriedenheit als Indikator für soziale Integration versus Exklusion

TUAN (1974) geht – bei diesem spezifischen Thema im Gegensatz zu den oben zitierten Autoren Sennet, Young, Jacobs, Villasante et al. davon aus, dass Menschen als Vorteil zu schätzen wissen, sich unter ihresgleichen zu befinden, um so potenzielle Konfliktsituationen zu vermeiden und die Chancen auf soziale Interaktion zu optimieren. Ihm zufolge hängt die Zufriedenheit mit dem Wohnumfeld stärker von der Qualität der Beziehungen zu Nachbarn (Freundschaft, Respekt) als von den objektiven physischen Merkmalen des Stadtteils ab (TUAN 1974).

PROSHANSKY (1983), der bei der Gestaltung urbaner Landschaften, wie wir gesehen haben, ebenfalls eine gewisse soziale Homogenität verteidigt, weist darauf hin, dass, falls die äußere räumliche Umgebung tatsächlich wie ein Spiegel für uns alle wirkt, sie im Fall eines sozial gemischten Wohnumfeldes für Menschen, denen es am Allernötigsten mangelt, ein „außerordentlich verstörendes Bild" abgeben müsse, da sie sich der Reichtümer der anderen und dessen, was diese im Normalfall konsumieren, durchaus bewusst seien.[47]
Worin wir Proshansky sicherlich folgen können, ist seine Erkenntnis, dass nahezu jede Eigenschaft der Wohnung, die die Individuen in ihrem Wohlbefinden und in ihren Entfaltungsmöglichkeiten beeinträchtigt, als Ursache für Spannungen angesehen werden kann: etwa eine sehr hohe Belegungsdichte, bauliche Mängel, mangelnde Hygiene oder ein hoher Lärmpegel bzw. andere Formen der Kontamination. Darüber hinaus gibt es einen weiteren außerordentlich wichtigen Faktor, der Spannung erzeugt, nämlich die soziale Isolierung.

Die Wohnung und ihre Nachbarschaft konstituieren gemeinsam das Wohnumfeld. Dazu gehören zunächst aus einer physisch-materiellen Sicht die Qualität der Infrastrukturausstattung und der Zugang zu Dienstleistungen. Aus einem sozialen Blickwinkel, der sich

---

teinamerikas die sozialen und kulturellen Unterschiede der verschiedenen NutzerInnengruppen berücksichtigt werden, um einen hohen Grad räumlicher Qualität und Differenziertheit bei der Gestaltung öffentlicher Räume zu erreichen.

47 Diese Argumentation verkennt die komparativen Vorteile, die von Familien in Lebenssituationen von Armut und extremer Armut dann wahrgenommen werden, wenn sie in unmittelbarer oder mittelbarer Nachbarschaft von besser gestellten Wohnvierteln leben – und so eventuell für sich Arbeitsmöglichkeiten als private Dienstleistungsanbieter (Hausangestellte, Gärtner, Wachpersonal) erschließen können – sowie indirekt am Status der wohlhabenderen Nachbarschaft partizipieren, sich in der einen oder anderen Form „dazugehörend" fühlen. Für die Mittel- oder Oberschichtfamilien erschließen sich Vorteile aus der Möglichkeit, aus einem „reichhaltigen" Dienstleistungsangebot auswählen zu können, die Hausangestellte in der unmittelbaren Nachbarschaft wohnen zu haben – und daher ihre Dienste für mehr Stunden pro Tag in Anspruch nehmen zu können. Diesen Argumenten kommt möglicherweise am Ende bei der Bestimmung des Grades von Wohnzufriedenheit größeres Gewicht zu, als von Proshansky beschworenen „außerordentlich verstörenden Bild", das für Menschen aus Armenviertel der Reichtum in ihrer Nachbarschaft provoziert. Möglicherweise relativieren sie auch die Gefahr von Konflikten zwischen Menschen, die – während ihnen selbst die eigene Grundbedürfnisbefriedigung größte Mühe bereitet – sehen, in welchem Reichtum andere leben.

auf die Netze und Beziehungsgeflechte bezieht, spielen dagegen die Kommunikations- und Interaktionsprozesse sowohl innerhalb der Wohnung als auch im Viertel eine zentrale Rolle. Ein Wohnumfeld, das Befriedigung verschafft, hängt daher von den Variablen ab, die die räumlichen Bedingungen der Wohnung konstituieren, und den Bedürfnissen und Wünschen der Personen oder Gruppen, die in ihr wohnen. Beachtet werden müssen auch die Beziehungen zu Nachbarn, deren Qualität ebenfalls eine Prognose über die zu erwartende Zufriedenheit zulässt (AMÉRIGO 1994, 1995).

Die zwei räumlichen Komponenten für die Wohnzufriedenheit sind einerseits das Wohnumfeld, d.h. jener engere geographische Bereich der Nachbarschaft, in dem sich für die Bewohner ein komplexes System sozialer Vernetzung aufbaut, und andererseits die über diese unmittelbare Nachbarschaft hinausreichende physische Umgebung, die eine Erweiterung des Wohnraumes darstellt und innerhalb der sich verschiedene Bestandteile abzeichnen und strukturieren, mit denen sich das Individuum durch Zugehörigkeit verbunden fühlt (AMÉRIGO 1994). Zu dieser Erweiterung des Wohnraumes können Straßen, Bäume, Spielplätze, markante Gebäude, Einkaufsmöglichkeiten und sonstige Kommunikationszonen aller Art gehören. Wie oben gesehen, bilden die sich in diesem „sozialen Raum" strukturierenden Kommunikations- und Verhaltensprozesse die Grundlage für die Entwicklung und Konsolidierung von Wertemustern, für Prägung und Sozialisierung der von diesen Prozessen betroffenen Menschen (BOURDIEU 1982).

Weitere Komponenten für die Wohnzufriedenheit aus dem Blickwinkel der Verhaltensforschung bilden die wahrgenommene Bedeutung und Bewertung von bestimmten Eigenschaften des Quartiers durch das Individuum, die Zufriedenheit mit der eigentlichen Wohnung und – ganz entscheidend – die Wahrnehmung des sozialen Umfeldes, also der Qualität des Wohnviertels als Ort für das Zusammenleben mit Verwandten, Freunden und Nachbarn (AMÉRIGO 1994). Wohnzufriedenheit wird also als eine positive Bewertung der Wohnumwelt, die einen erreichten Grad an Lebensqualität dokumentiert, und mit Wohlbefinden und psychischer Stabilität einhergeht, verstanden. Sie ist also nicht nur individuell erstrebenswert, sondern auch gesellschaftlich wichtig. Die Ergebnisse einer Untersuchung aus Baden-Württemberg lassen sich durchaus auch im Blick auf einen anderen kulturellen Kontext verallgemeinern: Zufriedene Bewohner engagieren sich für ihre Wohnumwelt und gehen mit der Wohnung und den Gemeinschaftseinrichtungen pfleglich um. Ein wesentlicher Teil der Wohnzufriedenheit gründet sich dabei auf die Identifikation, nicht nur mit der eigenen Wohnung oder dem Gebäude, in dem man lebt, sondern auch mit dem Viertel oder der Siedlung, für das, bzw. für die man sich verantwortlich fühlt (Arbeitsgemeinschaft 2001, S. 8).

Im Kontext eines in lateinamerikanischen Armenvierteln umgesetzten sozialen Wohnungsbauprojektes, das – wie oben dargestellt – oftmals Bestandteil einer populistisch-demagogischen Wohnungsbaupolitik ist, die bevorzugt vor Wahlen versucht, Klientelinteressen zu befriedigen, stellen sich zwar möglicherweise zu Beginn ebenfalls Phänomene von Wohnzufriedenheit ein, die aber andere Ursachen, Wirkungen und Dynamiken aufweisen. Vielfach kommt es schon nach kurzer Zeit zu einer schwindenden Akzeptanz der übergebenen Wohnungen und damit der Wohnzufriedenheit, was zu einer schnellen Verwahrlosung und zum Verfall der betroffenen Viertel führt.[48]

GALLEGUILLOS (1990) weist ergänzend darauf hin, dass Wohnzufriedenheit immer auch als Teil eines Systems verstanden werden muss, in dem das komplexe Zusammenspiel von Aktion und Reaktion der Elemente, aus denen es besteht, von Ursache und Wirkung in einem bestimmten Zusammenhang – wie im Falle extremer Armut – dazu führen kann, einen – in einem anderen Kontext nur schwer zu ertragenden – status quo (mit Phänomenen von Stagnation und Zerfall) aufrechtzuerhalten, der letztlich eine fortschreitende Verschlechterung des Umfeldes mit allen Nachteilen für die dort lebenden Menschen zur Folge hat.[49]

Eine weitere – in ihrer Bedeutung zunehmende – Variante bildet die Wohnzufriedenheit in jenen Siedlungen, die aus einem Konflikt und dem dazu gehörigen Gemeinschaftserlebnis entstanden sind. Dieser Sonderfall von Wohnzufriedenheit als Ergebnis von kollektiver Konfliktbereitschaft und Konfliktfähigkeit (sowie schließlich dem gemeinsam erkämpften Erfolg) bildet – wie im Zusammenhang mit der Diskussion der Fallstudie Esperanza Andina zu sehen sein wird – eine wichtige Ressource für die soziale Nachhaltigkeit eines Viertels. Die Relevanz der Auseinandersetzung mit Fragen der Wohnzufriedenheit ist also offensichtlich: Das Wissen um die Faktoren und Mechanismen, die Wohnzufriedenheit ermöglichen, und die systematische Anwendung dieser Erkenntnisse konstituieren einen Garant für die soziale und ökonomische Stabilität einer Siedlung oder eines Stadtviertels. Bedingungen für Wohnzufriedenheit zu schaffen oder sie gegebenenfalls wiederherzustellen, kann daher als zentrale Aufgabe der Wohnungsbau- und Stadtplanung betrachtet werden.

---

48 Ein besonders abschreckendes Beispiel für einen solchen Prozess stellen die sogenannten *llave en mano*-Wohnungsbauprojekte aus der Endphase des Pinochet-Regimes dar. Zwischen 1987 und 1988 – im Vorfeld des Plebizites, das über eine weitere, zehnjährige Mandatsverlängerung für das autoritäre System entscheiden sollte – bot der Staat Armenviertelbewohnern zu relativ günstigen finanziellen Bedingungen standardisierte 36-Quadratmeter-Wohnungen in aus dem Boden gestampften gleichförmigen, dicht aneinander gebauten Wohnblocks an der Peripherie von Santiago an. Nur 14 Jahre später machen diese Siedlungen vielfach den Eindruck von verwahrlosten, ruinierten Gettos – mit der gesamten Palette erschwerter Lebensbedingungen, so wie sie aus historischen Armenvierteln bekannt sind.

49 Das ist beispielsweise das, was in der Armenviertelsiedlung La Faena in Peñalolén an der Südostperipherie von Santiago geschieht. Diese *población* entstand in den sechziger Jahren im Zuge einer illegalen Landnahme und wurde erst zwei Jahrzehnte später im Rahmen eines *site and service*-Programms „saniert". Umgesetzt wurde diese Maßnahme allerdings, ohne den Bewohnern von La Faena irgendeine Möglichkeit zu geben, sich an der physischen Verbesserung ihres Wohnumfeldes zu beteiligen – oder gar Gemeinschaftsflächen zu schaffen. Was die Menschen stattdessen all die Jahre über erwartet hatten, war, eben nicht nur ihre jeweilige Hütte, sondern das gesamte Viertel als Raum sozialer Kommunikationen neu zu gestalten. Nur in dem Maße, in dem dieses Bedürfnis befriedigt wird, steigt der Grad an Wohnzufriedenheit. Bei Tiefeninterviews mit den Bewohnern von La Faena stellte sich überraschend klar heraus, dass diese Entwicklung unabhängig von den ökologischen Aspekten, der Qualität der Wohnung und der in der näheren Umgebung erreichbaren Infrastruktur ist. Mit anderen Worten, wenn das soziale Umfeld überwiegend positiv bewertet wird, kann trotz fortschreitender Verfallsprozesse von Wohnumwelt und -infrastruktur von den Bewohnern ein hoher Grad an Wohnzufriedenheit manifestiert werden (GALLEGUILLOS 1990).

3.4.3 Wohnzufriedenheit versus Lebensbedingungen in Armenvierteln – Überblick zum Stand der Forschung

Bei der Erforschung von Alltag, Lebensbedingungen und der Struktur armer Wohnviertel ist eine ganze Reihe von Dimensionen mit unterschiedlichen Schwerpunkten zu berücksichtigen, je nachdem, aus welcher Richtung man sich diesem Forschungsgegenstand nähert. Im Allgemeinen unterscheidet man räumlich-bauliche von soziokulturellen Aspekten, eine Differenzierung, die sich aus den spezifischen Interessen der jeweils untersuchenden Architekten, Geographen und Soziologen ergibt (MCLOUGHLIN 1971; SEPÚLVEDA et al. 1992).

Dieser analytisch ausdifferenzierte Ansatz hat zwar zu einer Vielzahl an wertvollen Erkenntnissen geführt, im Gefolge davon sind jedoch verkürzte Erklärungsversuche entstanden, die auf unabhängig voneinander existierende, begriffliche Konzepte zurückgehen. Man hat versucht, die soziale Dynamik von Prozessen in Armenvierteln zu erklären, indem auf räumliche Variablen verwiesen wurde, oder man hat jegliche Veränderung der materiellen Substanz des Wohnkomplexes immer in Abhängigkeit von der Kultur und Sozialstruktur interpretiert (SEPÚLVEDA et al. 1992). Die Schwierigkeiten scheinen sich nicht nur aufgrund der ungemein komplexen Struktur heutiger Metropolen zu ergeben, sondern auch auf eine falsche Konzeptualisierung zurückzugehen, die häufig ihren Ursprung in der jahrzehntelangen akademischen Spezialisierung von Geographen, Soziologen, Architekten und Stadtplanern hat (HARVEY 1979). Für ein interdisziplinäres Zusammenführen dieser hochdifferenzierten Spezialwissens- und Forschungsbereiche gab es lange Zeit keinen Raum.

In diesem Zusammenhang macht BRENDLE (1989) richtigerweise darauf aufmerksam, dass sich die Forschung in den Sozialwissenschaften und der Urbanistik unterschiedlich entwickelt hat. Auf der eine Seite haben die Sozialwissenschaften erst spät das „bebaute Umfeld" als wichtigen Faktor bei der menschlichen Interaktion entdeckt, und auf der anderen Seite glaubten Architekten und Stadtplaner an ein bestimmtes (vielfach aufklärerisch idealisiertes) Bild des Menschen, der aus eigener Kraft die allermeisten Probleme in der Stadt lösen könne. Diese getrennte Entwicklung von Forschungsansätzen hat ein holistisches Verständnis dessen, was die Stadt und die Bedürfnisse ihrer Bewohner sind, erschwert (BRENDLE 1989). CEPAL (1989) spricht angesichts dieser Situation von einer Paradigmenkrise im Zusammenhang mit der urbanen Wirklichkeit, bei der keiner aus der jeweiligen Fachdisziplin kommenden Ansätze die Beziehung zwischen räumlichen Formen und sozialen Prozessen angemessen beleuchtet, weil in der Regel davon ausgegangen wird, dass das Räumliche gegenüber dem Sozialen als etwas Autonomes definiert und behandelt werden kann.

3.4.4 Wohnumfeld-Zufriedenheit und die Bewertung von Wohnungsbauprogrammen

Die ersten Untersuchungen – explizit zum Thema der Wohnzufriedenheit – wurden Anfang der sechziger Jahre initiiert, als Architekten und Urbanisten begannen, die sozialpsychologische Dimension bei Stadtplanungsprozessen und bei der Umsetzung von Wohnungsbauprojekten zu berücksichtigen. Vorausgegangen war eine heftige Polemik um die Art und Weise, wie in den industrialisierten Ländern des Nordens während der Nachkriegszeit Wohnungsbauprojekte für Millionen von Menschen aus dem Boden gestampft wurden, ohne den kulturellen und psychologischen Aspekten, die für die Bewohner von großer Bedeutung waren, auch nur ansatzweise ausreichend Aufmerksamkeit zu widmen.

Während der fünfziger Jahre wurden jene ersten Untersuchungen veröffentlicht, denen heute ein Pionierstatus zugeschrieben werden kann, weil sie bereits zu diesem frühen Zeitpunkt die zentrale Bedeutung der sozialen und psychologischen Eigenschaften von Wohnbedingungen herausarbeiteten und auf diese Weise die Notwendigkeit zur Integration von Umweltwahrnehmungen in die stadtgeographische Forschung unterstrichen. Spätestens jetzt wird deutlich, welche Implikationen architektonische Gestaltungselemente im Zusammenhang mit der Wohnumfeldwahrnehmung und dem Verhalten von Menschen, die in einem bestimmten Viertel leben, verursachen (JOHNSTON & CLAVAL 1986; AMÉRIGO 1994). Parallel zu den oben erwähnten Untersuchungen in London und Boston wurde auch die Metropole Chicago immer häufiger zum Szenarium für empirische Forschungen zur Wohnzufriedenheit und Wohnumfeldwahrnehmung. Kennzeichnend für viele dieser Projekte war ihr ausgesprochen interdisziplinärer Ansatz unter Beteiligung von Geographen, Urbanisten und Spezialisten für Infrastrukturfragen (CAPEL 1973).

Notorisch war diese Situation vor allem beim Bau von Arbeitersiedlungen, der Errichtung von Flüchtlingsquartieren und der Schaffung von Unterkünften für all diejenigen, deren Einkommen und Ersparnisse einen Zugang zu einer eigenen Wohnung über die Marktmechanismen von Angebot und Nachfrage ausschlossen. Kritisiert wurde vor allem der Mangel an Verständnis für die individuellen und sozialen Bedürfnisse der Bewohner (und zwar sowohl nach Intimität wie nach Möglichkeiten zur Kommunikation), das Fehlen von sozialer Kontrolle über die öffentlichen Bereiche dieser Massensiedlungen, sowie ihre chronische Unterversorgung mit Infrastrukturelementen – wie beispielsweise Kinderspielplätzen, Grünflächen oder Versammlungsmöglichkeiten. Hinzu kam, dass die meisten sozialen Wohnungsbauprojekte dieser Jahre an der Peripherie der Städte entstanden – mit der Begründung, dass dort die Bodenpreise – und entsprechend die Gesamtbaukosten niedriger seien (KÄES 1963).

Der massenhafte Bau von Sozialwohnungen veränderte die betroffenen Stadtlandschaften und urbanen Räume nachdrücklich, hatte die Entstehung völlig neuer Viertel zur Folge – im Extremfall sogar die Schaffung von Trabantenstädten in großer Distanz zum Stadtzentrum. Bei der Umsetzung der meisten dieser Wohnungsbauprojekte wurden wesentliche soziale Faktoren außer Acht gelassen. Zu diesen sozialen Faktoren gehören beispielsweise die psychologischen Auswirkungen, die durch einen Wohnungs- und Umfeldwechsel ausgelöst werden. Ein Ortswechsel verursacht in den meisten Fällen den zwangsläufigen Bruch aller affektiven Beziehungen zur alten Nachbarschaft, der mit diesen Beziehungen verbundenen Netzwerk- und Selbsthilfestrukturen und den Verlust des Gefühls von Vertrautheit mit einer bestimmten territorialen Umgebung. Wenn dann am neuen Wohnort nur unter erschwerten Bedingungen neue Kommunikations- und Beziehungsgeflechte wachsen können, weil in der Architektur die Gewichtigkeit dieser sozialen Faktoren nicht berücksichtigt wurde, sind strukturelle Konflikte vorprogrammiert.

Vor dem Hintergrund einer solchen Paradigmenkrise der öffentlichen Sozialwohnungsbauanstrengungen und der Rolle eines massenhaft „wohnraumschaffenden" Staates gewinnen diejenigen Forschungsansätze und Fallstudien, die von der Idee einer aktiven, partizipierenden Bevölkerung, die sich in die Planung, Umsetzung und Ausgestaltung von Wohnungsbauprojekten einmischt, ausgehen, innerhalb der Sozialwissenschaften zunehmend an Gewicht. Ende der siebziger und Anfang der achtziger Jahre wurde daher versucht, das aus der psychologischen Forschung stammende Konzept von der „Befriedigung" (Wohnzufriedenheit, Wohnumfeldzufriedenheit) mit den durch Marktstudien bekannten Präferenzen für Wohnungskauf- und Mietentscheidungen in Verbindung zu bringen. Einstellungen und Vorlieben von Menschen spielen eine entscheidende Rolle bei der Ausgestaltung von Lebenskonzepten, bei der Erwerbstätigkeit sowie bei der Erschließung und Gestaltung des jeweiligen Lebensumfeldes. Das Verstehen dieser Einstellungen und Vorlieben würde eine angemessenere Nutzung des Stadtraumes in urbanistischen Planungsprozessen ermöglichen. In diesem Kontext verweist JACKSON (1973) auf die Nützlichkeit von psychosoziologischen Studien, die wertvolle und umfassende Informationen über die Bedürfnisse der Menschen bieten.

4 Empirische Forschungsbefunde

4.1 Lateinamerika: Gespaltene Gesellschaften, Armut, Ungleichheit und soziale Ausgrenzung

In absoluten Zahlen gibt es heute in Lateinamerika mehr Arme als vor zwölf Jahren (220 Millionen gegenüber 200 Mio. 1990). Die UN-Wirtschafts- und Sozialorganisation für Lateinamerika und die Karibik (CEPAL) ging für das Jahr 2003 davon aus, dass der Anteil der Menschen, die in Lateinamerika unterhalb der Armutsgrenze leben, auf 44% und der unterhalb der absoluten Armutsgrenze auf 20% angestiegen ist (CEPAL 2002).[50] Das bedeutet, dass über 100 Millionen Lateinamerikaner weniger als einen Dollar am Tag verdienen. Die Einkommensverteilung in Brasilien ist möglicherweise besonders krass, aber sie ist keineswegs eine Ausnahme in Lateinamerika (in Brasilien vereinigen die 10% Spitzenverdiener beinahe die Hälfte des nationalen Einkommens auf sich, während das Einkommen der ärmsten 10% der Bevölkerung nicht einmal 1% des gesamten nationalen Einkommens ausmacht).

Auch in Chile, Honduras, Guatemala, Bolivien, Kolumbien und Paraguay vereinnahmt das Fünftel der reichsten Einwohner 60% des nationalen Einkommens. In den meisten lateinamerikanischen Ländern beläuft sich das Einkommen der ärmsten 20% der Bevölkerung auf nur 3 bis 4,5% des gesamten Einkommens. In Brasilien, Guatemala und Paraguay liegt der Wert sogar darunter. Dennoch garantiert ein Einkommen oberhalb dieser „Armutsgrenze" keinen bestimmten Lebensstandard, wenn Defizite des Marktes oder soziale Einschränkungen von Partizipation den Zugang zu Produktionsfaktoren, Gütern und Dienstleistungen begrenzen (SANGMEISTER 2001, S.4).

Nicht nur im Vergleich zu den „entwickelten" Ländern, sondern auch zu anderen Entwicklungsregionen (Asien, Afrika, Ost- und Südosteuropa) weist Lateinamerika die weltweit größten Unterschiede in der Einkommensverteilung, die geringste soziale Mobilität und damit das höchste Maß an sozialer Ungleichheit auf. An den Weltbankzahlen von 1998, nach denen ein Viertel des Nationaleinkommens der Region auf gerade einmal 5% der Bevölkerung entfällt und sich die obersten 10% immer noch 40% sichern, hat sich auch in den zurückliegenden acht Jahren nichts geändert.

Die Scherenentwicklung zwischen Reich und Arm hält unvermindert an. In ihrem Weltentwicklungsbericht hatte die Weltbank bereits 1990 angeprangert: „Nirgendwo in den

---

50 In den meisten – sich auf Lateinamerika beziehenden – Statistiken wird die „Armutsgrenze" mit einem pro Familienmitglied und Tag erreichten Einkommensbetrag von zwei Dollar gleichgesetzt. „Extreme Armut" bedeutet nach dieser Definition, dass die pro Tag und Familienmitglied für den Lebensunterhalt zur Verfügung stehende Summe auf unter einen Dollar absinkt. In einzelnen Ländern der Region wird, um diese statistische Messgröße präziser feststellen zu können, dazu der Wert von Basiswarenkörben ausgewiesen. Im Fall von Chile definiert die nationale Statistikbehörde „extreme Armut", indem jährlich neu berechnet wird, welches Pro-Kopf-Einkommen notwendig wäre, um einen täglichen Nahrungsbedarf von 2000 Kalorien abzudecken. Wird diese Summe nicht erreicht, leidet diese Familie unter *pobreza extrema*. Arm ist, wer nicht mindestens das Doppelte dieses Mindest-Tageseinkommens verdient.

Entwicklungsländern stehen Armut und nationaler Wohlstand in einem so schroffen Gegensatz wie in Lateinamerika und der Karibik. Der Grund dafür ist die außergewöhnliche Ungleichheit der Einkommensverteilung in der Region" (NOLTE 2002, S. 154).

Wie oben erwähnt, manifestiert sich dieses Reichtums- und Armutsgefälle am extremsten nach wie vor in Brasilien, wo Ende der neunziger Jahre das reichste Fünftel der Bevölkerung das 25,5fache des Einkommens des ärmsten Fünftels erzielte. Zum Vergleich: Der gleiche Faktor liegt bei 3,4 in Japan und 5,6 in Frankreich (SENGENBERGER 2001). Aber auch andere Länder der Region – vor allem Guatemala, Nicaragua, Honduras, Bolivien, und Chile – kennzeichnen sich durch extrem regressive Einkommensverteilungen, die im Gefolge der Rezessions- und Krisenphasen vor und nach dem Jahrtausendwechsel noch weiter auseinander klaffen. Tendenziell haben die Veränderungen der Gesellschafts- und Wirtschaftssysteme im Zeitalter der Globalisierung die sozioökonomischen Bedingungen in den Staaten Lateinamerikas beeinflusst und sowohl kurzfristig – als auch mit großer Wahrscheinlichkeit mittel- und langfristig – wichtige Entwicklungserfolge verhindert, indem sie es unmöglich machten, dass soziale Investitionen – etwa während der letzten Jahrzehnte des 20. Jahrhunderts – die erhofften Renditen erzielten, sondern, indem sie im Gegenteil dazu beitrugen, dass die Ungleichheit weiter angestiegen ist (VICHERAT 2002).

Die wirtschaftliche Entwicklung, die bis zum Beginn der Rezessionsphase 1997 in Lateinamerika beobachtet werden konnte, hat nicht ausgereicht, um die Armut einschneidend zu reduzieren. Wirtschaftliches Wachstum ist eine entscheidende Voraussetzung, die aber alleine nicht genügt, um die Einkommensverteilung zu verbessern. Beispielsweise betrugen in Bolivien die jährlichen Wachstumsraten nach Umsetzung einiger Wirtschaftsreformen Anfang der neunziger Jahre 4%. Dennoch leben in dem Land nach wie vor 60% der Menschen unterhalb der (nationalen) Armutsgrenze (SANGMEISTER 2001, S. 5). Die Hoffnung, dass im Zuge des allgemeinen Wirtschaftswachstums nicht nur die Einkommen der Eliten steigen, sondern auch die der weniger Privilegierten, hat sich in Lateinamerika nicht erfüllt. Trotz teilweise spektakulärer Wachstumszahlen beim Bruttoinlandsprodukt (BIP) – wie etwa in Brasilien und Chile während der ersten Hälfte der neunziger Jahre – haben von den gestiegenen Einkommen fast immer nur die 20 bis 40% (SANGMEISTER 2001, S. 4) der Haushalte an der Spitze der sozialen Pyramide profitiert. Gelang es während der siebziger Jahre, die Einkommensunterschiede in der Region etwas auszugleichen, so haben sich die sozialen Ungleichheiten in den achtziger und neunziger Jahren erneut vertieft, während die Zahlen relativer Armut nahezu unverändert blieben.

4.1.1 Das Modell kolonialer Akkumulation und Ungleichheit als Herrschaftsprizip zwischen Eroberern und Eroberten

Die soziale Ausgrenzung, die durch Armut verursacht wird, ist in Lateinamerika keinesfalls ein neues Thema. Sie hat tief reichende historische Wurzeln. Seit dem Beginn der

Kolonialzeit verursachten Ausgrenzungsprozesse die Entstehung von fragmentierten Gesellschaften, in denen sich die Armen, Marginalisierten und Ausgegrenzten gezwungen sahen, ihre eigenen Strukturen zu schaffen, die sich von den formalen, institutionellen Strukturen unterscheiden, um auf diese Weise Überlebensstrategien und Widerstandsformen im Zusammenhang mit ihrer materiellen Not und der völligen Rechtsunsicherheit zu entwickeln. In Lateinamerika wurde, wie der Historiker CÉSAR YÁÑEZ (1999) betont, seit den Anfängen der Kolonialherrschaft die Ungleichheit institutionalisiert und entsprechend internalisiert.

Das Modell kolonialer Akkumulation und Herrschaft beruhte auf dem Prinzip der Ungleichheit zwischen Eroberern und Eroberten, zwischen *latifundistas* und *inquilinos*, zwischen *criollos* und *indios*, zwischen der *dueña de casa* und ihrer *servidumbre*. Die hohen Anteile armer Menschen in den lateinamerikanischen Gesellschaften, die gewaltigen Einkommensunterschiede zwischen Arm und Reich, die Ungleichbehandlung diskriminierter Bevölkerungsgruppen (Frauen, Indigene, Farbige, alte Menschen) spiegeln das historische Scheitern wider, die entscheidenden Entwicklungshindernisse auszuräumen.

Die Ungleichheit der Menschen vor dem Gesetz wurde in der kolonialen Gesellschaft als eine Realität akzeptiert, die sich aus der *conquista* ableitete: die weißen Europäer an der Spitze, darunter die *indios* mit der Verpflichtung zu „Tributzahlungen" und gewissen Rechten im Hinblick auf ein begrenztes Maß an Selbstverwaltung sowie Toleranz gegenüber ihren überlieferten Sitten und Gebräuchen, schließlich auf der niedrigsten Stufe der Pyramide die afrikanischen Sklaven, ihrer persönlichen Freiheit und aller bürgerlichen und kulturellen Rechte beraubt. Jeder Mensch hatte in diesem gesellschaftlichen System seinen festen, unverrückbaren Platz. Eine soziale Mobilität zwischen den Gruppen war undenkbar (YÁÑEZ 1999).

Die institutionellen Defizite dieser lateinamerikanischen Gesellschaften, die sich darin manifestierten, dass der Staat nicht in der Lage war, Grundlagen für ein dynamisches Wirtschaftswachstum zu schaffen und Mechanismen eines funktionsfähigen Marktes zu fördern, führten zu gesellschaftlichen Spaltungen, begründet durch ethnische und kulturelle Unterschiede sowie extreme Differenzen zwischen Arm und Reich, und dadurch zum Entstehen von Traditionen, die auch nach dem Abstreifen der kolonialen Bande nicht verschwanden und einen *patrón de dependencia* – ein Abhängigkeitsmuster *(path dependence)* – zwischen der kolonialen Vergangenheit und der Gegenwart erzeugten. Für YÁÑEZ (1999) bildet die Ausformung von zutiefst gespaltenen Gesellschaften, die die Ungleichheit und soziale Ausgrenzung hervorgebracht haben, eine der Langzeitursachen für die Behinderung und Verzögerung von Entwicklungs- und Modernisierungsprozessen in Lateinamerika.

Ganz ähnlich argumentierend, insistiert VICHERAT (2002), dass eines der großen Hindernisse dafür, einerseits einen breiten und nachhaltigen Entwicklungsprozess zu erreichen und anderseits die Erfüllung der Menschenrechte zu garantieren, in der andauernden und vielfach sogar wachsenden Ungleichheit, die die Menschen erleben, besteht. Die Armut, so wie sie sich derzeit in Lateinamerika darstellt, ist ein strukturelles Phänomen, das Millionen Menschen vom formalen Sozial- und Wirtschaftssystem ausgrenzt. Diese Ausgrenzung bedeutet in der Praxis – über das offensichtliche Fehlen von ausreichenden Ressourcen zur Grundbedürfnisbefriedigung hinaus –, dass der Zugang zu Netzwerken und den Regelsystemen, die über die Güterverteilung entscheiden, verschlossen bleibt.

Tendenziell lässt sich feststellen, dass sich dieser Zustand von Ungleichheit vor allem seit den siebziger Jahren des 20. Jahrhunderts weiter verfestigt hat und die Distanz zwischen Reichen und Armen sich nicht nur auf einem außergewöhnlich hohen Niveau hält, sondern vielfach sogar noch vergrößert hat. Armut und Ungleichheit haben epidemische Formen angenommen, gegen die bis heute kein Mittel gefunden wurde.[51]

Wenn man jedoch von den Zahlen einmal absieht, ist arm, wer in einer Gesellschaft als arm angesehen wird und dabei selbst das Gefühl hat, arm zu sein. Arm ist nicht nur, wer seine Bedürfnisse nicht befriedigen kann, sondern auch – und das zeigen die empirischen Ergebnisse dieser Arbeit – wer in der Auswahl seiner Bedürfnisse auch räumlich im sozialgeographischen Sinn eingeschränkt ist oder sich subjektiv als eingeschränkt wahrnimmt. Armut ist eng verquickt mit Benachteiligungen in den Lebensbereichen Ernährung, Gesundheit, Wohnen, Versorgung mit Wasser und Strom, Hygiene (Müllabfuhr), Arbeit und Bildung. Die Armen können sich gegen Risiken wie etwa Wirtschaftskrisen, Naturkatastrophen und Gewalt nicht absichern und sind auf vielfältige Weise in der Ausübung ihres Rechts auf politische Partizipation eingeschränkt. Wie im gemeinsamen Entwicklungs- und Sozialbericht der UN-Organisation für Lateinamerika und die Karibik, CEPAL, sowie der UN-Kinderrechtsorganisation UNICEF für 2001 deutlich wird, sind es nicht die Staaten mit den meisten zur Verfügung stehenden materiellen Ressourcen und dem höchsten Pro-Kopf-Bruttosozialprodukt, die das Recht auf Leben ihrer Bürger am besten beschützen, sondern diejenigen, die durch einen gesellschaftlichen Konsens und eine Fähigkeit zum Interessenausgleich eben diesem Schutz Priorität einräumen (VICHERAT 2002).

CEPAL/UNICEF (2001) beschreiben die Bedingungen von Armut, Ungleichheit, Informalität und Instabilität, die große Teile der Bevölkerung in Lateinamerika beeinträchti-

---

51 Eines der wichtigsten statistischen Instrumente für die empirische Bestimmung von sozialer Ungleichheit und folglich von Exklusion ist der sogenannte Gini-Indikator der Weltbank. Er misst die Verteilung der Einkommen in einem Land oder einer Region. Die Zahl 0,0 stünde für die perfekte Gleichheit bei der Einkommensverteilung zwischen allen Bevölkerungsgruppen – und eine 1,0 würde die absolute Ungleichheit bedeuten (nämlich, dass ein Individuum den gesamten Reichtum eines Landes auf sich vereinigt). Der durchschnittliche europäische Gini-Indikator liegt bei 0,29. Deutschland erreicht 0,26. In Spanien steigt diese Ungleichheits-Maßzahl bereits auf 0,32, in den USA auf 0,40. In Lateinamerika schnellt dieser Indikator auf ein deutlich höheres Niveau: Brasilien registriert einen „Gini" von 0,63, Honduras 0,59, Bolivien 0,58 und Chile 0,57 (CLARKE 2002).

Empirische Forschungsbefunde 67

gen. Betroffen von Armut ist mehr als die Hälfte aller Kinder und Jugendlichen in der Region. Zwischen 1990 und 1999 erhöhte sich die Zahl der unter 20-jährigen, die – vor allem in urbanen Ballungsräumen – in Armut und extremer Armut lebten, von 110 auf 114 Millionen. Und selbst dort, wo es Familien schafften, ihre soziale Situation etwas zu verbessern, fällt auf, dass dieser Prozess lediglich in Haushalten nachweisbar ist, in denen Erwachsenen in der Mehrzahl sind – aber eben gerade nicht in Haushalten mit mehreren Kindern und Heranwachsenden. In den Fällen, in denen ein Elternteil – in aller Regel die Mutter – gezwungen ist, allein für ihre Kinder zu sorgen, bedeutet das, so die CEPAL/UNICEF-Zahlen, fast automatisch Armut. Auch wenn es insgesamt während des letzten Jahrzehnt des 20. Jahrhunderts gelang, erfreuliche Erfolge bei der Reduzierung einiger der historischen Probleme zu erzielen, die vor allem die Lebenschancen von Kinder und Jugendliche beeinträchtigen – etwa im Bereich der Gesundheit, der Reduzierung der Kindersterblichkeit, der Ernährung und der Grundbildung, so werden diese Fortschritte von den sich immer mehr vertiefenden Einkommensunterschieden zwischen Regionen, Staaten und sozialen Gruppen überschattet (VICHERAT 2002).

4.2 Der urbane Raum als Chance zur Integration?

In ihrer so genannten „Millenniums-Erklärung" haben sich die Mitgliedsländer der Vereinten Nationen verpflichtet, das Leben von mindestens 100 Millionen Armenviertel-Bewohnern durch Anstrengungen des *slum-upgrading* bis zum Jahr 2020 nachhaltig zu verbessern.[52] Mindestens ebenso wichtig ist jedoch entsprechend der Schlusserklärung der UN-HABITAT-Konferenz von Istanbul 1996 die Entwicklung der Stadt als Lebensraum insgesamt – durch das Angebot von ausreichend Arbeitsmöglichkeiten, einer verbesserten urbanen Infrastruktur, mehr Partizipation, Sicherheit im Sinne von *seguridad ciudadana* und der Entwicklung des städtisches Umlands (BIEBER 2003). Saskia Sassen macht auf einen weiteren Aspekt aufmerksam: Nach ihrem Verständnis schafft das rasche Wachstum[53] der Megacities einerseits gewaltige Probleme bei der Versorgung der Bevölkerung mit Wohnraum, Infrastruktur und sozialen Dienstleistungen, bietet aber andererseits auch Chancen für eine beschleunigte Entwicklung durch verstärkten Handel, die Ansiedlung von Industriebetrieben und die Nutzung von modernen Technologien (SASSEN 2000). In Lateinamerika leben heute bereits 75,3 % aller Menschen in Städten (COY 2002, S. 9).[54]

---

52 In der „Milleniums-Erklärung" genannte Beispiele für eine solche Anstrengung sind die Verbesserung der Trinkwasserversorgung, Abwasser- und Abfallbeseitigung, Verminderung von Umweltgefahren, Einrichtung von Gesundheitsstationen und Schulen, Schutz vor Umsiedlungen u. a.
53 Im Verlauf der kommenden 30 Jahre wird sich in diesen urbanen Ballungszentren die Bevölkerung von jetzt 1,9 Milliarden auf fast 4 Milliarden verdoppeln, während die ländliche Bevölkerung kaum zunehmen wird. Besonders dramatisch ist das Wachstum der so genannten Megacities mit 10 Millionen Einwohnern und mehr. 17 der gegenwärtig 27 Megacities weltweit befinden sich in Asien, wo im Jahre 2025 mehr als die Hälfte der Bevölkerung in Städten leben wird (THIEL 2002).
54 Brasilien z. B. hat sich in den vergangenen 30 Jahren von einem agrarisch geprägten in einen durch die städtische Gesellschaft dominierten Staat gewandelt. Die Hälfte der Bevölkerung lebt heute in Großstädten, allein 26 Mio. in den beiden Megastädten São Paulo und Rio de Janeiro. Dabei kämpfen die seit 1960 rasch wachsenden Metropolen des Landes unverändert mit immensen Infrastrukturproblemen (WEHRHAHN 1998, S. 656).

Mit der Zunahme der städtischen Bevölkerung geht eine flächenhafte Expansion der urbanen Ballungszentren einher. Diese Verstädterungs- und Suburbanisierungsprozesse[55] verlaufen meist noch schneller als das eigentliche Wachstum der Einwohnerzahlen. Damit sind schwerwiegende Probleme verbunden, die nicht nur die Infrastruktur betreffen, sondern sich auch in verschärften sozioökonomischen Disparitäten – mit allen von ihnen verursachten Konflikten – und einer rasch zunehmenden Umweltbelastung manifestieren (BÄHR & MERTINS 1992, S. 360).

Ein relativ neuer Konfliktbereich, der eigentlich erst im Gefolge der Rio-Konferenz über Umwelt und Entwicklung (1992) stärker ins Blickfeld der Öffentlichkeit und der Stadtplaner gerückt ist, hat mit genau diesen gravierenden Umweltproblemen (Kontamination der Luft, des Wassers und der Böden, mit ungelösten Abwasser- und Verkehrsproblemen, mit Belastungen durch Müll, mit akustischer Kontamination, fehlenden Grün- und Erholungsflächen etc.) in den allermeisten lateinamerikanischen Großstädten zu tun. Lösungsstrategien, die sowohl ökologische Belange als auch soziale Notwendigkeiten in ihre Konzepte einschließen, werden in einigen Städten inzwischen diskutiert, u. a. im Rahmen des Programms „Lokale Agenda 21" und der Idee von der *ciudad sostenible*[56]. In den wenigsten Fällen sind diese Ansätze jedoch bislang konsequent umgesetzt worden. Das Wachstum allein ist nicht das größte Problem der Großstädte: Slums als Folge urbaner Armut entstehen auch durch anhaltende Landflucht, die Unmöglichkeit für die Armen, Grund- und Hausbesitz zu erwerben sowie durch Wirtschaftskrisen, die die Zahl der Armen vergrößern, während Boom-Jahre häufig spurlos an ihnen vorübergehen. Megacities könnten gewisse Perspektiven entwickeln, um ihre Armutsprobleme in den Griff zu bekommen: Entwicklung für alle, Wohnumfeldverbesserung in Slums, Stärkung der Wirtschaftskraft in Stadt und Umland.

4.2.1 Fragmentierung und intraurbane Polarisierung

In Entwicklungsländern verlassen pro Tag schätzungsweise 200.000 Menschen die ländlichen Gebiete, um in die Städte zu ziehen.[57] Mit ihrem Angebot an Arbeitsplätzen und Versorgungsleistungen, an Bildung und Wohlstand strahlen insbesondere die Großstädte

---

55 Verstädterung meint dabei die Vergrößerung der Städte nach Zahl, Einwohnern oder Fläche, sowohl absolut als auch im Verhältnis zur ländlichen Bevölkerung bzw. zu den nicht-städtischen Siedlungen, während Urbanisierung die Ausbreitung städtischer Lebens-, Wirtschafts- und Verhaltensweisen einschließt bzw. sich (in eingeschränkter Begriffsbildung) nur darauf bezieht (HOFMEISTER 1982; HEINEBERG 1986 zitiert in BÄHR & MERTINS 1992, S. 360).
56 Ein sehr interessantes Beispiel für diese Diskussion in Chile bildet die Erfahrung von Tomé, einer Kleinstadt nördlich von Concepción, wo Stadtverwaltung, Bürger und Nichtregierungsorganisationen zum ersten Mal für eine chilenische Kommune gemeinsam ein integrales Konzept in Sachen *ciudad sostenible* entwickelt haben (MONTERO 1997).
57 Siehe dazu auch Kapitel 2.3.3 und das Konzept der *Slums of Hope* von Peter LLOYD (1979): Am Beispiel der Neuankömmlinge in den *pueblos jóvenes* von Lima zeigt Lloyd, wie intensiv diese Menschen ihren Aufbruch in die Stadt als bewussten Schritt zur Selbstverbesserung der eigenen Lage verstehen. Sie kämpfen unter großen psychischen und physischen Opfern mit aller Kraft darum, Arbeit und Einkommensmöglichkeiten zu finden und so nach und nach ihre Lebenssituation zu verbessern. Sie hoffen, dass die Ziele, die sie für sich selbst nicht umsetzen können, eines Tages zumindest von ihren Kindern erreicht werden (LLOYD 1979 zitiert in SCHULZE 1987).

Empirische Forschungsbefunde 69

ein Glücksversprechen aus, dass sich für die meisten der Neuankömmlinge nicht erfüllt.[58] Der größte Teil von ihnen strandet in Armutssiedlungen ohne Wasser und Strom, wild errichteten Slums ohne städtische Infrastruktur. Viele leben schlechter als zuvor auf dem Land.

Diese beschriebenen Prozesse bilden einen Beleg dafür, dass sich die soziale Polarisierung innerhalb der Städte heute nicht mehr so deutlich in dem historischen Gegensatz zwischen Zentrum und Peripherie manifestiert, der in der Entwicklung und Flächenexpansion der lateinamerikanischen Städte während des 19. und beginnenden 20. Jahrhunderts so wichtig war (BÄHR & MERTINS 1992, S. 364, 365), aber während der zurückliegenden vier Jahrzehnte aufgrund von Binnenmigrationsbewegungen ganz unterschiedlicher sozialer Gruppen durchbrochen wurde[59] (WEHRHAHN 1998, S. 662). Vielmehr wird die Segregation der Bevölkerung heute durch Fragmentierungserscheinungen akzentuiert, die eine sehr feinteilige Differenzierung der städtischen Gesellschaft zur Folge haben. Eine mögliche Ursache hierfür ist im zunehmenden Einfluss der Globalisierung zu suchen, der zunächst in den größeren Metropolen die Gründung bzw. Weiterentwicklung moderner Unternehmen im Produktions- wie im Dienstleistungsbereich fördert, damit neue, hoch spezialisierte Berufsgruppen entstehen lässt und insgesamt zu einer Steigerung des Einkommens bei bestimmten Gruppen, eben den „Profiteuren" dieses Prozesses, beiträgt, während andere Bevölkerungssektoren eine deutliche Verschlechterung ihrer Einkommen hinnehmen müssen (WEHRHAHN 1998, S. 662). Fragmentierung und intraurbane Polarisierung manifestieren sich auch im neuen Erscheinungsbild des tertiären Sektors, wie dem Entstehen hochmoderner Shopping Center *(malls)* oder der Ansiedlung spezieller Dienstleister und Einzelhändler in den Innenstädten.

Auch Sassen betont, dass Megacities nicht automatisch mit all ihren Sektoren in das Netzwerk der Globalisierung eingebunden sind, vielfach sind es lediglich die dynamischsten Segmente der Finanz-, Dienstleistungs- und Produktionsstrukturen – vor allem dann, wenn sie mit internationalen Märkten kooperieren – sowie die wohlhabenden Ober- und die aufstiegsorientierten Mittelschichten, die in das Netzwerk der globalen Städte integriert sind, während andere nichts von der Globalisierung oder nur ihre Nachteile zu spüren bekommen (SASSEN 2000).

Das räumliche Wachstum der lateinamerikanischen Metropolen steht seit Anfang der sechziger Jahre in einem engen Kausalzusammenhang mit Veränderungen innerhalb des Immobilienmarktes. Zunehmend wurden angesichts der rasanten Expansion der Städte

---

58 Nach Schätzungen der UN-Organisation für Stadtentwicklung, UN-Habitat, lebt knapp eine Milliarde Menschen, also ein Sechstel der Menschheit, schon jetzt in Slums. Diese Zahl wird sich in den nächsten 30 Jahren verdoppeln (BIEBER 2003).
59 Es ist notwendig, an dieser Stelle erneut daran zu erinnern, dass im Fall einer Reihe von lateinamerikanischen Großstädten, darunter Santiago de Chile, zwei Phänomene zusammenwirken, einmal die Entwicklung des privaten Wohnbaumarktes und seiner Großprojekte mit ihrem erheblichen Flächenbedarf und andererseits die zwangsweise Umsiedlung von Hunderttausenden aus innerstädtischen Armenvierteln an die Peripherie (vgl. u.a. MOLINA 1985, sowie SABATINI et al. 2000).

und eines gewissen Kaufkraftzuwachses der Mittelschichten auch periphere Territorien, die ursprünglich aus Armenvierteln bestanden, für Groß-Immobilienprojekte interessant. Zu diesem Thema gibt es jedoch durchaus konträre Einschätzungen über die sozialen Wirkungen solcher Veränderungen auf die Entwicklung des urbanen Immobilienmarktes. Einige Autoren wie SANTOS (1993) und auch SABATINI (2000) betonen, dass durch die oben beschriebenen Prozesse Orte – *sítios sociais* – entstehen, die durchaus auch Chancen für die Lösung von Entwicklungsproblemen eröffnen, da sie gewisse Katalysatorenprozesse auslösen können. TRIVELLI (2000) aber auch CONTRUCCI (2000)[60] sehen in diesem Prozess jedoch durchaus auch Risiken für die Bewohner der Armenviertel. Ihre Nachbarschaftsbeziehung zu den besser situierten Vierteln ist fragil und vorübergehend. Sie haben der Expansion der wohlhabenderen Nachbarviertel nichts entgegen zu setzen – und werden von ihnen über kurz oder lang zwangsläufig verdrängt (TRIVELLI 2000; CONTRUCCI 2000). Eine weitere Variante besteht darin, dass Immobilienunternehmen – mit Billigung der jeweiligen Kommunalverwaltungen – geschlossene Wohngebiete für Reiche entstehen lassen.[61] In fast allen Ballungsräumen Lateinamerikas erleben derartige geschlossene Wohnformen einen Boom. Selbst, wenn sich in mittelbarer Entfernung zu einer solchen stark geschützten und ummauerten Siedlung noch Armenviertel befinden sollten, ist die physische Trennung zwischen den beiden Welten komplett.

Parallel zu dieser räumlichen Segregation spielt sich weltweit eine zunehmende Privatisierung vormals öffentlichen Raumes ab. Unterscheiden lassen sich dabei Formen der direkten Privatisierung (also des Verkaufs öffentlichen Grund und Bodens – sowie vormals öffentlicher Versorgungsunternehmen an private Investoren) und Formen einer indirekten Privatisierung, die vor allem in Europa angewandt werden – und die eine äußerst kontroverse Debatte ausgelöst haben *(cross-border leasing)* (SCHÖNAUER 2002). Betroffen sind öffentliche, zumeist kommunale Dienstleistungen um die Bereiche Wasser, Verkehr und Elektrizität. Diese Prozesse müssen auch im Kontext der in der Welthandelsorganisation beschlossenen Liberalisierung der Dienstleistungen gesehen werden (KALTMEIER 2003).

Zumindest in jüngster Zeit häufen sich allerdings – vor allem im Zusammenhang mit der Forderung nach dem Recht auf sicheres Trinkwasser für alle Menschen in der UN-Agenda der Millieniums-Entwicklungsziele – gerade auch bei jahrelangen Förderern und Verteidigern einer Politik der Übernahme staatlicher oder kommunaler Wasserbetriebe durch private, vielfach internationale Investoren – zunehmend auch kritische Stimmen und Einsichten gegen derartige Public-Private-Partnerships (PPP), die in großen Metropolen wie Buenos Aires, La Paz, Manila, Jakarta oder Johannesburg nach empfindlichen Kostens-

---

60 Ehemaliger Direktor der Corporación para el Desarrollo de la Comuna de Santiago. Von der Autorin am 03.02.2000 in Santiago de Chile interviewt.
61 Genannt werden derartige Immobilienprojekte *gated communities* oder *barrios cerrados, condominios*. Errichtet werden sie von privaten Investoren; sie verwalten sich selbst und sind physisch von der Außenwelt durch hohe Mauern und gesicherte Zäune getrennt. Für ihren Schutz bezahlen die Bewohner private – in der Regel bewaffnete – Wachdienste (MEYER & BÄHR 2001).

Empirische Forschungsbefunde 71

teigerungen für die Konsumenten aber auch Versorgungsproblemen zu erbitterten Auseinandersetzungen und Massenprotesten geführt haben (KÜRSCHNER-PELKMANN 2006, S. 110-113).

4.3 Santiago de Chile – seit der kolonialen Stadtgründung ein Modell für sozialräumliche Trennung

Die sozialen Ab- und Ausgrenzungen zwischen den unterschiedlichen Schichten in Santiago bilden ein Phänomen, das bereits auf die Gründung der Stadt im 16. Jahrhundert zurückgeht[62] und sich ganz deutlich auch im Stadtplan manifestiert, der schon um 1900 deutlich voneinander abgegrenzte und klar zu unterscheidende Sektoren mit sozialräumlicher Trennung aufwies. In der zweiten Hälfte des 20. Jahrhunderts begann sich jedoch die Struktur der Stadt Santiago zu verändern, als die Arbeiterschaft immer mehr in zentrumsnahe Viertel zog, um näher an den Arbeits- und Produktionsstätten zu leben, um so den länger gewordenen Tages- und Wochenarbeitszeiten gerecht zu werden. Dies führte, so ESPINOZA (1988), zur zeitweisen Koexistenz der Armen – die nun nicht mehr in *campamentos*, provisorischen Lagersiedlungen in den Vororten, lebten – und den herrschenden Eliten innerhalb des selben geographischen Raumes. Die politisch Verantwortlichen standen vor der Herausforderung, eine Stadt aufzubauen, innerhalb derer Grenzen auch Gruppen von Arbeitern mit niedrigem Einkommen einen festen Ort und Status einnehmen sollten (ESPINOZA 1988).

Hinzu kam, dass es eindeutig nicht Ziel öffentlicher Investitionen war, eine Verbesserung der Lebensbedingungen der Stadtteile etwa im Norden und im Süden Santiagos zu erreichen, sondern – ganz im Gegenteil – dort wurden Institutionen angesiedelt, die zu einer Abwertung der Wohnlage führten, wie z. B. der Zentralfriedhof der chilenischen Hauptstadt, die psychiatrische Klinik, der Zentralmarkt im Norden sowie ein Großschlachthof und das größte Gefängnis des Landes im Süden – umrahmt von ausgedehnten militärischen Einrichtungen in beiden Teilen der Stadt (ESPINOZA 1988).

Wie schon sehr früh erkennbar wird, waren die Wohnsiedlungen der unteren Sozialschichten ständigen Verdrängungsprozessen ausgesetzt – und zwar weg aus Stadtbereichen, die durch Investitionen in die Infrastruktur aufgewertet wurden, hin zu weniger attraktiven, randstädtischen Sektoren, in denen die Bodenpreise sehr niedrig lagen. Die Zwangsumsiedlungen, die sich seit der Gründung Santiagos in kontinuierlicher Folge abspielten, wurden häufig mit ästhetischen Gründen gerechtfertigt. Man versuchte, ein

---

62 So erhielten beispielsweise die spanischen Offiziere mit den höchsten militärischen Rängen die Grundstücke *de arriba* in der unmittelbaren Umgebung der Plaza de Armas übergeben, während die ihnen unterstellten niedrigeren Dienstgrade kleinere Grundstücke *abajo* südlich des trocken gelegten Flussarmes des Rio Mapocho zugewiesen bekamen (dieses Gebiet entspricht der Südseite der heutigen Avenida Alameda). *Indios,* verarmte Abkömmlinge spanischer Eroberer und indigener Bevölkerung *(Criollos pobres)* sowie *Yanaconas (Indios,* die einem spanischen Herren in einer Art Leibeigenen- und persönlichen Dienstverhältniss zur Verfügung standen), ließen sich – in kleinen Hütten wohnend – in Gebieten an der damaligen Peripherie der Stadt nieder, die *tierra de nadie* (Niemandsland) genannt wurden.

„armenfreies" Stadtbild zu schaffen bzw. die Armut aus dem Gesichtskreis der Wohlhabenden zu verbannen.

ESPINOZA (1988) stellt außerdem fest, dass die zwangsweise Umsiedlung – um nicht zu sagen „Entfernung" *(erradicación)* – von Armenviertelbewohnern aus Stadtregionen, die von den Bessersituierten, also von den Besitzern von Häusern, Grundstücken und Wohnungen, als die ihnen angestammten, exklusiv zustehende Territorien definiert werden, von den jeweiligen kommunalen Autoritäten als wichtiger Bestandteil ihrer „Stadtentwicklungs- und Verschönerungspolitik" verstanden wurden. Zur ideologischen Rechtfertigung bemühte man die viel zitierte „Dichotomie des 19. Jahrhunderts" also den angeblichen Grundkonflikt zwischen Zivilisation und Barbarei (ESPINOZA 1988). Dennoch wurde es immer schwieriger, im rasch wachsenden Santiago die soziale Realität der ärmeren Stadtbewohner – ihre prekären Wohn- und Lebensbedingungen – zu ignorieren. Die Motivation für eine intensivere Wahrnehmung begründete sich allerdings nicht in dem Anliegen, etwas für die Verbesserung der Lage dieser Menschen zu unternehmen, sondern darin, dass sie zunehmend durch die Wohlhabenden als eine Bedrohung wahrgenommen wurden (ESPINOZA 1988). Die lateinamerikanische Stadtlandschaft hundert Jahre später beschreibend, macht MATTELART (1967) deutlich, dass in den sechziger Jahren des 20. Jahrhunderts die sozialen Strukturen Chiles und anderer lateinamerikanischer Städte durch einen Dualismus, d.h. das Vorhandensein von zwei extrem weit auseinander liegenden sozialen Schichten, geprägt wurden, die zu einer besonderen schichtspezifischen Segregation – und damit beispielsweise auch zu einer deutlichen Abgrenzung zwischen der Mittelschicht und der Oberschicht führten.

4.3.1 Das neoliberale Modell und seine sozialräumlichen Auswirkungen

SUNKEL UND GLIGO (1981) stellen fest, dass vor allem die ungebremste Bodenspekulation in Santiago die Kapitalakkumulation einer relativ kleinen, privilegierten sozialen Gruppe ermöglichte, aber gleichzeitig zu einem Hindernis für die Verbesserung der Lebensqualität der Bevölkerungsmehrheit, nämlich der sozial Schwächeren, wurde. Nach Ansicht dieser Autoren lässt sich daran erkennen, dass die erklärten universalen Ziele von Stadtplanung, nämlich Effizienz zu beweisen und zur Steigerung der Lebensqualität von Stadtbewohnern beizutragen, nicht immer mit den Beweggründen derer übereinstimmen, die in den urbanen Grundstücks- und Wohnungsmarkt investieren, um in kurzer Zeit möglichst hohe Renditen zu erreichen. Infolgedessen sind in den lateinamerikanischen Städten die Wohnviertel streng nach dem sozioökonomischen Status ihrer Bewohner – und ihren Kaufkraftmöglichkeiten – getrennt (SUNKEL UND GLIGO 1981).

BÄHR UND RIESCO sahen in ihrer Studie von 1981 voraus, dass die neoliberale Ausrichtung der Stadtentwicklung die interne sozioökonomische Differenzierung der Stadt akzentuieren würde, wobei eine eindeutige räumliche Konzentration der bestsituierten sozioökonomischen Schichten im östlichen Sektor der Stadt zu beobachten sei. Diesen

Empirische Forschungsbefunde 73

Autoren zufolge werden die exklusiven Wohnquartiere im Osten Santiagos so errichtet, dass sie ringsherum abgeschirmt und auf vielfältige Weise gegenüber den Wohnvierteln einkommensschwächerer Gruppen geschützt sind (BÄHR & RIESCO 1981). Was sich zu Beginn der achtziger Jahre in Ansätzen abzeichnete, ist heute das dominierende Merkmal der „klassischen" Wohlhabenden-Viertel im Nordosten der chilenischen Hauptstadt. Die Prozesse, die zu einer solch markanten sozioökonomischen Differenzierung innerhalb der Stadt führen, sowie die Veränderungen der sozialräumlichen Aufteilung in den einzelnen Kommunen von Groß-Santiago, werden von SCHIAPPACASSE (1998) auf der Grundlage der chilenischen Volkszählung von 1992 untersucht. Die Interpretation der Erkenntnisse aus ihrer Analyse belegen, dass die grundlegenden Dimensionen des sozialen Raumes in Groß-Santiago nicht nur den von BÄHR UND RIESCO (1981) festgestellten Kategorien ähneln, sondern auch den angenommenen Modellen für industrielle und kommerzielle Agglomerationen entsprechen. In steigendem Maße zeichnet sich eine räumliche Aufteilung der Gesellschaft nach demographischen Merkmalen, dem (Aus-)Bildungsstand, der Erwerbstätigenstruktur, dem eigentlichen Einkommen und der Qualität der Ausstattung der Wohnungen ab (SCHIAPPACASSE 1998).

Gruppen, deren sozioökonomischer Status als „sehr hoch" eingestuft wird, konzentrierten sich besonders stark in den nordöstlichen Teilen der Stadt. In dem „historischen" Wohlhabenden-Viertel der chilenischen Hauptstadt, der *comuna* Providencia[63], lassen sich inzwischen nur noch zwei geographische Untersektoren mit Bewohnern, die dieser höchsten Einkommensgruppe zugerechnet werden, identifizieren. Die überwiegende Mehrzahl der reichsten Einwohner Santiagos lebt heute hauptsächlich im Nordosten dieses Stadtteils und zwar in Las Condes, Lo Barnechea und Vitacura, wo 100 % aller Bewohner der Einkommenskategorie „sehr hoch" zugeordnet werden (SCHIAPPACASSE 1998). Die räumliche Isolierung (der Wohlhabenderen vom Rest der Stadt) steht für die soziale Isolierung und verringert die Wahrscheinlichkeit von unerwünschten und potenziell eher unangenehmen Kontakten. Die urbane Struktur von Santiago de Chile spiegelt demnach schonungslos die Spaltung der chilenischen Gesellschaft wider. Zu den notorischen ökonomischen Disparitäten kommen soziale Distanzen und kulturelle Schranken mit neuen Formen und noch nicht absehbaren Konsequenzen.

Aber auch am unteren Ende der gesellschaftlichen Pyramide hat es wichtige Veränderungen gegeben: Die Notsiedlungen vom Typ der *callampas*, erbaut aus Abfällen wie Karton, Holzresten und Blech, die für den Armenviertelring rund um Santiago und die

---

[63] Die östlich des Zentrums von Santiago gelegene Stadtgemeinde Providencia mit ihren teuren Wohnungen und vornehmen Einfamilienhäusern war bis Ende der sechziger Jahre der bevorzugte Wohnort der sozioökonomischen Elite Chiles. Dort befanden sich auch die Residenzen der meisten Botschaften und internationalen Organisationen. Der Exodus der Wohlhabendsten setzte ein, als Providencia zunehmend zum wichtigsten Geschäfts-, Banken- und Dienstleistungszentrum der chilenischen Hauptstadt avancierte, Hochhausprojekte zur Verdichtung des Raumes beitrugen und durch den U-Bahnbau Anfang der siebziger Jahre die Exklusivität verloren ging. Der Quadratmeterpreis in Providencia stieg durch die beschriebene Funktionsänderung der Kommune derart an, dass es den Eigentümern von Häusern und Wohnungen möglich wurde, Höchstsummen zu erlösen und sich sehr viel luxuriösere Häuser in den neuen „Modevierteln" wie La Dehesa oder El Arrayán zu bauen.

"wilde" Besiedlung von innerstädtischen Brachflächen während der sechziger und siebziger Jahre so charakteristisch waren (URRUTIA 1972), sowie die späteren *campamentos*–Ansammlungen von eng aneinander gebauten Hütten aus den selben Materialien an Bahndämmen, innerurbanen Freiflächen, sowie an einigen Ausfallstraßen der Stadt, von denen es Ende der siebziger Jahre immerhin 390 im Großraum Santiago gab–haben nach dem Beginn der *Transición al la Democracia* 1990 zahlenmäßig stark abgenommen. Derzeit existieren weniger als 100 von ihnen. Die verbliebenen *campamentos* konzentrieren sich auf die randstädtischen *comunas* wie La Pintana, Cerro Navia, Renca, Lo Espejo und Peñalolén.

4.3.2 Das territoriale Prinzip der sozialen Homogenität

Als praktisches Beispiel zur Veranschaulichung des Prinzips der sozialen Homogenität–und, um die Verbindung zu den in diesem Kapitel ausgeführten theoretischen Ansätze zu diesem Thema–versus des Konzepts der sozialen Integration in der Stadt–herzustellen, wird hier das Beispiel der städtebaulichen Entwicklung in der chilenischen Hauptstadt während der Jahre 1979 bis 1984 vorgestellt. Ausgangspunkt dabei ist ein gleichermaßen charakteristisches wie einschneidendes Ereignis, das in dieser Form und Radikalität zumindest in Lateinamerika eine Sonderstellung einnimmt: Die Rede ist von den zwischen 1979 und 1984 vollzogenen Zwangsumsiedlungen von zunächst 30.225 Familien (ORTEGA & TIRONI 1988), die zuvor in Armenvierteln und *campamentos* am Rande der Wohlhabenden-Kommunen Las Condes und Providencia–sowie teilweise im Zentrum von Santiago–gelebt hatten. Mit dem Argument, eine „soziale Homogenität" in den betreffenden Kommunen schaffen zu wollen, wurden die Armenviertel zerstört und ihre Bewohner, teilweise im Rahmen von militärischen Operationen, deportiert. Das Regime selbst bezeichnete diesen Prozess ganz unverbrämt als *erradicaciones*.

Verfrachtet wurden die von der Zwangsumsiedlung betroffenen Menschen in neu geschaffene Peripherie-Kommunen vor allem am Süd- und Nordrand des Großraums Santiago. Dort kam es sehr schnell zu einer hohen Bevölkerungsdichte und zu einer Konzentration von Haushalten in Situationen von Armut und extremer Armut, weil der neue–teilweise über 25 Kilometer vom Stadtzentrum entfernt gelegene–Wohnort den Zugang zu einer Beschäftigung, zu öffentlichen Gesundheitszentren und Bildungseinrichtungen sowie all jener Variablen, die Lebensqualität ausmachen, extrem erschwerte. Die *comunas* La Pintana, Pudahuel, Renca, Peñalolén, San Bernardo und Puente Alto erlebten jede für sich zwischen 1979 und 1984 den Zuzug von mehr als 100.000 Menschen (MOLINA 1985). In der letzten Phase der *erradicaciones* spielte auch die nördlich von Santiago gelegene *comuna* von Quilicura eine wichtige Rolle.

Das von den Verantwortlichen der Pinochet-Administration im Ministerium für nationale Planung (ODEPLAN - Oficina de Planificación Nacional) postulierte explizite Ziel einer sozialen und wirtschaftlichen Homogenität als Ergebnis des parallel zu den *erradicaci-*

ones betriebenen Prozesses der kommunalen Neuordnung *(Proceso de Reformulación Comunal),* verstärkte die Segregation. Zusammen mit der gleichzeitig vollzogenen Neuordnung der Kommunalgrenzen, der Gründung einer Reihe zusätzlicher *municipalidades* und der Verlagerung einer Vielzahl von staatlichen Aufgaben, die bisher beim Zentralstaat angesiedelt gewesen waren (wie etwa das Schulwesen und die Verantwortung für die öffentlichen Gesundheitseinrichtungen), auf die Ebene der Kommunen, hatte diese Strukturreform mit ihren Verstädterungs- und Stadtentwicklungsprozessen beträchtliche Auswirkungen auf die soziale Zusammensetzung der *comunas* in Santiago. Vor allem ihr ist es zu verdanken, dass tief greifende Ungleichheiten zwischen den einzelnen Kommunen entstanden, die bis heute für die Stadtlandschaft der chilenischen Hauptstadt charakteristisch sind[64] (MOLINA 1985, sowie ausführlicher in der Fallstudie zu La Pintana in Kapitel 4).

Das große gesellschaftspolitische Projekt des Militärregimes, mit Hilfe seiner 1984 eingeleiteten Kommunalreform Stadtgemeinden zu schaffen, die dem Prinzip der „sozialen Homogenität" ihrer jeweiligen Bevölkerung gerecht werden – durch das es also zu erreichen sein würde, dass in Sektoren der Oberschicht nur Oberschichtangehörige, der oberen Mittelschicht nur obere Mittelschichtangehörige, in Arbeiterkommunen nur Arbeiter und in *municipalidades* mit urbanen Subsistenzproduzenten nur *pobladores* (Bewohner von Armenvierteln und Notsiedlungen) leben würden, machte die Umsiedlung von großen Teilen der sozial schwachen Bevölkerung in eigens für diesen Zweck geschaffene administrative Räume, nämlich die neuen *comunas* an der Peripherie der Hauptstadt, notwendig[65]. Um die Akzeptanz bei den Betroffenen für diese Abschiebung an den Stadtrand zu erhöhen, entwickelte vor allem die Intendencia – die Regionalverwaltung von Santiago – eine Reihe von Vorschlägen, um die sanitären Bedingungen in diesen Getto-Kommunen zu verbessern. So wurden Grundstücke katastermäßig vermessen, auf der Grundlage von Kreditverträgen mit den Bewohnern *casetas sanitarias* errichtet – und den *pobladores* auf ihrem Grundstück die Möglichkeit eingeräumt, um die *caseta sanitaria* herumzubauen und so eine Erweiterung ihrer Hütten zu erreichen.

Die öffentlich proklamierte Intention des Regimes, durch eine Erschließung und Neuordnung dieser Räume an der äußersten Peripherie Santiagos sowie durch die Errichtung der *casetas sanitarias* die „Lebensbedingungen in diesen Stadtteilen zu verbessern" setzte

---

64 In diesem Zusammenhang ist es wichtig, darauf hinzuweisen, dass unter dem Militärregime finanzielle Ausgleichsmechanismen zwischen armen und reichen Kommunen weitestgehend abgeschafft wurden. Politisches Ziel des Regimes war es, dass jede *municipalidad* ihre benötigten Ressourcen zum größten Teil selbst erwirtschaftet. Da sich in Chile die Kommunalfinanzen traditionell zu einem erheblichen Teil aus dem Gewerbesteueraufkommen *(patentes municipales)* sowie den jährlich erhobenen Kraftfahrzeugsteuern zusammensetzen, war von Anfang an klar, dass Kommunen mit zahlreichen Betrieben, Läden, Restaurants und Dienstleistungsanbietern sowie vielen und teuren Autos über eine ungleich höhere Steuerkraft verfügten als Armenviertel-*municipalidades* mit einem extrem niedrigen KfZ-Steuer-Aufkommen und einer geringeren Zahl vergebener *patentes municipales* (SCHÜBELIN 1985).
65 Im Süden von Santiago entstehen auf diese Weise die Armenviertel-*comunas* La Pintana, Pedro Aguirre Cerda, El Bosque, im Westen der Stadt wird die Großgemeinde Pudahuel nach Kriterien der sozioökonomischen Homogenität unterteilt in das historische Pudahuel und die neue, noch ärmere Gemeinde Cerro Navia. Im Osten der Stadt entsteht aus der Gemeinde Nuñoa die untere Mittelschichtkommune Macul und die zunächst nur aus Armenvierteln bestehende neue Gemeinde Peñalolén.

jedoch ein hohes Maß an Beteiligung der *pobladores* beim Ausbau und der Eigenkonstruktion ihrer Wohnungen – sowie ein nicht unerhebliches finanzielles Engagement im Zusammenhang mit der Abzahlung der *caseta sanitaria*-Darlehen und aller sonstigen Aufwendungen für Baumaterialien voraus. Vielfach jedoch wurden diese Pläne durch den mit der Zwangsumsiedlung verbundenen Arbeitsplatzverlust und das Fehlen von gesicherten Zukunftsperspektiven in diesen Wohnquartieren vereitelt, so dass die unfreiwilligen Neuzuzügler sehr schnell Teil der bereits zuvor am Rande der Hauptstadt dominierenden Armutsszenarien wurden (GALLEGUILLOS 1990).

Aus dem Rückblick kritisieren Farah und andere chilenische Stadtplaner den Versuch, durch Zwang sozialökonomisch einheitliche Wohn- und Lebensbereiche zu schaffen, scharf: In einer Stadt, die in räumlich getrennte Gebiete mit einer jeweils großen sozioökonomischen Homogenität aufgeteilt wird, verschlechtert sich, so die Erkenntnis, die Qualität des kollektiven Zusammenlebens, weil die Abgrenzung zu anderen Stadtgebieten und ihren jeweiligen Bewohnern einen gefährlichen Nährboden für Intoleranz gegenüber der Vielfalt bildet, was wiederum direkt auf die sozialen Beziehungen und die Nutzung des städtischen Raumes zurückwirkt (FARAH et al.1996).

SCHIAPACASSE (1998) gelangt ergänzend zu dem Schluss, dass durch die Verdrängung großer sozial benachteiligter Bevölkerungsteile in Gebiete an der Peripherie der Metropole ein Szenarium geschaffen wurde, in dem sich der ökonomische Abstand zwischen „reichen" und „armen" *comunas* im Laufe der Jahre kontinuierlich weiter vergrößert hat und das so dazu beitrug, die in sich homogene Züge der jeweiligen – jetzt voneinander klar getrennten – Stadtregionen zu akzentuieren und die Polarisierung des urbanen Raumes mit seinen über fünf Millionen Einwohnern weiter zu verschärfen (SCHIAPPACASSE 1998).

Auf der anderen Seite verursachte das Programm zur *erradicación de campamentos* nicht nur eine räumliche Trennung zwischen Armen und Reichen, sondern in den neu geschaffenen Getto-Stadtteilen auch gravierende Probleme durch das zu enge Aufeinanderleben sowohl innerhalb der zahlenmäßig großen Familien als auch in der Beziehung zu den Nachbarn. Um Kosten zu sparen, wurden monotone, eng aneinander gebaute Wohnblocks errichtet. Die jeweilige Wohnungsfläche und der zur Verfügung stehende umbaute Raum lagen drastisch unter dem Durchschnitt jener sozialen Wohnungsbauprojekte, die in Chile vor der Zeit des Militärregimes unter Augusto Pinochet umgesetzt worden waren. Im Durchschnitt erreichte die Wohnfläche der ab 1979 gebauten Basis-Sozialwohnungen 24 Quadratmeter. Allerdings gab es auch Einfachst-Wohnungsbaulösungen für die aus *campamentos* zwangsumgesiedelten Familien mit lediglich 18 Quadratmetern – sowie eine „Großvariante" mit 36 Quadratmetern. 60% all dieser *viviendas básicas* genannten Sozialwohnungen wurde von vier bis sechs Personen bezogen (GALLARDO & ROJAS

1987, S. 5; GUROVICH 1989). [66]

Eine weitere Konsequenz der Auflösung der *campamento*-Siedlungen und des Verpflanzens ihrer Bewohner bestand darin, dass sich vielfach die betroffenen (Groß-)Familien gezwungen sahen, sich angesichts der extremen räumlichen Enge in den neuen Wohnungen und der fehlenden Geldmittel für eventuelle bauliche Veränderungen und Erweiterungen aufzuspalten und zu trennen. Dies trug dazu bei, das System von familiären Bindungen und Solidarmechanismen zu schwächen oder gar zu zerstören. Dabei war es gerade diese Ressource gewesen, die den Familien in Lebenssituationen extremer Armut ermöglicht hatte, sich arbeitsteilig zu organisieren und auch unter widrigsten Bedingungen zu überleben[67].

Das Problem des zu engen Zusammenlebens bezieht sich nicht nur auf die Situation im Inneren der Wohnung, sondern auf das gesamte Wohnumfeld. Zu viele Menschen auf zu engem Raum, die unzureichende Ausstattung der Wohnungen sowie die schlechte Qualität der Bausubstanz führen zu einem sehr schnell einsetzenden Verfall – vor allem der Wohnblöcke selbst, aber auch der gesamten Viertel, die sie bilden (GALLEGUILLOS 1990). Die Stadtgemeinden mit der höchsten Bewohnerzahl pro Wohnung gehören allesamt zur Gruppe der armen *comunas* an der Peripherie der Metropole. In ihnen konzentrieren sich die Bevölkerungsgruppen mit dem niedrigsten Einkommen – und für sie sind gleichzeitig Stadtverwaltungen verantwortlich, die mit den niedrigsten Budgets der Hauptstadtregion auskommen müssen – und daher über die wenigsten Mittel für urbane Infrastruktur, Schulen, öffentliche Gesundheit und andere Dienstleistungen verfügen. Zusätzlich zu dem Bevölkerungszuwachs im Gefolge des Prozesses der Zwangsumsiedlungen aus dem Stadtzentrum von Santiago und den wohlhabenden Kommunen im Nordosten der Stadt sahen sich einige dieser neu entstandenen Peripherie-Stadtgemeinden gezwungen, Familien, die aus *campamentos* und Armenvierteln von benachbart gelegenen Kommunen „verpflanzt" worden waren, mit aufzunehmen. Dadurch erhöhte sich die Bevölkerungsdichte ganzer Viertel noch einmal zusätzlich – aber durch den damit verbundenen Zuzug von Verwandten auch die Zahl von Menschen pro Wohnung. Die extreme Bewohnerdichte und das zu enge Aufeinanderleben der Menschen sind als Phänomene folglich strukturell mit Situationen von Armut und extremer Armut verbunden – und stehen für

---

66 In der *población* Santiago de Nueva Extremadura in der Stadtgemeinde La Pintana, auf die im empirischen Teil dieser Arbeit noch ausführlicher eingegangen wird, wurden Mitte der achtziger Jahre 84 % aller Wohnungen von mehr als sechs Personen bewohnt. Mit anderen Worten: Im schlechtesten Fall teilen sich sechs Personen eine Behausung von 18 Quadratmeter. Jedem Mitbewohner stehen also lediglich drei Quadratmeter zur Verfügung (GALLARDO & ROJAS 1987, S. 5).

67 Auf diese Weise führte die zugewiesene neue Wohnung für viele Familien sofort zu einem unlösbaren neuen Problem: Nicht für alle Angehörigen war Platz in der neuen Behausung – und zwar weder für die Menschen, noch für ihre mitgebrachten Habseligkeiten, geschweige denn für Haus- und Nutztiere. Möglichkeiten wie im *campamento*, einfach aus Holz, Pappe und Blech relativ unkompliziert der Hütte einen weiteren Raum – bzw. einen Hühner- oder Kaninchenstall – hinzuzufügen, bestanden nun nicht mehr. Es wäre notwendig gewesen, die neue Wohnung an die Familie anzupassen, doch das war eine nicht zu lösende Aufgabe. Daher wurde es notwendig, die Familie der Wohnung anzupassen: Einige Kinder mussten zu Verwandten geschickt werden – oder der Ehemann verließ die Wohnung auf der Suche nach Arbeit anderswo. Der Familienzusammenhalt und das Zusammenleben gestalteten sich außerordentlich schwierig.

einen beschleunigten Zerfall der Lebensqualität sozial benachteiligter Gruppen innerhalb der urbanen Gesellschaft.

Diese intensive Belegung und Nutzung des Wohnraumes führt – in logischer Konsequenz – zu einem beschleunigten Zerfall von Gebäuden und Infrastruktur. Das sowohl zeitliche als auch räumliche Überlappen ganz unterschiedlicher familiärer Aktivitäten und Abläufe mit wechselnden Rhythmen, Alltagssituationen und Zeitenabfolgen im Leben einer Familie, ihrer einzelnen Mitglieder, das Fehlen jeglicher Intimsphäre und minimaler Rückzugsmöglichkeiten, und – direkt damit verbunden – die Verschlechterung von Lebensqualität und der Bedingungen für das alltägliche Zusammenleben sind Konsequenzen sozialräumlicher Ausgrenzungsprozesse. In ihrer Folge erleben die Familien eine alles dominierende und erdrückende Situation von Homogenität – bezogen auf ihre Armut, ihre Lebensbedingungen und ihr Wohnumfeld (GALLARDO & ROJAS 1987 sowie GUROVICH 1989).[68]

4.3.3 Die Verdrängung der Armenviertelbewohner an die Peripherie von Santiago

Drei Elemente in der Stadtentwicklungs- und Strukturpolitik des Pinochet-Regimes begünstigten die neue räumliche Aufteilung und Zuordnung der Armenviertelbewohner an der Peripherie des Großraums Santiago:

- der Prozess der Kommunalreform, der Verantwortlichkeiten von der zentralstaatlichen an die lokale Ebene delegierte und so Entwicklung und Umsetzung von bestimmten politischen Strategien mit entsprechenden sozialräumlichen Auswirkungen ermöglichte,

- eine Urbanisierungspolitik, die darauf aufbaute, vorhandene Regulierungsfunktionen seitens öffentlicher Institutionen durch eine Liberalisierung von Bebauungsplänen, Planfeststellungsverfahren und Bauordnungen drastisch zu reduzieren und bewusst Anpassungen im Blick auf die Nutzungsart und Verfügbarkeit innerurbaner Flächen zu erleichtern. Dies bedeutete zwangsläufig die Abkehr von der bisherigen Stadtentwicklungspolitik der „Verdichtung" im Kernstadtbereich zugunsten einer urbanen „Ausdehnung und Verdünnung" sowie des Zugriffs auf bisherig landwirtschaftlich genutzte Flächen an der Peripherie der Stadt, um so neue Zonen für die Umsiedlung der ärmeren Bevölkerungsteile zu schaffen, und

- eine bewusst konzipierte Ausgestaltung der kommunalen Neugliederung Santiagos, die durch die Verdoppelung der Zahl der *comunas* und eine nach sozioökonomischen Parametern definierte Grenzziehung zwischen den *municipalidades* auf

---

68 Einige Aussagen von Betroffenen illustrieren die Konsequenzen der Zwangsumsiedlungen sehr anschaulich: „Vorher lebten wir in dieser *campamento*-Siedlung fast wie auf dem Land. Es gab genug Platz für alle. Jetzt, wo wir alle so eng aufeinander hausen, sind die Kinder nur noch aggressiv." Margarita Montó (45 Jahre) teilt die 24 Quadratmeter der neuen Wohnung mit ihren vier Kindern. Ihr Mann verließ die Familie, um Arbeit außerhalb der Stadt zu suchen. Es gibt kein Geld, um die winzige Wohnung zu erweitern. Benötigt würde mindestens ein Raum mehr, der angebaut werden müsste, aber bis auf Weiteres hat die Familie keine andere Option, als mit der extremen Enge zurecht zu kommen (GALLARDO & ROJAS 1987, S. 5).

dem Gebiet der Hauptstadtregion die Durchsetzung des Prinzips der sozialen Homogenität in den jeweiligen kommunalen Einheiten förderte (ZAMBRANO 1984; BÄHR & MERTINS 1985; MORALES & ROJAS 1986).

Dabei sind während der verschiedenen Phasen der 17-jährigen Herrschaft des autoritären Regimes durchaus Nuancenverschiebungen im Diskurs und in der politischen Praxis erkennbar: So wird in Dokumenten zur nationalen Stadtentwicklungspolitik aus dem Jahr 1979 kategorisch behauptet, dass die Nutzung des Bodens allein dem Rentabilitätsprinzip unterliegen müsse. In dem zitierten Text zu den Grundlagen für eine nationale Politik zur Stadtentwicklung, so wie sie 1979 vom chilenischen Wohnungsbauministerium definiert wurden, heißt es wörtlich: „An der Ressource urbaner Flächen besteht kein Mangel. Die jeweilige Flächennutzung wird durch die höchste zu erzielende Rentabilität bestimmt." (MINVU 1979, S. 23).

Diese Art von Politik stellt einen offenkundigen Bruch gegenüber der vorausgegangenen städtebaulichen Praxis in Chile dar – und geht dabei von der irrigen Grundvoraussetzung aus, dass Flächen innerhalb des Stadtraumes kein – nur begrenzt verfügbares – Gut darstellen würden und, dass es lediglich die ökonomischen Variablen seien, die über die sozialen Prozesse und die Entwicklung einer Stadt entscheiden würden (MOYANO & FERNÁNDEZ 1992, S. 129). Ein solcher politischer Paradigmenwechsel hatte die Aufhebung wichtiger städtebaulicher Regulierungsmechanismen zur Folge, was sich beispielsweise im Süden der Hauptstadtregion in Form der Umwandlung großer landwirtschaftlicher Produktionsflächen von außergewöhnlich hoher Bodenqualität in Bauland niederschlug (El Mercurio 1996). TRIVELLI (1981) weist auf einen anderen wichtigen Effekt dieser Politik hin, nämlich der Nutzung „billiger" Flächen an der Peripherie der Stadt für die Entwicklung großer Immobilienprojekte.

Sechs Jahre später, 1985, wird zumindest anerkannt, dass die Freiheit zur Entfaltung von Immobilienbauvorhaben und anderen kommerziellen Aktivitäten, die im Zusammenhang mit der Nutzung des urbanen Raumes stehen, dort auf Grenzen stößt, wo es darum geht, die Rechte der anderen und des Gemeinwohls zu respektieren. Erst 1985 wurden die Leitlinien zur nationale Stadtentwicklungspolitik aus dem Jahr 1979 – als Reaktion auf die heftige Kritik vor allem aus akademischen Fachkreisen – neu formuliert. Allerdings bedeutet diese Neufassung in Vielem nichts anderes als den Rückgriff auf stadtplanerische Konzepte aus den sechziger Jahren. Immerhin sind jedoch auch einige interessante neue Ansätze zu erkennen, wie etwa ein Kapitel zur Partizipation der Anwohner über sie betreffende urbane Entscheidungen, die jedoch nie in die Praxis umgesetzt wurden (DOCKENDORFF & FUENSALIDA et al. 1990).

Es wird ausdrücklich hinzugefügt, dass die Aktivitäten, die der Mensch – und zwar sowohl als Privatperson, Unternehmer oder Teil eines Gemeinwesens – bei der Nutzung privater und öffentlicher Flächen entwickelt, weit reichende, sowohl direkte als auch indirekte

Folgen für die Nachbarn, das Wohnquartier und die Stadt als Ganzes haben, und dass deshalb die geographische Zuordnung und das Zusammenwirken dieser verschiedenen wirtschaftlichen und privaten Aktivitäten auf eine „harmonische" Stadtentwicklung abzielen sollten, um die negativen, belastenden Effekte zu minimieren (ZAMBRANO 1984; MORALES & ROJAS 1986).

Entsprechend der Wirtschaftstheorie bildet die Rentabilität (also die Möglichkeit, aus einer Investition in der kürzestmöglichen Zeit den größtmöglichen Gewinn zu schöpfen) das wichtigste rationale Motiv für das Verhalten der privaten Akteure auf dem Markt. Beide oben erwähnten Positionen basieren uneingeschränkt auf dieser Grundannahme. Und in beiden Phasen – der puristisch neoliberalen und der, die immerhin dem Staat sowohl eine ordnungspolitische, als auch eine auf der Idee der Subsidiarität basierende Funktion zuspricht – besteht das Ergebnis dieser Art von Stadtentwicklungspolitik in der Umsiedlung der Armen und ihrer Konzentration in Peripherie-Kommunen sowie in der „Justierung", sprich Neudimensionierung des urbanen Raumes. Das bereits erwähnte Beispiel der Aufteilung der Stadtgemeinde Ñuñoa ist außerordentlich illustrativ: Hier wurden zwei Teilbereiche mit einer hohen Konzentration an einkommensschwachen Haushalten schlicht abgetrennt und zu neuen Kommunen erklärt, Macul und Peñalolén. Die Kerngemeinde Ñuñoa mit ihrer gewachsenen Mittelschichtstruktur, ihren Geschäften und ihren Dienstleistungsangeboten, entledigte sich also in diesem Fall nicht so sehr durch *erradicaciones*, sondern schlicht durch neue Gemarkungsgrenzen ihrer ärmeren Bevölkerungsteile. Das Ergebnis bestand in einer „Homogenisierung" aller drei *Municipios* (MORALES & ROJAS 1986).

Zu den Auswirkungen, die diese Art von Politik nach sich zieht, zählt die soziale Desintegration: Der offensichtliche Bruch zwischen den Bewohnern und ihrem angestammten und vertrauten Wohnumfeld – verursacht dadurch, dass die Menschen gezwungen werden, einen sozialen Raum verlassen zu müssen, in dem sie sich zumindest zurechtgefunden haben, wo sie die Grundregeln für das Zusammenleben und die Kommunikation beherrschten, wo sie über ihre Netzwerkstrukturen verfügten. Der neue Wohnort zwingt die Hinzugekommenen, sich an Menschen anderer Herkunft, mit einem anderem Erfahrungshintergrund und einer anderer Praxis des nachbarschaftlichen Miteinanders anzupassen. Anderseits stellen die Neuankömmlinge auch für diejenigen, die bereits etwas länger in den Getto-Siedlungen oder deren – meist ländlich geprägter – Nachbarschaft leben, eine Bedrohung dar, weil sie Kommunikations- und Organisationsanstrengungen vermeintlich gefährden oder zumindest stark beeinträchtigen. Die in einer zweiten oder dritten Umsiedlungswelle Hinzugekommenen werden so zu Eindringlingen.

DOCKENDORFF (1990) wie auch FARAH (1996) beschreiben Santiago als eine Stadt, die in 34 Sektoren oder *comunas* aufgeteilt ist, die sowohl in ökonomischer Hinsicht, als

Empirische Forschungsbefunde 81

auch im Zusammenhang mit der Infrastrukturausstattung und den Umweltbedingungen[69] eine zunehmend stärkere Segregation aufweisen und wo als unmittelbare Folge daraus spezialisierte Stadtteile entstehen, die voneinander in verschiedenen Intensitätsstufen abhängig sind. Die Segregation spiegelt sich in der sozioökonomischen Homogenität der Wohnquartiere und in der Ausstattung der unterschiedlichen Stadtteile wider. Aufgrund der ökonomischen Segregation beschränken sich innerurbane Beziehungen zwangsläufig auf Kontakte zwischen Haushalten mit einem ähnlichen Einkommensniveau (DOCKENDORFF 1990; FARAH et al. 1996). Die Erklärungsansätze für die sozialräumliche Segregation stehen in einem engen Zusammenhang mit den Entwicklungsstrategien, die in Chile zum Tragen gekommen sind. Stark verkürzt lässt sich sagen, dass der Entwicklungsprozess in Chile in den zurückliegenden fünfzig Jahren zunächst durch eine Strategie der „nachholenden Entwicklung" mit einer starken Beteiligung des Staates sowie anschließend während einer kurzen, dreieinhalbjährigen Phase durch den Versuch zum Aufbau einer sozialistischen Gesellschaft im Rahmen einer repräsentativen Demokratie geprägt wurde, um ab 1973 unter dem Militärregime in ein Modell der neoliberalen Modernisierung, dessen ökonomische Grundzüge bei der Rückkehr zur Demokratie beibehalten wurden, zu münden.

Der Nutzen des Marktes bei der Lösung aller wirtschaftlicher Probleme ist dabei ganz offensichtlich überschätzt worden. Nach dreißig Jahren Stadtentwicklungspolitik, die vor allem durch die Dominanz neoliberaler Konzepte geprägt wurde, sind die Defizite unübersehbar, die sich dann ergeben, wenn die Entwicklung der Städte den Marktkräften als einzig relevantem Regulierungsmechanismus unterliegt (SCHIAPPACASSE 1998). Erst in jüngster Zeit, unter der Regierungsverantwortung von Ricardo Lagos (2000-2006), sind – etwa in der Verkehrs-, in der urbanen Infrastrukturpolitik aber auch bei öffentlichen Sozialwohnungsbauprojekten – Versuche erkennbar, staatlicherseits stärker regelnd einzugreifen und auf die Rahmenbedingungen urbaner Entwicklung nachhaltiger Einfluss zu nehmen. Zusammenfassend lässt sich noch einmal auf Sabatini verweisen, der betont, dass diejenige staatliche Sozialwohnungsbaupolitik, die auf dem rein quantitativen Kriterium beruht, mit möglichst geringen Kosten in möglichst kurzer Zeit möglichst viele Wohnungen zu errichten, im Ergebnis zu Segregationsmustern im großen Stil geführt hat und so Prozesse der sozialen Ausgrenzung in Santiago de Chile deutlich verschärft wurden (SABATINI 1998).

Unter solchen Umständen werden die im Sinne der Idee von der „nachhaltigen Stadt" dringend notwendigen Integrationsmöglichkeiten für die Bewohner von Armenvierteln

---

69 Erwähnt werden müssen in diesem Zusammenhang die ökologischen Belastungen an der Peripherie von Santiago durch eine Vielzahl von *microbasurales*, wilde Müllkippen in unmittelbarer Nähe von Wohnvierteln, permanente Probleme mit der von den Kommunen an Privatunternehmen vergebenen Müllabfuhr, Kontamination durch eine unzureichende Abwasserentsorgung und Kanalisation, Rattenplagen und andere umweltbedingte Gesundheitsbelastungen wie Zecken-Epidemien sowie massenhafte Infektionen durch Lausbefall, Krätze und andere Hautkrankheiten. Vor allem während der Wintermonate stellen Überschwemmungen und ein Überlaufen der Fäkalsickergruben zusätzliche Gefahren dar.

extrem erschwert. Gegenseitiges Misstrauen und der Kampf um die eigene Existenzsicherung verhindern die Entstehung von kollektiven Selbsthilfemechanismen und funktionierenden Nachbarschaftsorganisationen. Stattdessen wird die Situation in den neuen Massensiedlungen durch eine hohe Gewaltbereitschaft und Kriminalitätsrate vor allem unter Jugendlichen geprägt, die über keine Erwerbsmöglichkeiten und Zukunftsperspektiven verfügen, die vielfach im Gefolge der Zwangsumsiedlung vorzeitig die Schule abgebrochen haben und besonders stark unter der oben beschriebenen Auflösung der Familienstruktur leiden. Für sie gibt es am neuen Wohnort meist keinen Raum für eine – wie auch immer geartete – soziale, kulturelle und politische Partizipation.

4.3.4 Staatliche Politik, Gewalt und Kriminalität

Der Anstieg von Gewalt und Kriminalität stellt seit mehreren Jahren – vor allem in den Großstädten Lateinamerikas – in der subjektiven Wahrnehmung der Menschen eines der gravierendsten Alltagsprobleme dar. Einige Autoren erklären die hohen Kriminalitätsraten unter bestimmten Gruppen der armen Bevölkerung (etwa unter Jugendlichen) aus dem Grundkonflikt zwischen Mechanismen einer sich verschärfenden sozialen Ausgrenzung und den gestiegenen Ansprüchen, z.B. was das private Konsumverhalten betrifft. Die extrem hohen Kriminalitätsraten unter bestimmten Bevölkerungsgruppen (eben beispielsweise diesen Jugendliche aus Armenvierteln) müssten mithin als das Ergebnis einer mangelhaften ökonomischen und politischen Integration sowie als eine Folge der sozialen Stigmatisierung der Armen in den Städten verstanden werden[70] (SPERBERG & HAPPE 2000, S. 44). Den Menschen, die in chilenischen Städten in Armenvierteln leben, steht de facto nahezu kein Schutz durch Gesetz und Recht zur Verfügung. Die Präsenz des Staates beschränkt sich in diesen Siedlungen auf sporadische und informelle Interventionen. Es gibt im Großraum Santiago mehrere ausgedehnte *campamento*-Siedlungen, die von der Polizei praktisch nicht mehr betreten werden. Seit Ende der achtziger Jahre lässt sich auch für Chile ein starker Anstieg des Drogenhandels und -konsums konstatieren. In diesem Zusammenhang haben sich in einigen Armensiedlungen regelrechte Drogenhändlernetze gebildet.

Mit dem Beginn des politischen Prozesses des „Übergangs zur Demokratie" *(Transición a la Democracia)* nach dem 11. März 1990 wurde von der neuen Regierung eine ganze Reihe von Programmen zur Armutsreduzierung und Verbesserung der städtebaulichen und der sozialen Infrastruktur in benachteiligten Stadtvierteln entwickelt.[71] Die Regierung der *concertación* legte – teilweise mit erheblicher Unterstützung durch internationale Organi-

---

70 Wie oben ausgeführt, wurden in Santiago die Bewohner von innerstädtischen Armenvierteln – und Notsiedlungen innerhalb der Gemarkung der wohlhabendsten Kommunen der chilenischen Hauptstadt – seit den frühen achtziger Jahren in Peripheriegebiete umgesiedelt, wo großflächige homogene Siedlungen von armen Familien entstanden. Im Gegensatz dazu befinden sich in Rio de Janeiro, Caracas und anderen lateinamerikanischen Städten viele *squatter*-Siedlungen nach wie vor in Zentrumsnähe oder auch in unmittelbarer Nachbarschaft zu besseren Wohnvierteln.
71 An diesem Tag löste der im Dezember 1989 gewählte christdemokratische Präsident Patricio Aylwin – an der Spitze einer Mitte-Links-Koalition aus Christdemokraten, Sozialdemokraten und Sozialisten *(concertación)* – formell das autoritäre Regime unter Augusto Pinochet ab, der jedoch jahrelang weiterhin als Oberkommandierender der Land-

sationen, aber auch dank Mitteln aus der bilateralen Entwicklungszusammenarbeit – Programme zum Ausbau des Trink- und Abwassernetzes an der Peripherie der Hauptstadt auf, baute Straßen, *policlínicos* und Schulen in Armenviertelsektoren und stattete Peripheriegemeinden mit mehr Mitteln aus. Dadurch verbesserten sich zwar meist die Beziehungen zwischen den Armen und den Behörden, was wiederum ermöglichte, dass die *pobladores*, ohne Angst vor Repression, für ihre Interessen eintreten und mit ihren Organisationen *Juntas de Vecinos, Comités de Adelanto, Comités de Allegados*[72] wichtige Erfolge bei der Verbesserung ihrer Lebensbedingungen erzielen konnten. Dennoch ist es bis heute noch immer nicht gelungen, den Zustand „sozialer Apartheid", also der konsequenten räumlichen Trennung zwischen Armen und Reichen, der zu Zeiten des autoritären Regimes seine stärkste Ausprägung fand, umzukehren oder entscheidend abzumildern. Trotz der oben beschriebenen relativen Verbesserung der urbanen Infrastruktur der randständigen Armenviertel konnte ein entscheidendes Problem nicht überwunden werden: die Tendenz der sozialen Fragmentierung und organisatorischen Zersplitterung unter den *pobladores*. Dieses Phänomen stellt sicherlich eine der schwerwiegendsten Auswirkungen des Umsiedlungsprogramms der Militärregierung zwischen 1979 und 1985 dar, durch das – wie oben ausgeführt – gerade eben auch Selbsthilfestrukturen und eingeübte Organisationserfahrungen zerstört und Tendenzen zur Zersplitterung unter den Umgesiedelten gefördert wurden.

In einigen Fällen haben die Nachbarschaftsorganisationen selbst, die allerdings in den siebziger und achtziger Jahren unter der Kontrolle des Militärregimes standen – etwa, weil *dirigentes* von der jeweiligen Stadtverwaltung eingesetzt wurden – solche Tendenzen gefördert, indem Familien mit angeblich „schlechten Gewohnheiten" (Aggressivität, Alkoholismus, Straffälligkeit etc.) in Randbezirke einer Siedlung abgedrängt wurden (SPERBERG & HAPPE 2000, S. 53). Diese nicht überwundene Fragmentierung bewirkt noch immer, wie Soto beobachtet, dass die Wohnquartiere an der Peripherie der Stadt immer monotoner, uniformer werden, und die in ihnen lebenden Menschen dazu tendieren, es zu vermeiden, mit anderen zusammen zu kommen, vor allem wenn das Risiko besteht, dass der andere anders ist. Diese Selbstisolation und Abkapselung ist eine Form der Negation des Lebens in der Stadt. Das an Paranoia grenzende, teilweise hysterisch überzeichnete Sicherheitsbedürfnis führt andererseits viele Bewohner dazu, ein Leben hinter selbst installierten Gittern und Vorhängeschlössern zu fristen (SOTO 1997).

---

streitkräfte und Mitglied im Nationalen Sicherheitsrat sowie später als Mitglied des Senats starken Einfluss auf die Gestaltung dieses Übergangsprozesses ausübte.

72 *Juntas de Vecinos* (Nachbarschaftsverbände) und *Uniones Comunales* (Zusammenschlüsse dieser Verbände auf kommunaler Ebene) sind seit Ende der sechziger Jahre in Chile Körperschaften des öffentlichen Rechtes, die bestimmte Territorialfunktionen ausüben. *Comités de Adelanto* (Zusammenschlüsse zur Verbesserung der Lebens- und Wohnsituation im Armenviertel) sowie *Comités de Allegados* (Zusammenschlüsse von Wohnungslosen und Untermietern in Armenvierteln) haben dagegen meist informellen Charakter. Alle diese Organisationen spielten jedoch in der historischen Phase vor dem Plebiszit vom Oktober 1988 und bei den Mobilisierungen zu den Präsidentschafts- und Parlamentswahlen vom Dezember 1989 eine wichtige Rolle.

4.4 Wirtschaftwachstum und die Entwicklung des Immobilienmarkts

In Europa sind die Städte in der Regel von ihrer morphologischen Struktur und Bebauung her noch immer dicht und gleichzeitig trotzdem heterogen. In den Vereinigten Staaten von Amerika sind dagegen die einzelnen Bestandteile der Städte häufig in sich homogen, weit ausgedehnt und bilden zusammen vielfach kein geschlossenes Stadtbild. Die berechtigte Frage lautet, in welche Richtung geht die Entwicklung der chilenischen Städte? Stadtsoziologen stellen dabei immer wieder die beiden Beispiele Miami (fragmentiert, ohne geschlossenes Stadtbild) und San Francisco gegenüber (verdichteter Stadtkern, nach wie vor relativ heterogene Bevölkerungsstruktur in vielen Teilen der Stadt, konsolidierte Stadtlandschaft). Diese vergleichenden Erfahrungen von Stadtentwicklungsprozessen vor Augen, gibt der Blick auf die chilenische Hauptstadt Santiago, so SOTO (1997) und DUCCI (1998), wenig Anlass, optimistisch zu sein.

4.4.1 Der *trickle down*-Effekt[73] und die Probleme einer unausgeglichenen Einkommensverteilung

Als Folge eines relativ kontinuierlichen Wirtschaftswachstums in Chile zwischen Ende der achtziger Jahre und dem Beginn der neuen Rezessionsphase ab 1997/98 – sowie in einem geringeren Umfang als Ergebnis staatlicher Sozial- und Armutsreduzierungspolitik – konnte der Anteil der Armen an der Bevölkerung von 45 % Mitte der achtziger Jahre auf 23 % (bzw. 20 % der Haushalte) im Jahr 1996 abgesenkt werden. Statt 5,5 Mio. im Jahr 1987 lebten zehn Jahre später „nur" noch 3,3 Mio. Chilenen in Armut (NOLTE 1998 & YAÑEZ 2000). Diese Gesamtentwicklung hielt trotz der Rezessionsphase bis zur Jahrtausendwende an: Laut der alle zwei Jahre durchgeführten Untersuchungen des chilenischen Planungsministeriums zur sozialen Situation im Land[74] hat sich der Anteil der Armen an der Gesamtbevölkerung von 1990 (38,6 %) auf 20,6 % in 2000 verringert – und der Anteil der Mittellosen (*indigentes*, die nicht in der Lage sind, ihren täglichen Nahrungsgrundbedarf zu decken) von 12 % auf 5,7 %. Die durchschnittlichen Familieneinkommen sind gestiegen und die Aufwendungen des Staates für Grundbildung, Gesundheit und andere Sozialaufgaben ebenfalls.

Insgesamt hat sich also die Lebensqualität für die Chilenen in den vergangenen Jahren deutlich verbessert. Nach dem Human Development Index (HDI) des UNDP von 1997 liegt Chile inzwischen im weltweiten Vergleich an 30. Stelle, vor allen anderen lateinamerikanischen Staaten. Nimmt man als Vergleichmaßstab die Gruppe der Entwicklungs- und Schwellenländer, so erreicht das Land in Sachen Lebensqualität sogar Rang 7, noch vor Südkorea (NOLTE 1998). Auch die Entwicklung des Bruttoinlandsproduktes weist für

---

73 Diese Annahme wird in der Entwicklungssoziologie als Durchsicker- oder *trickle down*-These bezeichnet. Sie beruht auf der Hypothese, dass die durch Kapitaltransfer in den Entwicklungsländern ausgelösten Wachstumsprozesse irgendwie zu den Massen durchsickern und deren Lebensbedingungen verbessern würden. Sie wird analog für die Annahme angewendet, dass steigender Wohlstand und Reichtum bei den Eliten einer Gesellschaft zur Reduzierung von Armut der unteren Gesellschaftsschichten beitragen würde (NOHLEN & NUSCHELER 1992, S. 474).
74 MIDEPLAN, Encuesta CASEN 1990, 1992, 1994, 1996, 1998, 2000 und 2002.

die Dekade der neunziger Jahre, also der Zeit unter der Regierung des Parteienbündnisses *Concertación de Partidos por la Democracia,* im Durchschnitt ein jährliches Wachstum von 6,7% aus. Verglichen mit den Zahlen für 1973-1989, der Zeit unter dem Militärregime (jährlich im Durchschnitt 3,2%), wird der Erfolg der Wirtschaftspolitik in den Jahren der *transición* deutlich. Es gibt – statistisch gesehen – in der ganzen chilenischen Geschichte keinen Zeitraum, in dem bessere Ergebnisse erzielt worden wären (YAÑEZ 2000).

Trotz einer einigermaßen konsequent durchgehaltenen Austeritäts-Strategie der öffentlichen Hand gab es während der neunziger Jahre einige wichtige Erfolge in der Sozialpolitik. Die Reallöhne stiegen jährlich um durchschnittlich 3,9%, während sie in der Zeit des Militärregimes lediglich um durchschnittlich 0,4% pro Jahr angewachsen waren. Umgerechnet auf die neue Währung des chilenischen Peso und seine Kaufkraft im Jahr 1998 erreichte der gesetzliche Mindestlohn 1973 inflationsbereinigt einen Wert von 45.479 Pesos. Fast 17 Jahre später, 1989, liegt dieser Betrag bei 48.405 Pesos, erreichte also nur etwas mehr als 6% Zuwachs. Dagegen lag der reale Mindestlohn 1999 bereits bei 87.029 Pesos, was in zehn Jahren eine Verbesserung um 81% zugunsten der Lohnarbeiter bedeutet (YAÑEZ 2000).

Dieser Erfolgsbilanz stehen jedoch extreme Unterschiede bei der Einkommensverteilung gegenüber: Die Scherenentwicklung zwischen Arm und Reich hat sich auch durch das beschriebene Wirtschaftswachstum nicht verringert. Dieses Problem teilt Chile mit fast allen Nachbarstaaten in der Region: Nicht nur im Vergleich zu den „entwickelten" Ländern, sondern auch zu anderen Entwicklungsregionen (Asien, Afrika, Ost- und Südosteuropa) weist Lateinamerika insgesamt – abgesehen von Südafrika – die weltweit größten Unterschiede in der Einkommensverteilung, die geringste soziale Mobilität und damit das höchste Maß an sozialer Ungleichheit auf. Immer wieder wurde angesichts der chilenischen Zahlen über Einkommenszuwächse und Verringerung von Armut und extremer Armut behauptet, dass in diesem Fall der Beweis erbracht werden könne, dass der so genannte *trickle down*-Effekt funktioniere – vorausgesetzt, dass während eines längeren Zeitraums sehr hohe überdurchschnittliche Wachstumsraten erzielt werden (YAÑEZ 2000). Allerdings räumen auch diese – eher euphemistisch argumentierenden – Autoren ein, dass dieser Prozess keinesfalls zwangsläufig zu einer gerechteren Einkommensverteilung führt. Nach Angaben des Statistischen Amtes in Chile entfielen 1995 auf die ärmsten 20% der Haushalte 5,2%, auf das reichste Fünftel demgegenüber 54,9% der Haushaltseinkommen (NOLTE 1998, S. 639-640).

Aber auch noch aus anderen Gründen verdienen die MIDEPLAN-Statistiken eine zweite, kritischere Lektüre: Der Anteil der Kinder und Jugendlichen, die in Situationen von Armut und extremer Armut aufwachsen, liegt mit 30% noch immer weit über dem der Erwachsenen. Die andauernde Wirtschaftskrise in Chile (das Land hat sich seit 1997 nicht vollständig von den Konjunktureinbrüchen im Gefolge des Rohstoffpreiszerfalls auf den Weltmärkten erholt; es gelang bisher nicht, die hohen Arbeitslosenzahlen von offiziell über 12% zu senken; die katastrophale wirtschaftliche Situation im Nachbarland Argentinien nach der Jahrtausendwende verursachte gravierende Probleme auch in Chile, da beide Ökonomien eng miteinander verflochten sind – unter anderem durch die Investition erheblicher Summen aus den privaten chilenischen Rentenfonds AFP's in argentinische Strom- und Trinkwasserversorgungsunternehmen – hat dazu geführt, dass Armut und extreme Armut in einigen Regionen des Landes seit 1998 erstmals wieder zunahmen (betroffen von dieser Entwicklung ist u. a. auch die Hauptstadt Santiago mit ihrem ausgedehnten Armenviertelring und ihren Wohnungsproblemen für Menschen mit geringen Einkommen).[75]

Der bis zum Beginn der Krise von 1997 euphorisch gefeierte makroökonomische Erfolg der unter Pinochet mit Brachialgewalt durchgepeitschten und in dieser Radikalität bis heute weltweit einzigartig gebliebenen neoliberalen Transformation, verstellt jedoch den Blick nicht nur auf die extreme Scherenentwicklung zwischen Arm und Reich, sondern auch auf die übrigen sozialen und ökologischen Kosten des so genannten „Modell Chile" (SCHÜBELIN 1998). Seine wichtigste Grundlage besteht nach wie vor in der massiven Ausweitung des rohstoffexportierenden Primärsektors. Die historische chilenische Politik einer nachholenden Industrialisierung (1939–1973), die das Ziel hatte, den Import von Konsumgütern zu ersetzen und so den Binnenmarkt zu stärken, wurde von der Fraktion der Chicago Boys ab 1975 mit einem Schlag beendet. An ihre Stelle trat eine Strategie, die großen nationalen Industrien – zum Beispiel im Textilbereich – durch kleine, automatisierte und internationalisierte Betriebe zu ersetzen, Produktionsprozesse zu zerstückeln – und gleichzeitig die Kosten für menschliche Arbeit radikal zu senken, indem alle verbleibenden arbeitsintensiven Bereiche im Produktionsprozess bei abhängigen Kleinstunternehmen „angesiedelt" wurden (SCHÜBELIN 1998).

Ein weiteres charakteristisches Element dieser „Modernisierung" der chilenischen Ökonomie ist die Eigentumskonzentration in den Händen großer Finanzgruppen. Der Wirtschaftswissenschaftler Hugo FAZIO zeigt in einer Untersuchung aus dem Jahr 1997, dass der Börsenwert der großen Konsortien und Wirtschaftsgruppen problemlos das chilenische Bruttoinlandsprodukt übertrifft. Die neue chilenische Wirtschaftsstruktur ruht auf zwei Pfeilern. Der erste erinnert an den Zustand im 19. Jahrhundert: ein Rohstoffexportmodell – fast ohne Mehrwertschöpfung – aber unter großer Beteiligung ausländischen Kapitals. Der zweite Pfeiler – schon weit ins 21. Jahrhundert hinein reichend – symbolisiert Chile als Teil eines ökonomischen Systems der großen Maßstäbe, als Anbieter von Dienstleistungen für das Finanzkapital, fest integriert in eine postmoderne, tertiarisierte und entstofflichte Wirtschaft. Trotz der wachsenden Bedeutung des Dienstleistungssektors

---

75 Vor allem im Süden des Landes, im Großraum Concepción und Temuco (VIII. und IX. Region) liegt der Anteil an Armen und Mittellosen weit über dem Landesdurchschnitt (IX. Region: 32,7% Arme, davon 11,1% extrem arm; VIII. Region: 27,1% Arme, davon 8,0% extrem arm).

für das BIP basierte das zwischen 1986 und 1997 kontinuierlich steigende Wirtschaftswachstum jedoch vor allem auf der intensiven Ausbeutung der natürlichen Ressourcen. Obwohl das Land heute weniger vom Kupferexport abhängt als noch vor 30 Jahren, als der Verkauf der Erze 80% aller Ausfuhren ausmachte, hat die Abhängigkeit vom Rohstoffexport nicht abgenommen. Heute setzt sich die Angebotspalette für den Weltmarkt aus zerkleinertem Holz *(chips)* für die Herstellung von Zellulose und Brennholz, aus Fischmehl, Fetten und Fischölen, Obst und Gemüse – sowie den Bergbauprodukten Kupfer, Gold, Silber, Lithiumcarbonat, Molybdän, Eisen, Salpeter und Jod zusammen. Die ökologischen Folgen einer systematischen Überausbeutung der natürlichen Ressourcen sind auch für Laien im Landschaftsbild mit bloßem Auge zu erkennen.

Bereits 1996 errechnete die chilenische Zentralbank in einer Studie, dass bis zum Jahr 2025 das letzte Fleckchen heimischen Naturwaldes in Chile verschwunden sein wird (SCHÜBELIN 1998). Doch das „Modell Chile" beruht nicht nur auf einer Ausplünderung nicht regenerierbarer natürlicher Ressourcen, sondern auch auf dem Raubbau an der menschlichen Arbeitskraft. Die radikale Flexibilisierung menschlicher Arbeit, gesetzlich möglich geworden auf der Grundlage der Leyes Piñera (der in den siebziger Jahren verabschiedeten Arbeitsgesetze, benannt nach dem damaligen Minister unter Pinochet), die von dem Militärregime auch als politisches Instrument zur Disziplinierung, zur Verhinderung jeglicher gewerkschaftlicher Strukturen und zur Erstickung möglicher Widerstandsherde verstanden wurden, ist dem Wirtschaftsmodell nach wie vor uneingeschränkt dienlich. Dabei geht es nicht nur um ein Instrument, das die Einstellung und Entlassung eines Beschäftigten vereinfacht, sondern um die faktische Entrechtung von Arbeitern und Angestellten.

Diese so genannte *precarización* von Arbeit manifestiert sich in Arbeit ohne schriftlichen Vertrag, Arbeit ohne abgeführte Sozialversicherungsbeiträge, Bezahlung unterhalb des gesetzlichen Mindestlohns und eine exzessive Ausweitung der täglichen Arbeitszeit. Eine vergleichende CEPAL-Studie zwischen zwölf lateinamerikanischen Ländern ergab Ende der neunziger Jahre, dass in Chile 70,2V% der urbanen Erwerbstätigen länger als die gesetzlich vorgesehenen 48 Stunden in der Woche arbeiten müssen. Das ist mehr als in allen anderen Ländern der Region (zitiert in: SCHÜBELIN 1998). Diese verlängerten Arbeitszeiten, die im Extremfall bis zu 75 Stunden pro Woche erreichen können, ergeben sich in vielen Fällen aus der Notwendigkeit, mehr als einen Arbeitsplatz, oft in unterschiedlichen Betrieben und an unterschiedlichen Arbeitsorten, ausfüllen zu müssen.

Nachdem der Arbeitnehmer seinen „normalen" Arbeitstag beendet hat, sieht er sich gezwungen, eine zweite und dritte Beschäftigung anzunehmen, Nachtarbeit und Wochenendjobs. Einen Ausgleich gibt es nicht. In den meisten chilenischen Betrieben werden den Beschäftigten lediglich zehn Ferientage pro Jahr zugestanden. Der Anteil von Frauen mit derartigen *jornadas prolongadas* ist sogar noch höher als der der Männer. Einige Wirtschaftswissenschaftler verknüpfen die neue Strukturierung des Arbeitslebens mit einem weiteren Phänomen: der extremen Verschuldung der privaten Haushalte mit mittleren und niedrigem Einkommen. Um nach außen hin einen gewissen Status erhalten zu können, verschulden sich immer mehr Familien durch Kredite für Konsumgüter. Die Handelskammer von Santiago hat errechnet, dass 1997 – also noch vor der Krise – jede chilenische Mittelschichtfamilie um ein 3,6faches ihrer monatlichen Einkünfte verschuldet war. Verursacht werden diese Belastungen durch Einkäufe mit der Kreditkarte, Ratenkaufverträge und Konsumgüterkredite. Heute übertrifft die Summe aller privaten Schulden in Chile die öffentliche (Staats-)Verschuldung um das Dreieinhalbfache (SCHÜBELIN 1998). Jeder Arbeitsplatzverlust wird unter derartigen Bedingungen zur Katastrophe.

Die psychischen und physischen Auswirkungen eines durch ein solches System erzeugten Dauerdrucks auf die Menschen sind eindeutig. Santiago de Chile mit seinen über sechs Millionen Einwohnern gilt als eine der hektischsten Großstädte der Welt. Psychologen sprechen – nicht nur im Blick auf die Arbeitsbelastung sondern auch im Zusammenhang mit den extrem hohen Smogwerten sowie der akustische Kontamination – von einem pathogenen strukturellen Stresspegel (SCHÜBELIN 1998).

Menschen aus den Armenvierteln sind diesem Druck noch sehr viel existenzieller ausgesetzt. Anders als in anderen lateinamerikanischen Gesellschaften – mit sehr viel mehr Armen und extrem Armen – prägt eine geradezu sozialdarwinistische Verachtung und Aggressivität die Sicht und das Verhältnis vieler Bessersituierter gegenüber Armenviertelbewohnern. Das manifestiert sich bereits in der Umgangssprache, wenn verächtlich von *rotos* (Abgerissenen) und *patos malos* (Gesindel) die Rede ist. Aus einer *población* zu kommen, kann bei der Arbeitsplatzsuche ein entscheidendes Ausschlusskriterium sein. Auf Bewerbungen und Lebensläufen wird daher versucht, immer die Anschrift von Verwandten oder Bekannten aus etwas besser situierten Vierteln anzugeben. Der soziale Druck, zumindest optisch nicht sofort als *poblador* (Armenviertelbewohner) identifiziert zu werden, führt zu extremen Kraftanstrengungen, um etwa beim Kauf von Kleidung und Kosmetika mithalten zu können.

Die Belastungen, die eine so markante soziale Segregation für Kinder und Jugendliche bedeutet, sind offensichtlich. Bezieht man die psychosozialen Folgen der *precarización* von Arbeit, die veränderten Bedingungen urbaner Subsistenzproduktion mit in die Analyse ein, wird erahnbar, warum Gewalt in der Familie nicht nur in chilenischen Armenvierteln zu einem solchen Problem geworden ist. Aber auch Phänomene wie der Siegeszug der Billigdroge *pasta base* (einem Abfallprodukt bei der Kokainproduktion) in den Armenvierteln aller größeren Städte Chiles, sowie die alarmierende Zunahme von Gewaltbereitschaft unter Jugendlichen, die sich regelmäßig in und um Fußballstadien sowie an den Jahrestagen des Militärputsches in Straßenschlachten, Plünderungen und Zerstörungen manifestiert, müssen in diesem Zusammenhang genannt werden. Eine der wohl gravierendsten Konsequenzen der sozialen und ökonomischen Segregation besteht jedoch in der kategorischen Weigerung von Jugendlichen, sich am politischen Willensbildungsprozess durch Wahlen zu beteiligen. Es wird geschätzt, dass in der Altersgruppe der 18- bis 25-Jährigen, die in Armenvierteln von Santiago, Valparaiso oder Concepción leben, nicht einmal mehr 20% in den Wählerlisten eingetragen sind.[76]

4.4.2 Der Immobilienmarkt und der Bruch mit dem morphologischen Muster urbaner Stadtstruktur

Mit am deutlichsten sind die extremen Einkommensunterschiede in der Región Metropolitana (Hauptstadtregion Santiago) an der urbanen Struktur der einzelnen Stadtteile abzulesen. Das Stadtbild Santiagos – mit seinen markanten Differenzen zwischen Oberschichtvierteln und den Armenviertelringen – bildet einen unübersehbaren empirischen Beleg dafür, dass sich der *trickle down*-Effekt zumindest in der Stadtlandschaft nicht niedergeschlagen hat, sehr wohl aber die Scherenentwicklung bei den Einkommen.

Innerhalb dieses urbanen Szenariums extremer Unterschiede gelang es – bis in die frühen neunziger Jahre hinein – keinem der beteiligten Akteure, die bei der Expansion der Stadt eine Rolle spielten (etwa dem Staat – in Gestalt des Ministeriums für Wohnungsbau und Stadtentwicklung, MINVU, seiner Abteilung für sozialen Wohnungsbau, SERVIU, den Kommunalverwaltungen, mittleren und kleinen Immobilienfirmen sowie privaten Bauherren, aber auch nicht den illegalen Landbesetzern auf der Suche nach einer Ansiedlungsmöglichkeit), die sozialräumlichen Sektorengrenzen der Stadt zu verändern.

Ganz im Gegenteil: Ihre Interventionen trugen stets zu einer Konsolidierung der bestehenden sozialräumlichen Struktur bei. Die Strategie von SERVIU und den beteiligten Kommunalverwaltungen war und ist es, stets die Grundstücke mit dem niedrigsten Quadratmeterpreis für den sozialen Wohnungsbau zu identifizieren und zu erwerben – mit der Folge, damit quasi automatisch die Armen bei den Armen anzusiedeln. Die Teilnehmer an einer *toma*, Wohnungslose, *allegados* und Familien, die unter extrem prekären, beengten oder für sie unbezahlbar gewordenen Bedingungen wohnten, suchten möglichst wertlose Grundstücke (etwa Schutt- und Abraumhalden, verwahrloste Flächen ohne landwirtschaftliche Nutzung), um das Risiko einer polizeilichen Intervention niedrig zu halten.[77] Schließlich konnten es sich auch mittlere und kleine Immobilienfirmen sowie private Bauträger auf keinen Fall leisten, das wirtschaftliche Risiko in Kauf zu nehmen, Projekte zu realisieren, die wie Fremdkörper im sozioökonomischen Kontext der jeweiligen Wohnquartiere gewirkt hätten, und hielten sich daher an die vorgegebene sozialräumliche Struktur in der Stadt (vgl. dazu auch SABATINI 1998).

---

76 In Chile herrscht Wahlpflicht. Um jedoch an Wahlen teilnehmen zu können, ist eine Einschreibung in die örtlichen Wählerregister notwendig. Wer eingeschrieben ist, aber nicht wählen geht, muss eine empfindliche Strafe zahlen.
77 Eine Ausnahme bildete lediglich die kurze Periode der Unidad Popular, als vereinzelt auch im *barrio alto*, den Oberschichtvierteln der Stadt, Landbesetzungen stattfanden – sowie in jüngster Zeit die beiden Landbesetzungen Esperanza Andina (1994) und Campamento Nazur (2000), bei denen jeweils private Grundstücke, die als Bauerwartungsland durchaus von kommerziellem Wert waren, für die *toma* ausgewählt wurden.

Erst die Herausbildung eines finanzstarken, mächtigen Immobiliensektors, der auf ein strategisches Bündnis und Joint Ventures mit der Bankenbranche sowie auch internationalen Investoren eingegangen ist – mit bislang nicht gekannten Möglichkeiten, Flächennutzungsänderungen durchzusetzen –, trug in einem entscheidendem Maß zur Veränderung der sozialräumlichen Struktur der chilenischen Hauptstadt bei. Der Beginn dieses Veränderungsprozesses fällt mit der beschleunigten Liberalisierung des urbanen Bodenmarktes gegen Ende der achtziger Jahre und einer Phase starken wirtschaftlichen Wachstums zusammen. Charakteristisch ist, dass die neuen Projekte dieses Sektors ein derartiges Finanzvolumen erreichen und derart ausgedehnte Flächen involvieren, dass es ihnen gelingt, in bestehende sozialräumliche Strukturen zu intervenieren, sie neu zu prägen und am Ende urbanistische Fakten zu schaffen und aufrecht zu erhalten, die es vorher in dieser Form nicht gab.[78]

Verursacht durch diese in großem Maßstab stattfindenden Interventionen in die bisherige Praxis der Flächennutzung, beginnt sich in Santiago gegenwärtig ein historischer Bruch mit den Mustern der sozialen Segregation zu vollziehen. Die groß angelegte private Investition in Immobilien, Geschäfte mit Grund und Boden ermöglichen maximale Renditen. Dieser Akkumulationsprozess beeinflusst die Morphologie der Stadt nachhaltig, indem etwa Haushalte mit mittlerem und höheren Einkommen motiviert werden, in Stadtteile umzusiedeln, in denen traditionell Geringverdiener gewohnt haben, in deren Nachbarschaft – wenn auch klar abgegrenzt von ihnen – neu errichtete Einfamilienhäuser und Wohnungen zu erwerben und so zu einer Änderung des sozialräumlichen Gefüges der Stadt beizutragen. Mit anderen Worten: Die Entwicklung des Immobilienmarktes in Santiago de Chile hat zur Entstehung eines neuen „sozialen Raumes" geführt (SANTOS 1993, S. 96; SABATINI 1998; VILLAÇA 1998, S. 141). Durch den Bau der Umgehungsstraße Américo Vespucio, die seit einigen Jahren die *comunas* Vitacura und Huechuraba verbindet, wurde die historische und „natürliche" Schranke – gebildet vom Kordillerenausläufer des Cerro San Cristóbal – zwischen den Armenvierteln im Norden der Stadt und den Wohngebieten der Wohlhabenden des *barrio alto* – durchbrochen. Zu beobachten ist, wie Angehörige der oberen Mittelschicht mit gehobenen Wohnansprüchen dazu tendieren, sich in diese Sektoren hinein auszudehnen, ganz besonders nach La Pirámide in der Stadtgemeinde Huechuraba. Aber auch im Südosten der Hauptstadt, auf der Gemarkung von Peñalolén, in den landschaftlich attraktiv gelegenen Gebieten am Andenaufstieg, ist ein spürbarer Wandel der Bewohnerstruktur durch den Zuzug von Gruppen, die sich zur „ökologisch-politischen Elite" zählen, zu beobachten (SCHIAPPACASSE 1998).

Diese, durch die Entstehung von Mittelschicht- und obere Mittelschicht-Wohngebieten in unmittelbarer Nachbarschaft ausgedehnter *poblaciones* verursachten Veränderungen,

---

78 Als eines der wichtigsten Beispiele für diesen Prozess ist die Ende der neunziger Jahre begonnene Überbauung des gesamten historischen Weinbaugebietes Viña Cousiño Macul im Südosten der Stadtgemeinde Peñalolén zu nennen, mit einer Fläche von 350 Hektar, also mehr als der Größe des Stadtzentrums von Santiago, einem Finanzvolumen von 170 Millionen US-Dollar sowie dem Bau von über 1000 Einfamilienhäusern und 700 Apartmentwohnungen – geplant für Mittelschichtsegmente, die über eine entsprechende Kaufkraft verfügen. Dieses Neubaugebiet schließt unmittelbar an einen der größten Armenviertelsektoren Chiles, die *población* Lo Hermida, an (El Mercurio 05.09.1999).

werden begleitet von Projekten neuer Geschäfts- und Dienstleistungszentren, die dazu beitragen, die urbane Struktur zu dezentralisieren. In der Praxis werden dadurch die Bewohner von Stadtteilen mit mittlerem und geringem Einkommen an städtische Subzentren „angenähert" (SABATINI 1998; siehe auch CÁCERES & SABATINI 2004).

Diese Expansion von Bessersituierten[79] hinein in Kommunen, die zuvor durch Armenviertelstrukturen geprägt wurden, der Erfolg dieser Art von Immobiliengeschäfte und das beachtliche Wachstum an bebauter Fläche, das seit Ende der achtziger Jahre zu beobachten ist, steht in direktem Zusammenhang mit der erfolgreichen Strategie der Wohnungsbauwirtschaft, „exklusive" neue Viertel zu kreieren und anzubieten.

Dieser Prozess ist nur durch soziale Segregation zu leisten. Das Modell des mit Mauern und Zäunen umschlossenen und von privaten Wachdiensten geschützten *condominio* kann als verallgemeinerbare Antwort auf dieses Bedürfnis nach sozialer Exklusivität eines aufstiegsorientierten Mittelschichtsegments – im Angesicht der relativen Nähe zu Armenvierteln und ihren Bewohnern angesehen werden (SABATINI 1998).

4.4.3 Geographische und relative Nähe versus dauerhafte Segregation

Immer deutlicher sehen eine Reihe von Autoren in diesem Prozess erhebliche Risiken für die Bewohner der Armenviertel. Sie haben, so die Befürchtung, der Expansion der wohlhabenderen Nachbarviertel nichts entgegen zu setzen – und werden von ihnen über kurz oder lang zwangsläufig verdrängt (TRIVELLI 2000; CONTRUCCI 2000).[80] Besonders eindrucksvoll lässt sich eine derartige Erfahrung an der Südost-Peripherie von Santiago de Chile beobachten: Die Bewohner der Armenviertel-Siedlung Parcela 4 an der Gemarkungsgrenze zwischen den beiden Stadtgemeinden Peñalolén und La Florida östlich der Avenida Tobalaba und nördlich der Avenida Departamental, die seit der Agrarreform unter Präsident Frei Montalba (1964-1970) kleine, parzellierte Grundstücke bewohnten, auf denen sich nach und nach weitere Familienangehörige und andere *allegados* angesiedelt hatten, mussten zwischen 1993 und 1996 erleben, wie ihre kleine Siedlung mit den einfachen Häusern und Hütten von einer Wohnungsbaugesellschaft verdrängt wurde, die in unmittelbarer Nachbarschaft Einfamilienhäuser für Mittelschichtsfamilien errichtete.

Der Verdrängungsprozess spielte sich in unterschiedlichen Phasen ab: Zunächst wurde versucht, den Bewohnern und Eigentümern der Parcela 4 die jeweiligen Grundstücke – weit unter Wert – abzukaufen. Mit dieser Strategie gelang es dem Bauunternehmen, die bescheidene Siedlung zu fragmentieren. Wer sich weigerte, zu verkaufen, bekam immer häufiger das Trinkwasser abgestellt, um zuletzt den Zugang zur Wasserleitung ganz

---

79 Die Immobilienwirtschaft spricht in ihren Publikationen vom sogenannten Einkommenssegment „C 1" und „C 2", also Mittelschichtsektoren, die es geschafft haben, ihre Einkommenssituation so zu verbessern, dass ein sozialer Aufstieg in greifbare Nähe zu rücken scheint (SABATINI 1998). Allerdings reichen die Ressourcen nicht aus, um sich in die historischen Wohngebiete der wirklichen Spitzenverdiener („ABC 1") „einzukaufen", aber das Wohnen in einem geschützten *condominio* – und sei es in Peñalolén – kommt einem wichtigen sozialen Aufstieg gleich.

80 Die Autorin hat diesen Prozess während ihrer Zeit als AGEH-Entwicklungshelferin in Santiago de Chile unmittelbar miterlebt.

zu verlieren – sowie die Einfahrt in die Parcela 4 verwehrt zu bekommen, nachdem die entsprechenden Straßenabschnitte von dem Immobilienunternehmen aufgekauft worden waren. Mit Drohungen und Einschüchterungen wurden schließlich die letzten *parceleros* zum Aufgeben gezwungen. Die vertriebenen Menschen landeten am Ende in noch weiter vom Zentrum entfernten Armenvierteln der Stadtgemeinde La Florida, im Süden Santiagos.

Unter den skeptischen Stimmen im Zusammenhang mit den beschriebenen sozialräumlichen Veränderungsprozessen und ihren Auswirkungen auf Ansiedlungsmöglichkeiten für Menschen mit geringem Einkommen ist die von Pablo CONTRUCCI (2000), der unter konkretem Bezug auf das Beispiel des viel gerühmten Programms zur Wiederbelebung des Stadtzentrums von Santiago als Wohnquartier (Programa de Repoblamiento de Santiago), ernüchtert feststellt, dass diese Anstrengung, die entwickelt wurde, um die Integration der Armen in der Stadt zu unterstützen und auf diese Weise deren Lebensqualität zu verbessern, nicht wirklich dazu beigetragen hat, soziale Heterogenität zu schaffen. Auch in diesem Fall kam es zu dem bekannten Phänomen, dass mit dem fortschreitenden Umsetzungsgrad des Projektes und der zunehmenden Attraktivität des historischen Stadtzentrums von Santiago als Ort zum Wohnen auch die Grundstücks- und Immobilienpreise anzogen, sich Wohneigentum in den sanierten Straßenzügen verteuerte und es von Jahr zu Jahr schwieriger wurde, günstige Eigentumswohnungen zu errichten. Gestartet war das Programm im Jahr 1993 mit Wohnungen im Wert von 400 UF. Sieben Jahre später war es praktisch unmöglich, auch nur eine kleine Wohnung zu finden, für die nicht mindestens 900 UF verlangt wurden (CONTRUCCI 2000).[81]

Allerdings war jener Komponente dieses großen städtebaulichen Projektes zumindest ein Teilerfolg beschieden, bei der es um die Erhaltung und Sanierung urbaner Bausubstanz ging: In den *cités*, den traditionellen Wohnungen der Armen im Innenstadtbereich, Hinterhofslums, die meist nur aus einem Raum pro Familie bestanden, kam es durch die Schäden an der Bausubstanz, die von verschiedenen Erdbeben in den achtziger Jahren verursacht worden waren, aber auch schlicht durch das Fehlen einer angemessener Instandhaltung zu einem beschleunigten Verfallsprozess, der die Bewohner über kurz oder lang gezwungen hätte, die Innenstadt zu verlassen.

Durch das oben erwähnte Sanierungsprogramm gelang es jedoch, mit den betroffenen Familien zusammen zahlreiche dieser *cités* zu sanieren, mit Trink- und Abwasseranschlüssen zu versorgen und so den Menschen eine Möglichkeit zu eröffnen, in der Stadtmitte wohnen zu bleiben. CONTRUCCI (2000) betont angesichts dieser Erfahrung die Wichtigkeit der Rolle des Staates bei der Administration innerurbaner Flächen und der Schaffung von Wohneigentum für Geringverdienende: „Es muss möglich sein, an diesem Punkt

---

81 Eine UF *(Unidad de Fomento)*, eine für den Zahlungsverkehr in Chile entwickelte Währungseinheit, die geschaffen wurde, um Darlehen und Investitionen inflationsbereinigt darstellen zu können, hatte zum Jahresbeginn 2006 einen Wert von 18.000 chilenischen Pesos (ca. 29,70 Euro).

Empirische Forschungsbefunde 93

die Marktmechanismen zu regulieren, weil, wenn der Staat sich nicht bei der Sanierung innerurbaner Bausubstanz engagiert, er indirekt die Flächenausdehnung der Stadt subventioniert. Die Marktmechanismen allein spiegeln die Wirklichkeit nicht transparent wider, denn wir alle als Bewohner der Stadt bezahlen den Preis für die Expansion der Peripherie" (CONTRUCCI 2000). Auch Pablo TRIVELLI[82] (2000) warnt davor, dass die durch Sanierungsprogramme für *cités* und *conventillos* (Hinterhof-Kleinstwohnungen) möglich werdenden Mietpreiserhöhungen dazu führen, dass die Bewohner mit den niedrigsten Einkommen ihre Behausung verlieren, weil die Mehrheit von ihnen nur zur Miete, bzw. Untermiete, wohnt und die Vermieter nach Abschluss der Sanierungsmaßnahmen versuchen, die Rendite aus ihrer Immobilie zu steigern (TRIVELLI 2000). Ein Programm zur vermeintlichen Verbesserung der Lebenssituation der Armen führt auf diese Weise zu ihrer Vertreibung und Segregation.

Trivelli untermauert seine These von der Beschleunigung sozialräumlicher Ausgrenzungsprozesse durch die Wertsteigerungen innerurbaner Flächen mit zwei Beobachtungen: Angesichts des Fehlens von Möglichkeiten für die öffentliche Hand – in Gestalt des Servicio de Vivienda y Urbanismo (SERVIU) – in Zentrumsnähe in ausreichendem Maß geeignete Flächen für Einfachstwohnungen zu identifizieren und zu erwerben, werden die Gruppen mit den niedrigsten Einkommen gezwungen, draußen vor der Stadt zu leben. Es gibt für sie, so TRIVELLI (2000), zwei Alternativen: Die erste besteht darin, sich weit außerhalb des eigentlichen Stadtgebietes von Santiago in Kommunen wie Colina, Lampa, Padre Hurtado, Quilicura, Melipilla, Buin etc. um eine Sozialwohnung zu bewerben[83] – und in der Tat ist dort in diesem Bereich eine dynamische Bautätigkeit zu beobachten –, während die zweite bedeutet, unter extrem prekären Bedingungen als *allegados* im Haushalt oder auf dem Grundstück von Verwandten oder Bekannten, die in Zentrumsnähe verblieben sind, unterkommen zu müssen.[84]

Zu den beiden von Trivelli genannten Alternativen kommt eine dritte, die im Kontext mit der vorliegenden Untersuchung eine zentrale Rolle spielt: Die Rede ist von illegalen

---

82 Pablo Trivelli ist Professor am Institut für urbanistische Studien der Pontificia Universidad Católica de Chile und war unter den beiden Präsidenten Eduardo Frei und Ricardo Lagos Berater des chilenischen Wohnungsbauministeriums. Er wurde von der Autorin im Februar 2000 in Santiago de Chile interviewt.
83 Alle diese genannten Orte befinden sich zwischen 50 und 70 Kilometer vom eigentlichen Stadtzentrum der chilenischen Hauptstadt entfernt.
84 Der Erfolg des Einfachst-Wohnprogramms für *allegados* der katholischen Sozialhilfeorganisation Hogar de Cristo ist ein empirischer Beleg für die Dimension des Problems der „Hinzugekommenen". Dieses Programm besteht darin, wohnungslosen Familie eine sogenannte *mediagua* (eine mit Wellblech gedeckte Bretterhütte, die aus einem einzigen Raum besteht) mit einem Grundriss von sechs auf drei Metern zur Verfügung zu stellen, die zu gleichen Teilen von der antragstellenden Familie, der jeweiligen Stadtverwaltung und aus Spendengeldern des Hogar de Cristo finanziert wird. Die *mediagua* wird nur dann „verkauft", wenn der Interessent eine schriftliche Bescheinigung des Grundstückseigentümers vorweisen kann, dass er auf dem entsprechenden Terrain für mindestens ein Jahr geduldet wird. Die 1998 ausgewerteten Statistiken des Hogar de Cristo zeigen, dass von der Sozialhilfeorganisation jährlich zwischen 15.000 und 20.000 *mediaguas* allein im Großraum Santiago ausgegeben werden. Diese Zahlen machen deutlich, dass das staatliche soziale Wohnungsbauprogramm (SERVIU) mit seinen Einfachst-Wohnungsangeboten die Zielgruppe der am meisten Bedürftigen nicht zu erreichen vermag (TRIVELLI 2000).

Besetzungen verbliebener innerurbaner, geographisch relativ günstig gelegener privater Flächen durch eine Gruppe von Wohnungslosen und *allegados*, die über eine konsolidierte interne Organisationsstruktur und Fähigkeit zur Verhandlung mit den zuständigen kommunalen Stellen verfügen, um das besetzte Terrain nicht nur durch eigene, disziplinierte und langjährige Sparanstrengungen zu kaufen, sondern gegenüber der öffentlichen Hand auch seine Sanierung und Erschließung durchzusetzen, sowie den Staat am Ende zu zwingen, den beteiligten Familien rechtmäßige Grundbuchtitel für die von ihnen bewohnten Grundstücke auszuhändigen. Ausgehend von diesem Prozess lässt sich feststellen, dass die Legalisierung der Besitzverhältnisse innerhalb dieser neuen *población* für ihre Bewohner wichtige Perspektiven eröffnet: Sie müssen nun keine Vertreibungen oder Zwangsumsiedlungen mehr fürchten. Dadurch steigt der Anreiz, selbst im eigenen Wohnumfeld aktiv zu werden und Verbesserungen voranzutreiben. Durch diese Konsolidierung sind die Bedingungen dafür entstanden, dass ehemals illegale Siedlungen–*squatter, tomas*–zum festen, jetzt auch von den Autoritäten anerkannten Bestandteil der permanenten Stadtlandschaft *(zonas de desarrollo consolidado)* werden und sich Nachbarschaften zu besser situierten Vierteln verfestigen.[85]

Ohne die berechtigten kritischen Einwände von Trivelli, Contrucci und anderen Autoren, die sich mit dem Phänomen einer solchen *segregación expulsante* auseinandersetzen, relativieren zu wollen, lassen sich jedoch–unter ganz bestimmten Bedingungen, die in dieser Untersuchung aufgezeigt werden–auch Chancen für einen integrativen Prozess erkennen. Eine solche, verhalten optimistische Vision verbreiten SABATINI et al. (2000), indem sie darstellen, wie die Entwicklung des Immobiliensektors in Santiago einerseits soziale Exklusivität erzeugt, die–wie oben erwähnt–ein wichtiges Verkaufsargument konstituiert aber andererseits indirekt zu einer Reduzierung des Ausmaßes von Segregation im urbanen Raum beitragen kann, indem sie neue Möglichkeiten für die soziale Integration erschließt.

Die Entstehung von „Orten der Begegnung" (SABATINI et al. 2000) oder „neutralen Räumen", die im Zuge des Baus neuer Viertel mit Häusern und Wohnungen für Mittelschicht-Familien in der Nachbarschaft von historischen *poblaciones* vor allem in Gestalt von neuen Supermärkten, anderen Einkaufsmöglichkeiten, Dienstleistungsanbietern und einigen Grünflächen geschaffen wurden, ist das direkte Ergebnis der höheren Kaufkraft der neuen Nachbarn, von dem allerdings auch die Bewohner der Armenviertel profitieren–und zwar einerseits als Kunden dieser Einkaufsmöglichkeiten und andererseits als

---

[85] Durchaus lohnenswert erscheint in diesem Kontext der Blick auf das immer wieder in der sozialgeographischen Literatur genannte Beispiel der ostafrikanischen Großstädte: Slumbewohner machen 60 Prozent der 2,3 Millionen Einwohner Nairobis aus. Ihre Unterkünfte sind stets bedroht. Denn immer wieder werden sie entweder von den staatlichen Autoritäten oder den privaten Grundeigentümern vertrieben. Mitte der neunziger Jahre schlossen sich die Slumbewohner Nairobis und Mombasas zur *Federation of Slums Dwellers* zusammen. Ihre wichtigste Forderung: das Recht informeller Siedler auf sicheres und permanentes Wohnen. Die kenianische Nicht-Regierungsorganisation *Pamoja Trust* bestärkt die Slumbewohner in ihrem Anliegen. Das die Legalisierung der Besitzverhältnisse, Sanierung und Teilurbanisierung umfassende *Kenia Slum Upgrading Project* gilt als einer ihrer wichtigsten Erfolge (BIEBER 2003).

Kandidaten für die entstehenden Arbeitsplätze. Auf der anderen Seite bringt diese Art von „Begegnung" auch für die neuen Nachbarn Vorteile: Ihnen steht ein großes Arbeitskräfteangebot für die von ihnen nachgefragten Dienstleistungen durch Hausangestellte, Gärtner, Handwerker etc. in unmittelbarer Nachbarschaft zur Verfügung.[86] Es sind diese ersten empirischen Befunde, die die These stützen, dass das Gefühl von Segregation und urbaner Marginalität, die eigene Wahrnehmung, ausgeschlossen zu sein – und es für alle Zeiten zu bleiben (subjektive Segregation), von den Betroffenen vor allem mit der homogenen Struktur ausgedehnter Armenviertelsektoren und ganzer Stadtteile – wie etwa der Kommune La Pintana – assoziiert wird. Im Gegensatz dazu könnten sozialräumliche Veränderungs- und Annäherungsprozesse, so wie sie oben am Beispiel von Peñalolén beschrieben wurden, dazu beitragen, den geographischen Maßstab und damit die soziopathologischen Auswirkungen der Segregation zu reduzieren und so die Wohnzufriedenheit zu vergrößern sowie die Wahrnehmung der Bewohner von Armenvierteln auf ihre eigene Situation zu verbessern.

Dieses Phänomen der sozialpsychologischen Auswirkungen einer nachbarschaftlichen Nähe ganz unterschiedlicher sozialer Gruppe verdient – ohne, die möglichen Konflikte und Gefahren, so wie oben beschrieben, zu vernachlässigen – ein besonderes Augenmerk, weil es den Schlüssel zum Verständnis der Mechanismen von Prozessen sozialer Integration von Armenviertelbewohner enthalten könnte. Die Analyse der „Begegnung" dieser – wie oben genant – „dritten Alternative" (also der Option einer illegalen Landbesetzung durch organisierte Wohnungssuchende in der Nachbarschaft von *barrios residenciales*) mit der vorsichtig optimistischen Vision von integrativen Auswirkungen, die der Bruch mit der „klassischen" Ansiedlung von Mittelschichtfamilien lediglich in besser situierten Vierteln und der Mut zu „neuen Nachbarschaften" möglich macht, bildet eine der Kernfragen dieser Arbeit und mündet in die Untersuchung über die Möglichkeiten und die Qualität der sozialen Integration in den drei Szenarien Peñalolén, La Florida und La Pintana.

4.4.4 Neue Nachbarschaften und Möglichkeiten der sozialen Integration

Ausgangspunkt für die nachfolgenden Überlegungen bildet die Hypothese, dass die Rückkehr zu einer sozialen Heterogenität eines Stadtteils oder eines Wohnviertels für die Nachhaltigkeit jeder urbanen Entwicklung unabdingbar ist und allen Bewohnern – unabhängig von ihrer sozioökonomischen Situation – Vorteile bringen kann. Dabei ist klar, dass allein die Verringerung der geographischen Dimension der Segregation – also die tatsächlich-physische (sprich messbare), und die psychologisch-subjektiv empfundene Distanz zwischen Mittelschichtvierteln und Armensiedlungen – nicht ausreicht, um Armut und Exklusion im urbanen Raum zu beseitigen. Nichtsdestotrotz bringt diese Verkürzung der Distanzen entscheidende Vorteile für die Bewohner städtischer Armensiedlungen mit

---

86 Die *nana*, das Kindermädchen, muss in diesem Fall nicht täglich über 40 Kilometer aus La Pintana im Süden Santiagos anreisen, sondern kommt von der gegenüberliegenden Straßenseite.

sich. Relevant wird das in dem Augenblick, in dem es darum geht, Konflikte zwischen den verschiedenen sozioökonomischen Gruppen zu vermeiden oder sie einzugrenzen, sowie in dem Maße, in dem es den in einen solchen Prozess involvierten *pobladores* gelingt, das Phänomen der sozialen Desintegration zu reduzieren oder auch, ihm entgegenzuwirken.[87] Mit anderen Worten: Zu konstatieren ist also ein Paradoxon! Einerseits werden Erfahrungen von Segregation innerhalb sozial heterogener Strukturen für die Betroffenen einer solchen Ausgrenzung deutlicher manifest, augenfälliger – und damit auch schmerzhafter. Andererseits nehmen die Bewohner von Armenviertelsiedlungen durchaus wahr, dass sich durch diese veränderten Strukturbedingungen für sie auch gewisse Integrationschancen erschließen, die dadurch entstehen, dass sich die empfundene Dimension des eigenen Armenviertels relativiert.

Die Trostlosigkeit der *población* wird jetzt begrenzt durch die Nachbarschaft zu einem besser situierten Viertel. Die *pobladores* werden – wenn auch ohne ihr eigenes Zutun – zu Nachbarn einer gewissen urbanen Vielfalt, die nicht nur aus den neuen Mittelschichtwohnvierteln, sondern auch den zusammen mit ihnen entstandenen Dienstleistungszentren und der verbesserten öffentlichen Infrastruktur besteht. Es ist diese Nachbarschaft mit ihrer neuen Vielfalt, die größere Chancen für Arbeitsmöglichkeiten bietet und so die Lebensqualität verbessern kann. Der Gegensatz zwischen einem solchen – neuen – Szenarium und der Situation im Gefolge der Politik des Militärregimes und seines Projektes einer sozioökonomisch homogen strukturierten Stadtlandschaft mit klaren Grenzziehungen zwischen den einzelnen Sektoren ist augenfällig. Im Kontext eines ausgedehnten, an der Peripherie gelegenen Armenviertels, das seinerseits nur von anderen Armenvierteln umgeben ist, besteht die große Gefahr, dass sich ein derartiges System im Lauf der Jahre immer weiter zu verfestigen droht – und zwar mit all seinen negativen Implikationen für die Umwelt und die Lebensbedingungen der Bewohner.

Dabei werden Verhaltensformen tradiert, die sich aus der Wahrnehmung von Armut – so weit das Auge reicht –, Chancenlosigkeit und Resignation ergeben. Sie können sogar zur Reproduktion, weiteren Ausdifferenzierung und Verstärkung der bereits vorhandenen sozialräumlichen Trennung beitragen, indem sie symbolische Schranken zwischen verschiedenen Sektoren eines Armenviertels schaffen – und beispielsweise diejenigen ausgrenzen, die entweder zu einem späteren Zeitpunkt als die Mehrheitsgruppe der Bewohner in die entsprechende *población* gekommen sind, die gezwungen werden, als *allegados* zu leben oder die sich durch ihre ethnische Herkunft unterscheiden (Opfer dieser Form von Segregation sind vor allem Mapuche oder Migranten aus Peru). Vor diesem Hintergrund ist es in Santiago unabdingbar, die tief greifenden Konsequenzen von Exklusion und Segregation, die durch das Programm der *erradicaciones*, der Zwangsumsiedlung

---

87 Ein Beispiel für einen solchen Prozess bildet die Erfahrung aus Peñalolén, wo im Jahr 1998 Bewohner eines besser situierten Viertels, das in unmittelbarer Nachbarschaft eines Armenviertelsektors entstanden war, ein *Comité por la Integración Social* gegründet hatten und sich intensiv um gute nachbarschaftliche Beziehungen und den Abbau gegenseitiger Vorurteile und Vorbehalte bemühten (siehe Anhang: Beobachtungsablauf).

Hunderttausender Menschen an die Peripherie der Metropole, die so genannte „Kommunalreform", durch die Anfang der achtziger Jahre eine strikte Trennung zwischen armen und reichen Gebietskörperschaften durchgesetzt wurde – sowie die oben beschriebenen Auswirkungen der völligen Liberalisierung des Immobilienmarktes – zu korrigieren. Dies erscheint umso dringender, je deutlicher zu beobachten ist, dass Konflikte, die sich als Konsequenz aus Exklusion und Segregation ergeben, an Schärfe und Gefährlichkeit zunehmen.

Eines der jüngsten Beispiele für einen solchen Konflikt bildet im Jahr 2004 die heftige und polemische Auseinandersetzung zwischen den Bewohnern des sogenannten *barrio ecológico* im Nordosten der Stadtgemeinde Peñalolén und den POBLADORES, die fünf Jahre, nachdem sie eine Abraum- und Geröllhalde, das *Campamento* Miguel Nazur, in einem anderen Teil von Peñalolén besetzt hatten, jetzt in die unmittelbare Nachbarschaft dieses *barrio ecológico* umgesiedelt werden sollen. Dort hatten sich seit den frühen neunziger Jahren Künstler, Schauspieler, Angehörige einer „alternativen" Mittelschicht mit ausreichenden finanziellen Ressourcen ein umzäuntes und geschütztes Wohngebiet mit großen Grundstücken, Baumbestand und Grünflächen geschaffen.

Der Wohnungsbauminister Jaime Ravinet, der die Ansiedlung mehrerer tausend Familien aus der Miguel Nazur-*toma* in die unmittelbare Nachbarschaft dieses privilegierten Viertels am Andenaufstieg angeordnet hatte, beschuldigte die heftig protestierenden Bewohner des *barrio ecológico*, Egoisten und *segregacionistas* zu sein. Die hatten zu bedenken gegeben, dass die massive Ansiedlung tausender Familien aus einer *toma* ihr eigenes Projekt eines alternativen – mit der Natur im Einklang stehenden Lebens – bedrohen und die Landschaft am Andenaufstieg nachhaltig verändern würde. In der Diskussion wurde außerdem ganz offen über das hohe Konfliktpotenzial innerhalb des *Campamento* Nazur und die Rolle des organisierten Drogenhandels innerhalb der Strukturen der *Comités* des *campamento* diskutiert. Groteskerweise waren es ausgerechnet Schauspieler und Intellektuelle aus dem *barrio ecológico* gewesen, die vier Jahre zuvor die Solidaritätsbewegung zugunsten der *pobladores* aus dem damaligen *Campamento* Esperanza Andina, denen bei ihrer zeitweisen Unterbringung in der Nähe eines anderen Mittelschichtviertels, Valle Oriente, ebenfalls in Peñalolén, offener Haß und Ablehnung entgegengebracht worden war, angeführt hatten (SCHÜBELIN 2004). Die Suche nach Möglichkeiten zur sozialen Integration und Verkürzung sowohl der geographischen als auch der wahrgenommenen Distanzen zwischen Wohnvierteln unterschiedlicher sozioökonomischer Zusammensetzung und entsprechender Infrastrukturausstattung erwächst vor diesem Hintergrund zu einem vorrangigen strategischen Ziel, dessen Umsetzung im Interesse aller sozioökonomischen Gruppen innerhalb der Stadt liegt.

5 Methodik

5.1 Einleitung

In der siedlungsgeographischen Forschung und Praxis stehen fast immer räumliche Modelle[88] im Zentrum des Interesses. Dabei lautet die Annahme ganz häufig, dass gesellschaftliches Zusammenleben mittels Raummodellen gestaltbar ist. Akzeptiert man dagegen, dass geographische Räume entsprechend der Handlungsabsichten der Benutzer zu gestalten sind und tatsächlich auch gestaltet werden – und nicht umgekehrt die Handlungen von Menschen vorrangig durch raumwissenschaftliche Modelle determiniert sind –, dann ist in der sozialgeographischen Forschung Handlungsmodellen Vorrang zu gewähren (WERLEN 1993, S. 725). Dafür sind jedoch gedankliche Konstruktionen notwendig, die eine fruchtbare sozialgeographische Gesellschafts- und Kulturforschung ermöglichen.

Eine Teilantwort auf die Frage, wie gesellschaftliche, subjektive und räumliche Komponenten menschlichen Handelns angemessen berücksichtigt werden können, erschließt sich durch die qualitative Sozialforschung – verknüpft mit einer quantitativen Perspektive. Im Bereich empirischer Sozial- und Kulturforschung kann man grundsätzlich zwischen einer objektiven und einer subjektiven Perspektive unterscheiden. Bei Forschungen mit einer sogenannten objektiven Perspektive werden sozialkulturelle Kontexte ausschließlich gemäß den Kategorien wissenschaftlicher Theorien interpretiert. Die Bedeutungen, die sie für die Handelnden selbst haben, ihre Wahrnehmung durch die beteiligten Menschen, bleiben vielfach unbeachtet. In diesem Sinne beschäftigt man sich auch nur mit den Folgen des Handelns an sich, d. h. ohne eine spezifische Berücksichtigung der Absichten der Handelnden.

Empirische Forschung mit einer subjektiven Perspektive bzw. qualitative Sozialforschung, wie sie häufig auch genannt wird, ist hingegen primär an diesen Beweggründen und Auslösern menschlichen Handelns interessiert. Es geht darum, die subjektiven Sinnkonstitutionen zu erfassen und soziale Vorgänge verstehend zu erklären. Die Wahrnehmungen des Wohnumfeldes und die eigene Verortung innerhalb des umgebenden Raumes bilden Teil einer solchen subjektiven Sinnkonstruktion. Beide Herangehensweisen stehen in einem komplementären Verhältnis. Forschungsansätze mit einer empirisch-quantitativen Perspektive nehmen dabei immer auf die eine oder andere Weise auf subjektive Voraussetzungen des Handelns Bezug. Andererseits bedürfen qualitative Forschungen mit einer subjektiven Perspektive immer auch der Konfrontation mit unbeabsichtigten

---

88 Modelle werden hier als gedankliche Konstruktionen verstanden, die notwendig sind, um die Komplexität der Wirklichkeit zu systematisieren und zu reduzieren. Dabei ist einerseits der Unterschied zwischen modellhafter Repräsentation und den jeweiligen repräsentierten Sachverhalten zu beachten, als anderseits auch die Unterscheidung zwischen physisch-materiellen und gesellschaftlichen Situationen und Prozessen. In der geographischen Forschung wird das bei der Unterscheidung zwischen Raum- und Handlungsmodellen relevant (WERLEN 1993).

Handlungsfolgen. Das, was sein sollte und das, was ist, bilden gemeinsam die Parameter für die Transformation des Ist-Zustandes in Richtung des gewünschten Zustandes. Die Begründung für die Notwendigkeit zu dieser Transformation ergibt sich aus der argumentativen Auseinandersetzung zwischen der idealen Vorstellung und den aktuellen Verhältnissen – und zwar unter Beteiligung der betroffenen Personen (WERLEN 1993, S. 728). In genau diesem Spannungsfeld bewegt sich auch diese Untersuchung über Möglichkeiten zum Abbau von Segregation in Armenvierteln. Dabei geht es um die ganz grundsätzliche Frage nach der sozialen und ökonomischen Nachhaltigkeit urbaner Ballungsräume. Für die Auseinandersetzung mit der Fragestellung wurden folgende Arbeitsschritte gewählt:

- die theoretisch-historisch hergeleitete Analyse zu Erscheinungsformen und Folgen von sozialräumlicher Polarisierung und Trennung unter besonderer Berücksichtigung ihrer geographischen Dimension sowie der außergewöhnlich markant herausgearbeiteten Ansätze einer konsequenten sozialräumlichen Homogenisierung – versus einer sozialheterogenen Integration, mit dem Recht auf ein sozialintegriertes Wohnen und der Zufriedenheit von Unterschichtsviertel-Bewohnern im Blick auf ihren Habitat – untersucht am Beispiel einer lateinamerikanischen Metropole, Santiago de Chile und drei verschiedener Armenviertelsektoren,

- die Erweiterung des Konzeptes der Wohnzufriedenheit zu einer Habitat-Zufriedenheit, als entscheidende Bedingung für das sozialwissenschaftliche Verständnis verschiedener Wahrnehmungskomponenten, die aus der Perspektive von Armenviertelbewohnern notwendig für die Entwicklung von Integrationsprozessen und dadurch die Schaffung einer sozial tragfähigen Stadt sind, aber auch als Methode, um Wahrnehmungsprozesse im urbanen Kontext besser nachvollziehen zu können,

- die Erstellung einer Fallstudie, durch die gezeigt wird, wie die Verringerung sozialräumlicher Distanz zwischen Unterschicht- und Mittelschichtangehörigen, die Schaffung sozial heterogener Räume – zusammen mit der Aktivierung von Selbsthilfeinitiativen, der Mobilisierung lokaler Potenziale und der Vernetzung vorhandener Ressourcen zur Voraussetzungen für eine hohe Habitat-Zufriedenheit werden kann und somit sozialer Ausgrenzung entgegenwirkt,

- die Würdigung beider Konzepte, Habitat-Zufriedenheit und Abbau von Segregation, als Garanten für die soziale und ökonomische Stabilität eines urbanen Ballungsraumes und die Diskussion von Strategien, bei denen die Vision eines sozial-nachhaltigen Stadtgefüges im Mittelpunkt steht – verbunden mit der Schlussfolgerung, dass die Sicherung beider Komponenten als zentrale Aufgabe der Stadtplanung betrachtet werden muss.

5.2 Der urbane Raum aus der Perspektive seiner Nutzer

Einen wichtigen, stimulierenden Beitrag zu der vorliegenden Untersuchung leistet u. a. auch der aktuelle Diskussionsstand in Deutschland über Wohnzufriedenheit, soziale und ökonomische Stabilität urbaner Ballungsräume – verbunden mit dem Abbau der Segregation.[89] Diese gegenwärtige städtebauliche Entwicklung ist reich an kreativen Bemühungen und Beispielen für eine geographische Integration verschiedener Stadtfunktionen und Bewohnergruppen – und steht im Gegensatz zu dem überholten *zoning*-Konzept. Die Zufriedenheit, die Bewohner gegenüber ihrem Habitat entwickeln, spielt eine zunehmend wichtigere Rolle für die soziale und ökonomische Stabilität der Städte. Deutschland und andere Industrienationen bauen dabei auf eine Vielzahl konkreter Lösungsvorschläge, durch die die urbane Zufriedenheit nachhaltig gefördert werden kann (ALTWEGG 2002). In Lateinamerika rückt das Thema im Kontext der Debatte über die Notwendigkeit zur Eindämmung von Gewalt, dem Bedürfnis nach *seguridad ciudadana* und die Fähigkeit zur zivilen Konfliktlösung immer mehr in den Blickpunkt. Vor diesem Hintergrund ist der Begriff Habitat-Zufriedenheit als neuartiger interdisziplinärer Ansatz in der sozialgeographischen und stadtsoziologischen Forschung zu verstehen.

5.2.1 Von Wohnzufriedenheit zur Habitat-Zufriedenheit

Für die Erforschung der Wohnzufriedenheit lassen sich zunächst unterschiedliche Ansätze und Zugänge erkennen:

- die Wohnzufriedenheit als Indikator für die Qualität einer Wohnung,
- Wohnzufriedenheit als Instrument und Gradmesser zur Vorhersage von Verhaltensweisen von Bewohnern – etwa in Bezug auf die soziale Mobilität und auf die Bereitschaft, sich an Maßnahmen zur Qualitätsverbesserung der Lebens- und Wohnbedingungen zu beteiligen und in Kombination dieser beiden Annäherungen eine dritte,
- bei der die kognitiven (Wahrnehmungen, Bewertungen und Überzeugungen), affektiven (Zufriedenheit) und verhaltensmäßigen (Anpassungsverhalten, Partizipation oder Mobilität) Elemente in ihrem Zusammenspiel herangezogen werden, um das Verhältnis zwischen Individuum und Wohnumfeld zu erklären.

AMÉRIGO (1995) schlägt drei Untersuchungsbereiche (Radien) vor, der in ihren Augen Schlüsselfunktionen für die Wohnzufriedenheit zukommen: die Wohnung, die unmittelbare Nachbarschaft und schließlich das Stadtviertel (AMÉRIGO 1994, 1995). Der Ansatz der Habitat-Zufriedenheit erweitert diese Räume. Auch er geht von der Wohnung als Kernraum aus, bezieht dann die Straße, in der sich die Wohnung befindet, ein (Wohnstraße), verweist als nächstes auf die Siedlung (Viertel), die Umgebung dieser Siedlung, die Kommune – sowie zuletzt auf den Großraum der metropolitanen Stadt; Einheiten, die allesamt als Lebens- und Interaktionsräume Schlüsselfunktionen in der Wahrnehmung der Bewohner und Nutzer der Stadt ausüben (GALLEGUILLOS 2000).

Im nächsten Schritt geht es darum, Faktoren zu bestimmen, die den Grad der Zufriedenheit mit diesem Habitat – im Sinne der beschriebenen Lebensräume – ausmachen. Diese Untersuchungsräume sind dabei aus zwei Perspektiven zu sehen: Einer räumlichen, die

---

89 Siehe u. a. Arbeitsgemeinschaft Baden-Württembergischer Bausparkassen (2000).

Ausstattung und Dienstleistungen berücksichtigt und einer sozialen, bei der es um Interaktionsprozesse zwischen Menschen, sprich die gemeinschaftliche Nutzung mit allen sich daraus ergebenden Konflikten, um die Aneignung und die Bewegung innerhalb und zwischen den genannten fünf Räume geht.

Die Habitat-Zufriedenheit ist also ein Ergebnis der Wahrnehmung und Bewertung der Bestandteile des urbanen Raumes in einem Prozess kontextueller Interaktionen zwischen verschiedenen Umwelten, urbanen Räumen, Beobachtern und Teilnehmern, die diesem Habitat angehören. Der Grad der Zufriedenheit reflektiert eine emotionale Reaktion auf diese Lebensräume, ein positives oder negatives Gefühl, das die Bewohner ihrem Habitat entgegenbringen und das ihr eigenes Nutzungsverhalten gegenüber diesem Raum bestimmt. Das Wissen über derartige emotionale Reaktionen – wie Zufriedenheit oder Unzufriedenheit – erschließt sich aus den Antworten auf das für diese Untersuchung erstellte Frageraster, die in einer Matrix systematisiert und dargestellt werden, um die komplexe Beziehung zwischen dem Individuum und seiner Umwelt aus seiner eigenen Perspektive kennen zu lernen.

Die Beschäftigung mit Fragen nach der Habitat-Zufriedenheit bringt den Untersuchenden, Erforschenden in direkten Kontakt mit den Menschen einer Straße, einer Siedlung, eines Stadtteils. Dabei entwickelt sich ein Kommunikationsprozess, der auch für die beteiligten *pobladores* mit einer Reflektion ihrer jeweiligen Wahrnehmungen von und ihrer Erfahrungen mit erlebten sozialen Interaktionsabläufen verbunden ist. Die Erkenntnisse über Habitat-Zufriedenheit sind deshalb so wichtig, weil sie helfen, Bedürfnisse, Wünsche und soziale Probleme zu identifizieren und so zu einer Grundlage für eine nachhaltige Gemeindeentwicklung werden können sowie gleichzeitig in der Lage sind, Aufschluss darüber zu geben, durch welche Schritte es möglich ist, Lebens- und Wohnqualität zu verbessern. (LARRAÍN & TOLEDO 1990; GALLEGUILLOS 1990, 2000; HARAMOTO 1992; AMÉRIGO 1994). Die Einbeziehung des Konzeptes der Habitat-Zufriedenheit in Untersuchungen über Phänomene urbaner Segregationsmechanismen gegen Armenviertelbewohner – sowie bei der Beantwortung der Frage, welche Bedingungen notwendig sind, um derartige Segregationserfahrungen zu reduzieren – hilft, sowohl Räume als auch Prozesse auf zu zeigen, die den Rahmen für die Herausbildung von sozialer Identität und Verhaltensformen innerhalb einer (Bewohner-)Gruppe bilden. In diesem Zusammenhang ist es von außerordentlicher Bedeutung, die sozialen Subjekte gleichzeitig als Betroffene, deren Lebens- und Alltagsbedingungen durch dieses Phänomen bestimmt wird, als auch als Handelnde innerhalb eines Prozesses urbaner Segregation zu verstehen, die in der Lage sein können, eben genau diesen Prozess – positiv oder negativ – zu beeinflussen (MORA & SOLANO 1993; GALLEGUILLOS 2000).

5.2.2 Das Ringmodell als methodologische Grundlage des Fragenrasters

Die von einem Menschen im Alltag frequentierten und genutzten Räume konstituieren jeweils ein System, das von Individuum zu Individuum unterschiedlich ist, wie die Forschungen über Bewegungsmuster im urbanen Raum belegen. Für die vorliegende Untersuchung wurde eine vom Individuum ausgehende konzentrische Gliederung des frequentierten urbanen Raumes gewählt, die als Ringmodell bezeichnet werden kann. Gefragt wurde im Rahmen der durchgeführten Untersuchung nach der Zufriedenheit gegenüber der eigenen Wohnung, der Wohnstraße, der Armenviertelsiedlung, der Umgebung dieser Siedlung, der Kommune sowie der Stadt als Ganzem[90].

Die eigene Wohnung ist dabei der Ort, an dem am deutlichsten eine Interaktion zwischen physisch-räumlichen und sozialen Variablen beobachtet werden kann. Bei der bewertenden Gewichtung der Eigenschaften der Wohnung – so, wie sie von ihren Bewohnern wahrgenommen und beurteilt werden –, geht es jedoch nicht nur um das Wohnungsinnere und seine Ausstattung, sondern auch um all die in der unmittelbaren Nähe gelegenen öffentlichen oder halb-öffentlichen Bereiche, die von den Bewohnergruppen als Teil ihres „eigenen" Gebietes empfunden werden. In der Wohnstraße, der *pasaje*, also dem zweiten Ring, spielen sich dagegen die meisten Begegnungs- und Kommunikations-Situationen mit unmittelbaren Nachbarn ab und haben die meisten, gemeinsam mit anderen zurückgelegten Wegstrecken ihren Ausgangspunkt. Die *población*, die Armenviertelsiedlung, in der sich die eigene Wohnung und die pasaje befinden (also der dritte Ring), ist die erste räumliche Einheit, die eine Ein- und Abgrenzung (Definition) des sozialen Umfeldes notwendig macht, und zwar insofern, als dass sie bestimmte Nachbarn einschließt und andere ausschließt, die als nicht zugehörig betrachtet werden.[91] Der Sektor, der die eigene *población* umgibt, also der vierte Ring, wird als erweiterte Nachbarschaft wahrgenommen. Auch seine Begrenzungen werden nicht durch klare stadtgeographische Merkmale fassbar. Definiert wird diese Umgebung – *el entorno* – vielmehr durch Kontakte und Begegnungen der Menschen. Die Bewohner entscheiden idealtypisch für sich selbst über soziale Primärbeziehungen innerhalb dieses Raumes, sie bestimmen dadurch subjektiv über die Begrenzungen ihres Systems. Es geht in der einen oder anderen Form also um mentale Konstruktionen, die allerdings auf der Grundlage eines tatsächlich existierenden Weichbildes der Stadt errichtet werden.[92]

---

90 Die Anwendung dieser konzentrischen Ringe und ihre Abgrenzung untereinander geht auf eine Feldstudie über *Mental Maps* von Armenviertelbewohnern zweier Peripheriestadtteile von Santiago de Chile zurück, in der genau diese Ringe immer wieder als wahrgenommene Referenzelemente benannt werden (GALLEGUILLOS 1990, 2000).
91 Deutlich wird das auch im Alltagssprachgebrauch: Ganz häufig sprechen die Interviewten von *nuestra pobla,* oder *mi pobla* „unsere (meine) Siedlung". Interessant ist in diesem Zusammenhang die subjektive Wahrnehmung der Grenzen der eigenen Siedlung, die sich nicht unbedingt an stadtgeographischen Elementen wie Straßen oder anderen physischen Begrenzungslinien orientieren.
92 Zu diesem zweiten Ring müssten strenggenommen auch die Nachbarwohnungen, Treppenhäuser und Eingangsbereiche innerhalb von Wohnblocks, die im Rahmen von sozialen Wohnungsbauvorhaben entstanden sind, gerechnet werden. Sämtliche im Zusammenhang mit dieser Untersuchung Interviewten leben allerdings in kleinen Häusern und Hütten – und nicht in Wohnblocks.

Die Umgebung der eigenen Siedlung, der vierte Ring, also die erweiterte Nachbarschaft, kann einerseits eine Fortsetzung der eigenen Siedlung und des eigenen Wohnquartiers sein – mit weitestgehend identischen Wohn- und Lebensbedingungen, mit ganz ähnlichen soziökonomischen Strukturen – aber andererseits auch eine klar markierte Grenze darstellen. Das gilt vor allem dann, wenn diese Umgebung aus Wohnanlagen mit einem deutlich anderen sozialen Status besteht. Das soziale Umfeld definiert sich also über Kontakte und Begegnungen; nur gibt es dafür Regeln und Barrierren. Die Bewohner eines Armenviertels entscheiden lediglich solange selbst, welche primären sozialen Beziehungen sie unterhalten – und welche nicht, solange sie sich in einem ihnen vertrauten soziöökonomisch homogenen Umfeld bewegen. Nur hier bestimmen sie intersubjektiv die Grenzen des Systems.

Besteht der vierte Ring, der *entorno*, jedoch ganz oder teilweise aus einem Wohnviertel mit einer anderen soziökonomischen Zusammensetzung, beispielsweise Mittelschichtfamilien, sind es fast ausschließlich dessen Bewohner, die darüber entscheiden, ob sie Kontakte und Begegnungen mit ihren ärmeren Nachbarn zulassen – also, ob Segregationsmechanismen angewandt werden oder nicht. Aber auch in diesem Fall geht es um mentale Konstruktionen, die durch das Bewusstsein entstehen und die wiederum das Bewusstsein der Bewohner – sowohl eines Armenviertels als auch des benachbarten Mittelschichtviertels – bestimmen. Ganz grundsätzlich gilt: Ohne diese Bezüge auf die Nachbarschaft wäre ein (Zusammen-)Leben in einem Stadtteil nicht möglich, könnten keine sozialen Vernetzungen zwischen Mitbewohnern zustande kommen. Die Nachbarn sind in dem hier vorgeschlagenen Ringmodell als die allem zu Grunde liegende soziale Dimension anzusehen, die sowohl bei der Wahrnehmung der eigenen Wohnung als auch bei der des umgebenden Stadtviertels die zentrale Rolle spielt (AMÉRIGO 1995).

Der fünfte Ring, die Kommune, wird, obwohl es de jure zunächst um eine politische Verwaltungseinheit, eine Gebietskörperschaft, geht, für seine Bewohner auch zu einer sozialen Einheit, zu der sich ein Zugehörigkeitsgefühl entwickelt und mit der auf der Grundlage einer gemeinsamen Geschichte Identifikation entsteht. In dieser sozialräumlichen Einheit festigen sich gemeinsame Interessen, die die Mitglieder dazu bewegen, an gemeinschaftlichen Aktivitäten teilzunehmen. Die kollektive Nutzung der vorhandenen öffentlichen Infrastruktur sowie der privaten Service- und Dienstleistungsangebote führt zu Begegnungen und Kommunikationsprozessen (SEPÚLVEDA et al. 1992).

Bei der Analyse der Eigenschaften des vierten und fünften Rings, also des Stadtviertels *(entorno)* und der Kommune, sowie ihrer Wahrnehmung durch die Bewohner stehen besonders diejenigen Bereiche im Mittelpunkt des Interesses, in denen bestimmte Dienstleistungen und Kommunikationsangebote nachgefragt und gemeinsam genutzt werden. Die Rede ist von Schulen, öffentlichen Gesundheitszentren, Märkten, anderen Einkaufsmöglichkeiten, Banken und Post, Freizeitangeboten, Einrichtungen, die mit Kultur- oder Religionsausübung in Verbindung stehen.

Methodik 105

Die Menschen eines Viertels erleben ihre Beziehung zu diesen Knoten-, Service- und Kommunikationspunkten als eine gewisse Interdependenz (SEPÚLVEDA et al. 1992). Die Stadt (der sechste Ring), als komplexes Modell und als soziokultureller Rahmen, innerhalb dessen wir uns bewegen und entfalten, steht für eine Fülle der unterschiedlichsten geographischen Räume, die wiederum auch soziale Unterräume bilden und miteinander auf vielfältige Weise verwoben sind (MORIN 1994).

5.2.3 Faktoren für Habitat-Zufriedenheit

Was entscheidet eigentlich über Habitat-Zufriedenheit? Die Qualität der Wohnung, die nachbarschaftliche Beziehungen, das Viertel, das Umfeld, die wohnungsnahe Infrastruktur, der Standort des Quartiers – oder eventuell doch stärker nicht materielle, emotionale Komponenten wie Anerkennung, Identifikation und Integration? Eine Annäherung an das Wissen um die Wahrnehmung und den Grad der Habitat-Zufriedenheit bedarf zunächst Indikatoren, die eine Unterscheidung bei der Bewertung verschiedener frequentierter sozialer Räume innerhalb der Stadt möglich machen. Die nachfolgende Auflistung der Faktoren, die über den Grad der Habitat-Zufriedenheit entscheiden, ergibt sich aus den Antworten der befragten 300 Armenviertelbewohner. Diese Diskurselemente wurden systematisiert und in verschiedene Kategorien aufgeschlüsselt. In der konkreten Interviewsituation ging es dabei jeweils um die expliziten Antworten auf die Frage nach den wahrgenommenen positiven und negativen Aspekten der angesprochenen Räume.

Die Begründungen, die die Interviewten explizit anführten, um verschiedene Grade von Habitat-Zufriedenheit zum Ausdruck zu bringen, sowie die Frequenz ihrer Nennungen flossen gleichfalls in diese Kategorienbildung ein. Im Falle der *campamento*-Siedlung Esperanza Andina umfasst die Bewertung der sechs Komponenten des Ringmodells auch diejenigen Aspekte, die die Bewohner am provisorischen Standort besonders schätzen – sowie diejenigen, die man nach dem Umzug an den endgültigen Standort „vermissen wird".

Im Fall der Armenviertelsiedlungen Santiago de Nueva Extremadura und Arturo Prat lautete die analoge Frage: „Wenn Sie die Möglichkeit hätten, hier wegzuziehen, was wäre der wichtigste Grund für eine solche Entscheidung?" Die Anwendung des Ringmodells schließt ebenfalls die Frage nach den geographischen Distanzen und den für sie benötigten Fahr- und Gehzeiten ein. Konkret wird die Frage nach den Fahrtzielen, nach der Fortbewegungsart und der benötigten Fahrtzeit gestellt – und zwar im Zusammenhang mit dem Weg zur Arbeit und zum Einkauf.

Im Fall der *campamento*-Siedlung Esperanza Andina fließen zusätzlich die Bewertungen der Begegnungs- und Kontaktorte mit Nachbarn aus anderen sozioökonomischen Gruppen ein – und zwar sowohl am provisorischen Standort als auch in der endgültigen Siedlung.[93] Als unterstützendes Element wurde in der Befragung eine Bewertungsliste

---

[93] Im Falle der Befragung in der provisorischen *campamento*-Siedlung Esperanza Andina bezogen sich die Antworten der Interviewten auf den Zeitraum von fast zwei Jahren, den die Siedlungsbewohner an ihrem damaligen Standort verbrachten.

verwendet, in der die Interviewten vorgegebene Problemsituationen in ihrer *población* gewichteten, um eine ergänzende Einschätzung zu und gleichzeitig eine Qualifizierung von wahrgenommenen Problemdimensionen zu erhalten *(perspectiva etic)*.

Tab. 1: Diskurselemente – als Ergebnis der Befragung von 300 Armenviertelbewohnern

Faktor	Bereich
Gefühl des Ausgeschlossenseins	Verzweiflung, Depression, Resignation, Isolierung, Gefühl des Ausgeschlossenseins, Diskriminierung, fehlende Kraft um etwas verändern zu können, „nichts ist positiv": Antwort auf die Frage nach den positiven Aspekten der einzelnen in der Befragung benannten Räume (Ringe)
Drogenhandel und Drogenkonsum	Drogenabhängigkeit und extremer Alkoholkonsum, Gefahr durch Drogenhandel im Viertel, Gewalt als Konsequenz aus Alkohol- und Drogenabhängigkeit
Grünflächen	Hausgärten, Bäume, Plätze, Parks, Spielmöglichkeiten für Kinder etc.
Identifikation mit dem Wohnviertel	sich als Teil des Viertels fühlen, Freude empfinden, hier zu leben, stolz zu sein, dazu zu gehören
Lokale Entwicklung	Fortschritte bei der Lösung der Probleme des Sektors
Sicherheit	sich sicher vor Kriminalität fühlen; allein aus dem Haus gehen können
Soziale Umgebung	Verwandte, Freunde, Nachbarn, Mitschüler, Sportkameraden etc.
Sozialprestige	der Ruf und das Ansehen, den das jeweilige Viertel außerhalb genießt
Standort	Wertschätzung der geographischen Lage des Viertels und der Zugangsmöglichkeiten zu Arbeitsplätzen, günstigen Einkaufsmöglichkeiten, Buslinien, Schulen, Gesundheitszentren etc.
Umweltbedingungen	Umwelt, ökologische Bedingungen der Wohnung und des Wohnviertels: Smog, Lärm, Sauberkeit der Straßen und Plätze, das Vorhandensein/Fehlen von Bäumen und Grünflächen, das Problem von wilden Müllablagerungen, Gestank, Präsenz von Ratten und Mücken etc.
Urbane Infrastruktur	Urbane Infrastruktur im Wohnviertel: Straßen, Spielplätze, Fußballplätze, Einkaufsmöglichkeiten, Schulen, Gesundheitszentren und andere soziale Infrastruktur, Straßenbeleuchtung etc.
Wohnung	Eigenschaften der eigenen Wohnung, Größe, baulicher Zustand, Ausstattung, Eigentumsverhältnis etc.

Quelle: eigene Zusammenstellung auf der Grundlage der Befragung

Methodik 107

Diese Bewertung der Merkmale ihres Armenviertels durch die Bewohner ist eine der in dieser Untersuchung benutzten Informationsquellen. Sie wird den übrigen Ergebnissen des Interviewgesprächs, bei denen die Gesprächspartner mit ihren eigenen Worten Wahrnehmungen und Einschätzungen beschreiben (*perspectiva emic*), gegenübergestellt (Tab.1).

Das bei der Entwicklung des Fragerasters verwendete Ringmodell dient dazu, um differenzierte Wahrnehmungen bei Bewohnern von Armenviertelsiedlungen mit unterschiedlicher geographischer Ausdehnung, unterschiedlichen Standorten innerhalb des Großraums Santiago und unterschiedlichen Umgebungen erkennbar zu machen.[94] Dadurch konnten die von den Befragten jeweils wahrgenommenen Problemzonen klar identifiziert werden. Gearbeitet wurde sowohl mit quantitativen Methoden auf der Basis einer statistisch repräsentativen Stichprobe[95] als auch mit qualitativen Methoden auf der Grundlage von strukturierten repräsentativen Beobachtungseinheiten (FRIEDRICHS 1981; KROMREY 2002)

5.3 Wahl der Fallbeispiele

Die Fallbeispiele, die die empirische Grundlage für diese Studie bilden (Abb.1), sind die Armenviertelsiedlungen Santiago de Nueva Extremadura, Kommune La Pintana (äußerster Südrand von Santiago); Arturo Prat, Kommune La Florida (Südosten von Santiago); Esperanza Andina, Kommune Peñalolén (Südostperipherie von Santiago). In allen drei *poblaciones* wurde zur Ermittlung der Habitat-Zufriedenheit und der Bestimmung der Wahrnehmung von Faktoren, die über diese Habitat-Zufriedenheit entscheiden, die Methode einer strukturierten Befragung gewählt. Dabei wurde sowohl mit quantitativen Methoden auf der Basis einer statistisch repräsentativen Stichprobe gearbeitet als auch mit qualitativen auf der Grundlage von strukturierten repräsentativen Beobachtungseinheiten, die als komplementäres Element zu den Interviews eingesetzt wurden (FRIEDRICHS 1981; KROMREY 2002).

5.3.1 Santiago de Nueva Extremadura – Kommune La Pintana – Santiago de Chile

Zur Zeiten der spanischen Kolonie und in der Frühphase der Republik ließen die trockenen, harten Böden im Süden Santiagos, dort, wo sich heute die Kommune La Pintana befindet, lediglich eine bescheidene Subsistenzlandwirtschaft zu. Erst als im Jahr 1821 im Rahmen eines – im damaligen Kontext überaus erfolgreichen Regionalentwicklungsprojektes – mit dem Bau des aus dem Kanal San Carlos gespeisten Bewässerungssystems

---

[94] Im Sinne des Verständnisses von Luhmann geht es dabei jeweils um eine Gruppe von Personen, die bestimmte Wahrnehmungs- und Verhaltensmuster teilen, die ihre Interaktion organisieren und damit „das Soziale" möglich machen, also um ein System und seine Umgebung, eine, wie Luhmann es nennt, „Soziostruktur" (LUHMANN 1990, zitiert in SEPÚLVEDA et al. 1992).
[95] mit jeweils 100 befragten Familien

großflächig fruchtbares Ackerland im Süden der Hauptstadt erschlossen wurde, begann die wirtschaftliche Entwicklung dieser Zone (Abb. 1). Im äußersten Süden der Maipo-Ebene gelegen, produzierten dort bis vor etwa fünfzig Jahren eine Reihe von blühenden Landgütern und kleinen Bauernhöfen Nahrungsmittel für Santiago, bis dieses Gebiet die ersten Anzeichen der urbanen Expansion zu spüren bekam.

1942 erwarb die Sozialwohnungsbau-Genossenschaft Caja de Habitación Popular das Landgut La Pintana, das zuvor dem chilenischen Staatspräsidenten Anibal Pinto gehört hatte, um dort Arbeiterfamilien auf kleinen Grundstücken – jeweils mit ausreichend Platz für einen Gemüsegarten – anzusiedeln. Hier, 18 km von Santiago entfernt, errichtete die Caja eine Vorzeigesiedlung mit 500 kleinen Häusern, die jeweils drei Wohnräume umfassten und zu denen ein Grundstück von einem halben Hektar gehörten. Ergänzt wurde das Projekt durch die entsprechende soziale Infrastruktur und Dienstleistungsangebote. Die erste Bauetappe für dieses Siedlungsvorhaben begann 1946. Die Häuser der darauf folgenden Bauabschnitte wurden 1950 und 1957 eingeweiht. Noch heute gilt diese Siedlung als eine Art Prototyp für den Genossenschaftswohnungsbau in Chile (GUROVICH 1989).

Zwischen 1960 und dem Beginn der siebziger Jahre wuchs die Bevölkerung in der Umgebung dieser Siedlung infolge von Flächenerschließungen für Wohnungssuchende sowie illegalen Landbesetzungen. Es entstand nach und nach ein verdichtetes Siedlungsgebiet, das durch die *poblaciones* Lo Martínez, Santa Rosa, Lo Blanco und San Francisco begrenzt wurde und bereits Mitte der siebziger Jahre eine Bevölkerungsdichte von 230 Einwohner pro Hektar aufwies. Im Mai 1981 wurde im Rahmen der kommunalen Neuordnung der Región Metropolitana per Regierungsdekret die historische Kommune La Granja, die schon immer zu den ärmsten Stadtgemeinden Santiagos gezählt hatte, geteilt. So entstand die neue Kommune La Pintana mit einer Fläche von 3.324,34 Hektar. La Pintana gehört zusammen mit San Bernardo und Puente Alto zur Südperipherie von Santiago und geht an seiner südlichen Gemarkungsgrenze in ländlich geprägte Gebiete über.

Seit 1979 avancierte dieser Stadtteil, der zu diesem Zeitpunkt bereits über eine teilautonome lokale Bezirksverwaltung verfügte, zum „Versuchskaninchen" schlechthin für den Plan des Pinochet-Regimes im Zusammenhang mit der „sozialen Homogenisierung" der Kommunen der Región Metropolitana. Immer wieder wird La Pintana im Blick auf diesen Prozess als die chilenische Variante eines *townships*, als Soweto Santiagos bezeichnet (SCHÜBELIN 1985). Die Dimensionen großflächiger Armut sowie das extreme Gefälle zwischen La Pintana und den Reichenvierteln im Nordosten der Stadt erreichte eine in Chile zuvor unbekannte Dimension, die auf das gesamte Sozialgefüge der Hauptstadt zurückwirkt.

Methodik

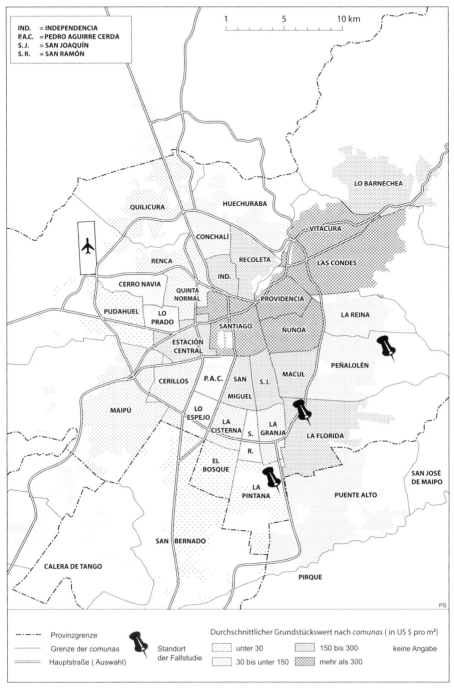

Abb. 1: Santigo de Chile. Standorte der Fallstudie
Quelle: RIESCO (2006, S. 410), verändert

Nach La Pintana wurden – unter Zwang – die Bewohner kompletter Siedlungen aus zwölf anderen Santiagoer Kommunen und vierzig aufgelösten *campamentos* (vor allem aus dem Kernstadtbereich der Hauptstadt und aus der Reichenviertelkommune Las Condes) umgesiedelt, wodurch es zu einem rasanten Anstieg der Bevölkerungszahlen kam. Zwischen den Volkszählungen von 1970 und 1982 wuchs die Bevölkerung von La Pintana von 35.603 auf 73.573 Bewohner. Das akkumulierte jährliche Bevölkerungswachstum betrug damit 6,23 % und war 2,27 mal so hoch wie das durchschnittliche Wachstum in der Región Metropolitana. Geradezu explosionsartig verlief die Zuwanderung im kritischen Zeitraum von 1979 bis 1985 mit 328 % Bevölkerungswachstum (MORALES & ROJAS 1986, S. 50; RODRIGUEZ 1987).

La Pintana wuchs in diesen sechs Jahren 13 mal so schnell wie das übrige Santiago. Dieses Wachstum verursachte eine dramatische Verschlechterung der Wohn- und Lebensbedingungen der betroffenen Menschen. Die meisten der mitten in der schweren wirtschaftlichen Rezessionsphase zu Beginn der achtziger Jahre Zwangsumgesiedelten hatten ihre Arbeit verloren und ließen den ohnedies hohen Anteil Armer und extrem Armer an der Bevölkerung von La Pintana in die Höhe schnellen. Im Dezember 1984 lebten 52,56 % der Einwohner von La Pintana in *campamentos*, rasch expandierenden Hüttensiedlungen, die notdürftig an das Trinkwasser- und Stromnetz angeschlossen worden waren, unter äußerst prekäreren Wohnbedingungen. Die Peripheriegemeinde wies damit den höchsten Prozentsatz an *campamento*-Bewohnern im Großraum Santiago auf. Erst in großem Abstand folgten die andere Armenviertelkommunen wie Renca und Peñalolén mit 25,11 % bzw. 22,26 % an *campamento*-Bewohnern.[96]

Im Diskurs des Militärregimes wurden diese negativen Aspekte systematisch heruntergespielt, stattdessen war von der Verbesserung der Lebensumstände und der hygienischen Bedingungen für die Betroffenen die Rede, wurden die Errungenschaften der *casetas sanitarias* und der aus Backsteinen errichteten Einfachswohnungen herausgestellt. Aber die eklatante Verschlechterung anderer Aspekte, die Lebensqualität ausmachen, wie etwa die Anbindung an den öffentlichen Personennahverkehr, der Zugang zu Schulen und Gesundheitseinrichtungen, die Möglichkeit, einen Arbeitsplatz zu finden, einkaufen oder auch bloß telefonieren zu können, wurden nicht thematisiert. Das Ergebnis dieser Politik der Zwangsumsiedlung – mit ihren für die Betroffenen traumatisierenden Begleitumständen – war die Entstehung einer der flächenmäßig größten und bevölkerungsreichsten Armenviertelkommunen an der Peripherie Santiagos, fast 25 km vom Stadtzentrum ent-

---

96 Nach Erhebungen der kommunalen Planungsbehörde SECPLAC, die dem Planungsministerium unterstellt ist, lebten 1984 61,9 % der Bewohner von La Pintana in Armut und extremer Armut und gehörten nach dem CAS-Faktor zur Feststellung der Bedürftigkeit in die ärmsten Kategorien 1, 2 und 3. Nach Angaben aus der gleichen Quelle befanden sich 40,07 % der Bevölkerung im schulpflichtigen Alter, wobei das Bildungsangebot völlig unzureichend war und nur 13,78 % des Bedarfs im Vorschulbereich, 60,04 % im Grundschulbereich und lediglich 1,99 % im Bereich weiterführender Sekundarschulen innerhalb der Kommune La Pintana abdeckte. 48,8 % aller Erwerbsfähigen waren nach dieser Erhebung 1982 arbeitslos, zwei Jahre später lag ihr Anteil immer noch bei 39,95 %. Der Anteil der Bevölkerung von La Pintana ohne Zugang zur öffentlichen Gesundheitsversorgung belief sich auf 25,73 % (MORALES & ROJAS 1987).

Methodik

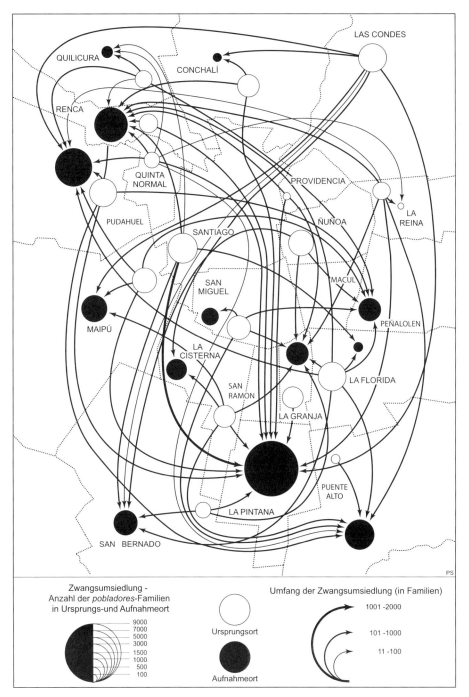

Abb. 2: Santiago de Chile 1979-1985. Zwangsumsiedlungen von pobladores-Familien
Quelle: MORALES, ROJAS (1986)

fernt. Innerhalb von La Pintana fallen zahlreiche *poblaciones* mit beträchtlichen geographischen Ausdehnungen unter die Charakteristika extremer Armut *(pobreza extrema e indigencia)* (SCHÜBELIN 1993).

Seit der Gründung der Kommune La Pintana war der Sektor mit einer extrem negativen Wahrnehmung durch die Bewohner des übrigen Santiagos behaftet, galt als Hort von Kriminalität, des sozialen Abstiegs und des Verfalls von Sitten und Moral, als eine Art Strafkolonie für Hungerleider und Elendsviertelbewohner. Allein zwischen 1982 und 1984 nahmen innerhalb der Gemarkung von La Pintana Anzeigen wegen Raubüberfälle und gewaltsamer Eigentumsdelikte um 59% zu. In der Mehrzahl – so die Polizeistatistik – wurden die entsprechenden Straftaten von arbeitslosen Jugendlichen im Alter zwischen 14 und 18 Jahren verübt (MORALES & ROJAS 1986, S.55).

Bei einer Befragung im Jahr 1985 über die Wohnpräferenzen erreichte La Pintana unter den 22 Stadtgemeinden in der Provinz Santiago lediglich den vorletzten Rang. Diese Einschätzungen über die Armenviertelkommune an der Südperipherie Santiagos hatten auch zur Folge, dass es seit Mitte der achtziger Jahren regelmäßig deutlich weniger Bewerber für die vom Staat errichteten Sozialwohnungen in La Pintana gab – als zur Verfügung stehende Wohneinheiten.[97] 1987 manifestierten die Bewohner von La Pintana in einer weiteren, breit angelegten Studie unter allen Bürgern der Hauptstadtregion die größte Unzufriedenheit mit ihren Lebensumständen. Bei diesem Vergleich zwischen Santiagoer Stadtkommunen wurden die Befriedigung der Grundbedürfnisse Gesundheit, Ernährung, Wohnung und Bildung untersucht. In La Pintana lag der artikulierte Grad an Unzufriedenheit 1,94 mal höher als der Durchschnitt in der Hauptstadtregion (GUROVICH 1989). Laut der Volkszählung von 2002 lebten in der Kommune La Pintana zu diesem Zeitpunkt fast 250.000 Menschen auf einer Gemarkungsfläche von 3.030 Hektar.[98] Acht Jahre zuvor, 1994, hatte der Staat erstmals einen Versuch unternommen, das demographische Wachstum durch einen Parlamentsbeschluss und ein Raumplanungsverfahren für La Pintana abzubremsen – und zwar indem in der Kommune kein weiteres Bauland für Sozialwohnungsbauprojekte mehr ausgewiesen wurde.

5.3.1.1 Die Armenviertelsiedlung Santiago de Nueva Extremadura

Die *población* Santiago de Nueva Extremadura in La Pintana wurde im Zusammenhang mit den zwischen 1979 und 1984 vollzogenen Zwangsumsiedlungen von zunächst 30.225 Familien errichtet, die zuvor in Armenvierteln und *campamentos* am Rande der Wohlhabendenkommunen Las Condes, Providencia und La Reina sowie teilweise im Zentrum von Santiago gelebt hatten. Ergebnis dieses erzwungenen Migrationsprozes-

---

97 Angeboten wurden 1985 für „freiwillige" Umsiedler in La Pintana 1.020 Wohneinheiten, um die sich jedoch gerade einmal 206 Familien bewarben. Diese Proportion steht in deutlichem Gegensatz zu der Erfahrung, dass bei anderen Projekten des sozialen Wohnungsbaus im Großraum Santiago üblicherweise die Zahl der Bewerber die der verfügbaren Wohneinheiten um 2,76 übersteigt (MATAS & JORDAN 1985).
98 INE - *Instituto Nacional de Estadísticas* 2002

Methodik 113

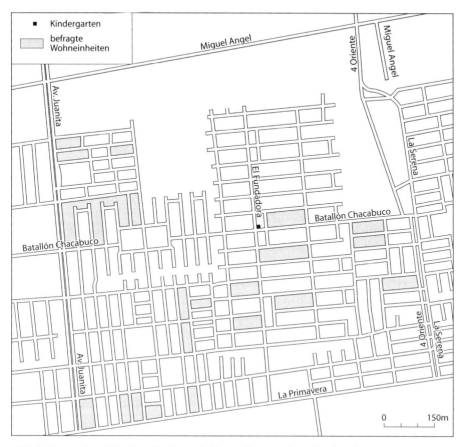

Abb. 3: *Armenviertelsiedlung Santiago de Nueva Extremadura. Straßenplan*
Quelle: CTC Publiguías 2005

ses, mit seinen für die Betroffenen traumatisierenden Begleitumständen, war – wie bereits oben beschrieben – die Entstehung eines der bevölkerungsreichsten und ausgedehntesten Armenviertelkomplexe an der Peripherie Santiagos – fast 25 km vom Stadtzentrum entfernt – genannt El Castillo (das Schloss), eine Ironie, die an die Wortschöpfung der *cantegriles („Country Grill")* in Uruguay erinnert. Die *población* Santiago de Nueva Extremadura bildet Teil dieses Sektors.[99] Die Lage dieses riesigen Armenviertelkomplexes an der Südperipherie von Santiago schaffte eine der größten geographischen Distanzen zwischen Arm und Reich, die in Chile zu beobachten ist (SCHÜBELIN 1985; MOLINA 1985). 100 Familien aus dieser *población* wurden im Rahmen der vorliegenden Untersuchung befragt.

---

99 Der auf der Karte (Abb. 3) markierte Punkt zeigt das Zentrum der *población*, dort, wo sich die kommunale Kindertagesstätte befindet. Dieser Einrichtung kam im Zusammenhang mit der Vorbereitung der Interviews sowie bei der Schaffung von Akzeptanz und Vertrauen für diese Befragung eine Schlüssel- und Türöffner-Funktion zu. Die Erzieherinnen der Kindertagesstätte warben für die Notwendigkeit, für ein Interview zur Verfügung zu stehen.

5.3.2 Arturo Prat–Kommune La Florida–Santiago de Chile

Die Kommune La Florida liegt im Südosten der Región Metropolitana Santiago de Chile.[100] In dieser Stadtgemeinde hat die Geschwindigkeit und der Umfang des urbanen Wachstums- und Expansionsprozesses deutlich gemacht, dass unbebaute Flächen eine äußerst knappe Ressource darstellen, deren Verwendung es sorgfältig zu planen gilt, um die Lebensqualität der Bewohner zu erhalten oder zu verbessern. Ende des 19. Jahrhunderts war La Florida einer der Orte, den die damals verantwortlichen Politiker im Auge hatten, als nach heftigen Debatten das Gesetz über autonome Gemeinden verabschiedet wurde. Am 28. November 1899 wurde La Florida per Dekret zur eigenständigen Kommune, nachdem der Ort zuvor mit seiner Gemarkung zur Kommune Puente Alto und zum Departamento La Victoria gehört hatte.

Seine wirtschaftliche Bedeutung schöpfte La Florida bis weit ins 20. Jahrhundert hinein aus der Landwirtschaft und dem Weinanbau–beides beherrscht von Großgrundbesitzerfamilien, deren Macht und Einfluss teilweise noch aus den Zeiten der spanischen Kolonie stammte. Der Bau der Eisenbahnstrecke vom Zentrum Santiagos bis Puente Alto im Jahr 1891 erleichterte den Transport sowohl von Argrarprodukten als auch von Arbeitskräften für die Landwirtschaft. Ab 1940 setzte infolge des Bevölkerungswachstums und der Ausdehnung der Hauptstadt Santiago eine dichtere Bebauung auch der Gemarkung von La Florida ein, ausgehend zu Beginn von einzelnen Achsen wie den Straßen Vicuña Mackenna, Walker Martínez, Rojas Magallanes und Avenida La Florida. Rund um den damaligen Bahnhof Bellavista entwickelte sich das funktionale Zentrum der Kommune, das zunächst vor allem als Verkehrsknoten- und Umschlagspunkt im Zusammenhang mit dem Eisenbahnverkehr zwischen Santiago und Puente Alto eine wichtige Rolle spielte.

In den darauf folgenden Jahrzehnten wurden um diese ersten Siedlungskerne herum zunehmend Grundstücke für den privaten Wohnungsbau ausgewiesen und erschlossen, ein Prozess, der angesichts der Migrationsdynamik rasch an Fahrt gewann–mit dem massiven Zuzug aus ländlichen Regionen in die Hauptstadt Santiago, der diese Periode in der chilenischen Geschichte charakterisiert. Um die Landgüter und Herrschaftshäuser der historischen Großgrundbesitzerfamilien herum bildeten sich also die ersten Siedlungskerne der Kommune. Die Namen all dieser Familien finden sich noch heute in den Straßenbezeichnungen von La Florida. Sie bildeten die feudale Elite in den Gründungsjahren dieses Stadtteils. Ihre Nachkommen leben teilweise auch heute noch in den attraktivsten historischen Wohnlagen von La Florida.

---

100 Geomorphologisch gesehen liegt der Stadtteil im andinen Becken von Santiago und besteht aus zwei deutlich zu unterscheidenden Einheiten, dem Fuß des Gebirgsmassivs der Anden und dem mittleren Santiago-Graben. Die direkte Nachbarschaft zu den Ausläufern der Andenkordillere, ihrer Berghänge und Täler sowie die stadtbildprägende Größe dieses Gebirgsmassivs geben La Florida innerhalb des Großraums Santiago eine bestimmte landschaftliche Identität und sind für die Bewohner der Kommune der wichtigste optische Referenzrahmen.

Methodik 115

Von den fünfziger Jahren an wird die Bevölkerung heterogener, es entstehen Viertel mit Einfamilienhäusern und Quartiere, in denen sich Bewohner ansiedeln, die soziologisch Mittelschichtsektoren zuzuordnen sind. Dabei wächst nach und nach der Bedarf einer angemesseneren Infrastruktur, vor allem an neuen Straßen, die den Bewohnern der rasch wachsenden Kommune den Zugang zum Zentrum der Hauptstadt und zu umliegenden Sektoren ermöglichen. In den sechziger Jahren – unter der politischen Verantwortung des sozialreformerischen Präsidenten Eduardo Frei Montalba (1964-1970) – werden auch in La Florida eine Vielzahl groß angelegter sozialer Wohnungsbauprojekte umgesetzt, die das Gesicht der Kommune und die sozioökonomische Zusammensetzung ihrer Bevölkerung innerhalb kürzester Zeit stark verändern.

Diese intensive, vom Staat geförderte, Bautätigkeit erfährt in den Jahren der Unidad Popular (1970-1973) noch einmal eine zusätzliche Ausweitung. Insgesamt steigen die Einwohnerzahlen der Kommune und auch die Zahl der Wohnungen in diesen beiden Jahrzehnten stark an. In der Erholungsphase nach der schweren Wirtschaftskrise 1981-1982 entdecken angesichts des enormen Bedarfes auf dem Wohnungsmarkt zunehmend auch private Investoren La Florida für ihre großflächigen Bauprojekte mit Einfamilienhäusern, Doppelhäusern oder Mehrfamilienwohngebäuden, so dass bereits in dieser Zeit in der Kommune einer der dynamischsten Immobilienmärkte der Hauptstadt entsteht. Die Bewohner von La Florida gehören sozioökonomisch gesehen in ihrer Mehrheit zur Mittelschicht oder unteren Mittelschicht (ORTIZ & SCHIAPPACASSE 1997). Es handelt sich also definitionsgemäß um Bevölkerungsgruppen, deren Einkommen ausreicht, um ihre Grundbedürfnisse und darüber hinaus einen gewissen Wohlstand zu finanzieren sowie sich eine angemessene Wohnung zu leisten. Aus den Daten der verschiedenen Volkszählungen der zurückliegenden 40 Jahre geht hervor, dass in der Kommune durch die zugezogenen Familien ein stetiger demographischer Verjüngungsprozess einsetzte. So betrug 1952 der Anteil der Erwachsenen zwischen 30 und 59 Jahren noch 30,1% an der Gesamtbevölkerung, während diese Altersgruppe ab 1970 nur noch etwa 25% ausmachte. Gegenwärtig erreicht der Anteil der Kinder zwischen 0 und 14 Jahren, die in La Florida leben, 31% und der von jungen Menschen zwischen 15 und 29 Jahren 26,4%.[101]

Diese Veränderungen in der Alterszusammensetzung der Bevölkerung von La Florida sind vor allem das Ergebnis des Zuzugs von außerhalb. Dank der zahlreichen privaten und staatlichen Wohnungsbau- und Sozialwohnungsbauprojekten in der Kommune ziehen vor allem junge Paare und Familien nach La Florida. La Florida wird auf diese Weise bereits Mitte der neunziger Jahre zu der von der Einwohnerzahl her gesehen größten Kommune Santiagos. Dieser explosive Wachstumsprozess verursacht jedoch eine Vielzahl von neuen Problemen, die vor allem mit der seit langem nicht mehr ausreichenden Verkehrsinfrastruktur – aber beispielsweise auch der konstanten Überlastung des Abwas-

---
101 Instituto Nacional de Estadisticas 2002, sowie La Municipalidad de la Florida.
URL: http://www.laflorida.cl (Stand: 19.05.2005)

sersystems zu tun haben. Bereits 1996 beklagte die Stadtverwaltung von La Florida in einer von ihr in Auftrag gegebenen Untersuchung, dass der ungestüme Bevölkerungszuwachs an vielen Stellen der Gemarkung zu einer chaotischen, völlig ungeplanten Bebauung verbliebener freier Flächen geführt habe.

In den zurückliegenden Jahren ist es jedoch gelungen, die Entwicklung von La Florida zum wichtigen Unterzentrum im Südosten der Región Metropolitana, mit einem breit gefächerten Angebot an Dienstleistungen zu konsolidieren. Dieser dynamische Prozess wurde durch die Fertigstellung der Metrolinie 5, die seit 1997 La Florida mit dem Stadtzentrum von Santiago verbindet, potenziert.[102] Beim letzten Zensus im Jahr 2002 wurden in La Florida 450.000 Einwohner gezählt. Damit ist die Stadtgemeinde nicht mehr nur die größte Kommune Santiagos, sondern die bevölkerungsreichste des ganzen Landes. Die Gemarkung von La Florida umfasst eine Gesamtfläche von 7.250 ha oder 72,5 km². Davon waren im Jahr 1996 bereits nahezu die Hälfte (48,9 %) bebaut. 1956 betrug der Anteil bebauter Flächen innerhalb der Kommunalgrenzen von La Florida erst 0,5 %. 1960 2,3 %, 1970 8,3 %, Anfang der neunziger Jahre erreichte er 21,7 %. Das bedeutet in vierzig Jahren eine Vervielfachung um beinahe den Faktor 100.

5.3.2.1 Die Armenviertelsiedlung Arturo Prat

Im Mittelpunkt des Kartenausschnittes (Abb. 4) befindet sich auch in diesem Fall, ganz ähnlich wie in der Población Santiago de Nueva Extremadura, einer Kindertagesstätte, die auch hier der Ausgangspunkt und die „Türöffnerin" war, um die Interviewgespräche mit den Bewohnern anbahnen zu können. Bei der zweiten Fallstudie, für die die Población Arturo Prat in der Kommune La Florida ausgewählt wurde, stehen Familien im Mittelpunkt, die während der Regierungszeit der Unidad Popular/UP (1970-1973) auf der Suche nach einer Wohnmöglichkeit – motiviert durch eine *toma* (illegale Landbesetzung) – nach La Florida gekommen waren und denen es nach einigen Monaten gelungen war, die UP-Stadtverwaltung und das Wohnungsbauministerium zu zwingen, ihnen eine definitive Lösung für ihr Wohnungsproblem – in Gestalt eines kleinen Grundstücks für den Bau ihrer Hütten und bescheidenen, eingeschossigen Häuser – anzubieten.[103]

Zwei Jahrzehnte später wählten internationale Investoren einen Sektor in der unmittelbaren Nachbarschaft von Arturo Prat aus, um dort eines der wichtigsten urbanen Subzentren im Südosten Santiagos (Mall Plaza Vespucio) zu errichten. Diese spektakuläre Entwicklung führte in einem Sekundäreffekt dazu, dass sich das gesamte urbane Umfeld

---

102 Komplettiert wird diese Metroanbindung von La Florida durch den Bau der neuen Linie 4 des Stadtbahnnetzes von Santiago, die bis Puente Alto führt. Fertiggestellt wurde der entsprechende Bauabschnitt zum Jahresende 2005. URL: http://www.metrosantiago.cl (Stand 21.04.2006).
103 Der Name der Siedlung erinnert an den sogenannten „Helden der Seeschlacht von Iquique", Fregattenkapitän Arturo Pratt, der sich am 21. Mai 1879 in völlig aussichtsloser Situation der militärisch vielfach überlegenen peruanischen Kriegsmarine entgegenstellte und dabei mit seiner Mannschaft „glorreich" unterging.

Methodik 117

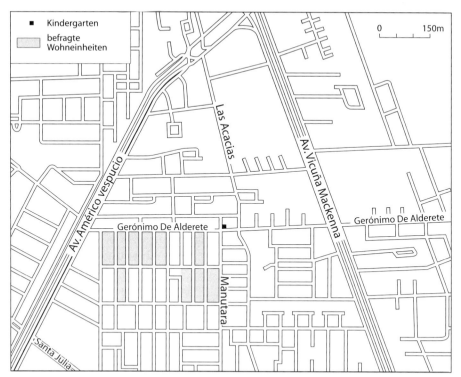

Abb. 4: Armenviertelsiedlung Arturo Prat. Straßenplan
Quelle:, CTC Publiguías 2005

dieses Einkaufszentrums in ein außerordentlich attraktives Terrain für private Investitionen in Wohnungsbau- und Dienstleistungsprojekte, zugeschnitten auf eine Mittelschicht-Klientel, verwandelte. Dieser Nutzungswandel auf dem privaten Immobilienmarkt sorgte ohne, dass das so intendiert gewesen wäre, für ein sozial außerordentlich heterogen zusammengesetztes Wohnumfeld, das Arturo Prat heute umschließt. Inzwischen ist die *población* von Siedlungen, deren Bewohnern über ein deutlich höheres Einkommensniveau verfügen, umgeben.

5.3.3 Esperanza Andina – Kommune Peñalolén – Santiago de Chile

Die Stadtgemeinde Peñalolén ist das Ergebnis einer Aufteilung der historischen Stadtgemeinde Ñuñoa im Zuge der kommunalen Neustrukturierung von Groß-Santiago in den Jahren zwischen 1981 und 1985. Gerade am Fall der Gründung von Peñalolén lässt sich besonders deutlich die bereits im Kapitel 4 erwähnte Strategie der Militärregierung nachvollziehen, möglichst präzise untereinander abgegrenzte geographische Einheiten mit sozialer Homogenität zu schaffen und dabei vor allem die *pobladores* aus den bürgerlichen Wohngebieten auszugrenzen und auf bestimmte *municipios* an der Peripherie zu konzentrieren. Dahinter verbirgt sich erneut das Politikziel einer weitestgehenden Segmentierung der Gesellschaft – als Grundelement der Herrschaftssicherung (SCHÜBELIN 1985). Mit der Verwirklichung der zweiten Stufe der „Kommunalisierung" vollzog der Militärstaat zum Jahresanfang 1985 vollends die Trennung zwischen *municipios* der Oberschicht, denen der gehobenen und unteren Mittelschicht, kleinbürgerlicher Sektoren, Industriearbeitergemeinden und Wohnorten von *pobladores*. Im Fall von Ñuñoa entschieden die Regionalverwaltung von Santiago und das Ministerium für Wohnungsbau und Stadtplanung, die ursprüngliche Gemarkung in eine Kerngemeinde gleichen Namens, die vorwiegend von Mittelschicht- und obere Mittelschichtfamilien bewohnt wird, in eine Arbeiter- und untere Mittelschichtkommune namens Macul und eine durch ausgedehnte *poblaciones* und *campamentos* charakterisierte Armenviertelgemeinde mit dem *mapúdungún*-Namen Peñalolén *(reunión de hermanos)* aufzuspalten.

Das Territorium, auf dem sich die heutige Kommune Peñalolén befindet, war bis weit in die zweite Hälfte des 20. Jahrhunderts hinein Teil des landwirtschaftlich genutzten Gürtels, der Santiago umgab und ernährte. Die jüngere Siedlungsgeschichte von Peñalolén beginnt in den vierziger Jahren, als vor allem die Zone südlich der Avenida José Arrieta immer dichter besiedelt wurde. In den sechziger Jahren setzte der Prozess von Parzellierungen und Grundstücksteilungen, *operaciones sitio* (*sites and service-upgrading*-Programme) ein und in der Endphase der Regierungszeit von Eduardo Frei Montalba (1964-1970) kam es parallel zu zahlreichen Landbesetzungen, die zur Entstehung großflächiger *poblaciones* wie Lo Hermida, La Faena, San Roque, San Luis de Macul und anderen führten. Diese Phase der Besiedlung war mit heftigen Konflikten und Dauerkonfrontationen zwischen den *pobladores* und der Polizei verbunden. Dabei starben immer wieder auch Menschen (URRUTIA 1972).

In den Jahren zwischen 1982 und 1985 wurde die neu entstehende Kommune Peñalolén zum Aufnahmeort für rund 14.000 Menschen, die aus aufgelösten Armenvierteln und *campamentos* in wohlhabenderen Sektoren der Hauptstadt im Rahmen des bereits mehrfach zitierten Projektes des Pinochet-Regimes der homogenización social a través de erradicaciones (Soziale Homogenisierung durch die Eliminierung von Armenvierteln) zwangsumgesiedelt worden waren (CHATEAU et al. 1987).

In diesem Zusammenhang – also bereits während der Zeit des Militärregimes – kam es zur Besiedlung des höher gelegenen Teils von Peñalolén, Tobalaba und Las Perdices (Abb. 5). SERVIU war bei diesem Prozess der Erschließung, Urbanisierung und des Baus von Sozialwohnungen der wichtigste Impuls- und Auftragsgeber.[104] Die Geschichte der *tomas* und *erradicaciones* mit ihren Zwangsumsiedlungen sorgte für eine extrem hohe Konzentration von Armut und extremer Armut in der Kommune, die sich durch das Hinzukommen *(allegamiento)* von Wohnungslosen, die in die campamentos und Viertel mit

---

104 Servicio de Vivienda y Urbanismo del Ministerio de Vivienda y Urbanismo: die staatliche Behörde für soziale Wohnungsbauprojekte. MIDEPLAN 1992: Resultados de la Encuesta CASEN.

Kleinst-Sozialwohnungen strömten, noch verstärkte. Im Jahr 1992 wurde Peñalolén vom chilenischen Planungs- und Entwicklungsministerium in seiner Encuesta CASEN (Befragung zu Einkommen, Erwerbstätigkeit, Bildung und Wohnsituation) als eine der ärmsten Kommunen der Región Metropolitana eingestuft. Trotz dieser zunächst auf eine eindeutig sozialhomogene Struktur aus Armenvierteln mit einer lediglich minimalen urbanen Infrastruktur, *campamentos* und Sektoren mit ausgedehnten, monotonen Sozialwohnungsbau-Komplexen – ähnlich wie in La Pintana – hinweisenden Entwicklung, kam es in Peñalolén nicht zur selben Art von Gettoisierung, die so charakteristisch für La Pintana ist. Stattdessen spielte sich in Peñalolén bereits ein Jahrzehnt nach der Gemeindegründung ein sozioökonomisch sehr viel heterogener Kommunalentwicklungs- und Zuzugsprozess ab. Während der neunziger Jahre wurde Peñalolén zum Szenarium umfangreicher Wohnungsbauinvestitionen, die vor allem von großen Immobilienunternehmen vorangetrieben wurden und sich fast ausschließlich an Mittelschicht-Sektoren richteten. Für diese ausgedehnten Projekte *(parques residenciales)* wurden einerseits land-wirtschaftlich

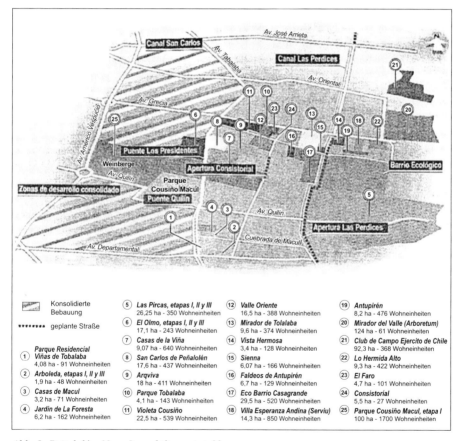

Abb. 5: Peñalolén. Neue Immobilienentwicklung
Quelle: El Mercurio, 5 de Septiembre de 1999

genutzte Produktionsflächen (vor allem Weinberge) überbaut. Andererseits wurden – in einigen Fällen durch Nötigungen und Drohungen – *pobladores*-Familien gezwungen, ihre Hütten und kleinen Parzellen zu räumen.

Diese Investitionen[105] hatten tiefgreifende Auswirkungen auf die sozialräumliche Struktur der Kommune, die den massiven Zuzug von Bewohnern mit mittleren und höheren Einkommen erlebte. Heute ist Peñalolén mit 23 km² eine der flächenmäßig größten Kommunen der Región Metropolitana und gleichzeitig mit mehr als 250.000 Einwohnern einer der Teile der chilenischen Hauptstadt mit dem rasantesten Bevölkerungswachstum (INE 2002).

5.3.3.1 Die Armenviertelsiedlung Esperanza Andina

Die Bewohner der *población* Esperanza Andina stammen in ihrer Mehrheit ursprünglich aus anderen Armenviertelsektoren der Stadtgemeinde Peñalolén, in denen sie als *allegados* lebten. Alle sahen sie sich demselben gravierenden Problem ausgesetzt: Der akuten Wohnungsnot in Peñalolén. Im Jahre 1996 fehlten in der Stadtgemeinde 10.243 Wohnungen (PIRET 1996), was dazu führte, das die Zahl der *allegados* stark zunahm. Esperanza Andina entstand dadurch, dass eine gut organisierte Gruppe dieser unter extrem prekären Bedingungen lebenden *allegados* beschloss, für sich und ihre Familien ein Stück Brachland zu besetzen. An dieser illegalen Landnahme *(toma)* beteiligten sich im Jahr 1996 insgesamt 800 Familien. Die im Rahmen dieser Untersuchung befragten Familien, die zu der Gruppe dieser 800 *pobladores*-Familien von Esperanza Andina gehören, lebten zunächst drei Jahre lang in einer ausgedehnten, von ihnen errichteten *campamento*-Siedlung an der Ost-Peripherie von Peñalolén – oberhalb des Bewässerungskanals Las Perdices, zwischen den beiden großen Straßen Avenida Grecia und Antupirén. Unter extremen Anstrengungen und nach einem spektakulären Marsch von Peñalolén bis zum 120 km entfernten chilenischen Kongress in Valparaiso gelang es ihnen, das besetzte Gelände zu kaufen.

Um auf dem Terrain – in Kooperation mit dem staatlichen Sozialwohnungsbauprogramm SERVIU – die neue Siedlung, bestehend aus kleinen Einfachst-Doppelhäusern, errichten zu können, mussten die *pobladores* von Esperanza Andina Ende 1998 vorübergehend in Untergruppen aufgeteilt und auf verschiedenen unbebauten Flächen innerhalb der Gemarkung Peñalolén provisorisch untergebracht werden. Die Gruppe von *pobladores*, die für die 100 Interviews ausgewählt wurde, lebte während dieser zweijährigen Bauphase auf dem Parkplatzareal der Stadtverwaltung von Peñalolén. Für jede der 200 Familien

---

[105] Wie bereits in Kapitel 4 erwähnt, wurde die Autorin als Projektleiterin eines NRO-Gemeinwesenentwicklungs-Programms zwischen 1993 und 1996 Zeugin des sich über mehrere Jahre hinziehenden Prozesses der Vertreibung von 20 Familien, die an der Gemarkungsgrenze zwischen Peñalolén und La Florida kleine landwirtschaftliche Parzellen (Parcela 4, La Higuera) bewohnten und bearbeiteten – und denen ein an diesen Grundstücken interessiertes Immobilienunternehmen zunächst die Wasser- und Stromversorgung kappte, um die Familien schließlich zu zwingen, ihre Eigentumstitel völlig unter Wert zu verkaufen und das Terrain zu räumen, auf dem anschließend relativ hochwertige Einfamilienhäuser errichtet wurden.

Methodik 121

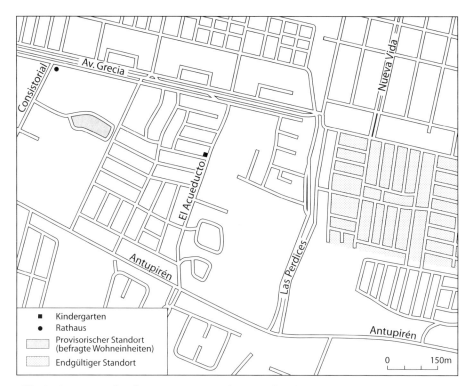

Abb. 6: Armenviertelsiedlung Esperanza Andina. Straßenplan
Quelle:CTC Publiguías 2005

stand exakt eine Wohnfläche von 4,5 m² zur Verfügung. Zu dieser Notlösung mit ihren extrem prekären Lebensbedingungen kam es, nachdem die Bewohner des Mittelschichtviertels Valle Oriente per Gerichtsbeschluß erreicht hatten, dass der Stadtverwaltung von Peñalolén die provisorische Unterbringung dieser Menschen auf einem bereits von den *pobladores* eigenhändig urbanisierten – an die *gated community* Valle Oriente grenzenden – Grundstück untersagt wurde.

Die Auseinandersetzung, die durch diese Situation unmittelbarer physischer Nähe zwischen Armen und Wohlhabenderen ausgelöst wurde sowie zusätzlich die außergewöhnliche Erfahrung der *pobladores* von Esperanza Andina, als homogene Gruppe innerhalb von nur drei Jahren an zwei verschiedenen Orten der selben Stadtgemeinde mit unterschiedlichen geographischen Distanzen zu soziökonomisch wohlhabenderen Sektoren und unterschiedlichen Intensitäten bei der Erfahrung von Ausgrenzung angesiedelt worden zu sein, bildeten die Beweggründe, die 200 Familien aus diesem *campamento* als Sample für die empirische Untersuchung über Wohnzufriedenheit und geographische Distanzen von Segregation im Kontext von urbaner Armut auszuwählen. Die Dimension des Konfliktes, der durch die zeitweise (von der Stadtverwaltung Peñalolén verfügte)

Ansiedlung der *pobladores*-Familien aus Esperanza Andina in weniger als 100 Meter Entfernung zu dem erst einige Jahre zuvor entstandenen Wohnungsbauprojekt Valle Oriente mit Einfamilienhäusern für eine Mittelschicht- und obere Mittelschichtklientel, ausgelöst wurde – also die Erfahrung der physischen Nähe zwischen Armen und Wohlhabenderen – schaffte quasi exemplarische „Laborbedingungen", um die Hypothese dieser Untersuchung überprüfen zu können.

5.4 Forschungsleitende Fragestellung

Die vorgelegten empirischen Befunde zeigen, wie sehr die sozialräumliche Struktur einer Metropole wie Santiago de Chile durch den Boden- und Wohnungsmarkt bestimmt und umgestaltet wird. Verstärkt und verschärft wurde diese Dominanz unter dem Einfluß der nach 1973 herrschenden marktradikalen Doktrin des chilenischen Militärregimes und seiner Stadtentwicklungspolitik. In diesem Zusammenhang ist es das Hauptanliegen der Untersuchung, verschiedene Komponenten vorzustellen, die die Habitat-Zufriedenheit der Armenviertelbewohner – immer im Kontext mit dieser Boden- und Wohnungsmarktentwicklung – entscheidend beeinflussen und strukturieren. Daher noch einmal die Frage: Welche Komponenten entscheiden aus der Sicht der Bewohner über Habitat-Zufriedenheit? Ist es die Qualität und der Status der Wohnung, des sozialen Umfeldes, die nachbarschaftlichen Beziehungen, die wohnungsnahe Infrastruktur, die Aussicht, in der Nähe des Wohnortes eine Arbeitsmöglichkeit zu finden, sind es Parks, Spielplätze und Grünflächen oder die geographische Komponente des Standortes des Quartiers im Siedlungsgefüge, die Zufriedenheit vermitteln?

5.5 Forschungsschwerpunkte und Ziele

Entscheidende Relevanz kommt in diesem Kontext der sozioökonomischen Struktur des Wohn- und Siedlungsumfeldes zu. Dabei geht es um die Erforschung der Faktoren, die in einem solchen Kontext von urbaner Armut und extremer Armut für die Habitat-Zufriedenheit der Menschen ausschlaggebend sind. Voraussetzung dafür ist die Kenntnis der verschiedenen Elemente, die die Bewohner von Armenvierteln entweder positiv oder negativ beeinflussen. Angesichts der wissenschaftlichen Aufmerksamkeit, die mittlerweile sozialräumlichen Zusammenhängen gewidmet wird, können diese Ergebnisse für die Bewertung und Evaluierung von Stadtentwicklungsprojekten sowie bei Fragen nach der individuellen Lebensqualität und den Eigenheiten jeder einzelnen Stadt außerordentlich hilfreich sein. All das mündet in die Notwendigkeit, Möglichkeiten zum Abbau von Segregation in Armenvierteln aufzuzeigen und führt damit zu der zentralen Frage nach der sozialen und ökonomischen Nachhaltigkeit urbaner Ballungsräume schlechthin.

Methodik

5.6 Hypothesen[106] der Untersuchung

Eine Verringerung der geographischen Distanz zwischen Unterschicht- und Mittelschicht-Wohnvierteln nutzt den Bewohnern von Armenvierteln, weil sie ihre Fähigkeit stärkt, sich gegenüber der offenkundigen Zurückweisung durch die Bewohner von wohlhabenderen Vierteln zur Wehr zu setzen und den Phänomenen des Sozialzerfalls, die in der stadtgeographischen Literatur in direktem Kontext mit einer Politik forcierter sozialräumlicher Trennung (Gettoisierung) gesehen werden, zu widerstehen.

Daran knüpft die These an, dass das Gefühl von Segregation und urbaner Marginalität, die eigene Wahrnehmung, ausgeschlossen zu sein und es für alle Zeiten zu bleiben, von den Betroffenen vor allem mit der sozialräumlich homogenen Struktur ausgedehnter Armenviertelsektoren und ganzer Peripherie-Stadtteile – wie etwa der Kommune La Pintana – assoziiert wird. Im Gegensatz dazu, so die dritte Hypothese, könnten sozialräumliche Veränderungs- und Annäherungsprozesse, wie im Folgendem am Beispiel von Peñalolén beschrieben, für Bewohner von Armenvierteln den geographischen Maßstab und damit die soziopathologischen Auswirkungen der Segregation reduzieren, die Zufriedenheit gegenüber dem Habitat vergrößern sowie die Wahrnehmung der eigenen Situation verbessern. Diese Hypothesen stützen sich auf eine Wahrnehmungsstudie mit *pobladores* aus unterschiedlichen Armutskontexten. Dafür war eine Ausweitung des Konzeptes der Wohnzufriedenheit hin auf eine dynamische Umfeldperspektive sinnvoll.

Dies kommt einer Annäherung an die Idee von der strukturellen Dualität, die GIDDENS (1989) entwickelt hat, gleich, mit der Erkenntnis, dass bestimmte Eigenschaften von Sozialräumen, Objekten und sozialen Beziehungen (beispielsweise der Standort, die Infrastruktur oder die urbane Segregation) entweder restriktiv – eingrenzend, beengend – sein können, als auch andererseits bestimmte Interaktionen zu erleichtern vermögen (etwa, indem sie die Chancen der ärmsten Bevölkerungsteile erhöhen, eine Arbeits- und Einkommensmöglichkeit für sich zu erschließen und ihre eigene Isolierung zu reduzieren).

Die Hypothese bezieht sich auf genau diesen Aspekt der Erleichterung und Unterstützung von Strukturveränderungen, der direkt mit der Fähigkeit des Individuum zusammenhängt, in jeder konkreten (Lebens-)Situation selektiv zu reagieren – und zwar eben nicht nur durch Unterordnung und Anpassung sondern auch mit dem Willen, die eigene Situation zu verbessern, mit Kreativität und Flexibilität, um auf diese Weise Prozesse auszulösen (individuelle oder soziale, erwünschte oder auch – siehe Esperanza Andina – „unvorhergesehene"), die auf andere Art und Weise niemals stattgefunden hätten. Entsprechend dieser Strukturierungstheorie ist es diese Dialektik, die durch Restriktionen und zugleich neue Aktionschancen charakterisiert wird, sowie durch das gleichzei-

---
106 In dieser Untersuchung mit sowohl qualitativen als auch angewandten, quantitativen Methoden besteht die Funktion, die der Hypothese zukommt, vor allem darin, als „roter Faden" des gesamten Arbeits- und Foschungsprozesses zu dienen. Gleichzeitig ist die Entwicklung der Hypothese eines der Produkte, die sich im Zusammenhang mit der Anwendung der empirischen Komponenten dieser Arbeit herauskristallisierten und halfens, die Fragestellung zu präzisieren.

tige Aufzwingen von Reglementierungen als auch den Zugang zu Ressourcen, die das wichtigste Bindeglied für die soziale und systemische Integration darstellt, weil sie es ist, die dazu beiträgt, dass soziale Praktiken der Interaktion, die sich im Kontext der Nachbarschaft *(co-presencia)* entwickeln, auch auf großräumlichere Modelle übertragen werden können – und eben gerade auch dann wirken, wenn öffentliche Koordinierungs- oder Ordnungsinstanzen fehlen.

5.7 Methodik des Vorgehens

Die methodische Herangehensweise an die Fragestellung dieser Arbeit kombiniert qualitative und quantitative sozialwissenschaliche Forschungsansätze. Diese Methode zur Beschreibung und Bewertung spezifischer Phänomene in einem fest umrissenen geographischen Raum wurde in den achtziger Jahren entwickelt, vertieft und perfektioniert. Eines der Ziele dieses Ansatzes ist es, die Mitwirkung der Armenviertelbewohner bei der Durchführung der Untersuchung sicherzustellen. Der Prozess der Partizipation und seine Dynamik stellen bereits an sich eine wichtige Informationsquelle dar, denn sie ermöglichen – mit der nötigen Tiefe der Darstellung – einen Zugang zu der „subjektiven Welt" der Interviewten, einem zentralen Element dieser Untersuchung. In diesem Sinne sind die verwendeten Methoden von ihrem Wesen her partizipativ (SCRIMSHAW & GLEASOW 1992).

Die qualitative Methode produziert und fördert durch ihre verschiedenen Untersuchungstechniken mit Gruppen und Einzelpersonen Informationen in einer ständigen Kombination von *emic* und *etic*-Perspektiven[107] zu Tage (GUTIÉRREZ & DELGADO 1995). Der Einsatz der teilnehmenden, offenen Beobachtung *(emic)* und die damit kombinierte Verwendung von strukturierter Interviews *(etic)* erlaubt es, umfassende Informationen von hohem erklärenden Wert für das Verständnis sozialer Prozesse innerhalb der comunidad zu erhalten. Für diese Untersuchung wurde einerseits mit einer statistisch repräsenta-

---

107 Diese Unterscheidung zwischen einer *emic-* und einer *etic*-Perspektive wurde von K.L. Pike (siehe FRANKLIN 1997) entwickelt, um zwischen zwei alternativen Blickwinkeln (die aber nicht in Konfrontation zueinander stehen) zu differenzieren. Laut Pike sollen sich alle, die empirische sozialwissenschaftliche Forschung betreiben, dann, wenn sie die Aktivitäten und Verhaltensformen von Individuen oder sozialen Gruppen untersuchen, diesen beiden Perspektiven stellen. *Emic* ist nach dieser Definition, das, was sich im Inneren eines Menschen abspielt, das nach „innen" gerichtete Bewußtsein. *Etic* steht im Gegensatz dazu für das, was „außerhalb" dieses Bewußtseins geschieht, für das, was sich seinem Zugriff entzieht, was durch Andere gesteuert und bewirkt wird. Auf diese Weise wäre in der Sozialwissenschaft ein *emic*-Ansatz gegeben, wenn die oder der Untersuchende sich möglichst exakt aus der Perspektive seiner Gesprächspartner einer Fragestellung annähert, *etic* bedeutet dagegen, dass der Beobachter aus seiner eigenen Perspektive und seiner eigenen Situation Informationen aufnimmt und verarbeitet. *Emic*-Ansätze beziehen sich auf logisch-empirische Systeme, deren Komponenten auf der Grundlage von erlebten Gegensätzen und realen, präzisen Sinn-Bausteinen zusammengefügt sind, die sich die agierenden Menschen zu Eigen gemacht haben. Pike bietet eine hilfreiche Definition eines *emic*-Blickwinkels: Bei der Annäherung aus der *emic*-Perspektive geht es demnach entweder um physikalische oder mentale Einzelbestandteile oder ganze Systeme, die von Betroffenen als relevant für ihr eigenes Verhalten eingestuft werden. *Etic*-Ansätze werden dagegen von den unterschiedlichen Sichtweisen auf sozialwissenschaftlich untersuchte Phänomene, von unterschiedlichen Herangehensweisen und unterschiedlichen Methoden bestimmt, die die jeweils beobachtenden und analysierenden Wissenschaftler als geeignet auswählen (GUTIÉRREZ & DELGADO 1995).

tiven Stichprobe gearbeitet (epistemologische Verteilungsperspektive) und gleichzeitig mit strukturell repräsentativen Beobachtungseinheiten (epistemologische strukturelle Perspektive), wodurch es möglich wurde, in der Analyse die Ergebnisse qualitativer und quantitativer Quellen gegenüberzustellen, um den Untersuchungsprozess und die Ergebnisse dieses methodischen Ansatzes möglichst gut abzusichern und Fehlern entgegenzuwirken (FRIEDRICHS 1981, S. 269-272). Ziel dieses kombinierten Vorgehens ist es, der Untersuchung und ihren Ergebnissen Gültigkeit und Relevanz zu geben (SCRIMSHAW & GLEASOW 1992).

5.7.1 Die Untersuchungstechniken

Die Erhebung von Daten für die vorliegende Untersuchung geschah – wie oben ausgeführt – durch die Anwendung quantitativer und qualitativer Untersuchungs-techniken (Tab. 2).

5.7.1.1 Befragung einer repräsentativ ausgesuchten Stichprobe von Personen

Bei dem angewendeten Frageraster geht es zunächst um Basisinformationen über die interviewten Familien, ihre Wohnsituation, ihre Herkunft, ihre sozioökonomische Lage, dann aber vor allem um die Bewertung ihrer Habitat-Zufriedenheit – unter Anwendung des oben vorgestellten Ringmodells –, um die Wahrnehmung positiver und negativer As-

Tab. 2: Untersuchungstechniken nach Methoden – Zielen – Art der Information

Reichweite und Tiefe	Repräsentative Stichprobe	Interview	Offene systematische Beobachtung und Videoaufnahmen
Instrument	Strukturierter Fragebogen	vorgegebener Leitfaden für teilstrukturierte Interviews	Notizen, Forschungstagebuch *(Bitácora)* Videoaufnahmen
Ziel	Quantifizierung ausgewählter Variablen, Herstellung von kausalen Beziehungen	Erfassen von sozialen Diskurselementen	Eindruck der räumlichen Umgebung der untersuchten Zusammenhänge
Art der Information	Daten, Werte	Erfahrungs- und Erlebnisberichte der interviewten *pobladores* zu Alltags- und Lebensbedingungen in ihrer Siedlung	Aufzeichnungen in einem Forschungstagebuch *(Bitácora)*, Bilder, *oral history*, Berichte über die für die Untersuchung ausgewählte Siedlung, Videoaufzeichnungen

Quelle: eigener Entwurf

pekte der frequentierten urbanen Räume, der zwischen ihnen zurück zu legenden Wege und der sozialen Netztstrukturen. Die Befragung erfasst die Daten von 100 Haushalten in jeder der drei Siedlungen (300 Interviews insgesamt). Um die Habitat-Zufriedenheit messen zu können, wurden die Antworten der Befragten einer modifizierten Skala nach CANTRIL (1965) zugeordnet. Dieses Instrument ermöglicht eine Quantifizierung des Grades an Habitat-Zufriedenheit zwischen den Parametern 1 und 7, wobei 1 einer „totalen Unzufriedenheit" entspricht und 7 dem Zustand einer „völligen Zufriedenheit". [108]

5.7.1.2 Offene systematische Beobachtung

Ergänzend zu den 300 Interviews stützt sich der empirische Teil dieser Untersuchung im Fall des *campamento* Esperanza Andina auch auf die Methode der offenen und systematischen Beobachtung. Die Handelnden der Siedlung waren – im Sinne der Definition von KROMREY (2002) – über den Beobachtungsvorgang und das Forschungsanliegen informiert, stimmten Videoaufzeichnungen bzw. Fotoaufnahmen zu und unterstützten die Erstellung der Interviews.

Kromrey spricht von „offener Beobachtung", wenn der Beobachter als solcher erkennbar ist und der Beobachtungsvorgang mit der Zustimmung der Handelnden geschieht. Er macht gleichzeitig darauf aufmerksam, dass das gezeigte Verhalten der Handelnden anders sein kann als im Fall der verdeckten Beobachtung (KROMREY 2002).

Da sich der Beobachtungsprozess jedoch über zwei Jahre hinzog, relativiert sich dieser Einwand. Die Untersuchung in Esperanza Andina, Peñalolén, bildet zugleich eine interaktive und systematische Beobachtung, deren Ergebnisse in diesem speziellen Fall über einen Untersuchungszeitraum von zwei Jahren in einem Forschungstagebuch, einem Register der Ereignisse und geführten Gespräche festgehalten werden.

5.7.1.3 Videoaufzeichnungen

Die erwähnten Videoaufzeichnungen wurden als Dokumentationsmittel vor allem in der ersten Phase der Untersuchung in Esperanza Andina verwendet – und zwar zum Zeitpunkt des Umzugs der *pobladores* aus dem *campamento* der *toma*-Periode in das provisorische Quartier auf dem Parkplatz der Municipalidad von Peñalolén. Sie ergänzen die offene Beobachtung und illustrieren die Ergebnisse der statistischen Analyse.

5.7.1.4 Interviews mit Schlüsselpersonen

Bei diesem – ebenfalls benutzten – Arbeitsinstrument handelt es sich um ausführliche, teilstandartisierte Interviewgespräche, die entlang eines zuvor erstellten Leitfadens und

---

108 Um positive Einschätzungen von negativen unterscheiden zu können, wurde, im Anschluss an die Pretest-Phase und entsprechenden Vorgesprächen mit den Interviewpartnern entschieden, die Grenze zwischen "positiv" und "negativ" bei 5 zu ziehen. Bewertungen unter 5 galten demnach als negativ, Werte über und gleich 5 als positiv.

Methodik

vorbereiteter Schlüsselfragen zu verschiedenen Themenbereichen dieser Untersuchung geführt wurden. Eingesetzt wurden diese Interviews zur Eingrenzung und Bewertung des empirischen Befundes. Sie alle zielten darauf ab, relevante Informationen von Personen zu erhalten, die aufgrund ihrer Expertise zum Thema, ihrer strukturellen, soziokulturellen, biografischen bzw. psychologischen Charakteristika Auskunft über die Wahrnehmung von Armenviertelbewohnern zu ihrer Wohn- und Wohnumfeldsituation geben konnten. Der Interviewpartner ist mit den Diskurselementen der Zielgruppe vertraut, ohne ihr notwendigerweise anzugehören. Die Identifizierung solcher Schlüsselpersonen geschieht im Rahmen der Annäherung und Eingrenzung des Untersuchungsfeldes. Ganz häufig sind die Antworten in dieser Art von Interviews durch eine *emic*-Perspektive bestimmt (GUTIÉRREZ & DELGADO 1995).

5.8 Aufarbeitung der Daten

Die bei der Untersuchung erhobenen Daten wurden verschlüsselt und zu zwei Datensätzen verarbeitet, zum einen nach Haushalten gegliedert und zum anderen nach Personen. Die Analyse dieser Information erfolgte mit Hilfe der Softwareprogramme SPSS 7.5, FOX BASE und EXCEL. Als eines der Hilfsmittel für die statistische Auswertung der Befragungsergebnisse wurden Kontingenztabellen eingesetzt (CHAMUSSY et al. 1980). Die systematisierten Aussagen der Interviewten über Habitat-Zufriedenheit wurden – unter Anwendung des oben vorgestellten Ringmodells – in Form von Kontingenztabellen untersucht.[109] Dabei geht es um die Darstellung von Beziehungen zwischen zwei Variablen auf der Basis miteinander verknüpfter Beobachtungen. Die Kontingenztabellen ermöglichen auf diese Weise Erkenntnisse darüber, welche Zufriedenheitsfaktoren für die Bewertung des jeweils untersuchten Raumes (bzw. des jeweiligen Ringelements) ausschlaggebend waren.

5.9 Einschränkungen

In der Fallstudie Esperanza Andina (Peñalolén) wurde als geographische Referenz der Ort, an dem die *pobladores* vorübergehend (1998-2000) angesiedelt wurden – und wo sie zum Zeitpunkt der Untersuchung lebten – gewählt. Allerdings bezogen einige der Fragen als Referenz auch den Ort der *toma* und des definitiven Standortes der Siedlung ein, dort, wo diese Gruppe von Familien nunmehr seit Ende 2000, Anfang 2001 lebt. In den beiden Fallstudien Nueva Extremadura (La Pintana) und Arturo Prat (La Florida) bezieht sich der Mittelpunkt des Ringmodell auf den Ort, an den die Menschen (zwangs-)angesiedelt wurden, bzw. den sie für ihre *toma* (Arturo Prat) gewählt hatten.

---

109 Es handelt sich um Tabellen mit zwei Spalten, in denen in jeder Reihe i die absolute Häufigkeit von X und in jeder Spalte j die von Y angegeben ist. Die absolute Häufigkeit von i, j ist als n_{ij} definiert. Geht man davon aus, dass ein Element das andere beschreibt, so wird Y ein beschreibender Charakter zugeordnet (CHAMUSSY et al. 1980, S. 120).

Im Fall der *pobladores* von Esperanza Andina wäre es sicherlich wünschenswert gewesen, ein Untersuchungsinstrument mit noch mehr offenen Fragen anwenden zu können, um den Grad der Habitat-Zufriedenheit und die Unterschiede in der Wahrnehmung der Interviewten beim Blick auf ihren – zum Zeitpunkt der Untersuchung provisorischen – Standort und auf die definitive Siedlung Esperanza Andina weiter ausdifferenzieren zu können. Im Fall von Santiago de Nueva Extremadura und Arturo Prat wäre es sicherlich interessant gewesen, historische Erfahrungen aus der Zeit vor der (Zwangs-)Umsiedlung mit Habitat-Zufriedenheit zu erfragen. Das war jedoch deshalb nicht möglich, weil in diesem Fall die Interviewzeit deutlich hätte ausgeweitet werden müssen, was wiederum zu neuerlichen methodologischen Problemen geführt hätte (Ermüdungserscheinungen, Konzentrationsprobleme bei den Interviewten etc.).

Im Fall von Esperanza Andina war es jedoch möglich, durch die systematische Langzeitbeobachtung des *campamento* dieses Defizit zumindest teilweise auszugleichen. Es soll hier nicht verhehlt werden, dass die oben erwähnten Sicherheitsrisiken sowohl für die Interviewer als auch für die Interviewten im Fall von Santiago de Nueva Extremadura und zum Teil auch im Fall von Arturo Prat die Anwendung von Videoaufzeichnungen und eine offene systematische Beobachtung nicht zuließen. Es erscheint ebenfalls wichtig, darauf hinzuweisen, dass im Fall von Esperanza Andina für einige Interviewfragen – etwa im Zusammenhang mit Beziehungsgeflechten der Bewohner untereinander – die Dauer des Zusammenlebens als eine relevante Information im Auge zu behalten ist, etwa, wenn es darum geht, Beziehungen zu Nachbarn und Kenntnisse über das Umfeld des *campamento* zu analysieren.

Im Blick auf den endgültigen Standort der *población* Esperanza Andina verfügten die Interviewten zum Zeitpunkt der Untersuchung bereits über eine dreijährige Lebens- und Wohnerfahrung an diesem Ort, den sie während ihrer toma kennengelernt hatten, während die Aufenthaltszeit am provisorischen Standort zum Zeitpunkt der Befragung zwei Jahre betrug.

Eine zusätzliche – externe – Beeinflussungskomponente bei der empirischen Erhebung bildete die schwere Wirtschaftskrise mit den hohen Arbeitslosenzahlen, die die Situation in Chile während des Untersuchungszeitraums beeinflusste. Die Verschlechterung des makroökonomischen Umfeldes hinterließ deutliche Spuren bei den Interviewten, die im Fall von Esperanza Andina die Antworten auf die Frage nach dem Vergleich zwischen den Erwerbschancen am derzeitigen, provisorischen und am zukünftigen, definitiven teilweise beeinflussten.

Dabei darf ein wichtiger Aspekt allerdings nicht unterschätzt werden: Das Gefühl von Habitat-Zufriedenheit ist ein Zustand, der allgemein als sozial erstrebenswert gilt. Das heißt, es geht hier nicht um eine Frage von momentanen Befindlichkeiten, mit seiner Wohnung zufrieden oder unzufrieden zu sein. Habitat-Zufriedenheit zu manifestieren, kann unter anderem als Beleg für Zugehörigkeit interpretiert werden. Deshalb besteht bei entsprechenden empirischen Untersuchungen eine gewisse Gefahr positiver Überbewertungen. In Anlehung an DIDIER (1987) geht es dabei um die Anpassung der eigenen Ansprüche an die als real empfundenen Gegebenheiten und erreichbaren – materiellen – Möglichkeiten (vgl. DIDIER 1987; GALLEGUILLOS 2000; HARAMOTO 1992; AMÉRIGO 1994).

6 Fallstudie und ihre Ergebnisse

Die Befragungsergebnisse dieser empirischen Untersuchung über Möglichkeiten zum Abbau von Segregation in Armenvierteln werden im Folgenden in vier Unterkapiteln vorgestellt: die Bewertung der Habitat-Zufriedenheit in den drei als Fallbeispiele ausgewählten Armenviertelsiedlungen an der Peripherie von Santiago de Chile, die Wahrnehmung positiver und negativer Aspekte unterschiedlicher urbaner Räume sowie die Faktoren für Habitat-Zufriedenheit im Kontext mit dem Ringmodell – und schließlich die Untersuchung der von den Interviewten zurück zu legenden Wege und der sozialen Netzstrukturen, von denen sie selbst ein Teil sind. Bei der Beantwortung all dieser Fragen wurde strikt auf eine *emic*-Sicht, also auf die Perspektive der interviewten Armenviertelbewohner, geachtet. Den Abschluss dieses Auswertungsteils bildet ein Unterkapitel, das die Ergebnisse bewertet und die beschriebenen sozialen Probleme aus einer *etic*-Perspektive beleuchtet.

Die Befragungsergebnisse werden anhand der Hypothesen, die dieser Arbeit zu Grunde liegen, diskutiert. Unter Zuhilfenahme eines Modells geht es anschließend darum, die Problemsituation in den untersuchten Armenviertelsiedlungen sowie die Hypothesen und Ergebnisse zusammen zu führen. Dadurch werden die sich abzeichnenden Tendenzen deutlich und es entsteht eine hinreichende Grundlage, um die Signifikanz der Befragungsergebnisse im Zusammenhang mit Möglichkeiten zum Abbau von Segregation in Armenvierteln sowie die Bedeutung des Konzeptes Habitat-Zufriedenheit als eine wichtige Teilantwort auf die Frage nach der sozialen und ökonomischen Nachhaltigkeit urbaner Ballungsräume zu diskutieren.

6.1 Habitat-Zufriedenheit

Einer der zentralen Beweggründe für die Erstellung dieser Untersuchung bildet das Interesse, Qualität und Intensität von Habitat-Zufriedenheit bei Armenviertelbewohnern, die unterschiedlichen geographischen und sozialen Kontextbedingungen ausgesetzt sind, zu untersuchen und miteinander zu vergleichen. Die *terms of reference* für die 300 Interviewgespräche bestehen aus den verschiedenen Komponenten des für diesen Zweck benutzten Ringmodells, das heißt, der Bewertung unterschiedlicher urbaner Räume aus der Perspektive von Armenviertelbewohnern aus den Siedlungen Santiago de Nueva Extremadura, Arturo Prat und Esperanza Andina in Bezug auf die eigene Wohnung, die Wohnstraße, die Armenviertelsiedlung, die Umgebung dieser Siedlung, die Kommune und schließlich die Stadt (Santiago de Chile). Die bei der Befragung geäußerten Bewertungen fördern ein zunächst überraschendes Phänomen zu Tage, das es wert ist, gleich zu Beginn erwähnt zu werden: Zum Ausdruck kommt bei einer Mehrzahl der Befragten eine emotional-positive Grundeinstellung, die die Interviewpartner gegenüber ihrem unmittelbaren Wohnumfeld – und zwar hier vor allem der eigenen Wohnung – manifestieren. Diese Grundeinstellung führt dazu, bestimmte Verhaltensweisen zu entwickeln, die bewirken, die Kongruenz zwischen diesem Diskurs (Zufriedenheit) und der Realität entweder herzustellen, aufrecht zu erhalten – oder zumindest annähernd zu erreichen. Aus diesem Grund erscheinen die vorgenommenen Bewertungen nicht so niedrig oder negativ, wie sie von einem externen Beobachter, der Zeuge von – aus seiner Sicht – äußerst prekären Wohn- und Lebensbedingungen wird, erwartet werden könnten, sondern sie bringen vielmehr das zum Ausdruck, was DIDIER (1987) als die Ausrichtung der eigenen Erwartungshaltungen an die tatsächlichen Gegebenheiten bezeichnet, so wie sie von den betroffenen Menschen als realistischerweise erreichbar wahrgenommen werden.

Dieser Prozess der Austarierung zwischen Erwartungen und Realität im Kontext von Armut und extremer Armut führt folglich tendenziell dazu, die Erwartungen an Veränderungsmöglichkeiten der eigenen Lebenswirklichkeit so niedrig zu schrauben, dass sie nicht zum emotionalen Dauerkonflikt und zur Belastung führen. Eine solche Haltung der „Resignation" wirkt sich am Ende natürlich trotzdem nachteilig auf die Lebensqualität der betroffenen Personen und ihren Gestaltungs- oder Veränderungswillen gegenüber ihrem unmittelbaren Wohnumfeld und den frequentierten sozialen Räumen aus. Berücksichtigt man diese Erkenntnis, so ist andersherum die Tatsache, dass die interviewten Bewohner des Armenviertels Santiago de Nueva Extremadura die Umgebung der eigenen Siedlung extrem schlecht bewertet haben, ein wichtiger Indikator für eine Situation, die als Bedrohung und als nur unter Gefahr zu überwindende Grenze – etwa auf dem Weg zum Stadtzentrum – wahrgenommen wird. Deshalb stellen diese Zahlen zum Fragenbereich Habitat-Zufriedenheit einen Schlüsselindikator dar. Die Frage nach der Habitat-Zufriedenheit ergibt für die drei Fallbeispiele, Santiago de Nueva Extremadura, Arturo Prat und Esperanza Andina, folgende Ergebnisse in Bezug auf die frequentierten Räume:

Tab. 3: Habitat-Zufriedenheit. Ringmodell

Habitat-Zufriedenheit Ringmodell	Wohnung	Wohnstraße	Armenviertelsiedlung	Umgebung der eigenen Siedlung	Kommune	Stadt	Durchschnitt
S. de Nueva Extremadura	5,7	5,2	4,3	3,9	5,0	5,0	4,9
Arturo Prat	5,5	5,3	4,5	5,0	6,3	5,7	5,4
Esperanza Andina	5,4	6,3	5,5	5,1	5,9	4,6	5,5

Quelle: Eigene Zusammenstellung auf der Grundlage der Befragung

Die Tabelle 3 dokumentiert den durchschnittlichen Grad an Habitat-Zufriedenheit[110] mit den in der Untersuchung berücksichtigten und von den interviewten Personen am häufigsten frequentierten Räumen. Dabei wird zunächst deutlich, dass die Gesprächspartner durchaus zwischen den verschiedenen Ringsegmenten differenzieren, also sehr wohl gleichzeitig den Zufriedenheitsgrad mit der eigenen Wohnung und die negativen Wahrnehmungen gegenüber der Umgebung zu artikulieren wissen. Die Wahrnehmung der frequentierten Räume ist also nicht homogen sondern differenziert-heterogen. Selbst Nuancen bei den Unterschieden der errechneten Durchschnittswerte haben deshalb ihre Aussagekraft. Die in der Befragung genannten Zufriedenheitswerte zeigen deutlich auf, welche der frequentierten Räume des Ringmodells von den Befragten als problematisch empfunden werden und welche demgegenüber die höchste Befriedigung und Akzeptanz hervorrufen.

Gerade dieses Ergebnis ist von erheblicher Relevanz, vor allem dann, wenn man es mit den Zahlen einer vor 15 Jahren durchgeführten Fallstudie vergleicht, in der die damals untersuchten Armenviertelsiedlungen Rapanui (einem so genannten *llave en mano*-Sozialwohnungsbauprojekt aus der Zeit des Militärregimes mit lediglich 24 m^2 Wohnfläche, das sich in einer ausgedehnten, homogenen Zone extremer Armut in Peñalolén befindet) und La Faena (hier handelt es sich um ein so genanntes *site and service*-Projekt, gleichfalls in Peñalolén und ebenfalls inmitten einer ausgedehnten Zone von Armenvierteln) nebeneinander gestellt wurden.

Dabei wurden erhebliche Unterschiede zwischen den beiden Bewohnergruppen in Bezug auf die Wohnumfeld-Wahrnehmung und die Habitat-Zufriedenheit deutlich. Die damals im Jahr 1990 Interviewten äußerten im Blick auf ihre Miniwohnungen in Rapanui den niedrigsten Grad an Zufriedenheit und den höchsten im Blick auf den Lebensraum Santiago de Chile. Auch in La Faena zeigte sich – wenn auch mit Abstufungen – ein ähnliches Phänomen: Eine wachsende Zufriedenheit – mit zunehmender Entfernung von der eigenen Wohnung, die die schlechteste Bewertung erhielt (GALLEGUILLOS 1990). Fünfzehn Jahre später, in der vergleichenden Fallstudie, die eine der Grundlagen für die vorliegende Arbeit bildet, lässt sich eine derartige lineare Tendenz nicht mehr nachweisen.

Beispielsweise im Fall von Santiago de Nueva Extremadura liegen die Zufriedenheitswerte in Bezug auf die eigene Wohnung relativ hoch, das gilt auch noch für die Wohnstraße, dann jedoch brechen die Werte ein, verschlechtern sich im Blick auf die eigene Siedlung, erreichen ihren Tiefpunkt bei der Bewertung der Umgebung dieser Siedlung und steigen schliesslich bei der Frage nach der Kommune und dem Großraum Santiago wieder an, ohne allerdings auch nur annähernd das Niveau von Wohnung und Wohnstraße zu erreichen. In allen drei untersuchten Siedlungen liegen die Noten für die Bewertung des Lebensraumes Großstadt deutlich unter denen der eigenen Wohnung. Auch wenn die empirische Grundlage für eine weitergehende Aussage noch nicht ausreicht, so

---

[110] Angeboten wurde die Möglichkeit zur Bewertung von 1 bis 7, analog zum chilenischen Schulnotensystem, wobei 1 für die extremste Unzufriedenheit und 7 für den höchsten Grad an erreichbarer Zufriedenheit steht.

deutet dieser Vergleich doch darauf hin, dass die sich heute Interviewten in ihrer eigenen Wahrnehmung viel stärker auf den engen, individuellen Wohn- und Lebensraum hin orientieren. Die Stadt, vor 15 Jahren noch als „Raum der Möglichkeiten" wahrgenommen (GALLEGUILLOS 1990), hat offenbar an Attraktivität verloren und wirkt – im Kontext der Idee einer *Geografía de oportunidades* – nicht mehr als Motivations- und Dynamisierungsfaktor.

Der innerste Ring, also der Lebensraum Wohnung, erhält bei den Befragungen in zwei der drei Armenviertelsektoren, die als Fallbeispiele für diese Untersuchung gewählt wurden, die jeweils positivsten Bewertungen:

- Santiago de Nueva Extremadura: 5,7
- Arturo Prat: 5,5
- Esperanza Andina: 5,4

Die – aus einer *etic*-Perspektive gesehen – äußerst prekären Wohnbedingungen (wie zum Beispiel die extreme räumliche Enge, die schlechte Bausubstanz, unzureichende hygienische und sanitäre Bedingungen, geringe Sicherheit für die Bewohner) wirken sich zunächst nicht negativ auf die Bewertung der eigenen Wohnung aus. Die Interviewten manifestieren vielmehr, dass sie sehr zufrieden mit ihren Wohnungen sind. Die eigene Wohnung ist angesichts dieser Überlegungen der Raum, über den die Befragten in den beiden Armenvierteln Santiago de Nueva Extremadura und Arturo Prat den höchsten Grad an Zufriedenheit manifestieren. Auch im Fall des Armenviertels Esperanza Andina, wo sich die kleinen Hütten in einem sehr schlechten baulichen Zustand befinden und wegen ihrer geringen Quadratmeterzahl nur ein sehr beengtes Zusammenleben ermöglichen, scheint die Tatsache, dass die Bewohner in naher Zukunft Wohnungseigentümer sein werden, ausschlaggebend für die relativ hohe Bewertung in der Zufriedenheitsskala.

Der zweite innere Ring, also der Lebensraum Wohnstraße, erhält bei den Befragungen in allen drei Armenviertelsektoren, die als Fallbeispiele für diese Untersuchung gewählt wurden, positiven Bewertungen, die sich aber untereinander signifikant unterscheiden:

- Santiago de Nueva Extremadura: 5,2
- Arturo Prat: 5,3
- Esperanza Andina: 6,3

Von den Bewohnern des *campamento* Esperanza Andina wird die Wohnstraße unter allen frequentierten Räumen als derjenige wahrgenommen, der den höchsten Grad an Zufriedenheit auslöst. Die Wohnstraße, also die *pasaje*, in der die eigene Hütte, das eigene Haus, steht, erhält einen hohen Zufriedenheitswert zugesprochen, der sogar noch deutlich über dem der eigenen Wohnung liegt. Die Gründe für diese Positiv-Bewertung stehen sicherlich im Kontext mit dem großen Zusammengehörigkeitsgefühl dieser Menschen und ihrem eindrucksvollen Organisationsgrad. Die *pasaje* ist in Esperanza Andina gleichzeitig der wichtigste Begegnungs- und Kommunikationsraum.

Die Zufriedenheit nimmt proportional zur wachsenden geographischen Distanz zur eigenen Wohnung ab, die *población* wird bereits deutlich niedriger bewertet, der Sektor, in dem das eigene Viertel liegt, erhält – wie bereit erwähnt – eine niedrigere Bewertung. Die Akzeptanz- und Zufriedenheitswerte steigen dann bei der Frage nach der Kommune, in der das eigene Wohnviertel liegt (Peñalolén) wieder leicht an, um beim Blick auf die Stadt, in diesem Fall Santiago de Chile als urbanem Großraum, den unter allen Ringsegmenten schlechtesten Wert zu erreichen.[111]

Der dritte Ring, also der Lebensbereich Armenviertelsiedlung, erhält bei den Befragungen in allen drei poblaciones, die als Fallbeispiele für diese Untersuchung gewählt wurden, eine eher durchschnittliche Bewertung:

- Santiago de Nueva Extremadura: 4,3
- Arturo Prat: 4,5
- Esperanza Andina: 5,5

Die schlechteste Bewertung beim Vergleich der drei Wohnviertel entfällt auf Santiago de Nueva Extremadura. Wenn man das Fallbeispiel Arturo Prat gesondert betrachtet, ist es dort das eigene Armenviertel, das – umgeben von malls und „besseren" Wohngebieten – als der problematischste aller frequentierten Räume bewertet wird. Diese Negativ-Wahrnehmung wird so nicht auf die anderen Ringkomponenten projiziert. Die Zufriedenheit in Santiago de Nueva Extremadura nimmt proportional zur wachsenden geographischen Distanz zur eigenen Wohnung ab, die *población* wird bereits deutlich niedriger bewertet (4,3), der Sektor, in dem das eigene Viertel liegt, erhält die niedrigste Bewertung (3,9). Die Bewohner der Armenviertelsiedlung Arturo Prat in La Florida bewerten ihre Armenviertelsiedlung demnach als den problemträchtigsten Teil ihres Wohnumfeldes. Die wahrgenommene Gewalt, Drogenkriminalität und eigene Schutzlosigkeit gegenüber den als tendenziell aggressiv und gefährlich eingeschätzten Mitbewohnern in der Armenvierte-siedlung stellen für die *pobladores* von Arturo Prat das zentrale Problem dar, dem sie in ihrem Alltag gegenüberstehen. Der Alltag in ihre Armenviertelsiedlung wird daher von einer permanent wahrgenommenen Bedrohung überschattet. Der vierte Ring, also der hier Umgebung der eigenen Siedlung genannte Raum, erhält bei den Befragungen in allen drei Armenviertelsektoren, die als Fallbeispiele für diese Untersuchung gewählt wurden, deutlich mehr negative als positive Bewertungen:

- Santiago de Nueva Extremadura: 3,9
- Arturo Prat: 5,0
- Esperanza Andina: 5,1

Die Umgebung der eigenen Siedlung ist im Fall der Interviewten der *población* Santiago de Nueva Extremadura der Lebensbereich mit dem niedrigsten Grad an Zufriedenheits-

---

111 Diese Ergebnisse machen deutlich, dass die Zufriedenheit nicht allein von materiellen Bedingungen abhängt, sondern Ausdruck eines komplexen Zusammenspiels von subjektiv wahrgenommenen Komponenten ist.

werten. Kein anderer frequentierter Bereich wird als so problematisch angesehen. Die Note 3,9 ist die niedrigste überhaupt, die in der gesamten Untersuchung gemessen wird. Diese Negativ-Wahrnehmung ist so stark, dass sie im Fall von Santiago de Nueva Extremadura auch auf die anderen Ring-Komponenten projiziert wird und zu der insgesamt geringsten gemessenen Gesamtzufriedenheit führt. Die desolaten Lebensbedingungen, die wahrgenommene Gewalt, Kriminalität und eigene Schutzlosigkeit in der unmittelbaren Umgebung der eigenen Siedlung stellen für die *pobladores* von Santiago de Nueva Extremadura das zentrale Problem dar, dem sie in ihrem Alltag gegenüberstehen. Dieser *entorno*, der Ring um sie herum, konstituiert eine bedrohliche Barriere, eine Art unsichtbare Mauer zwischen ihnen und dem Leben in der Stadt, das zunehmend als unerreichbar erscheint – und folglich idealisiert wird.

Im Fallbeispiel Arturo Prat steigen die Akzeptanz- und Zufriedenheitswerte bei den Fragen nach dem Sektor, in der das eigene Wohnviertel liegt, etwas an. Die Umgebung des eigenen Armenviertels wird nicht mit der gleichen Intensität wie in Santiago de Nueva Extremadura als Barriere oder Grenzzone wahrgenommen – sondern weist einen höheren Grad an Durchlässigkeit auf. Die Bewohner der Armenviertelsiedlung Esperanza Andina in Peñalolén bewerten die unmittelbare Umgebung ihrer eigenen Siedlung ebenfalls überwiegend negativ. Auf dieses Ringsegment entfallen die zweitschlechtesten Bewertungen. In diesem Fall bildet die Ursache für diese Wahrnehmung allerdings nicht das Gefühl von Bedrohung durch Gewalt und Kriminalität, sondern die erlittenen Demütigungen und Konflikte mit den Nachbarn aus den in unmittelbarer Nähe des *campamento* gelegenen Mittelschichtsvierteln. Dass diese Note nicht noch sehr viel niedriger liegt (5,1), kann nur dadurch erklärt werden, dass – wie die Befragung zeigt – dieser *entorno* eben auch als Raum für Chancen und Einkommensmöglichkeiten registriert wird. Die Ergebnisse der Untersuchung über Habitat-Zufriedenheit im Blick auf die verschiedenen, von den Interviewten genutzten Räumen zeigen, wie wichtig die Umgebung der eigenen Siedlung für die Wahrnehmung von Wohnzufriedenheit und Lebensqualität ist. Die Befragungsergebnisse belegen, wie der Grad an Zufriedenheit gegenüber tendenziell sozial heterogen zusammengesetzten Umfeldräumen steigt – genauso wie im Fall von Sozialräumen, die von den interviewten *pobladores* als für sie „zugänglich" eingestuft werden.

Der fünfte Ring, also der Lebensraum Kommune, erhält bei den Befragungen in den drei Armenviertelsektoren, die als Fallbeispiele für diese Untersuchung gewählt wurden, tendenziell positive Bewertungen, wobei auch hier der niedrigste Zufriedenheitsgrad von den Bewohnern von Santiago de Nueva Extremadura im Blick auf ihre Stadtgemeinde La Pintana genannt wird:

- Santiago de Nueva Extremadura: 5,0
- Arturo Prat: 6,3
- Esperanza Andina: 5,9

Fallstudie und ihre Ergebnisse 137

Den höchsten Grad an Zufriedenheit insgesamt, der in dieser Untersuchung gemessen wurde, erzielt die Kommune La Florida. Sie wird von den Interviewten der Armenviertelsiedlung Arturo Prat mit der Höchstnote 6,3 bedacht. In keinem anderen, im Alltag frequentierten Bereich, empfinden die Bewohner einen solchen Grad an Zufriedenheit wie in ihrer Kommune. In Arturo Prat bewegen sich allerdings auch die Akzeptanz- und Zufriedenheitswerte auf die Fragen nach dem Sektor, in dem das eigene Wohnviertel liegt (La Florida) auf einem relativ hohen Niveau. Das Gleiche gilt für die Einschätzungen gegenüber der Stadt als urbanem Großraum.

Der sechste Ring, also der Lebensraum Stadt – gemeint ist die Metropole Santiago de Chile – erhält bei den Befragungen in zwei der drei Armenviertelsektoren, die als Fallbeispiele für diese Untersuchung gewählt wurden, tendenziell positive Bewertungen, wobei auch in diesem Fall der niedrigste Grad an Zufriedenheit von den Bewohner aus Santiago de Nueva Extremadura manifestiert wird:

- Santiago de Nueva Extremadura: 5,0
- Arturo Prat: 5,7
- Esperanza Andina: 4,6

Für die Bewohner von Esperanza Andina ist die Stadt beim Vergleich der verschiedenen, durch das Ringmodell definierten Räume, derjenige, der den niedrigsten Grad an Zufriedenheit auslöst.[112] Diese Negativ-Wahrnehmung wird in diesem Fall jedoch so nicht auf die anderen Ringkomponenten projiziert. Bereits bei dieser ersten Überblicksbewertung wird deutlich, dass die Wahrnehmungen der *pobladores* von Santiago de Nueva Extremadura vor allem die Lebenserfahrung mit großflächigen, homogenen Räumen urbaner Armut widerspiegeln.

Die Umgebung der eigenen Siedlung wird als der problematischste aller frequentierten Räume betrachtet. Sie stellt eine Barriere dar, die den Zugang zur Stadt erschwert. Im Fall von Arturo Prat ist es das eigene Armenviertel, das im Kontrast mit der durch große Einkaufszentren und bessere Wohnviertel geprägten Umgebung als der problematischste aller frequentierten Räume bewertet wird. Diese Negativ-Wahrnehmung wird in diesem Fallbeispiel jedoch so nicht auf die anderen Ringkomponenten projiziert. Besonders gut schneidet hier die Kommune als Lebensraum ab. Deutlich wird in Arturo Prat die positive Wahrnehmung eines sozioökonomisch relativ heterogenen Wohnumfeldes.

Die Ergebnisse in Esperanza Andina dokumentieren, dass trotz der anfangs kategorischen Ablehnung der *campamento*-Familien durch die Bewohner der umgebenden Mittelschichtsviertel und trotz der Kennzeichnung dieser Umgebung der eigenen Siedlung als

---

112 Eine mögliche Erklärung für dieses Phänomen bildet die denkbare psychologische Gleichsetzung zwischen Großstadt und Stadtregierung (Intendencia Metropolitana) – sowie aller (gesamt-)staatlichen Institutionen insgesamt durch die Interviewpartner. Mit deren Repräsentanten stehen die Bewohner von Esperanza Andina zum Zeitpunkt der Befragung in einer Dauerauseinandersetzung um die Anerkennung ihres Bleibe- und Wohnrechtes am provisorischen Standort.

konfliktiver Bereich dieses Ringsegment am Ende dennoch eine eher mittlere Bewertung erfährt, während die eigene Stadt als der am wenigsten attraktivste aller frequentierten Räume bewertet wird. Am Beispiel Peñalolén lässt sich zeigen, wie die Verringerung der geographischen Distanz zwischen Armen und finanziell Bessersituierten – trotz aller Konflikte und erlittener Diskriminierung – von den *pobladores* des *campamento* Esperanza Andina positiv wahrgenommen wird. Dies schlägt sich im Gesamtergebnis der Habitat-Zufriedenheit nieder.

6.2 Faktoren für Habitat-Zufriedenheit

Stellt man diese durchschnittlichen „Zufriedenheitswerte" in Relation zu der Häufigkeit der Nennung, also der Priorität, die die Befragten ihren Antworten einräumen, lässt sich ein Gewichtungsfaktor ableiten, der außerordentlich aufschlussreich ist, um die Wahrnehmung positiver und negativer Aspekte unterschiedlicher urbaner Räume aus der Perspektive von Armenviertelbewohnern kennen zu lernen. Welches sind denn nun genau die Faktoren, die aus der Sicht der interviewten Personen in der Armenviertelsiedlung Santiago de Nueva Extremadura, Arturo Prat und Esperanza Andina den Ausschlag für eine positive oder negative Wahrnehmung geben? Wie im Kapitel 5 erläutert, erschließt sich die Antwort auf diese Frage aus dem Ergebnis der Systematisierung der verschiedenen Nennungen dessen, was als positive bzw. als negative Faktoren wahrgenommen wird – und zwar in Bezug auf die verschiedenen in das Ringmodell integrierten Räume. Diese Systematisierung der Antworten bildet eine notwendige Voraussetzung, um ein vollständiges Bild von den Wahrnehmungen der Bewohner zu erhalten. Die Häufigkeit der Nennung der jeweiligen Faktoren wurde mit Hilfe von Kontingenztabellen (Kapitel 5) systematisiert. Diese Tabellen zeigen, welche Faktoren für den jeweils untersuchten Raum ausschlaggebend waren. Es wurde eine Gewichtung derjenigen Faktoren vorgenommen, die in der Wahrnehmung der Bewohner entscheidungsbestimmend für den Grad an Zufriedenheit waren.

6.2.1 Faktoren der Habitat-Zufriedenheit im Fall einer großflächigen Armenviertelsiedlung mit durchgehend homogenen Armutstrukturen – unter Anwendung des Ringmodells

Im Fall von Santiago de Nueva Extremadura ergibt sich aus der Befragung der 100 Interviewpartner eine extrem reduzierte Wahrnehmung positiver Zufriedenheitsfaktoren beim Blick auf die verschiedenen frequentierten Sozialräume. Durchgängig fallen die Bewertungen extrem niedrig aus. Wir sehen auf der einen Seite also eine äußerst niedrige Frequenz und Intensität bei der Nennung positiver Aspekte – andererseits verteilen sich diese Nennungen so, dass sich (von der Tatsache eines insgesamt extrem niedrigen Zufriedenheitsprofils abgesehen) keine Übereinstimmungen oder eindeutige Tendenzen erkennen lassen – und zwar weder im Blick auf die Kategorien der genannten Faktoren noch in Bezug auf die in der Befragung aufgezählten sozialen Räume aus dem Ringmodell.

Die wenigen positiven Nennungen beziehen sich fast ausschließlich auf die Zufriedenheit mit der eigenen Wohnung und – in noch geringerem Umfang – auf die frequentierten Räume Kommune (La Pintana) und Stadt (Santiago de Chile). Für die Räume Armenviertelsiedlung und Umgebung der eigenen Siedlung werden überhaupt keine positiven Merkmale erwähnt („Nichts ist positiv"). Inmitten dieser generellen Negativ-Wahrnehmung unter den Interviewten in Santiago de Nueva Extremadura gibt es lediglich bei der Frage nach der Infrastruktur eine eingeschränkte – und das Gesamtbild damit letztlich nicht beeinflussende – positive Bewertung. Dabei spielt bei der Infrastruktur-Note im Blick auf die eigene Wohnung die Tatsache einer Rolle, dass das Gebäude mit der zugewiesenen Sozialwohnung aus Backsteinen errichtet wurde und das eigene Domizil trotz der winzigen Quadratmeterzahl als Eigentum betrachtet wird. Die prekäre Wohnungsqualität und der schlechte Zustand der Bausubstanz mit dem voranschreitenden Zerfallprozess der Gebäude führen nicht zu einer kategorisch negativen Bewertung, sondern bilden eine Wahrnehmung ab, die immer noch durch die Erfahrung der im Vergleich dazu eindeutig schlechteren Wohnbedingungen, die das Leben in der *campamento*-Siedlung bestimmten, beeinflusst wird. Während die Umgebung der eigenen *población*, aber auch der Lebensraum der Wohnstraße als Bedrohung und Gefahr empfunden wird, stellt die eigene Wohnung in der Wahrnehmung der Interviewten einen Rückzugsraum dar, dessen Bedeutung in der relativen Positiv-Benotung unterstrichen wird.

In das selbe Bild passt der bei den Befragungen immer wieder hervorgehobene Aspekt der Bedeutung der winzigen Grünflächen und Kleinsthausgärten vor oder hinter den Sozialwohnungen – sowie die in leeren Konservendosen, aufgeschnittenen Kanistern, halbierten Plastikflaschen etc. aufgezogenen Blumen, Kräuter und Zierpflanzen. Die eigene Behausung und dieser – maximal wenige Quadratmeter umfassende – Bereich vor der Haustür werden von zahlreichen Interviewpartnern als „sauber und grün" bezeichnet. Diese Antworten lassen eine durchaus konträre Interpretation zu: Einerseits weisen sie auf den extrem reduzierten Grad an Erwartungshaltung gegenüber der eigenen Wohnsituation, auf ein Sich-Zufriedengeben-(Müssen) mit äußerst prekären Bedingungen hin, aber andererseits lassen sie auch gewisse Gestaltungsbemühungen und rudimentäre Interventionsversuche gegenüber dieser unmittelbaren Habitat-Bedingungen erkennen.

Dabei spielt – im Blick auf die winzigen Gärten – sicherlich auch eine Rolle, dass viele dieser *pobladores* ihre familiären Wurzeln auf dem Land haben. Aber auch in den historischen *campamento*-Siedlungen, aus denen die Bewohner von Santiago de Nueva Extremadura vertrieben worden waren, gehörten kleine Hausgärten und das Anpflanzen von Gemüse traditionell zu den Strategien urbaner Subsistenzproduktion. Was die negativen Wahrnehmungen bei der Frage nach Habitat-Zufriedenheit anbelangt, zeigt die Auswertung der Interviews – wie oben dargelegt – in Santiago de Nueva Extremadura ein relativ homogenes und räumlich undifferenziertes Grundmuster.

Dabei fällt auf, dass diese negativen Wahrnehmungen der Bewohner mit der annähernd gleichen Intensität gegenüber allen Komponenten des Ringmodells manifestiert werden („So wie es hier ist, ist es überall"). Analysiert man die Antworten auf die Frage nach den verschiedenen Faktoren negativer Wahrnehmung der Habitat-Zufriedenheit – so zeigt sich hier, anders als bei dem diffusen Bild im Zusammenhang mit den positiven Faktoren – eine relativ hohe Frequenz von Nennungen bei vier Faktoren für Habitat-(Un-)Zufriedenheit: Drogenkonsum, bzw. Drogenkriminalität, fehlende Sicherheit, soziale Umgebung und unzureichende urbane Infrastruktur. Im Fallbeispiel Santiago de Nueva Extremadura mit seinem sozioökonomisch extrem homogenen Wohnumfeld und der innerhalb der Gemarkungsgrenzen der chilenischen Hauptstadt größten denkbaren geographischen Distanz zwischen Arm und Reich, ohne Überschneidungen und Nachbarschaften mit sozioökonomisch differenzierten Bewohnergruppen, dominiert für die Interviewten das Grundempfinden von Unsicherheit, die Wahrnehmung einer ständigen Bedrohung durch Gewalt und Drogenkriminalität und das Gefühl des Ausgeschlossenseins.

Die Habitat-Zufriedenheit in Santiago de Nueva Extremadura wird daher durch negative Faktoren beherrscht. Wie bereits angedeutet, auch wenn in Santiago de Nueva Extremadura sämtliche Faktoren für eine Negativ-Bewertung mit einer sehr viel größeren Häufigkeit genannt werden als die Positiv-Faktoren, wirkt sich diese Situation nicht auf die Bewertung der eigenen Wohnung aus, die auch in diesem Fallbeispiel immer noch als der am besten qualifizierte Lebens- und Alltagsbereich abschneidet. Auf alle Fälle – im Kontext mit dem Sample der drei in diese Untersuchung einbezogenen Armenviertelsiedlungen – ist Santiago de Nueva Extremadura der Bereich mit der im Durchschnitt niedrigsten Habitat-Zufriedenheit.

Die Wahrnehmungen der Interviewten spiegeln die langjährige Lebenserfahrung mit großflächigen, homogenen Räumen urbaner Armut wider. Die Umgebung der eigenen Siedlung wird als der problematischste aller frequentierten Räume betrachtet. Sie bildet in der Wahrnehmung eine Barriere, die den Zugang zur Stadt erschwert. Diese Negativ-Wahrnehmung ist so dominant, dass sie auf alle anderen Ringkomponenten projiziert wird. Was die inhaltlichen Faktoren dieser Wahrnehmung anbelangt, so ist es vor allem das Thema Sicherheit, das den Ausschlag in Richtung dieser Negativ-Bewertung gibt. Die *pobladores* von Santiago de Nueva Extremadura fühlen sich in allen geographischen Räumen, die in die Untersuchung einbezogen werden, äußerst unsicher.

Sie haben keinerlei Vertrauen in den Schutz durch die Polizei. Ihre Aussagen sind geprägt von eigenen Erfahrungen mit Gewaltsituationen, Korruption und Kriminalität in der unmittelbaren Umgebung der eigenen Wohnung. Sie getrauen sich nicht, zu Fuß durch die eigene *población* zu gehen. Selbst, was die eigene Wohnung anbelangt, wird der hohe Grad an Unsicherheit und die empfundene Schutzlosigkeit vor Kriminalität als Negativ-Aspekt bei der Bewertung der Zufriedenheit betont. Die Interviewten fühlen sich auch in ihren eigenen vier Wänden unsicher und empfinden eine starke Bedrohung durch ihre Umgebung.

Ganz ursächlich mit dieser Problematik verknüpft ist das Thema des Drogenkonsums und des Drogenhandels in der eigenen *población* und ihrer Umgebung. Die unübersehbare und als Bedrohung wahrgenommene Präsenz von drogenabhängigen Jugendlichen und Händlern beeinflusst die Habitat-Zufriedenheit ebenfalls stark negativ. Die Interviewten sehen in Drogenkonsum, Drogenhandel und Drogenkriminalität eine unmittelbare Bedrohung, die bis in die eigene Wohnung hineinreicht und auch alle anderen frequentierten geographischen Räume durchdringt. Das Gefühl des Ausgeschlossenseins: Die soziale „Exklusion", also das Gefühl ausgeschlossen zu sein, an den Rand der Gesellschaft gedrängt, isoliert zu werden, bildet eine der stärksten Wahrnehmungen überhaupt, die von den interviewten *pobladores* manifestiert wird – und die sich auf alle öffentlichen Bereiche des Ringmodells bezieht. Selbst bei den Antworten, die sich auf den Lebensbereich Wohnung beziehen, sprechen die Menschen von Gefühlen des Ausgeschlossenseins – und von der eigenen Isolation als Bedrohung. Sie sehen sich als abgeschnitten vom Rest der Stadt, stigmatisiert und darüber hinaus als Gefangene einer Umgebung, die sie als noch als weitaus negativer empfinden als ihre eigene Wohnsiedlung. In den Interviewgesprächen ist die Rede von Gefühlen des Belagert-Werdens, von unsichtbaren Bollwerken, die das Bedürfnis nach Sicherheit und die Möglichkeit, sich frei bewegen, andere Teile der Stadt besuchen zu können, ausschließen.

Die soziale Umgebung stellt für die Interview-Partner aus Santiago de Nueva Extremadura einen überwiegend mit negativen Wahrnehmungen behafteten Raum dar. Diese Sicht auf die Nachbarschaft, auf das soziale Umfeld mit seinen wahrgenommenen Gewalt- und Kriminalitätsproblemen, beeinflusst negativ die Wertschätzung der eigenen Wohnung, der Wohnstraße, der Armenviertelsiedlung, der Umgebung der eigenen Siedlung und der Kommune. Die Teilnehmer der Befragung beschreiben eindringlich, wie dieses von ihnen als Bedrohung wahrgenommene soziale Umfeld ihren Alltag beherrscht und selbst dann übermächtig präsent ist, wenn sie sich in ihrer eigenen Wohnung befinden.

Diese vier Faktoren (fehlende Sicherheit, Drogenkonsum und Drogenkriminalität, Ausgeschlossensein und feindliche soziale Umgebung) sind miteinander eng verknüpft. Das Gefühl von Unsicherheit beruht auf der Bedrohung durch Drogenhandel und Drogenkriminalität – sowie auf den Eindruck, von der Polizei im Stich gelassen zu werden. Die Interviewpartner beziehen sich genau auf diesen Eindruck, wenn sie ihr soziales Umfeld als feindlich bezeichnen, aussagen, von *gente mala* (schlechten Leuten) umgeben zu sein, vom *mal vivir* ihrer Nachbarn sprechen (und damit ein aggressives, respektloses Verhalten meinen), auf die Diebstähle, Einbrüche und Überfälle innerhalb der Armenviertelsiedlung verweisen und das Fehlen von Solidarität und einem gutnachbarschaftlichen Miteinander beklagen.

Das Fehlen von persönlichen Kontakten und sozialen Netzwerk- bzw. Selbsthilfestrukturen innerhalb der *población* und des Sektors, der dieses Armenviertel umgibt, erhöht die Negativ-Wahrnehmung gegenüber dem sozialen Umfeld noch einmal zusätzlich. Die Mehrheit der Interviewten sagt aus, über keine Freunde innerhalb der *población* zu verfügen. Für fast alle Gesprächspartner bilden das Centro Social, die Kindertagesstätte mit den dort arbeitenden *tías* (Erzieherinnen) und der Sozialarbeiterin der Kommunalverwaltung, den einzigen sozialen Bezugspunkt innerhalb des Armenviertels.

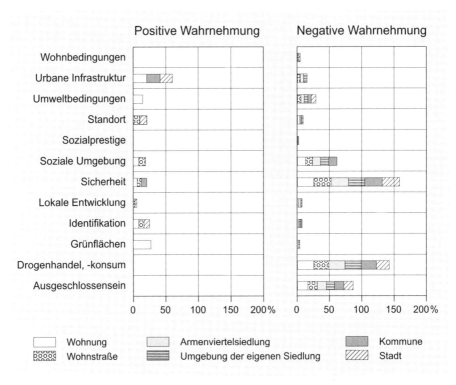

Abb. 7: *Santiago de Nueva Extremadura. Faktoren positiver/negativer Wahrnehmung. Wichtigkeit und Verteilung in dem Ringmodell.*
Quelle: *Eigene Zusammenstellung auf der Grundlage der Befragung*

Die einzigen positiven Faktoren, die die Interviewten *pobladores* in ihren Antworten erwähnen, beziehen sich auf neu entstandene Grünflächen und einige jüngst errichtete Gebäude innerhalb der Kommune (Abb. 7). Von einigen wenigen Gesprächspartnern werden auch die Ansiedlung eines Supermarktes in La Pintana und das im Jahr 2000 eröffnete Museo Interactivo Mirador (MIM) in der Nachbarkommune La Granja als Positiv-Aspekte erwähnt. Die Ergebnisse der Befragung zeigen aber auch, dass sich die *pobladores* von Santiago de Nueva Extremadura zumindest bis zu einem gewissen Grad zufriedener mit dem (Lebens-)Raum Stadt (Santiago de Chile) zeigen als mit der eigenen Kommune (La Pintana). Allerdings reichen die Zufriedenheitsindikatoren für das Ringsegment Stadt nicht die Werte der eigenen Wohnung heran. Die kategorische Antwort *nada es positivo* (nichts ist positiv) auf die Frage nach positiven Aspekten und Assoziationen im Zusammenhang mit den beiden Ringsegmenten *población* und Umgebung der eigenen Siedlung zeigt ein völliges Fehlen der Identifikation mit diesen Räumen, was sich in den geringen Werten der „Gesamtnote" für diese Teile des Ringmodells widerspiegelt.

6.2.2 Faktoren der Habitat-Zufriedenheit am Beispiel einer Armenviertelsiedlung mittleren Ausmaßes – mit einsetzenden heterogenen Sozialstrukturen – unter Anwendung des Ringmodells

Bei der Identifizierung sowohl der positiven als auch der negativen Faktoren im Zusammenhang mit dem Grad an Habitat-Zufriedenheit am Fallbeispiel der Armenviertelsiedlung Arturo Prat ergibt sich aus der Befragung der 100 Interviewpartner beim Blick auf die verschiedenen Kategorien von Zufriedenheitsfaktoren ein relativ hoher Grad an Übereinstimmung der geäußerten Einschätzungen. Außerdem verteilen sich diese Nennungen so, dass sich durchaus differenzierte Wahrnehmungen erkennen lassen – und zwar sowohl im Blick auf die Kategorien der genannten Zufriedenheitsfaktoren als auch in Bezug auf die in der Befragung genannten sozialen Räume aus dem Ringmodell.

Der Faktor, auf den meisten positiven Nennungen entfallen, ist der Standort. Die gegebenen Bewertungen beziehen sich dabei gleichermaßen auf alle frequentierten Räume. Für die Interviewpartner geht es bei der Antwort auf die entsprechende Frage um die Wahrnehmung positiver Erfahrungen wie den Zugang zur urbanen Infrastruktur, um Einkaufsmöglichkeiten und andere Dienstleistungsangebote – sowie nicht zuletzt um Arbeitsmöglichkeiten. Das Alles spiegelt zumindest einen gewissen Grad von Identifikation mit dem Wohnort und seiner Umgebung wider.

Diese Positiv-Wahrnehmung der frequentieren Räume wird von den Befragten aus Arturo Prat auch durch die Einschätzungen zum Faktor Infrastruktur beeinflusst (Abb. 8). Auch die Tatsache, dass alle Befragten angeben, Eigentümer der von ihnen bewohnten kleinen Häuser zu sein, beeinflusst dieses Votum positiv. Deutlich weniger häufig genannt wird von den Interviewten in Arturo Prat der Faktor Soziale Umgebung. Nichtsdestotrotz fallen die Wahrnehmungswerte im Blick auf die eigene Wohnung, die Wohnstraße und die Stadt als Lebensraum positiv aus, während das Armenviertel und der Sektor, der dieses Viertel umgibt, negativ bewertet werden. In Arturo Prat konzentriert sich die Identifizierung negativer Faktoren für Habitat-Zufriedenheit auf einige – in den Antworten immer wieder genannte – aber auf bestimmte Ringsegmente (vor allem das Armenviertel und seine Umgebung) begrenzte Aspekte. Die Ausnahme bildet der Faktor Drogenhandel und Drogenkonsum, auf den die Befragten mit annähernd gleicher Intensität für alle genannten geographischen Räume als starken Negativ-Aspekt hinweisen. Ingesamt fällt auf, dass in Arturo Prat all diese in den Interviews aufgeführten Negativ-Faktoren keinen Einfluss auf die positive Beurteilung der eigenen Wohnung haben, die in diesem Fallbeispiel die zweitbeste Bewertung unter allen genanten Sozialräumen erhält.

In Arturo Prat ist es – vor allem unter dem Einfluss dieses dominierenden Negativ-Aspektes Drogenkriminalität – das eigene Armenviertel, das als der problematischste aller frequentierten Räume bewertet wird. Ähnlich wie im Fallbeispiel La Pintana strahlt die Wahrnehmung von Unsicherheit, Bedrohung, Gefahr im Umkreis der eigenen Wohnung auf die anderen Ring-Komponenten aus. Deshalb überrascht es dann auch nicht, dass der Aspekt Sicherheit eine extrem schlechte Bewertung erfährt und zwar am deutlichsten im Blick auf die Wohnstraße und das Armenviertel, also dort, wo es für befragten *pobladores* – so die Wahrnehmung – keine Ausweichmöglichkeiten angesichts der oben beschriebenen Bedrohung gibt.

Dennoch unterscheidet sich das Gesamtergebnis der Befragung in Arturo Prat in einer Reihe von wichtigen Aspekten klar von den Antworten in Santiago de Nueva Extremadura: Im zweiten Fallbeispiel manifestieren die Interviewpartner einen relativ hohen Grad an Zufriedenheit mit der geographischen Lage ihres Wohnviertels, mit der Kommune

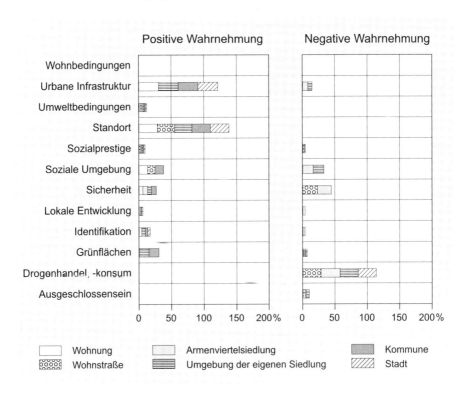

Abb. 8: Arturo Prat. Faktoren positiver/negativer Wahrnehmung. Wichtigkeit und Verteilung in dem Ringmodell.
Quelle: Eigene Zusammenstellung auf der Grundlage der Befragung

La Florida als Wohn- und Lebensraum – sowie der weiteren Umgebung ihres Viertels in Gestalt von großen *malls* und öffentlichen Dienstleistungszentren. Die Kommune La Florida und die Hauptstadt Santiago stellen in der Wahrnehmung der Interview-Partner Räume dar, die für sie durchaus Chancen und Möglichkeiten bereithalten.

Für die Bewohner von Arturo Prat bedeutet die Tatsache, Bürger des Municipio La Florida zu sein, also in der einen oder anderen Form an dem relativ hohen Sozialprestige dieses Teils der chilenischen Hauptstadt teilzuhaben, eine gewisse Kompensation für die Lebensbedingungen im eigenen Armenviertel. Das Gefühl „dazu zu gehören", ist – so das Ergebnis der Analyse der Befragungsergebnisse – in diesem Fall stärker als die Wahrnehmung von – ganz sicher ebenfalls erlebter – Segregation und Ausgrenzung. Obwohl die eigene Armutssituation, eine hohe Arbeitslosigkeit und die Lebensrealität unter Bedingungen urbaner Subsistenzproduktion keine wirkliche Teilhabe an den Möglichkeiten der großen *malls* und ihrem Fast Food- und Freizeitangebot zulassen, wird bereits deren bloße Präsenz und geographische Nähe als positiv empfunden.

6.2.3 Faktoren der Habitat-Zufriedenheit am Beispiel einer von der Fläche her kleinen Armenviertelsiedlung – umgeben von heterogenen Sozialstrukturen – unter Anwendung des Ringmodell

In Esperanza Andina fällt ein breiter Konsens in den von den Interviewpartnern geäußerten Meinungen über positive Faktoren auf, die über die Habitat-Zufriedenheit mit den verschiedenen Sektoren des Ringmodells entscheiden. Erkennbar wird durch die Frequenz der Positiv-Nennungen außerdem, dass die Bewohner dieses Armenviertels zu jedem Element des Ringmodells eine durchaus differenzierte Wahrnehmung entwickeln.

Einer der Positiv-Faktoren mit den höchsten Nennungen ist in Esperanza Andina die soziale Umgebung (Abb. 9). Die Erfahrung einer gemeinsamen Geschichte, des Miteinander-Lebens unter schwierigsten Bedingungen hat unter den *pobladores* dieser *campamento*-Siedlung eine Atmosphäre des gegenseitigen Vertrauens und der Bereitschaft zur Nachbarschaftshilfe wachsen lassen, die die entsprechenden Antworten bei den 100 Interviewgesprächen deutlich beeinflusst. Dieser Faktor wird von den Befragten vor allem beim Blick auf die Wohnstraße, also die unmittelbare Umgebung der eigenen Wohnung, sowie – mit Abstufungen – auf das Armenviertel Esperanza Andina angeführt. Große Bedeutung kommt auch dem Faktor Identifikation zu, dessen häufigste Nennungen sich auf die Ringkomponenten Wohnung, Armenviertelsiedlung und Kommune beziehen.

In dem Armenviertel Esperanza Andina sind die assoziierten psychosozialen Faktoren bei der Antwort auf die Frage nach der Habitat-Zufriedenheit entscheidend. Sie strukturieren den geographischen Raum, in dessen Mittelpunkt sich die eigene Wohnung befindet und bewirken den erwähnten hohen Grad an Identifikation. Die eigene Wohnung steht symbolisch für das kollektive (Lebens-)Projekt dieser Gruppe von *pobladores*. Die Erfahrung des Konfliktes und Kampfes um ein eigenes Dach über dem Kopf und die sich abzeichnende Perspektive einer definitiven Lösung für das eigene Habitat-Problem, die nicht einfach das Ergebnis eines Verwaltungsaktes sondern von *autogestión*, also der eigenen Artikulationsfähigkeit, erhöht die Zufriedenheit und die Befriedigung über die als Positiv-Faktor wahrgenommene Identität. Die Qualität der Behausungen im *campamento* Esperanza Andina ist objektiv gesehen zweifelsohne deutlich prekärer als in den beiden zuvor dargestellten Fallbeispielen.

Dem hohen Grad an Identifikation mit dem Erreichten tut das jedoch keinen Abbruch. Die Interviewpartner fühlen sich als Mitgestalter und Miterbauer ihres *campamento* und der von ihnen zukünftig bewohnten definitiven Siedlung. Einen hohen Grad an Übereinstimmung zeigen die Interviewten auch bei ihren Antworten auf die Fragen nach der Bewertung des Faktors Standort. Als Positiv-Argumente werden die Nähe der *campamento*-Siedlung zur örtlichen Polizeistation, zu dem sich in der Nachbarschaft befindenden Supermarkt und zur Landschaft des Kordillerenaufstiegs genannt. Die geographische Lage von Esperanza Andina wird – trotz der heftigen Konflikte im Zusammenhang mit ihrer provisorischen Ansiedlung – als überwiegend positiv bewertet.

Die Auswertung der 100 Befragungen fördert beim Thema Sicherheit einen erstaunlichen Unterschied zu den beiden anderen Fallbeispielen zu Tage: Positiv-Bewertungen überwiegen klar – und zwar vor allem bei den Ringbereichen Wohnstraße, Armenviertelsiedlung und Umgebung der eigenen Siedlung. Analog zu den Fallbeispielen Santiago de Nueva Extremadura und Arturo Prat beeinflussen die Antworten auf diesem Faktorenkomplex das Wahrnehmungsverhalten auch im Blick auf andere Aspekte: diesmal allerdings positiv. Der Grad an manifestierter Habitat-Zufriedenheit liegt deutlich über dem der beiden anderen Samples. Diese Tendenz wird in Esperanza Andina auch durch die deutlich geringere Häufigkeit bei der Nennung von negativen Faktoren untermauert. Dazu kommt ein hoher Grad an Differenzierung bei den Antworten auf die Fragen nach den verschiedenen Faktoren in Bezug auf die von den Interviewten frequentierten Räumen. Anders als in Santiago de Nueva Extremadura und Arturo Prat, wo Sicherheit und Drogenkonsum/Drogenkriminalität die schlechtesten Bewertungen erhalten, sind es in Esperanza Andina die Umweltbedingungen – bezogen auf die Großstadt Santiago –, die als gravierendster Negativ-Faktor eingestuft werden.

Erklärt werden kann dieses Phänomen zumindest teilweise dadurch, dass in den östlichsten Stadtteilen der Hauptstadt, die dem Andenaufstieg am nächsten gelegen sind, durch die klimatischen Bedingungen seit Jahren eine besonders hohe Smogbelastung gemessen wird. Weitere Aspekte, die in den Antworten der Befragten zum Thema Umweltbedingungen angesprochen werden, beziehen sich auf die mehrfach jährlich auftretenden Überschwemmungen der Straßen und Wege, die Lärmbelastung durch die stark befahrene Avenida Grecia sowie die wilden Müllablagerungen in der Umgebung ihres *campamento*.

Angesichts der eindringlichen Erfahrung im Zusammenhang mit dem oben beschriebenen Konflikt mit den Nachbarn aus dem Mittelschichtsviertel Valle Oriente ist es nicht überraschend, dass von den Befragten in Esperanza Andina das Gefühl des Ausgeschlossenseins als zweitwichtigster Negativ-Faktor genannt wird – und zwar eben vor allem in Bezug auf die Umgebung der eigenen Siedlung. Eine Erklärung dafür, warum dieser Aspekt nicht noch stärker negativ bewertet wird, könnte darin bestehen, dass der ursprüngliche Konflikt zwischen den Eigentümern der Häuser in Valle Oriente und den *pobladores* im *campamento* Esperanza Andina während der zwei Jahre Beobachtungszeit, die dieser Untersuchung zu Grunde liegen, an Schärfe verlor und einem gewissen, von mehr Gelassenheit und gegenseitiger Akzeptanz[113] geprägten Miteinander Platz machte (GALLEGUILLOS 2000, S. 98).

Die Antworten zum Zufriedenheitsfaktor Sicherheit fokussieren sich bei den Negativ Bewertungen vor allem auf die Ringkomponente Kommune. Es besteht ein allgemeiner Konsens darüber, dass die Kommune Peñalolén „kein sicherer Ort" ist, doch die Frequenz der Antworten ist im Vergleich zu den beiden anderen Fallbeispielen niedrig. Was die realistische Bewertung der eigenen Wohnung anbelangt – dann, wenn dieser Lebensbereich als Negativ-Faktor erwähnt wird – so zeigen die Einzelantworten, dass es den Befragten hier vor allem um die Beschreibung des äußerst prekären Zustands ihrer weitestgehend aus recycelten Fertig- und Abfallteilen errichteten Hütten geht. Die Interviewten aus Esperanza Andina verweisen auf das Ausgesetztsein gegenüber den Witterungsbedingungen und beklagen die extreme räumliche Enge innerhalb des *campamento*. Doch all das reicht nicht aus, um die insgesamt sehr hohen Zufriedenheitswerte für diesen Lebensbereich im *campamento* wesentlich zu relativieren. Die Vorteile, die sich aus der geographischen Lage der Wohnung ergeben, etwa die kurzen Wege zu der umgebenden urbanen Infrastruktur, sind für die Bewohner von Esperanza Andina so eindeutig, dass sie in der Lage sind, dadurch auch Nachteile bei den tagtäglich konkret erfahrenen Wohnbedingungen zu kompensieren.

Eine ähnlich entscheidende Funktion, was das Gesamturteil im Blick auf die Habitat-Zufriedenheit anbelangt, spielt die Positiv-Bewertung der unmittelbaren sozialen Umgebung. Für die *pobladores* von Esperanza Andina und den Grad ihrer Zufriedenheit kommt aber auch der Identifikation mit der Kommune Peñalolén eine wichtige Rolle zu. Obwohl die eigene Stadtgemeinde – wie oben erwähnt – als „unsicher" empfunden wird, ist die Gesamteinschätzung gegenüber diesem Lebensbereich positiv. Dagegen wird die Metropole Santiago von den Bewohnern von Esperanza Andina deutlich kritisch bewertet, als ein Lebensbereich, der vor allem angesichts seiner ökologischen Probleme als bedrohlich

---

113 Dazu trug sicherlich auch bei, dass es einer ganzen Reihe von *pobladores* aus dem *campamento* Esperanza Andina gelang, in der Siedlung Valle Oriente eine Einkommens- und Beschäftigungs möglichkeit als Haushaltshilfen, *nanas* (Kindermädchen), Gärtner oder Anbieter sonstiger handwerklicher Dienstleistungen zu finden. Auf der anderen Seite rückten die Bewohner von Valle Oriente nach und nach von ihren aggressiven Katastrophenszenarien im Blick auf die vermeintliche Bedrohung durch ihre unfreiwilligen Nachbarn aus dem *campamento* ab, nachdem es weder zu einem Anstieg an Kriminalität noch zu irgendwelchen anderen Belästigungen gekommen war.

und unangenehm empfunden wird, obwohl in den Antworten auf die Interviewfragen durchaus auch so etwas wie eine „kritische Identifikation" mit dieser Großstadt erkennbar war.

Unter allen sechs frequentieren Räumen, nach denen in den Interviews in Esperanza Andina gefragt wird, erhält der äußerste Ring, also der Lebensraum der Hauptstadt, die niedrigsten Qualifizierungen. Trotzdem haben die *campamento*-Bewohner im Vergleich der drei Fallbeispiele nicht die negativste Sicht auf Santiago. Ihre Bewertung des äußersten Rings ist immer noch positiver als die Antworten aus Santiago de Nueva Extremadura.

Zu den wichtigsten Ergebnisse der Befragung in Esperanza Andina zählt jedoch die äußerst differenzierte Bewertung der Umgebung des eigenen Armenviertelsiedlung: Trotz der äußerst schmerzhaften und demütigenden Erfahrung der zunächst kategorischen Ablehnung der *campamento*-Familien durch die Bewohner der umgebenden Mittelschichtsviertel – und der oben berichteten Negativ-Wahrnehmung gegenüber dem Lebensraum der Stadt sowie der Einstufung der Umgebung der eigenen Siedlung als problematischer

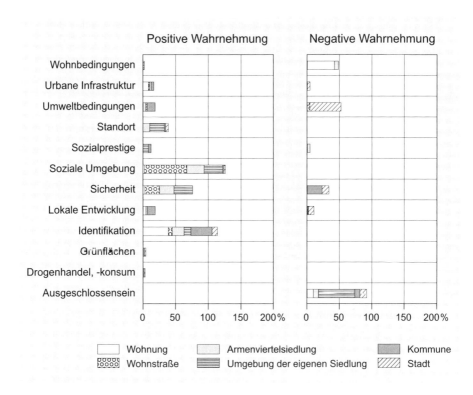

Abb. 9: Esperanza Andina. Faktoren positiver/negativer Wahrnehmung. Wichtigkeit und Verteilung in dem Ringmodell.
Quelle: Eigene Zusammenstellung auf der Grundlage der Befragung

Fallstudie und ihre Ergebnisse 149

Bereich – wird das heterogene Umfeld des *campamento* mit seinen sich bietenden Chancen und Möglichkeiten durchaus als für die Habitat-Zufriedenheit wichtiger Faktor empfunden. Dies schlägt sich in der Gesamtbewertung der eigenen Lebens- und Wohnsituation nieder.

Die Auswertung der Interviews zeigt am Fallbeispiel Peñalolén, wie die Verringerung der geographischen Distanz zwischen Armen und finanziell Bessersituierten – trotz aller Konflikte und erlittener Diskriminierung – von den *pobladores* des *campamento* Esperanza Andina positiv wahrgenommen wird.

6.2.4 Auswertung der Kontrollfrage in Santiago de Nueva Extremadura und Arturo Prat nach den Gründen dafür, das Viertel zu verlassen – und im Fall von Esperanza Andina danach, was den Interviewten im Fall eines Umzugs fehlen würde

Im Sinne einer Kontrollfrage (KROMREY 2002, S. 373) wurden die Interviewpartner in den beiden Fallbeispielen Santiago de Nueva Extremadura in La Pintana und Arturo Prat in La Florida aufgefordert, mögliche Gründe dafür zu benennen, die sie motivieren würden, ihr Viertel – falls das möglich wäre – zu verlassen. Im Fall von Esperanza Andina in Peñalolén musste die Kontrollfrage anders formuliert werden, da zum Zeitpunkt der Interviews ja längst feststand, dass die *pobladores* nur noch wenige Monate im *campamento* verbleiben und danach in die definitive Neubausiedlung mit dem Namen San Carlos de Peñalolén umziehen würden.

Daher wurde im dritten Fallbeispiel, Esperanza Andina, um eine Aufzählung und Gewichtung derjenigen Aspekte gebeten, die den Bewohnern des *campamento* fehlen werden, wenn der Umzug erst einmal bewerkstelligt sein wird. Die Gesprächspartner in Santiago de Nueva Extremadura antworten auf die Frage nach den Gründen, die sie motivieren würden, aus dem Armenviertel wegzuziehen, sobald sich eine Möglichkeit dafür bietet: die fehlende Sicherheit, das Gefühl des Ausgeschlossenseins, das geringe Sozialprestige ihrer *población*. Als weiteres Argument taucht unter den Antworten das Fehlen von Identifikation mit der Siedlung und der Kommune auf. Deutlich weniger Nennungen entfallen auf die geographische Lage (Standort) und die soziale Umgebung der Siedlung. Im zweiten Sample, bei den Interviews mit den Bewohnern von Arturo Prat, verschiebt sich die Reihenfolge der Antworten etwas – dennoch weist das Antwortprofil auch deutliche Ähnlichkeiten zu Santiago de Nueva Extremadura auf: Wenig überraschend steht auch hier die fehlende Sicherheit an erster Stelle, gefolgt von der geringen Identifikation mit dem eigenen Armenviertel, dem Gefühl des Ausgeschlossenseins – und schließlich dem Verweis auf die soziale Umgebung des eigenen, unmittelbaren Wohnbereiches.

Im Fall von Arturo Prat hat dieses hochgradige Gefühl von Unsicherheit, das die Menschen vor allem innerhalb der sie umgebenden *población* empfinden, seine Ursache im

Tab. 4: Positive und negative Faktoren für Habitat-Zufriedenheit: die wichtigsten in den drei Fallbeispielen genannten Argumente – in Bezug auf die Ringmodellkomponenten*

Ringmodell	Santiago de Nueva Extremadura – La Pintana	Arturo Prat – La Florida	Esperanza Andina – Peñalolén
Wohnung	+Urbane Infrastruktur (Eigentum), Grünflächen, Umweltbedingungen, soziale Umgebung (Familie), Identifikation, Sicherheit *(refugio)* −Drogenhandel, Drogenkonsum, Unsicherheit, Ausgeschlossensein (Exklusion)	+Urbane Infrastruktur (Eigentum), Standort, soziale Umgebung (Familie), Sicherheit *(refugio)* −Drogenhandel, Drogenkonsum	+Identifikation (trotz extremer Prekarität und Enge), urbane Infrastruktur (Umgebung) −Wohnbedingungen, Ausgeschlossensein
Wohnstraße	+Standort, soziale Umgebung, Sicherheit, Identifikation −Unsicherheit, Drogenhandel, Drogenkonsum, Ausgeschlossensein (Exklusion), soziale Umgebung, Umweltbedingungen, urbane Infrastruktur	+Standort, Soziale Umgebung, −Drogenhandel, Drogenkonsum, Unsicherheit	+Soziale Umgebung Sicherheit (Sicherer Raum, Treffpunkt, Freiraum, Sozialraum), Identifikation, −keine negative Faktoren
Armenviertelsiedlung	+nichts ist positiv −Unsicherheit, Drogenhandel, Drogenkonsum, Ausgeschlossensein (Exklusion), soziale Umgebung, Umweltbedingungen, urbane Infrastruktur	+nichts ist positiv −Drogenhandel, Drogenkonsum, Unsicherheit, soziale Umgebung	+Soziale Umgebung, Sicherheit, (sicherer Raum, Treffpunkt, Freiraum, Sozialraum), Identifikation, geographische Lage −Ausgeschlossensein
Umgebung der eigenen Siedlung	+nichts ist positiv −Unsicherheit, Drogenhandel, Drogenonsum, Ausgeschlossensein (Exklusion), soziale Umgebung, Umweltbedingungen, urbane Infrastruktur	+urbane Infrastruktur, Standort, Grünflächen, −Drogenhandel, Drogenkonsum	+Standort (geographische Lage), Sicherheit, Grünflächen, urbane Infrastruktur, −Ausgeschlossensein, Drogenhandel, -konsum, Sicherheit, Fehlen an Identifikation
Kommune	+Urbane Infrastruktur, Sicherheit −Unsicherheit, Drogenhandel, -konsum, Ausgeschlossensein (Exklusion), soziale Umgebung, Umweltbedingungen, urbane Infrastruktur	+Urbane Infrastruktur, Standort, soziale Umgebung, Sicherheit, Grünflächen, −Drogenhandel, Drogenkonsum,	+Identifikation, lokale Entwicklung, Umweltbedingungen, Sozialprestige, soziale Umgebung, Grünflächen, urbane Infrastruktur, geographische Lage −Unsicherheit, Ausgeschlossensein
Stadt	+Urbane Infrastruktur, Standort, Identifikation −Unsicherheit, Drogenhandel, -konsum, Ausgeschlossensein (Exklusion), Umweltbedingungen	+Urbane Infrastruktur, Standort −Drogenhandel, Drogenkonsum	+Identifikation, Standort −Umweltbedingungen, Unsicherheit, Ausgeschlossensein

*Einzelne Begriffe tauchen in der Auflistung sowohl als positive als auch als negative Aspekte auf, entsprechend ihrer Nennung durch die Interviewpartner

Quelle: Eigene Zusammenstellung auf der Grundlage der Befragung

Fallstudie und ihre Ergebnisse 151

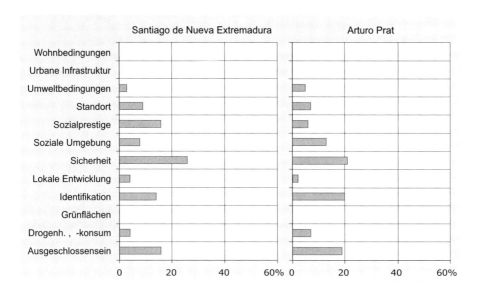

Abb. 10. *Armenviertelsiedlungen Santiago de Nueva Extremadura, Kommune La Pintana; Arturo Prat, Kommune La Florida. Gründe dafür, das Viertel zu verlassen, falls das möglich wäre.*
Quelle: *Eigene Zusammenstellung auf der Grundlage der Befragung*

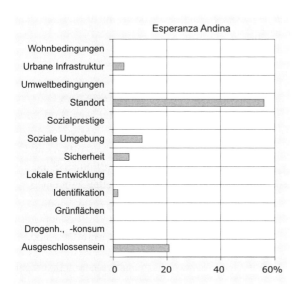

Abb. 11: *Armenviertelsiedlung Esperanza Andina, Kommune Peñalolén, Santiago de Chile. Was wird am neuen Standort, in San Carlos de Peñalolén, fehlen?*
Quelle: *Eigene Zusammenstellung auf der Grundlage der Befragung*

Problem des Drogenkonsums und der Drogenkriminalität. Man kann also die Hypothese ableiten, dass in Armenvierteln mit den hier beschriebenen Charakteristika und einer vergleichbaren geographischen Lage es der Drogenhandel und die Drogenkriminalität sind, die die Bewohner in einem Zustand permanenter Unsicherheit halten und einen Zusammenbruch der Sozialkontakte bewirken. Der Kollaps des Systems sozialer Kontrolle verstärkt innerhalb großflächiger Armenviertel mit einer hohen Bevölkerungsdichte tatsächlich die Gefahr, Opfer von Beschaffungskriminalität durch Drogenabhängige zu werden. Auf der anderen Seite ist ein solches Milieu, in dem die historischen Kommunikations-, Schutz- und Selbsthilfemechanismen unter der korrodierenden Wirkung von Angst zusammengebrochen sind und in dem es praktisch keinerlei staatliche Autorität mehr gibt, für Drogenhändler ein idealer Standort. Die Wirkungskette fügt sich also wie folgt ineinander: Das Gefühl ständiger Bedrohung führt zu einem Abbruch der Sozialbeziehungen zu Mitbewohnern und Nachbarn, das Ergebnis ist ein schleichender Prozess der Abkapselung bis hin zur völligen Selbstisolierung der eigenen Familie.

Die Interviewpartner aus Esperanza Andina betonen dagegen in den Antworten auf die Frage, was ihnen nach dem Umzug in die definitive Siedlung, nach San Carlos de Peñalolén, im Vergleich zum provisorischen Standort im *campamento* fehlen wird, fast einhellig vor allem die günstige geografische Lage von Esperanza Andina. Gleichzeitig manifestieren sie die Erwartungen, am definitiven Standort nicht mehr Opfer von Diskriminierungen und sozialer Ausgrenzung, Segregation zu sein.

6.3 Fortbewegungsmuster und zurück zu legende Wege

Die Frage nach den täglich zurück zu legenden Wegen ermöglicht es, ein Bewegungsmuster für die Bewohner einer Stadt und der von ihnen frequentierten Räumen zu erstellen. Diese individuellen Muster sind auch für die Fragen nach dem persönlichen Kommunikationsverhalten und den von Person zu Person unterschiedlichen sozialen Netzwerkstrukturen von großer Relevanz.

6.3.1 Ziele von Fahrten zum Arbeitsplatz

Im Fall des ersten untersuchten Beispiels, des Armenviertels Santiago de Nueva Extremadura in La Pintana, fällt zunächst ins Auge, dass die Frequenz der täglichen Busfahrten deutlich unter denen der beiden anderen Fallbeispiele liegt, sich also sehr viel weniger Menschen täglich auf den Weg zu einem Arbeitsplatz machen als in Arturo Prat und Esperanza Andina. Unter denjenigen Interviewten in Santiago de Nueva Extremadura, die berichten, dass sie täglich die eigene Wohnung verlassen, um zu arbeiten, gibt eine relevante Zahl von Personen an, innerhalb des eigenen Armenviertels zu arbeiten – und zwar vor allem als Hausfrau[114]. An zweiter Stelle folgen die *jefes de hogar* – die (männlichen) Haushaltsvorstände und andere Personen, die innerhalb der Familie erwerbstätig sind.[115]

Diejenigen interviewten Männer, die Santiago de Nueva Extremadura tatsächlich regel-

---

[114] Im Fall dieser Frauen wurde bei den Interviewgesprächen immer wieder betont, wie sehr die Betroffenen unter der extremen Reduzierung ihres Bewegungsradius innerhalb der eigenen *población* leiden.

[115] Da es in Santiago de Nueva Extremadura definitiv kein produzierendes Gewerbe und keine Handwerksbetriebe gibt, sondern bestenfalls einige wenige Dienstleistungsanbieter in Gestalt von kleinen Läden, Gemüsehändlern, informellen Autowerkstätten und Verteilern von Gasflaschen, ist diese relativ hohe Zahl von Nennungen nur dadurch zu erklären, dass die Betroffenen nur sporadisch über eine Einkommensmöglichkeit verfügen und die gegebenen Antwort vor allem bedeutet: „Ich bin arbeitslos".

mäßig verlassen, fahren mit dem Bus in andere Kommunen der Hauptstadt, um dort zu arbeiten. Häufig genannte Fahrtziele sind der Innenstadtbereich von Santiago, aber auch die Kommunen Ñuñoa, Peñalolén, Macul und La Florida. Eine weitere Gruppe fährt regelmäßig nach La Reina, Las Condes, Providencia, Vitacura und Lo Barnechea – also die Ober- und obere Mittelschicht-Stadtteile, in denen es Arbeitsmöglichkeiten vor allem auf Baustellen gibt. Auch unter den Interviewten des zweiten Fallbeispiels, den Bewohnern aus der Armenviertelsiedlung Arturo Prat existiert eine relevante Gruppe, die angibt, auf Fahrtstrecken zum Arbeitsplatz die eigene Kommune, La Florida, nicht zu verlassen. Das gilt sowohl für die (männlichen) „Haushaltsvorstände" – als auch für die befragten Hausfrauen[116] und andere Familienmitglieder, die einer Beschäftigung nachgehen. Ein zweiter – deutlich kleinerer Teil – der Interviewpartner, fährt entweder jeden Tag – oder zumindest regelmäßig – in die Kommunen La Reina, Las Condes, Providencia, Vitacura und Lo Barnechea – hauptsächlich, um auf einer Baustelle zu arbeiten.

Dieses Grundmuster wiederholt sich im Prinzip auch im dritten Fallbeispiel, bei den Befragten aus dem *campamento* Esperanza Andina: Eine relevante Gruppe sowohl der interviewten Männer als auch der Frauen[117] gibt an, sich zum Arbeiten nur innerhalb der Stadtgemeinde Peñalolén zu bewegen. Eine zweite Gruppe fährt täglich – oder zumindest regelmäßig – nach La Reina, Las Condes, Providencia, Vitacura oder Lo Barnechea – und zwar auch in diesem Fall vor allem auf Baustellen. Interessant sind die Antworten einer relevanten Gruppe von Frauen aus Esperanza Andina: Sie geben auf die Frage nach ihren Fahrten zum Arbeitsplatz an, entweder in den erwähnten Kommunen des so genannten *barrio alto* tätig zu sein – oder aber in den drei Nachbarstadtgemeinden von Peñalolén: Macul, Ñuñoa oder La Florida – und zwar als *empleadas domésticas* – Haushaltshilfen.

6.3.2 Benötigte Fahrtzeiten zum Arbeitsplatz

Die Interviewpartner aus Santiago de Nueva Extremadura sind von allen drei Gruppen diejenigen, die über die längsten Anfahrtswege zu ihren jeweiligen Arbeitsorten berichten und dafür die meiste Zeit benötigen (und zwar bis zu eineinhalb Stunden pro Fahrtweg – also drei Stunden pro Arbeitstag). Das gilt vor allem für diejenigen, die entweder auf Baustellen in den Oberschichtsvierteln – oder, im Fall der Frauen, als Haushaltshilfen, tätig sind. In Arturo Prat reduzieren sich die benötigten Fahrtzeiten im Vergleich mit den Interviewpartnern aus Santiago de Nueva Extremadura im Durchschnitt um bis zu 30 Minuten – vor allem dann, wenn sich die jeweiligen Arbeitsplätze innerhalb der eigenen Stadtgemeinde, La Florida, befinden. Konkret gibt ein relevanter Teil der Gesprächspartner an, zwischen einer halben und einer ganzen Stunde für eine Fahrt zum Arbeitsplatz zu benötigen (insgesamt pro Arbeitstag also zwei Stunden Busfahrt). Für Distanzen inner-

---

116 Im Fall von Arturo Prat lässt sich bei den interviewten Frauen im Vergleich zu Santiago de Nueva Extremadura ein deutlich größerer Bewegungsradius beobachten. Die genannten Fahrtziele sind weiter von der eigenen Wohnung entfernt, die frequentierten Räume großflächiger.
117 In diesem dritten Fallbeispiel lässt sich klar erkennen, wie sehr sich die genannten Bewegungsradien noch einmal – auch im direkten Vergleich zu Arturo Prat – ausgeweitet haben.

halb der Stadtgemeinde La Florida fallen im Durchschnitt 30 Minuten pro Busfahrt an.

Ganz ähnlich die benötigte Fahrtzeiten beim dritten Fallbeispiel: Ein Großteil der interviewten Bewohner des *campamento* Esperanza Andina benötigt zwischen 30 Minuten und einer Stunde, um zu ihrem jeweiligen Arbeitsplatz zu gelangen – und zwar vor allem dann, wenn es um Tätigkeiten in den bereits genannten Mittel- und Oberschichtskommunen im *barrio alto* der chilenischen Hauptstadt geht. Diejenigen, die innerhalb der Gemarkungsgrenzen von Peñalolén eine Arbeitsmöglichkeit gefunden haben, geben an, bis zu 30 Minuten für einen Fahrtweg zu benötigen. Tendenziell lässt sich in den beiden letztgenannten Fallbeispielen eine im Vergleich zu Santiago de Nueva Extremadura deutlich verkürzte tägliche Fahrzeit zu den jeweiligen Arbeitsplätzen nachweisen – und zwar sowohl bei den interviewten „Haushaltsvorständen", als auch bei den berufstätigen Frauen. Vor allem in den Antworten aus Esperanza Andina wird gerade auch unter diesem Blickwinkel immer wieder auf die von den Bewohnern des *campamento* als besonders günstige Lage des derzeitigen Quartiers mit entsprechend guter öffentlicher Verkehrsanbindung hingewiesen.

6.3.3 Fortbewegungsart zum Arbeitsplatz

Die interviewten Personen aus Santiago de Nueva Extremadura benötigen, um zu ihrem Arbeitsplatz zu kommen, fast ausnahmslos immer einen Bus – und zwar nicht nur, um andere Kommunen innerhalb von Santiago zu erreichen, sondern auch dann, wenn sie innerhalb der eigenen *población* unterwegs sind. Im Fall der männlichen „Haushaltsvorstände", die in eines der *barrio alto-Viertel* fahren, sind es sogar mehrere verschiedene Busse, die sie benutzen und für die sie jeweils neu bezahlen müssen. Auch die Frauen aus der Gruppe der Interviewten, die angeben, im selben Viertel zu arbeiten, bekräftigen, ohne Bus ihren Arbeitsplatz nicht erreichen zu können, was in der Wahrnehmung der Befragten noch einmal die geographische Ausdehnung dieses Armenviertelsektors unterstreicht – aber auch einen Beleg dafür bildet, wie groß die Angst vor An- und Übergriffen im öffentlichen Raum der Siedlung und der Kommune La Pintana ist. (Zur Erinnerung, die Stadtgemeinde La Pintana ist 30,2 km² groß und zählt im Jahr 2005 287.659 Einwohner).

In Arturo Prat sind die Busse des privatwirtschaftlich organisierten, öffentlichen Nahverkehrssystems ebenfalls das wichtigste Fortbewegungsmittel, um zum Arbeitsplatz zu kommen. Allerdings gibt ein Teil der Interviewten in diesem Fall an, entweder mit dem Fahrrad oder zu Fuß zur Arbeitsstelle zu gelangen – das gilt gleichermaßen für die männlichen „Haushaltsvorstände" als auch für die befragten Frauen – und zwar vor allem dann, wenn sie innerhalb der selben Stadtgemeinde La Florida Arbeit gefunden haben. (La Florida ist insgesamt 70.2 Quadratkilometer groß und wird im Jahr 2005 von 468.536 Menschen bewohnt). Die Erwähnung des Fortbewegungsmittels Fahrrad – oder die Tatsache, dass eine Reihe der Befragten täglich längere Wegstrecken zu Fuß zurücklegt können

Fallstudie und ihre Ergebnisse   155

als indirekte Hinweise darauf interpretiert werden, dass das Gefühl generalisierter Unsicherheit bei dieser Gruppe von Armenviertelnbewohnern nicht ganz so groß ist wie im Fallbeispiel aus La Pintana – aber möglicherweise auf der anderen Seite das Gefühl der Identifikation mit der umgebenden Stadtlandschaft und die daraus abgeleitete Orientierungssicherheit höher entwickelt sind. Auch im Fall des dritten Samples, der interviewten Gruppe aus Esperanza Andina, stellt der Bus für die Männer das wichtigste Fortbewegungsmittel dar, um zur Arbeit zu gelangen. Der Anteil von Frauen, die täglich einen Bus benutzen, ist dagegen geringer. Eine relevante Gruppe der Interviewpartnerinnen gibt an, ihren Arbeitsplatz entweder mit dem Fahrrad oder zu Fuß zu erreichen. Dabei ist zu beachten, dass die Gemarkungsfläche von Peñalolén durchaus erhebliche Dimensionen erreicht. Die Kommune hat eine Ausdehnung von 54,9 km^2 und wird von 236.749 Menschen bewohnt (INE 2005).

6.3.4 Ziele von Fahrten zum Einkaufen

Die erste auffallende Beobachtung im Zusammenhang mit den Antworten auf die Frage nach Fahrtzielen zum Einkaufen besteht darin, dass ein wichtiger Teil der Interviewten aus Santiago de Nueva Extremadura angibt, dass fast alle Einkaufsorte – und zwar für so gut wie sämtliche Produkte wie Gemüse und Konserven, aber auch Schuhe und Kleidungsstücke, sich innerhalb der eigenen *población* befinden. Dabei spielt – etwa im Zusammenhang mit Nahrungsmitteln in Dosen – sicherlich der neuangesiedelte Supermarkt eine relativ wichtige Rolle. Nur in einem geringeren Ausmaß, so die Auskunft der Interviewten, fahren sie in das Stadtzentrum von Santiago, um Schuhe und Kleidungsstücke zu erwerben. Im Fall von Arturo Prat verteilen sich die Fahrtziele im Zusammenhang mit Einkäufen zwischen der eigenen *población* (beispielsweise, um Gemüse zu kaufen) und der eigenen Kommune (La Florida), um Konserven zu erwerben, aber auch Kleidungsstücke und Schuhe. Im Fall von Esperanza Andina spielen sich Einkaufsgänge nicht in der eigenen *población* sondern vor allem in der eigenen Kommune ab. Allerdings sind in diesem Fall für die Interviewten Einkaufsziele in der Stadtmitte (Kleidung und Schuhe) von größerer Bedeutung als bei den beiden ersten Fallbeispielen. Peñalolén weist außerdem das Spezifikum auf, dass sich hier an jedem Wochenende ein geradezu gigantischer, über mehrere Kilometer erstreckender *mercado de pulgas* (Flohmarkt) installiert, der zu einem weiteren erheblichen Teil den Bedarf an (gebrauchten) Kleidungsstücken und Schuhen für die Bevölkerungsgruppen mit dem niedrigsten Einkommen abdeckt.

6.3.5 Benötigte Fahrzeit für Einkaufsgänge

Die interviewten Personen aus Santiago de Nueva Extremadura geben an, bis zu einer halben Stunde zu benötigen, um dorthin zu gelangen, wo sie normalerweise Gemüse und Konserven, aber auch Schuhe und Kleidungsstücke einkaufen. Diejenigen, die für Einkäufe von Textilien bis ins Stadtzentrum von Santiago fahren, geben an, dafür in der Regel eine Stunde Fahrzeit im Bus zu benötigen. Im zweiten Fallbeispiel, in Arturo Prat, berichten die Interviewpartner, dass sie in der Regel eine halbe Stunde oder etwas mehr benötigen, um dorthin zu gelangen, wo sie die wichtigsten Einkäufe erledigen können. Ganz ähnlich fallen die Antworten im dritten Beispiel, in Esperanza Andina aus: Hier ergibt die Befragung der 100 interviewten *pobladores*, dass die benötigte Zeit für das Erreichen des Ortes, an dem vor allem Gemüse und andere Nahrungsmittel (z. B. Konserven) eingekauft werden, im Durchschnitt eine halbe Stunde – oder etwas mehr – beträgt. Für Einkäufe in *malls* oder Geschäften in der Innenstadt benötigen die Bewohner von Esperanza Andina bis zu 90 Minuten für einen Fahrtweg im Bus. Der fällt vor allem dann an, wenn es darum geht, günstig Schuhe und Textilien einzukaufen.

6.3.6 Fortbewegungsart für Einkaufsgänge

Auf die Frage nach der Fortbewegungsart, um die regelmäßig frequentierten Orte für Einkäufe zu erreichen, geben die interviewten Personen aus Santiago de Nueva Extremadura an, sie wären meistens zu Fuß unterwegs, um Gemüse, Konserven und einen Teil der benötigten Kleidungstücke und Schuhe einzukaufen. (Innerhalb des Armenviertelsektors finden sowohl während der Woche – als auch an den Samstagen – jeweils an unterschiedlichen Punkten – Straßenmärkte statt). Ein relevanter Teil der Interviewten gibt allerdings an, auch für die Einkäufe innerhalb des Sektors den Bus zu benötigen. Busfahrten sind immer dann notwendig, wenn es darum geht, Kleidung und Schuhe, aber auch Konserven und andere Nahrungsmittel zu günstigeren Preisen außerhalb von La Pintana zu erwerben. Auch in Arturo Prat werden – so die Angaben der Interviewten – die meisten Einkäufe für Produkte des täglichen Bedarfs zu Fuß bewerkstelligt, was unter anderem durch die relative Nähe des Armenviertels zu den Supermärkten des Sektors zu erklären ist. Auf der Suche nach günstigen Einkaufsmöglichkeiten für Schuhe und Textilien sind dagegen auch die Bewohner von Arturo Prat auf den öffentlichen Personennahverkehr – hauptsächlich in Gestalt von Bussen und der bis nach Florida führenden U-Bahnlinie angewiesen.

Im Fall von Esperanza Andina spielt sich der Gang zu den Straßenmärkten und in die Supermärkte, die sich im Nord-Osten von Peñalolén befinden, ebenfalls meistens zu Fuß ab. Allerdings werden auch hier Busfahrten fällig, sobald es darum geht, günstig Kleidungsstücke und Schuhe einzukaufen. Bewohner aus allen drei Armenviertelsektoren geben übereinstimmend an, dass sie bei Fahrten in das Stadtzentrum von Santiago entweder die Feria Estación Central (Schuhe, Schuluniformen und sonstige Textilien) oder aber den Mercado Central (Kommune Recoleta) – sowie den Sektor Patronato, ebenfalls Recoleta (Billigtextilien) und die Straße Estado (Zentrum des Secondhandhandels mit Kleidungsstücken) in der Stadtmitte aufsuchen.

6.4 Das soziale Netz, seine Qualität und geographische Orte der Begegnung

Nach der Einschätzung der für diese Untersuchung interviewten *pobladores* aus der Ar-

Fallstudie und ihre Ergebnisse 157

menviertelsiedlung Santiago de Nueva Extremadura haben sie allesamt große Schwierigkeiten, innerhalb ihrer *población* oder ihrer Umgebung Sozialkontakte zu knüpfen, Nachbarn besser kennen zu lernen, eine Bezugsgruppe aufzubauen. In den Interviewgesprächen wird immer wieder darauf hingewiesen, dass das Centro Abierto der einzige „sichere" Ort sei, um mit anderen Menschen ins Gespräch zu kommen. Die dort arbeitenden Sozialarbeiterinnen *(tías)* seien zudem die innerhalb des gesamten Viertels am meisten respektierten Personen.[118]

Die interviewten Personen sagen aus, keinen Kontakt mit anderen Familien innerhalb der *población* zu unterhalten – und zwar vor allem aus „Angst vor Problemen". Die Wohnungen werden nur verlassen, wenn es dafür einen wirklich triftigen Grund gibt. Die große Mehrheit der Interviewten betonen, dass sie an ihrem alten Wohnort – vor der Umsiedlung nach La Pintana – sehr viel mehr Sozialkontakte und eine ganz andere Art des nachbarschaftlichen Miteinanders erlebt hätten. Die Umstände bzw. auch die geographischen Orte, an denen sich soziale Begegnungen abspielen, ermöglichen wichtige Hinweise und Indikatoren, um die Hypothese dieser Untersuchung zu verifizieren. Die Tendenz, „die unsichtbaren Grenzen der *población* Santiago de Nueva Extremadura nicht überschreiten zu können", wie es eine der Interviewpartnerinnen formuliert, hat direkte Auswirkungen auf die Lebensqualität der Bewohner nicht nur dieses spezifischen Armenviertels unseres Fallbeispiels – sondern auf alle großflächigen und gleichzeitig dicht besiedelten homogenen Ansammlungen von Armut und extremer Armut.

Die Bewohner von Santiago de Nueva Extremadura – und das gilt noch einmal überproportional für die Hausfrauen – überschreiten die Grenze ihres Viertels nicht und haben, seit sie nach La Pintana umgesiedelt wurden, so gut wie keine Sozialkontakte aufbauen können – und zwar weder innerhalb noch außerhalb ihrer *población*. Diese Aussage wird durch die 100 Interviews und durch die eigenen Beobachtungen vor Ort bestätigt. Wenn es überhaupt neue Sozialkontakte gegeben hat, von denen die Interviewten berichten können, so sind sie innerhalb des engsten Umkreises der eigenen Wohnung oder über die Kinder und das Centro Abierto entstanden. Das Fehlen von „grenzüberschreitenden" Sozialkontakten in andere Stadtteile und andere soziale Schichten hinein, trägt dazu bei, die Alternativen und Möglichkeiten zu verringern, durch Sozialkontakte und Beziehungen einen Beitrag zur Verbesserung der eigenen Situation leisten zu können. Stattdessen trägt dieses äußerst prekäre, labile und dabei auch noch sozial homogene Beziehungssystem dazu bei, negative Gleichgewichte zu konservieren, die Wahrnehmung einer insgesamt bedrohlichen und feindlichen unmittelbaren Umwelt zu verfestigen und die Nutzung anderer geographischer Räume – jenseits dieser imaginären Grenze – extrem zu erschweren.

---

118 Diese Einschätzung konnte von der Autorin im Zusammenhang mit der Vorbereitung und Durchführung der 100 Interviews verifiziert werden: Nur dank des Teams des Centro Abierto war es überhaupt möglich, innerhalb des Armenviertels unterwegs sein zu können. Die grüne Berufskleidung der Sozialarbeiterinnen, bereits von Weitem erkennbar, bildete das entscheidende Signal und den Schlüssel, um unbehelligt alle Teile der Siedlung aufsuchen zu können und überall auf offene Türen zu stoßen.

Die Folge: Soziale Ungleichheiten werden vertieft und verfestigt. Dieser Zusammenhang erklärt noch einmal, warum aus dem Blickwinkel der Bewohner von Santiago de Nueva Extremadura die Umgebung ihres unmittelbaren Wohnbereiches – also der Raum dieser imaginären Grenze rund um sie herum – das höchste Maß an Unzufriedenheit und Negativ-Wahrnehmung auslöst.

Die Wahrnehmung von Unsicherheit, des Gefühls der permanenten persönlichen Bedrohung, ist am stärksten unter den Bewohnern von Santiago de Nueva Extremadura. Wie bereits oben ausgeführt, bewirkt diese Unsicherheit, dass die Sozialkontakte reduziert werden, sich eine Tendenz der Selbst-Einschließung entwickelt und die betroffenen Menschen den öffentlichen Raum um sie herum (beispielsweise die Straßen und Plätze ihrer *población*) als einen für sie zugänglichen Lebens- und Kommunikationsbereich verlieren. Die ständige Wahrnehmung von Gefährdung, die von diesen öffentlichen Räumen ausgeht, verursacht ein Absterben von sozialer Interaktion zwischen Nachbarn – aber trägt auch dazu bei, dass die Kommunikationsfähigkeit zu Menschen außerhalb des eigenen Armenviertels und zu Menschen aus einer anderen sozialen Schicht nachhaltig beschädigt wird.

In Arturo Prat kommt es zu einem anderen Phänomen. Hier kämpfen die Bewohner zwar ebenfalls mit der Wahrnehmung von Unsicherheit und Gefahr in der eigenen *población*, klagen über die tagtäglichen Auswirkungen von Drogenkonsum- und Drogenhandel auf ihre eigene Sicherheit, aber trotzdem nehmen sie die Grenzen um ihren unmittelbaren Lebensbereich herum als „passierbar" wahr. Sie finden in der Stadtgemeinde La Florida einen wichtigen Orientierungs- und Identifikationsrahmen, daher bewerten sie diesen Raum als überwiegend positiv. Die bei der Befragung erwähnten Sozialkontakte beziehen sich auf gemeinsame Aktivitäten außerhalb der eigenen Siedlung, Familienausflüge, Treffen mit Verwandten etc. Auch wenn die eigene *población* als „feindlicher Raum" wahrgenommen wird, bedeutet die Möglichkeit, jederzeit das eigene Viertel verlassen und sich außerhalb mit Bekannten treffen zu können, bzw. neue Kontakte zu knüpfen, einen positiven Wahrnehmungseffekt und Vorteil, über den die Bewohner von Santiago de Nueva Extremadura nicht verfügen.

Im Fall des *campamento* Esperanza Andina in Peñalolén musste die Fragestellung etwas modifiziert werden: Hier wurde ein Vergleich zwischen der Intensität der Sozialkontakte erstellt, die die *pobladores* während der Periode der *toma*-Phase (fünf Jahre) geknüpft und erlebt hatten und denjenigen Kontakte, die entstanden, nachdem ihre Gruppe auf dem provisorischen Terrain neben der Stadtverwaltung von Peñalolén angesiedelt wurde, während ihre definitiven Wohnungen (San Carlos) entstanden – und sie damit plötzlich in die unmittelbare Nachbarschaft von Mittelschichtsfamilien in geschlossenen, ummauerten Wohnvierteln gerieten. Dabei ist notwendig, darauf hinzuweisen, dass die befragten *pobladores* innerhalb der historischen *toma* Esperanza Andina seit ihrer Ankunft in diesem Sektor mindestens fünf Jahre Zeit hatten, um ihre Mitbewohner kennen zu lernen,

Fallstudie und ihre Ergebnisse 159

während das (provisorische) *campamento* Esperanza Andina zum Zeitpunkt der Befragung eben erst seit eineinhalb Jahren bestand.

Für die „historische" Phase, also die Zeit in der ursprünglichen toma Esperanza Andina, gilt, dass sich die allermeisten Sozialkontakte während dieser fünf Jahre innerhalb des großflächigen Areals, in dem mehr als 1.000 Familien zusammenlebten, abspielten. Sozialkontakte nach außerhalb bildeten in dieser Zeit eher die Ausnahme. Dies führte dazu, den Zugang zu alternativen Milieu und zu Kontakten, die einen Beitrag zur Verbesserung der eigenen Situation hätten leisten können, einzuschränken und die bereits oben beschriebenen „negativen Gleichgewichte" auch in diesem Fall aufrecht zu erhalten. Die Ungleichheiten verfestigen sich auf diese Weise.

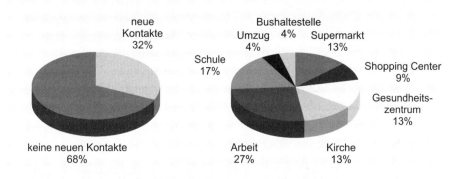

Abb. 12: Armenviertelsiedlung Esperanza Andina, Kommune Peñalolén, Santiago de Chile. Situationen und Orte der Kontakte. Provisorischer Standort.
Quelle: Eigene Zusammenstellung auf der Grundlage der Befragung

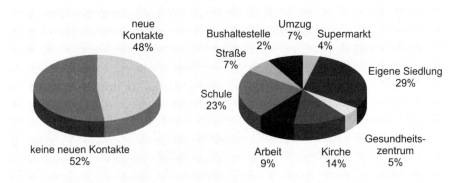

Abb. 13. Armenviertelsiedlung Esperanza Andina, Kommune Peñalolén, Santiago de Chile. Situationen und Orte der Kontakte. Endgültiger Standort.
Quelle: Eigene Zusammenstellung auf der Grundlage der Befragung

Demgegenüber ist der prozentuale Anteil von Befragten, die aussagen, in den zurückliegenden eineinhalb Jahren an dem provisorischen Standort zwischen dem Terrain der Stadtverwaltung Peñalolén und der *gated community* von Valle Oriente und ähnlichen Mittelschichtsvierteln in der Umgebung neue Sozialkontakte geschlossen und Menschen außerhalb des *campamento* kennen gelernt zu haben, beachtlich. Dabei ist die Frage nach dem geographischen Ort, an dem es zu diesen neuen Kontakten kam, außerordentlich wichtig, um die Tendenzen, die in dieser Analyse erkennbar werden, zu untermauern. Die offensichtliche Tendenz der Befragten, während der fünfjährigen Phase der historischen *toma* „innerhalb der unsichtbaren Grenzen der Siedlung zu bleiben", kontrastiert auf erstaunliche Weise mit dem Kommunikations- und Sozialverhalten während der anschließenden Zeit im provisorischen *campamento*.

Im derzeitigen Umfeld, also dem Interims-*campamento*, kann man feststellen, dass die Bewohner von Esperanza Andina die Grenzen ihrer Siedlung überschreiten und dass ein bedeutender Anteil von ihnen über die Arbeit soziale Kontakte geknüpft hat. Diese Information wird durch die Interviews und die vor Ort gemachten Beobachtungen insofern bestätigt, als dass trotz aller Konflikte und erlittener Ausgrenzungen und Diskriminierungen, tatsächlich Kontakte zwischen den Nachbarn aus den umliegenden Wohnquartieren und den Bewohnern von Esperanza Andina entstanden sind und zu dem Ergebnis geführt haben, dass zumindest eine erhebliche Zahl von Frauen aus dem *campamento* Arbeit im Supermarkt und in Privathaushalten gefunden hat.

Angesichts dieser Ergebnisse und der hier gemachten Ausführungen drängt sich die These auf, dass diese Kontakte im derzeitigen Umfeld in den eineinhalb Jahren seit dem Aufbau der provisorischen Siedlung möglich waren, weil das *campamento* Teil einer durchaus heterogenen Sozial- und Bebauungsstruktur bildete und es sich bei dem Interims-Esperanza Andina um eine räumlich eher kleine Armensiedlung handelte. Die neu entstandenen Sozialkontakte – also die erweiterten sozialen Netzwerke – reichen in diesem Fallbeispiel in den Ring, der die eigene Armenviertelsiedlung umgibt sowie in die Gesamtkommune Peñalolén hinein. Der Wichtigkeit dieser Tatsache wird von den Interviewpartnern bei der Bewertung ihrer eigenen Wohnzufriedenheit eindeutig Rechnung getragen.

6.5 Die Bewertung sozialer Probleme[119] aus einer *etic*-Perspektive

Der letzte Themenblock bei der Befragung der 300 Interviewpartner aus den drei für diese Fallstudie ausgewählten Armenvierteln konzentriert sich auf die Wahrnehmung, Einschätzung und Quantifizierung der sozialen Probleme im jeweiligen Wohnumfeld durch die Betroffenen. Die Gesprächspartner wurden im Rahmen der Interviews mit einer vor-

---

119 Die Einschätzungen und Wahrnehmungen gegenüber den sozialen Problemen innerhalb der unmittelbaren Umgebung der eigenen Wohnung, aber auch der des gesamten Armenviertels, wurden mit Hilfe einer – auf der Grundlage der Auswertung von Vorbereitungsinterviews – erstellten Check-Liste erfragt, die sich am Ende des Interviewbogens befand, um auf diese Weise nicht auf die eigenen Wahrnehmungen der befragten *pobladores* Einfluss zu nehmen.

Tab. 5. Zusammenfassung der Antworten auf die Fragen nach dem Ortsverhalten, der Wohnumfeld-Wahrnehmung und der Habitat-Zufriedenheit – sowie der Variablen im Zusammenhang mit Ausdehnung und der sozioökonomischen Homogenität urbaner Armenviertel

	Esperanza Andina	Arturo Prat	Santiago de Nueva Extremadura
Habitat-Zufriedenheit (Durchschnitt)	5,5	5,4	4,9
Bestevaluierter Raum	Wohnstraße	Kommune	Wohnung
Schlechtestevaluierter Raum	Stadt	Armenviertelsiedlung	Umgebung der eigenen Siedlung
Fahrtziele zur Arbeit	Eigene Kommune, andere Kommune	Eigene Kommune, andere Kommune	Eigene Siedlung, andere Kommune
Fahrtziele zur Arbeit der Frauen	Andere Kommune, eigene Kommune	Eigene Kommune, andere Kommune	Eigene Siedlung
Benötigte Fahrtzeit zur Arbeit	< = 60 Min.	< 60 Min.	> 60 Min.
Benötigte Fahrtzeit zur Arbeit des: - Mannes - der Ehefrau - anderer Mitbewohner	60 Min. 30 Min. 52 Min,	51 Min. 40 Min. 50 Min.	68 Min. 62 Min. 71 Min.
Art der Fortbewegung zur Arbeit	Bus – Fahrrad – zu Fuß	Bus – Fahrrad – zu Fuß	Bus
Fahrtziele für Einkäufe	Eigene Kommune	Eigene Kommune	Eigene Siedlung
Fahrtziele für Einkäufe der Ehefrau	Eigene Kommune	Eigene Kommune	Eigene Siedlung
Art der Fortbewegung auf dem Weg zum Einkaufen	zu Fuß – Bus	zu Fuß – Bus	Bus – zu Fuß

Quelle: Eigene Zusammenstellung auf der Grundlage der Befragung

bereiteten Liste mit verschiedenen Problemen, den dazugehörigen Einschätzungen und Quantifizierungen konfrontiert.

Aus den Antworten der Gruppe der interviewten *pobladores* aus Santiago de Nueva Extremadura ist die Tendenz zu erkennen, sich jeweils für die beiden Extrem- oder Maximal-Kategorien bei der Qualifizierung der aufgezählten sozialen Probleme zu entscheiden – also entweder zu antworten „das Problem ist äußerst schwerwiegend" *(muy*

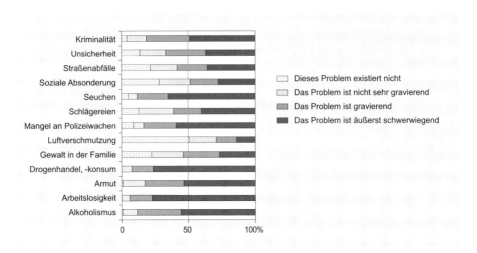

Abb. 14. *Armenviertelsiedlung Santiago de Nueva Extremadura, Kommune La Pintana, Santiago de Chile. Etic-Perspektive.*
Quelle: Eigene Zusammenstellung auf der Grundlage der Befragung

grave) – oder aber zu sagen: „Dieses Problem existiert nicht[120]". Unter den vorgegebenen Antwortmöglichkeiten auf die Frage, welches die gravierendsten sozialen Probleme im Armenviertel sind, entfallen die meisten Antworten auf: Arbeitslosigkeit, Drogenabhängigkeit, Belästigungen durch Ratten und sonstiges Ungeziefer *(plagas)* und das Fehlen von polizeilichem Schutz für die *población*. Mit etwas weniger Häufigkeit – aber immer noch einer relevanten Zahl von Antworten – werden genannt: exzessiver Alkoholkonsum, Armut, Kriminalität, Schlägereien auf den Straßen, das Gefühl ständiger Unsicherheit und die illegalen Müllhalden im Armenviertel.

Anders, als bei den frei formulierten Antworten aus der *emic*-Perspektive spielt für die Menschen aus Santiago de Nueva Extremadura demgegenüber die Wahrnehmung des Gefühls, sozial ausgeschlossen zu sein, dann, wenn, wie in diesem Teil der Befragung Antwortmöglichkeiten vorgegeben werden, keine zentrale Rolle mehr. Auch die Luftverschmutzung (in einer der smogbelastetsten Städte Lateinamerikas) wird von der Mehrheit der Befragten nicht als gravierendes Problem empfunden. Im Fall der Bewohner von Arturo Prat ist bei der Analyse der Antwortraster die Tendenz zu erkennen, sich jeweils an den Extremen der Qualifizierungsmöglichkeiten zu orientieren. Das heißt die Differenzierung zwischen *muy graves* und *no son problemas* ist klar und deutlich ausgeprägt. Die Interviewpartner aus der Armenviertelsiedlung Arturo Prat benennen unter den vorgegebenen Alternativen Arbeitslosigkeit, Drogenabhängigkeit und exzessiver Alkoholkonsum als die schwerwiegendsten Probleme ihrer *población*, denen sie sich im Alltag

---

120 Die Qualifizierungsmöglichkeiten in dieser Check-Liste reichen von: „das Problem ist äußerst schwerwiegend" *(muy grave)*, „das Problem ist gravierend" *(grave)*, „dieses Problem ist nicht sehr gravierend" *(menos grave)* und „dieses Problem existiert nicht" *(no es problema)*.

gegenübersehen. Ein geringerer Grad an Bedeutung wird der Belästigung durch Ratten und anderes Ungeziefer, dem Fehlen von Schutz durch die Polizei und dem Problem der Kriminalität beigemessen.

Demgegenüber werden von der Mehrheit der befragten Siedlungsbewohner Arbeitslosigkeit, Drogen- und Alkoholkonsum als „äußerst schwerwiegende" soziale Probleme eingestuft. Weniger extreme Bewertungen gibt es für Ratten- und Ungezieferplagen, das Fehlen von ausreichend Polizeiwachen im Viertel und die in der Umgebung der eigenen Wohnung erlebte Kriminalität.

Im Fall des in dem Raster aufgeführten Problems *pobreza* (Armut) oszillieren die Bewertungen zwischen „äußerst schwerwiegend" und „gravierend". Die soziale Ausgrenzung und die „wilden" Müllablagerungen mitten im Armenviertel stellen aus der Sicht der *pobladores* von Arturo Prat kein Problem dar *(no son problema)* – das Gleiche gilt kurioserweise auch für den Problembereich der innerfamiliären Gewalt. In der dritten Gruppe der interviewten *pobladores*, den Bewohnern des *campamento* Esperanza Andina, lässt sich eine gewisse Tendenz erkennen, sich bei den Qualifizierungsmöglichkeiten für die aufgezählten Probleme zwischen den Einstufungen „das Problem ist gravierend", „das Problem ist nicht sehr gravierend" sowie „das Problem existiert nicht" zu entscheiden.

Mit anderen Worten, der Grad an Schwere, die benannte Gesamtdimension der aufgezählten Probleme, ist – wie sich auch an der entsprechenden graphischen Darstellung erkennen lässt – weniger gravierend als in den beiden anderen Fallbeispielen. Auf der Grundlage des vorgelegten Fragenkatalogs werden von der Mehrheit der Interviewten

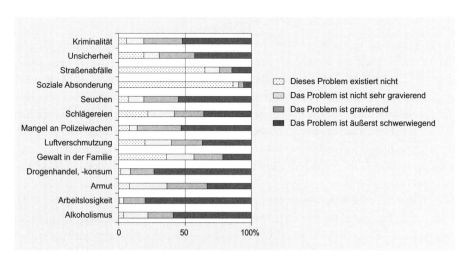

Abb. 15. Armenviertelsiedlung Arturo Prat, Kommune La Florida, Santiago de Chile. Etic-Perspektive.
Quelle: Eigene Zusammenstellung auf der Grundlage der Befragung

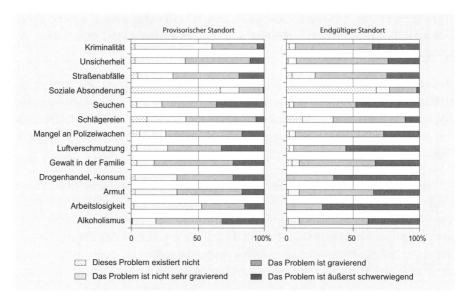

Abb. 16. Armenviertelsiedlung Esperanza Andina, Kommune Peñalolén, Santiago de Chile. Etic-Perspektive.
Quelle: Eigene Zusammenstellung auf der Grundlage der Befragung

aus Esperanza Andina die Gewalt in der Familie, der Mangel an Schutz durch die Polizei, Schlägereien auf der Straße, die Armut, der übermäßige Alkoholkonsum, das Gefühl von Unsicherheit, die „wilden" Müllablagerungen mitten im Viertel, der Drogenkonsum, die Luftverschmutzung und die Rattenplage sowie andere Belästigungen durch Ungeziefer als „gravierende" soziale Probleme eingestuft.

In der Einschätzung der Bewohner von Esperanza Andina bilden die Kriminalität und die Arbeitslosigkeit am derzeitigen, provisorischen Standort, im Gegensatz dazu keine gravierenden Probleme. Nur auf den ersten Blick überraschend fallen die Antworten auf die Frage nach der sozialen Ausgrenzung und Isolation aus. Die Befragten aus Esperanza Andina erklären mehrheitlich, dass diese beiden Phänomene für sie kein Problem darstellen würden. Dabei unterscheiden sich die Antworten im Blick auf die Situation am derzeitigen, provisorischen Standort im *campamento* Esperanza Andina – als auch bei der Frage nach der Situation in der zukünftigen, definitiven Siedlung, nur in Nuancen. Erklären lässt sich dieses Phänomen angesichts der unbestrittenermaßen persönlich erlebten Erfahrungen von Ablehnung, Ausgrenzung und Diskriminierung nur dadurch, dass die Bewohner von Esperanza Andina diese Demütigungen und Marginalisierungserlebnisse zu Beginn ihrer Zeit im provisorischen *campamento* nach eineinhalb Jahren – zum Zeitpunkt der Interviews – insofern selbst relativieren, als dass aus ihrer eigenen Wahrnehmung und Gewichtung heraus die eindeutigen Vorteile des Standortes ihres Wohnquartiers die erlebten Negativ-Erfahrungen aufwiegen.

In der Einschätzung der befragten Bewohner von Esperanza Andina stellt die Isolierung vom Rest der Stadt „kein Problem" dar. Das gilt sowohl für das Umfeld von Esperanza Andina am derzeitigen Standort als auch für das Umfeld am endgültigen Standort. Im Gegensatz zur Stadtgemeinde La Pintana sehen die interviewten Armenviertelbewohner von Peñalolén zwei entscheidende Vorteile bei der Bewertung ihres *campamento*, die sich innerhalb einer städtischen Struktur mit einem niedrigen Grad sozialer Segregation noch verstärken: Die geographische Lage und das Erleben von sozialer und funktionaler Integration, die der Wahrnehmung einer isolierten Lage im Hinblick auf die restliche Stadt entgegenwirkt[121].

Aus einer *etic*-Perspektive analysiert, wäre zu sagen, dass in diesem Fall eine urbane Struktur, die divers und heterogen ist, also keine großflächigen reinen Armenviertelsektoren aufweist, der Wahrnehmung von Segregation verringert. Sie verweisen allesamt auf die Wirkungen, die die jeweiligen Orte und ihre sozialräumliche urbane Struktur im Fall der drei Beispiel-*poblaciones* auf die Wahrnehmung und das durch diese Wahrnehmung beeinflusste Verhalten ihrer Bewohner haben. Aufschlussreich ist in unserem Kontext vor allem das Phänomen, dass die *pobladores* von Esperanza Andina die beschriebenen sozialen und politischen Probleme (Ausgrenzung durch die Bewohner vor allem von Valle Oriente) ganz offensichtlich relativieren und sie lediglich als „gravierend", „nicht sehr gravierend" oder gar als „nicht existent" bezeichnen. Sie machen auf diese Weise ihre Zufriedenheit mit dem sozial vielgestaltigen (heterogenen) Umfeld ihrer Siedlung deutlich. Dieser Aspekt stellt einen wichtigen Hinweis im Zusammenhang mit möglichen Schritten auf dem Weg zu einer Reduzierung von Ab- und Ausgrenzungsprozessen innerhalb des urbanen Ballungsraumes von Santiago de Chile dar.

---

121 Zu einem ganz ähnlichen Befund gelangte bereits 1974 ERMUTH, der mit seinen Untersuchungen zeigte, dass sich Habitat-Zufriedenheit eindeutig auch am wahrgenommenen Grad der eigenen Isolierung und Ausgrenzung orientiert.

7 Diskussion und zusammenfassende Bewertung

Durch die Auswertung der Befragungsergebnisse lässt sich also belegen, dass, wie in den Hypothesen, die dieser Arbeit zu Grunde liegen, vermutet worden war, die Verringerung der geographischen Distanz zwischen Unterschicht- und Mittelschicht-Wohnvierteln den *pobladores* (Armenviertelbewohnern) insofern nutzt, als dass sie ihre Fähigkeit stärkt, sich gegenüber den offenkundigen Zurückweisungen durch die Bewohner der wohlhabenderen Vierteln nicht nur zur Wehr zu setzen, sondern darüber hinaus für sich aus den wahrgenommenen Standortvorteilen Chancen zu erschließen. Damit gelingt es ihnen, den Phänomenen des Sozialzerfalls, die in der stadtgeographischen Literatur im Zusammenhang mit einer Politik der forcierten sozialräumlichen Trennung (Gettoisierung) gesehen werden – und deren Folgen vor allem am Fallbeispiel Santiago de Nueva Extremadura drastisch zu beobachten sind – zu widerstehen.

Die unmittelbare geographische Nachbarschaft – und das belegt das Fallbeispiel der Bewohner des *campamento* Esperanza Andina und der deutlich besser situierten Mittelschichtfamilien von Valle Oriente in Peñalolén – reduziert nicht nur räumliche Distanzen sondern auch den Grad von Abstraktion und Stereotypen-Bildung beim gegenseitigen Blick aufeinander. Die Menschen aus beiden Siedlungen begegnen sich physisch – und sei es im Supermarkt. Sie gehen – sobald sich Dienstleistungs- und Arbeitsbeziehungen entwickeln – auf eine direkte Kommunikation ein, die, wie die Geschichte des zeitweisen Nebeneinanders der beiden Siedlungen in Peñalolén erkennen ließ, Vorurteile abbauen und Spannungen reduzieren hilft.

Umgekehrt bedeutet das, dass – in Bezug auf die zweite Hypothese – das Gefühl von Segregation und urbaner Marginalität, die eigene Wahrnehmung, ausgeschlossen zu sein und es für alle Zeiten zu bleiben, von den Betroffenen vor allem mit der sozialräumlich homogenen Struktur ausgedehnter Armenviertelsektoren und ganzer Peripheriestadtteile, die sich in großer geographischer Distanz zu besser situierten Vierteln befinden – wie etwa der Kommune La Pintana – assoziiert wird.

Im Gegensatz dazu, so die dritte Hypothese, könnten sozialräumliche Veränderungs- und Annäherungsprozesse, wie sie in dieser Arbeit am Beispiel von Peñalolén beschrieben wurden, für Bewohner von Armenvierteln den geographischen Maßstab und damit die soziopathologischen Auswirkungen der Segregation reduzieren, die Zufriedenheit gegenüber ihrem Habitat vergrößern sowie die Wahrnehmung der eigenen Situation verbessern. Diese Annahmen stützen sich – wie dargestellt – auf eine Wahrnehmungsstudie mit *pobladores* aus unterschiedlichen Armutskontexten. Dafür war jedoch die Ausweitung des Konzeptes der Wohnzufriedenheit hin auf eine dynamische Umfeldperspektive notwendig. Folgende Aussagen lassen sich auf der Grundlage der Ergebnisse der Befragung ableiten:

- Die Anwendung des Ringmodells als methodologisches Analyseinstrument zeigt im Ergebnis der Befragungen der pobladores aus den drei Armenviertelsektoren eine höchst differenzierte und komplexe Wahrnehmung des umgebenden urbanen Raumes: Dabei sind deutliche Unterschiede zwischen den Wahrnehmung der Interviewpartner in den drei als Fallbeispiele ausgewählten Armenviertelsektoren zu erkennen:

- Der Vergleich zwischen Faktoren der Habitat-Zufriedenheit verdeutlicht, welchen Einfluss unterschiedliche geographische Distanzen auf unterschiedliche Standorte und unterschiedliche Umgebungen bzw. Lebens- und Zukunftsperspektiven der Befragten haben. Die Bewohner von Esperanza Andina, der von der Fläche her kleinsten Armenviertelsiedlung – umgeben von heterogenen Sozialstrukturen – zeigen eine deutlich differenzierte Wahrnehmung gegenüber den verschiedenen frequentierten Räumen und den in den Interviews zur Sprache gebrachten Faktoren der Habitat-Zufriedenheit. Sie nehmen ihre urbane Umgebung also bewusster wahr als die Bewohner der beiden anderen Armenviertel.122

Großflächige homogene Räume mit Lebenssituationen von Armut oder extremer Armut verstärken hingegen tendenziell undifferenzierte Umfeld-Wahrnehmung. Diese spiegeln die Lebenserfahrung mit Agglomerationen von Habitat-Situationen wie Hütten, überbelegten, viel zu kleinen Sozialwohnungen, von Müll übersäten Straßen und einer Vielzahl weiterer Phänomene struktureller Gewalt wider. Daraus abgeleitete Negativ-Wahrnehmungen werden auf alle anderen Ringkomponenten projiziert.

Sie erscheinen homogen und undifferenziert. In diesem sozioökonomisch einheitlichen Wohnumfeld ohne Überschneidungen und Nachbarschaften mit Bevölkerungsgruppen unterschiedlichen Einkommens- und Lebenssituationen dominiert für die Interviewten das Gefühl des Ausgeschlossenseins und die Bedrohung durch Gewalt und Drogenkriminalität. Die Habitat-Zufriedenheit wird daher durch negative Faktoren beherrscht – und zwar, das ist von entscheidender Bedeutung, durchgehend für alle Segmente des Ringmodells.

Dieser Vergleich der unterschiedlichen Faktoren, die für Habitat-Zufriedenheit ausschlaggebend sind, ermöglicht eine Orientierung bei der Antwort auf die Frage, welche Größe idealtypisch eine Wohnsiedlung mit Bewohnern aus Lebenssituation von Armut haben sollte, um einer tendenziell äußerst pessimistischen Wohnumfeld-Wahrnehmung mit autodestruktiven Zügen entgegen zu wirken:

Die Befragungsergebnisse deuten – wie wir gesehen haben – darauf hin, dass auf alle Fälle eine *población* von den geographischen Ausmaßen des Fallbeispiels Esperanza An-

---

122 Alle diese Aussagen und Beobachtungen verdienen es, nicht nur als Ergebnisse sondern auch als neue Fragen und Hypothesen angesehen zu werden, die einer weiteren sozialwissenschaftlichen Erforschung bedürfen. Sie müsste beispielsweise noch einmal gesondert untersucht werden, welche Wirkung der Grad an Organisationserfahrung auf diese differenzierte Wahrnehmung ausübt.

dina (also einer relativ kleinen Armenviertelsiedlung – umgeben von heterogenen Sozialstrukturen) sowie eine Armenviertelsiedlung mittleren Ausmaßes wie Arturo Prat mit einsetzenden heterogenen Sozialstrukturen deutlich bessere Zufriedenheitswerte erzielen und zwar, wie bei den Interviewantworten deutlich geworden ist, vor allem, weil soziale Integrationschancen – fiktive oder tatsächliche – wahrgenommen werden.

Einen interessanten Hinweis in Zusammenhang mit der Frage nach einer „humanen Dimension" einer Armenviertelsiedlung bilden die Interviewantworten zu den täglich zurückgelegten Wegen und Fahrtrouten.[123] Der Wunsch der Menschen, in einer *población* zu wohnen, deren wesentliche Orte zu Fuß zu erreichen sind – genauso wie die wichtigsten Anlaufstellen außerhalb des Armenviertels (Supermarkt, Gesundheitszentrum, Schulen etc.) – wurde bei den Gesprächen immer wieder hervorgehoben. Werden – wie im Fall von La Pintana – geographische Ausmaße erreicht, die selbst innerhalb des Armenviertels nur eine Fortbewegung mit dem Bus zulassen, wachsen Probleme und Spannungen – vor allem aber das Gefühl des Ausgeschlossenseins.

Im Licht dieser Untersuchung ist es daher erstrebenswert, dass innerhalb eines Viertels Menschen unterschiedlicher sozialer Herkunft und sozioökonomischer Kondition zusammenleben. Soziale Wohnungsbauprogramme benötigen ganz eindeutig, was ihre Flächenausdehnung und die Zahl ihrer Bewohner anbelangt, Obergrenzen!

Ihre Standortwahl ist entscheidend für die Vermeidung von strukturellen Konflikten – wie sozialer Ausgrenzung und Isolation. Die Schaffung großflächiger Armenviertelgettos an der Peripherie der Städte birgt erhebliche Risiken für die Integrationsfähigkeit des urbanen Raumes, die Nachhaltigkeit der Stadt. Soziale Wohnungsbauprojekte – gerade auch im lateinamerikanischen Kontext – müssen so entwickelt werden, dass sie den Bewohnern ausreichend Platz bieten, ihre Bedürfnisse u. a. nach einem Gleichgewicht zwischen Intimsphäre und Kommunikation berücksichtigen – und von ihrer architektonischen Gesamtgestaltung her der Tatsache rechnen tragen, dass vor allem junge Familien mit vielen Kindern die wichtigste Bevölkerungsgruppe bilden werden – und diese Wohnungsbauprojekte nicht stigmatisierend wirken dürfen, abschreckend für die eigenen Bewohner und die Nachbarn in den umgebenden Siedlungen.

Die sozioökonomische Struktur des Wohnumfeldes ist entscheidend für die Einschätzung von heterogenen und homogenen Wohnumfeld-Situationen und hat auf Wahrnehmungen entweder einen positiven oder negativen Einfluss:

Eine sozialräumlich heterogene Struktur des Wohnumfeldes wird von den Bewohnern eines Armenviertels als Chance und als Lebensqualitätsmerkmal wahrgenommen. Anders formuliert, eine große sozialräumliche Distanz zwischen Wohngebieten von Angehörigen unterschiedlicher Einkommensgruppen ist eine der Ursachen für sich verstärkende Vere-

---

123 Siehe auch MAX NEEF 2001, SCHUMACHER 2001 und PEARCE 2001.

lendungsprozesse und die Exklusion ohnedies benachteiligter Bevölkerungsgruppen. Die Umgebung der eigenen Siedlung wird als der problematischste aller frequentierten Räume betrachtet, als eine Barriere, die den Zugang zum Rest der Stadt erschwert.

Diese sozioökonomische Grenzziehung bildet – vor allem, wenn die Segregation zur Expansion sozial homogener Armenviertel mit großer Flächenausdehnung führt – einen Schlüsselfaktor zur Verstärkung sozialer Zerfallsprozesse mit ihren bekannten psychosozialen Konsequenzen. Deutlich wird am Beispiel einer Armenviertelsiedlung mittleren Ausmaßes – mit einsetzenden heterogenen Sozialstrukturen – die positive Wahrnehmung eines sozioökonomisch relativ heterogenen Wohnumfeldes. Der Standort, das Gefühl von Integration (Zugang zur urbanen Infrastruktur und Arbeitsmöglichkeiten im Dienstleistungsbereich) sowie die soziale Umgebung sind Zufriedenheitsfaktoren.

Drogenkonsum und Drogenkriminalität sind dominante Bedrohungsfaktoren, die starken negativen Einfluss auf die Wohnumfeld-Wahrnehmung ausüben:

Im Fall einer großflächigen Armenviertelsiedlung mit durchgehend homogenen Armutsstrukturen, aber auch am Beispiel einer Armenviertelsiedlung mittleren Ausmaßes – mit einsetzenden heterogenen Sozialstrukturen – wird durch die Ergebnisse der Befragung deutlich, wie dominant die Faktoren Drogenkonsum und Drogenkriminalität die Habitat-Zufriedenheit beinträchtigen und für eine extreme Negativ-Wahrnehmung sorgen.

Die Auswertung der Interviews lässt folgende Hypothese zu: Während es in der *población* Santiago de Nueva Extremadura in La Pintana – also einer großflächigen Armenviertelsiedlung mit durchgehend homogenen Armutsstrukturen – vor allem der massive Drogenkonsum männlicher Jugendlicher ist, der tagtäglich im unmittelbaren Wohnumfeld beobachtet und deshalb als Bedrohung wahrgenommen wird, weil er mit dem Zerfall der Familien, Krisen, Gewalt und Beschaffungskriminalität, die auch nicht vor der eigenen Verwandtschaft Halt macht, assoziiert wird, ist im Gegensatz dazu im Fall Arturo Prat in La Florida nicht der Drogenkonsum an sich, sondern der Drogenhandel das entscheidende Bedrohungselement. Am Beispiel dieser Armenviertelsiedlung mittleren Ausmaßes mit einsetzenden heterogenen Sozialstrukturen wird die geringe Wertschätzung der Bewohner für ihre eigene Siedlung aus der Wahrnehmung einer massiven ständigen Bedrohung durch eine organisierte Drogenkriminalität, die sich die strategisch günstige Lage der *población* zu Nutze macht, um von hier aus zu operieren, nachvollziehbar. Hier geht es jedoch nicht mehr um potenzielle oder auch imaginäre Bedrohungen, sondern, wie die Interviews zeigen, um handfeste empirische Erfahrungen, die das Gefühl vermitteln, mitten in einem Schauplatz häufiger bewaffneter Auseinandersetzungen zu leben. Die nachfolgende Tabelle bezieht sich auf diese Hypothese:

Tab 6. Drogenkonsum und Drogenhandel, Ausdehnung und Homogenität von urbanen Armenvierteln

Armut – Ausgrenzung – Drogen		
Geographische Dimension der Segregation	**Drogenhandel**	**Drogenkonsum**
Großflächige Armenviertelsiedlung mit durchgehend homogener Armutstruktur		**Santiago de Nueva Extremadura**: Die Wahrnehmung der Bedrohung steht in Beziehung mit der unmittelbaren Umgebung der eigenen Wohnung – und sie ist vor allem mit der Beobachtungen intensiven Drogenkonsums unter Jugendlichen aus der Nachbarschaft assoziiert
Armenviertelsiedlung mittleren Ausmaßes – mit einsetzenden heterogenen Sozialstrukturen	**Arturo Prat:** Die Wahrnehmung der Bedrohung bezieht sich auf Beobachtung von und die Erfahrungen mit bewaffneten Drogenhändlern, die aus diesem Viertel heraus operieren.	
Relativ kleine Armenviertelsiedlung – umgeben von heterogenen Sozialstrukturen	**Esperanza Andina:** Wirksame Mechanismen sozialer Kontrolle durch die Armenviertelbewohner verhindern die Proli-feration dieses Phänomens	**Esperanza Andina:** Wirksame Mechanismen sozialer Kontrolle durch die Armenviertelbewohner verhindern die Proliferation dieses Phänomens

Quelle: Eigene Zusammenstellung auf der Grundlage der Befragung

Das Fallbeispiel eines von seiner Ausdehnung her kleinen Armenviertels zeigt, dass es den Bewohnern trotz vorausgegangenen Erfahrungen mit Anfeindungen und sozialer Ausgrenzung gelingen kann, eine relativ hohe Habitat-Zufriedenheit zu erreichen, die für sie vor allem auf der Tatsache der umgebenden heterogenen Sozialstrukturen beruht:

Die Ergebnisse der Befragung der *pobladores* aus dem *campamento* Esperanza Andina belegen, dass das heterogene Umfeld mit seinen Chancen und Möglichkeiten überwiegend als wichtiger Standortvorteil und als Begründung für einen relativ hohen Grad an Habitat-Zufriedenheit wahrgenommen wird. Dieses Ergebnis überrascht in seiner Eindeutigkeit aus zwei Gründen: Erstens sind in keinem der drei Fallbeispiele die tatsächlichen Wohn- und Lebensbedingungen so prekär, die pro Person zur Verfügung stehende

Wohnfläche so gering und die hygienischen und sanitären Bedingungen so verheerend wie in der *campamento*-Siedlung mit ihren Hütten. Zweitens stellt die Erfahrung der zunächst kategorischen Ablehnung der *campamento*-Familien durch die Bewohner der umgebenden Mittelschichtsviertel das große kollektive Trauma für diese *pobladores*-Gruppe dar, das in unzähligen Gesprächen immer wieder erwähnt wird – und Teil des Gründermythos dieser Siedlung bildet.

Die Vermutung liegt nahe, dass das gemeinschaftliche Sich-nicht-Abfinden mit Stigmatisierung und Segregation, der Kampf gegen die Diskriminierung eine selbstbewusstseinssteigernde Wirkung – also Identifikation und Identität – auslöst und die im Anschluss daran möglich gewordenen Erfahrungen mit dem heterogenen Umfeld sich in Habitat-Zufriedenheit niederschlagen. [124]

Die Bewegungsmuster, die sich aus den Interviewergebnissen mit den *pobladores*-Gruppen aus den drei Armenvierteln ergeben, unterscheiden sich untereinander deutlich:

Diese Differenzen sind auch für die Fragen nach dem persönlichen Kommunikationsverhalten, bzw. *locus of control*[125] und den, im Vergleich zwischen den drei Sample-Gruppen deutlich verschiedenen, sozialen Netzwerkstrukturen von großer Relevanz[126]. In Santiago de Nueva Extremadura, La Pintana, fällt auf, dass die Zahl der täglichen Busfahrten deutlich unter denen der beiden anderen Fallbeispiele liegt, sich also sehr viel weniger Menschen täglich auf den Weg zu einem Arbeitsplatz machen als in Arturo Prat und Esperanza Andina. Unter denjenigen Interviewten in Santiago de Nueva Extremadura, die angeben, täglich zu arbeiten, befindet sich eine relevante Zahl von Personen, die das innerhalb des eigenen Armenviertels tun – und zwar vor allem als Haushaltshilfen. Sie sind es, die bei den Interviewgesprächen immer wieder betonen, wie sehr sie unter der extremen Reduzierung ihres Bewegungsradius innerhalb der eigenen *población* leiden.

Charakteristisch für dieses erste Fallbeispiel ist auch das Ergebnis, dass die (männlichen) Haushaltsvorstände und andere Personen, die innerhalb der Familie erwerbstätig sind,

---

124 Siehe auch GATICA 2002
125 Die Unterscheidung zwischen einem *internal locus of control* und einem *external locus of control*, die aus der lerntheoretischen Persönlichkeitspsychologie abgeleitet wird (ROTTER 1966), bietet sich in unserem Kontext vor allem deshalb als ein hilfreiches Unterscheidungsmerkmal an, weil gerade für die Frage nach der Habitat-Zufriedenheit so zentrale Bedeutung des Gefühls von Sicherheit oder Unsicherheit ganz entscheidend mit Selbstbestimmung, Autonomie und der Möglichkeit zur Nutzung der eigenen Ressourcen in Verbindung steht. Die Lebensbedingungen in Santiago de Nueva Extremadura – mit der tagtäglichen Erfahrung von Armut, Isolation und Segregation – beeinflussen den *locus of control* ganz entscheidend. Die Auswertung der Antworten aus Santiago de Nueva Extremadura lässt den Schluss zu, dass die interviewten *pobladores* glauben, durch ihr eigenes Verhalten die Ereignisse in ihrem Leben kaum oder gar nicht beeinflussen zu können, sondern weitestgehend schutzlos den „äußeren Umständen" ausgeliefert zu sein. Dieser Eindruck wiederholt sich bei den Antworten aus Arturo Prat und Esperanza Andina nicht. Am deutlichsten wird dieser Unterschied bei der Gegenüberstellung der Antworten aus La Pintana und denen aus Peñalolén: Im Fall von Esperanza Andina sind die Bewohner am stärksten davon überzeugt, ihren Lebensalltag, ihre Lebens- und Habitat-Konditionen selbst beeinflussen bzw. gestalten zu können. Hier ist der *internal locus of control* im Sinne der Definition von Rotter am ausgeprägtesten.
126 siehe SHELLER&URRY (2006)

ebenfalls angeben, sich vor allem innerhalb des eigenen Sektors zu bewegen. Da es in Santiago de Nueva Extremadura definitiv kein produzierendes Gewerbe, sondern lediglich einige wenige – teilweise informelle – Dienstleistungsanbieter gibt, ist die relativ hohe Zahl von Nennungen nur dadurch zu erklären, dass die Betroffenen nur sporadisch über eine Einkommensmöglichkeit verfügen und die gegebenen Antworten vor allem bedeuten: „Ich bin arbeitslos".

Der Gegensatz zu den Interviewten des zweiten Fallbeispiels, Arturo Prat, besteht darin, dass dort eine relevante Gruppe existiert, die aussagt, auf Fahrtstrecken zum Arbeitsplatz das eigene Armenviertel zu verlassen aber sich dennoch innerhalb der eigenen Kommune, La Florida, zu bewegen. Das gilt sowohl für Männer als auch Frauen. Im Fall von Arturo Prat lässt sich bei den interviewten Frauen im Vergleich zu Santiago de Nueva Extremadura ein deutlich größerer Bewegungsradius beobachten. Die genannten Fahrtziele sind weiter von der eigenen Wohnung entfernt, die frequentierten Räume großflächiger. Dieses Grundmuster wiederholt sich im Prinzip auch im dritten Fallbeispiel, bei den Befragten aus dem *campamento* Esperanza Andina: Zwar gibt es auch hier eine Gruppe von Bewohnern, die antwortet, sich zum Arbeiten nur innerhalb der Stadtgemeinde Peñalolén zu bewegen, demgegenüber steht jedoch eine Mehrheit derjenigen, die Peñalolén jeden Tag verlässt, um in anderen Teilen der Stadt zu arbeiten. In diesem dritten Fallbeispiel lässt sich klar erkennen, wie sehr sich die genannten Bewegungsradien noch einmal – auch im direkten Vergleich zu Arturo Prat – ausgeweitet haben.

Die Interviewpartner aus Santiago de Nueva Extremadura sind diejenigen, die über die längsten Anfahrtswege zu ihren Arbeitsorten berichten und dafür die meiste Zeit benötigen (und zwar bis zu eineinhalb Stunden pro Fahrtweg – also drei Stunden pro Arbeitstag). Das gilt vor allem für diejenigen, die entweder auf Baustellen in den Oberschichtsvierteln – oder, im Fall der Frauen, als Haushaltshilfen, tätig sind.

Im Fall von Arturo Prat reduzieren sich die benötigten Fahrtzeiten im Vergleich mit den Interviewpartnern aus Santiago de Nueva Extremadura im Durchschnitt um bis zu 30 Minuten – vor allem dann, wenn sich die jeweiligen Arbeitsplätze innerhalb der eigenen Stadtgemeinde, La Florida, befinden. Ein ähnliches Bild zeigen die Ergebnisse des dritten Fallbeispiels: Ein Großteil der Bewohner des *campamento* Esperanza Andina benötigt zwischen 30 und 60 Minuten, um zu ihrem jeweiligen Arbeitsplatz zu gelangen – und zwar vor allem dann, wenn es um Tätigkeiten in den benachbarten Mittel- und Oberschichtskommunen geht.

Auf alle Fälle lässt sich in den beiden letztgenannten Fallbeispielen ganz eindeutig eine im Vergleich zu Santiago de Nueva Extremadura deutlich verkürzte tägliche Fahrzeit zu den jeweiligen Arbeitsplätzen nachweisen. In der Gesamtwahrnehmung der Habitat-Zufriedenheit spielt dieser Aspekt eine wichtige Rolle. Extrem lange Wege zu Arbeitsmöglichkeiten erhöhen das Gefühl von Segregation und Isolation. Die deutlich besseren

Verkehrsanbindungen im Fall von La Florida und Peñalolén, breite Straßen mit zahlreichen Buslinien – oder gar die neuen U-Bahnlinien in diese beiden Kommunen – tragen stattdessen zur Habitat-Zufriedenheit und dem Gefühl, teil zu haben, bei.

In keinem der für diese Untersuchung ausgewählten Armenviertel sind die Bewohner so vom öffentlichen Nahverkehr abhängig wie in Santiago de Nueva Extremadura – und zwar aus zwei Gründen, erstens, weil sie über keinerlei andere Möglichkeit verfügen, um ihren meistens weit entfernt liegenden Arbeitsplatz zu erreichen, sowie zweitens, weil das übermächtige Gefühl einer generalisierten Unsicherheit selbst kurze Wegestrecken zu Fuß oder mit dem Fahrrad ausschließt.

In Arturo Prat sind die Busse des privatwirtschaftlich organisierten, öffentlichen Nahverkehrssystem ebenfalls das wichtigste Fortbewegungsmittel, um zum Arbeitsplatz zu kommen. Allerdings gibt ein Teil der Interviewten in diesem Fall an, entweder mit dem Fahrrad oder zu Fuß zur Arbeitsstelle zu gelangen – das gilt gleichermaßen für die männlichen „Haushaltsvorstände" als auch für die befragten Frauen – und zwar vor allem dann, wenn sie innerhalb derselben Stadtgemeinde La Florida Arbeit gefunden haben. Die Erwähnung des Fortbewegungsmittels Fahrrad oder die Tatsache, dass eine Reihe der Befragten täglich längere Wegstrecken zu Fuß zurücklegt, können als indirekte Hinweise darauf interpretiert werden, dass das Gefühl generalisierter Unsicherheit bei dieser Gruppe von Armenviertelnbewohnern nicht ganz so groß ist wie im Fallbeispiel aus La Pintana – aber möglicherweise auf der anderen Seite das Gefühl der Identifikation mit der umgebenden Stadtlandschaft und die daraus abgeleitete Orientierungssicherheit höher entwickelt sind.

Bereits im zweiten Fallbeispiel, Arturo Prat, machen die Antworten auf diesen Fragenbereich einen wichtigen Unterschied deutlich: Obwohl auch hier für alle diejenigen, die außerhalb der Kommune La Florida eine Einkommensmöglichkeit gefunden haben, lange Busfahrten unumgänglich sind, gibt eine relevante Gruppe von Interviewten an, täglich erhebliche Wegstrecken entweder zu Fuß oder dem Fahrrad zurück zu legen. Das deutet darauf hin, dass in diesem Fall das generalisierte Gefühl von Bedrohung und Angst nicht so stark ausgeprägt ist wie in La Pintana, sich die Bewohner von Arturo Prat in der sie umgebenden Stadtlandschaft zu orientieren vermögen und sicherer fühlen. Ihr *locus of control*, um diesen Begriff aus der Sozial- und Lernpsychologie zu verwenden, ist stärker intern – selbstbestimmt, und nicht extern, außenbestimmt.

Diese Beobachtung aus Arturo Prat ist auch für das dritte Sample, die interviewte Gruppe aus Esperanza Andina, gültig. Erneut gibt es hier einen relevanten Teil der Befragten, der sich täglich zu Fuß oder mit dem Fahrrad innerhalb und außerhalb des *campamento* bewegt, auf diese Weise erhebliche Strecke in Peñalolén zurücklegt und dabei keine außergewöhnliche Gefährdung empfindet. Die Beziehung zu den umgebenden geographischen Räumen ist nicht in erster Linie durch Traumaerfahrungen geprägt, sondern überwiegend

Diskussion und zusammenfassende Bewertung

positiv. Diese Tatsache hat entscheidenden Einfluss auf die Habitat-Zufriedenheit und den *locus of control*.

Wie stark im Fall der Armenviertelsiedlung Santiago de Nueva Extremadura die Wahrnehmung der eigenen Isolation und die Erfahrung des Ausgegrenztseins sämtliche Aspekte des Alltags beherrschen, wird auch aus den Antworten auf die Frage nach den Einkaufsorten überdeutlich. Ein wichtiger Teil der Interviewten aus dieser *población* gibt an, fast alle Einkäufe innerhalb des eigenen Armenviertels zu tätigen. Fahrten in das Stadtzentrum bilden die Ausnahme. Das Getto als Wohn-, Arbeits- und Versorgungsort wirkt wie ein fast vollständig geschlossenes System. Die Bewegung innerhalb dieses Systems ist – wie wir gesehen haben – mit Ängsten behaftet. Das System zu verlassen – und sei es nur zum Einkaufen – erscheint dagegen ebenso schwierig.

Wie bereits bei der Untersuchung der Bewegungsmuster deutlich wurde, haben die jeweiligen geographischen Spezifika der drei für diese Untersuchung ausgewählten Armenviertel starken Einfluss auf das Kommunikationsverhalten der Bewohner (Ortseffekte und Kommunikationsverhalten):

So räumen die *pobladores* aus Santiago de Nueva Extremadura unumwunden ein, große Schwierigkeiten zu haben, innerhalb der *población* oder ihrer Umgebung Sozialkontakte zu knüpfen. Eine der häufigen Begründungen lautet, vor allem aus „Angst vor Problemen" keine Kontakte mit Nachbarn zu haben. Die beiden Aussagen, dass die eigene Wohnung nur verlassen würde, wenn es unumgänglich sei – und am alten Wohnort, vor der Umsiedlung nach La Pintana, viel mehr Sozialkontakte und eine ganz andere Art des nachbarschaftlichen Miteinanders erlebt zu haben, bilden weitere Belege für die Selbstwahrnehmung von Entwurzelung und Isolation.

Die Auswertung der Interviews legt folgende Schlussfolgerungen nahe:
- Es ist die Dimension und Homogenität des Armenviertels, das über das Sozialverhalten seiner Bewohner mitbestimmt,
- Entscheidender Einfluss kommt aber auch der geographischen Lage zu: Je größer der Abstand zu heterogenen Stadtstrukturen und Knotenpunkten, umso stärker ist die Wahrnehmung der „unsichtbaren Grenzen" ausgeprägt,
- Das Trauma der erzwungenen Umsiedlung an die äußerste Peripherie der Metropole überträgt sich von der physisch involvierten Generation auf die nächste, die die Deportation gar nicht selbst miterlebte, aber ihr Kommunikations- und Sozialverhalten an diesem Schlüsselerlebnis ausrichtet,
- Frauen sind stärker als Männer von dem Gefühl der Segregation betroffen. Für sie ist das Getto allgegenwärtiger und totaler als für die Männer.

Ein weiterer empirischer Befund ist, dass der Mangel an „grenzüberschreitenden" Kontakten in andere Stadtteile und andere soziale Schichten hinein dazu beiträgt, die Alternativen und Möglichkeiten zu verringern, einen Beitrag zur Verbesserung der eigenen Situation leisten zu können. Stattdessen trägt dieses äußerst prekäre, labile und dabei sozial homogene Beziehungssystem dazu bei, negative Gleichgewichte zu konservieren, die Wahrnehmung einer insgesamt bedrohlichen und feindlichen Umwelt zu verfestigen und die Nutzung anderer geographischer Räume – jenseits dieser imaginären Grenze – extrem zu erschweren.

Die Folge: Segregation und soziale Ungleichheiten werden vertieft und verfestigt. Aus der Segregation entwickelt sich, wie wir in Santiago de Nueva Extremadura eindrucksvoll beobachten können, eine Tendenz der Selbst-Einschließung. Die betroffenen Menschen verlieren den öffentlichen Raum um sie herum als einen für sie zugänglichen Lebens- und Kommunikationsbereich. Die ständige Wahrnehmung von Gefährdung verursacht ein Absterben von sozialer Interaktion zwischen Nachbarn – aber trägt auch dazu bei, dass die Kommunikationsfähigkeit zu Menschen außerhalb des eigenen Armenviertels und zu Menschen aus einer anderen sozialen Schicht nachhaltig beschädigt wird.

Der Gegensatz zwischen dem ersten und dem zweiten Fallbeispiels ist evident: In Arturo Prat kämpfen die Bewohner zwar ebenfalls mit der Wahrnehmung von Unsicherheit und Gefahr in der eigenen *población* und klagen über die Auswirkungen von Drogenkonsum und Drogenhandel auf ihre eigene Sicherheit, aber trotzdem empfinden sie die Grenzen um ihren unmittelbaren Lebensbereich herum als „passierbar". Die Kommune La Florida als Ganzes bildet für sie einen wichtigen Orientierungs- und Identifikationsrahmen. Auch wenn die eigene *población* als voller Gefahren wahrgenommen wird, bewirkt die Möglichkeit, jederzeit das eigene Viertel verlassen und über Sozialkontakte nach außen zu verfügen einen positiven Wahrnehmungseffekt und stellt einen Vorteil dar, über den die Bewohner von Santiago de Nueva Extremadura nicht verfügen.

Im dritten Fallbeispiel muss bei der Analyse der Antworten differenziert vorgegangen werden: Während der „historischen" Phase der fünf Jahre in der ursprünglichen *toma* Esperanza Andina spielten sich Sozialkontakte überwiegend innerhalb dieses 14 Hektar großen Areals, in dem die 840 Familien zusammenlebten, ab. Das gesamte soziale Leben im Kontext mit der *toma* war nach innen gerichtet, hatte die Funktion, den Zusammenhalt der *pobladores* zu sichern, die Grundbedürfnisse den Menschen im *campamento* zu befriedigen, den Alltag zu strukturieren und sich permanent nach außen – etwa gegen *carabineros* oder Behörden – zu verteidigen.

Sozialkontakte nach außerhalb bildeten in dieser Periode die Ausnahme. Ähnlich wie in La Pintana führte dies dazu, den Zugang zu alternativen Milieu und zu Kontakten, die einen Beitrag zur Verbesserung der eigenen Situation hätten leisten können, einzuschränken und die an der *toma* Beteiligten zu isolieren. Aus ganz anderen Gründen wie in Santiago de Nueva Extremadura kommt es auch im *campamento* Esperanza Andina zum Phänomen der Selbstisolation – angebracht wäre hier jedoch wohl eher der Begriff

"Wagenburgmentalität" – ausgelöst von dem permanenten Gefühl, in einem existentiellen Kampf gegen die Grundstückseigentümerin, die Stadtverwaltung und die Gesellschaft ganz allgemein zu stehen.

Diese Situation verändert sich jedoch deutlich während der zweiten Phase der Geschichte des *campamento* Esperanza Andina, um die es in dieser Untersuchung geht. Zu der nach wie vor starken Binnenorientierung kommt jetzt ein zweites Phänomen: Ein relevanter Anteil der Befragten aus dem *campamento* an seinem provisorischen Standort zwischen der Stadtverwaltung von Peñalolén und der *gated community* von Valle Oriente hebt hervor, während der vor den Interviews liegenden zweieinhalb Jahre durchaus neue Sozialkontakte außerhalb des Armenviertels geknüpft und entsprechend Menschen aus anderen sozialen Milieus kennen gelernt zu haben: Wichtige Begegnungs- und Kommunikationsräume sind dabei die Supermärkte der Umgebung, die öffentlichen Grünflächen, aber auch die Räumlichkeiten der Stadtverwaltung, die von Menschen aus allen sozialen Gruppen der Kommune frequentiert werden. Der Durchbruch – was soziale Beziehungsgeflechte außerhalb von Esperanza Andina anbelangt – gelingt allerdings erst, nachdem eine größere Zahl von Bewohnern aus dem *campamento* in den umliegenden Mittelschichtsvierteln Arbeit findet.

Entscheidend für die Entstehung der relativ hohen Habitat-Zufriedenheitswerte in Esperanza Andina ist also ganz eindeutig der Zugang zu Einkommensmöglichkeiten und damit zu „grenzüberschreitenden Sozialkontakten". Sie wirken sich positiv auf das Selbstwertgefühl der *pobladores* aus der *campamento*-Siedlung aus – und beeinflussen, wie wir gesehen haben, den *locus of control*. Diese Positiv-Wahrnehmung geht in erster Linie von den Frauen aus. Sie spielen im *campamento* eine deutlich aktivere Rolle als beispielsweise in der Armenviertelsiedlung Santiago de Nueva Extremadura. Sie entwickeln Initiativen, um für sich Einkommensmöglichkeiten im Umfeld des *campamento* zu erschließen, sie sind die Protagonistinnen beim Knüpfen der Sozial- und Kommunikationsnetze.

Die methodologische Kombination zwischen der teilnehmenden, offenen Beobachtung *(emic)* und der Verwendung von strukturierten Interviews mit den *pobladores (etic)* ermöglicht es, Aussagen und Einschätzungen miteinander zu konfrontieren und zu vervollständigen:

Beispielsweise lassen die Antworten der interviewten *pobladores* aus Santiago de Nueva Extremadura (*etic*-Perspektive) die klare Tendenz erkennen, sich jeweils für die beiden Extrem- oder Maximalkategorien bei der Einschätzung zu den aufgezählten sozialen Probleme zu entscheiden – also entweder zu antworten: „Das Problem ist äußerst schwerwiegend" *(muy grave)* – oder aber zu sagen: „Dieses Problem existiert nicht."

Im Gegensatz dazu lässt sich aus den Antworten der dritten Gruppe aus dem *campamento* Esperanza Andina eine Tendenz erkennen, sich bei den Qualifizierungsmöglichkeiten für die aufgezählten Probleme zwischen den Einstufungen „Das Problem ist gravierend", „das Problem ist nicht sehr gravierend" sowie „das Problem existiert nicht" zu entscheiden.

Mit anderen Worten, die Antworten sind differenzierter, die Dramatik bei den Einschätzungen von Problemsituationen geringer, Lösungsperspektiven erscheinen erreichbarer – ein *internal locus of control* wahrscheinlicher. Diese differenzierte Wahrnehmung der eigenen Wirklichkeit durch eine Gruppe von Menschen, die zu Beginn ihrer Zeit im provisorischen *campamento* Esperanza Andina unbestreitbar hochtraumatisierende Erfahrungen von Ablehnung, Segregation und Diskriminierung gemacht haben, lässt sich nur dadurch erklären, dass in den eineinhalb Jahren, die zwischen diesen einschneidenden Erlebnissen und dem Beginn der Interviews liegen, die konkrete Wahrnehmung der Standortvorteile und deren positive Auswirkungen auf Einkommensmöglichkeiten und Alltagssituationen zunehmend an Gewicht gewinnen – und die erlebten Negativ-Erfahrungen in den Hintergrund drängen.

Die beiden entscheidenden Positiv-Argumente bei der Bewertung ihres *campamento* sind demnach die geographische Lage und das Erleben von sozialer und funktionaler Integration:

Der *emic*-Blick richtet sich in diesem Fall auf eine urbane Struktur, die divers und heterogen ist, keine großflächigen, reinen Armenviertelsektoren aufweist – und dadurch die Wahrnehmung von Segregation verringert. Auch bei dieser Einschätzung ist Rotters Modell des *locus of control* eine Erklärungshilfe: Die beschriebene differenzierte Wahrnehmung erscheint nur möglich, weil sich der kollektive *locus of control* stärker intern, selbstbestimmt, und nicht extern, außenbestimmt, manifestiert. Von allen drei Beispielgruppen sind die Bewohner von Esperanza Andina am stärksten davon überzeugt, ihren Lebensalltag, ihre Lebens- und Habitat-Konditionen selbst beeinflussen bzw. gestalten zu können.

Selbstorganisation und Partizipationserfahrungen der *pobladores* sind Voraussetzungen für eine Verbesserung der Lebensbedingungen und für eine soziale Integration:

Im Fall der Bewohner von Esperanza Andina bilden deren außergewöhnliche Fähigkeit, sich zu organisieren, arbeitsteilig und strukturiert vorzugehen, ihre kollektive Bereitschaft zum Konflikt und ihre Fähigkeit, einen solchen Konflikt erfolgreich durchzustehen, ihre Kreativität, ihr Verhandlungsgeschick und vor allem ihre Ausdauer und hohe Frustrationstoleranz die Voraussetzungen, um den langen Weg zwischen dem Beginn der Landbesetzung *(toma)* und dem Erreichen einer eigenen Wohnung durchzustehen. Diese Qualitäten und Erfahrungen sind auch die Hauptantriebskräfte für den beschriebenen sozialen Integrationsprozess und die erkennbar werdenden Elemente einer sich auf Heterogenität und das Prinzip der „Überschaubarkeit" stützenden nachhaltigen urbanen Entwicklung in diesem Stadtteil von Peñalolén.

Der Verweis auf den Ausnahmecharakter dieser Erfahrung des *campamento* Esperanza Andina kann jedoch kein Argument sein, um nicht auch unter anderen Rahmenbedingungen nach Alternativen für die Entwicklung von sozialen Wohnungsbauprojekten zu suchen – und insgesamt Habitat-Entwicklungen und Politikansätze zu entwickeln, die auf den Prinzipien der Selbstbestimmung, Partizipation und Mitverantwortung der jeweiligen zukünftigen Bewohner beruhen. Im Zusammenhang mit dem Problem des Defizits an sozialem Wohnraum in urbanen Ballungszentren wie der Region Metropolitana in Chile ist deutlich geworden, dass entsprechende Wohnungsbauprogramme sehr viel stärker als bisher auf die Frage nach der sozialen Integration der in diesen Wohnungen lebenden Menschen ausgerichtet sein müssen. Eine Habitat-Politik, die die Bevölkerungsgruppen mit den niedrigsten Einkommen und den größten Armutsproblemen in den Mittelpunkt stellt, kann sich nicht ausschließlich auf die Peripherie von Großstädten konzentrieren, sondern muss in Stadtentwicklungskonzepte, die ein nachbarschaftliches Zusammenleben mit Bevölkerungsgruppen mittlerer Einkommen anstreben und ermöglichen, münden. Solche Konzepte werden nicht spontan vom Wohnungsbaumarkt generiert, hier ist die politische Steuerung durch Kommunen und regionale Gebietskörperschaften unverzichtbar. Es bedarf Stadtentwicklungs- und Bebauungsplänen, die den politischen Willen zur Heterogenität durchsetzen.

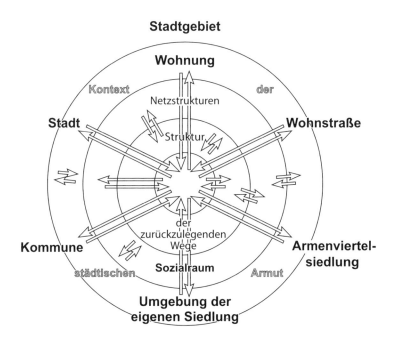

Abb. 17. Modell Habitat-Zufriedenheit und die verschiedenen urbanen Sozialräume
Quelle: Eigener Entwurf

Die intensive Zusammenarbeit mit Armenviertelbewohnern und ihren Organisationen, dort, wo sie existieren, ermöglicht es, sehr viel besser Bedürfnisse im Blick auf angemessene Habitat-Lösungen zu verstehen und entsprechende Projekte partizipativ zu entwickeln. Durch die Mitwirkung und Mitverantwortung der zukünftigen Bewohner bei der Überwindung ihrer Habitat-Probleme entsteht erstmals eine Perspektive von Nachhaltigkeit. Erfahrungen wie die der *pobladores* aus dem *campamento* Esperanza Andina haben in Chile zumindest in einigen Kommunen dazu beigetragen, einen Prozess der Reflektion und Weiterentwicklung von Sozialwohnungsbauprogrammen anzustoßen.

Auf der anderen Seite unterstreichen die Ergebnisse dieser Untersuchung erneut, welche Bedeutung der historischen siedlungsgeographischen Frage nach dem „menschlichen Maßstab" (SCHUMACHER 2001, S. 60) eines Wohnviertels zukommt. Deutlich geworden ist, dass in großflächigen, homogenen Armenviertelsiedlungen die Chancen auf eine Veränderung von Lebenssituation äußerst gering sind und derartige geographische Systeme eine extrem destruktive Dynamik der Perpetuierung des Status quo, bzw. sogar der weiteren Verschlechterung von Lebens- und Alltagsbedingungen ihrer Bewohner entwickeln.

Die Bewohner von kleineren Armenviertelsiedlungen in einem sozial heterogenen Umfeld verfügen dagegen über die besseren Bedingungen, um ihre eigene Situation positiv zu beeinflussen. Wirken diese beiden Bedingungen (überschaubare Größe und heterogenes Umfeld) zusammen – und werden sie verstärkt von Prozessen der Organisation und Partizipation – wachsen die Chancen auf Integration, also Teilhabe, Überwindung von Segregation und damit urbane Konfliktreduzierung!

Schlussbemerkungen: Möglichkeiten zum Abbau von Segregation in Armenvierteln: Die Frage nach der sozialen und ökonomischen Nachhaltigkeit urbaner Ballungsräume. Modell Habitat-Zufriedenheit

Dieses Schaubild versucht, die zentralen Perspektive der vorliegenden Untersuchung graphisch zusammenzufassen: Die Strukturierung des Stadtraumes und die Bewegungsmuster aus der Perspektive von Menschen in Lebenssituationen von Armut und extremer Armut. Erkennbar wird, wie sich die urbanen Sozialräume und die Bewegungsmuster innerhalb und zwischen den verschiedenen Komponenten aus der Sicht ihrer Bewohner und „Nutzer" strukturieren. Die Bewertung dieser unterschiedlichen Räume und der Grad an Zufriedenheit variiert von Perspektive zu Perspektive und von Ringsegment zu Ringsegment.

Die vorgestellten empirischen Befunde lassen aber auch erkennen, welche entscheidende Bedeutung dem unmittelbar die eigene Wohnung umgebenden Raum für die Strukturierung der gesamten Umfeld-Wahrnehmung zukommt. Er ist prägend für die Sicht auf alle anderen Räume, auf die der Kommune, auf die der Stadt als Ganzes. Was sich die Men-

Diskussion und zusammenfassende Bewertung 181

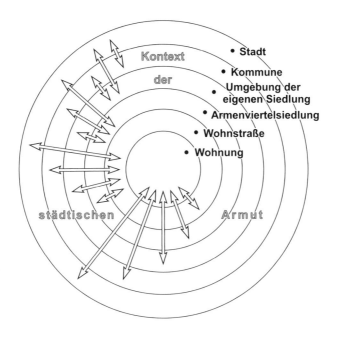

Abb. 18: *Das Ringmodell und die Differenzierung der sozialen Räume innerhalb eines urbanen Ballungszentrums*
Quelle: Eigener Entwurf

schen von ihrer unmittelbaren Nachbarschaft, der Straße vor ihrem Haus, ihrer Hütte, ihrer Wohnung erhoffen, ist, dass dieser Raum ihre Bedürfnisse nach sozialer Kommunikation und – ganz entscheidend – nach Sicherheit angemessen befriedigt. Dabei spielen die tatsächlichen Wohnbedingungen in den „eigenen vier Wänden" nicht die dominierende Rolle, die eigentlich zu erwarten gewesen wäre. In der Art und Weise, wie es dem umgebenden Raum gelingt, diese grundlegenden Bedürfnisse zu befriedigen, steigt auch der Grad an Habitat-Zufriedenheit. Es ist das soziale Umfeld, *el entorno inmediato*, das (der) die Gesamtwahrnehmung ganz entscheidend determiniert.

Auf der anderen Seite wird hier Habitat-Zufriedenheit als Teil eines janusgesichtigen Systems erkennbar, in dem das komplexe Zusammenspiel von Aktion und Reaktion derjenigen Elemente, aus denen es zusammengefügt ist, in dem spezifischen Kontext von extremer Armut auch dazu führen kann, eine Art destruktives Gleichgewicht aufrecht zu erhalten, das einen voranschreitenden Verfall des Wohnumfeldes und damit eine psychische und physische Beschädigung der Menschen, die es frequentieren müssen, zur Folge hat. Mit anderen Worten: Beides ist möglich – eine stimulierende, *locus of control*-verändernde Wirkung der ermutigenden Erfahrung einer sozialen Umgebung, die Kommunikations- und Sicherheitsbedürfnisse zu befriedigen vermag und eine sozusagen funktionale Habitat-Zufriedenheit, die aus dem Eingeschlossensein, der Isolation und

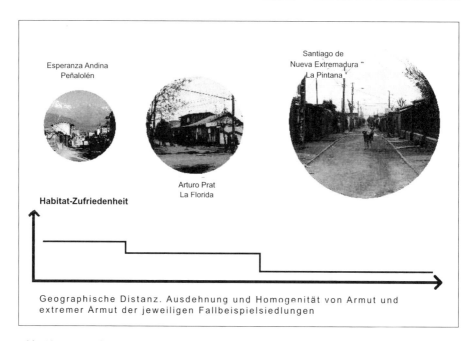

Abb. 19: Die Evolution von Habitat-Zufriedenheit in einen Kontext von extremer Armut – unter dem Einfluss der geographischen Ausdehnung und der sozioökonomischen Homogenität der jeweiligen Armenviertelsiedlung
Quelle: Eigene Zusammenstellung auf der Grundlage der Befragung

dem Abbruch der Sozialkontakte zu den Nachbarn auf der Straße einen Diskurs zum Lob auf die „eigenen vier Wände" werden lässt und damit jede Mitwirkung an einer Veränderung der erlebten Situation im Keim erstickt.

Die von jedem Menschen im Alltag frequentierten und genutzten Räume fügen sich jeweils zu einem System zusammen, das sich von Individuum zu Individuum unterscheidet, wie die Forschungen zu Bewegungsmustern im urbanen Raum belegen. Eine vom Individuum im Mittelpunkt ausgehende konzentrische Gliederung der frequentierten urbanen Räume wird in der vorliegenden Untersuchung als Ringmodell bezeichnet. Die jeweilige Wahrnehmung, die jeder der Bestandteile dieses Stadtraumes für den Benutzer im Mittelpunkt dieses Systems auslöst, ist entscheidend für die Entstehung von Habitat-Zufriedenheit und für ihre Differenzierungen.

Der bei der Befragung der 300 *pobladores* in drei verschiedenen Armenvierteln im Großraum von Santiago de Chile immer wieder evident gewordene Effekt eines Sich-Zufriedengebens *(conformismo)* – selbst mit den unerträglichsten Lebens- und Alltagsbedingungen – und die Tendenz zur Abkapselung *(auto-encierro)*, die hier vor allem am Beispiel Santiago de Nueva Extremadura beschrieben wurde, steht in einem Erklärungszusammenhang mit der Homogenität und der geographischen Ausdehnung von Armenviertelsiedlungen.

Großflächige, geschlossene *poblaciones* und *campamentos* beeinträchtigen negativ die Chancen und Perspektiven der in ihnen lebenden Menschen, ihre Wirklichkeit zu verändern. Das Ringmodell hat sich dabei als eine wichtige Strukturierungshilfe für die Fragen nach der Habitat-Zufriedenheit und nach den Faktoren, die sie bestimmen, erwiesen.

Dieses Schaubild (Abb. 19) fasst noch einmal das zentrale Ergebnis der Befragung – ausgehend von der Haupthypothese dieser Untersuchung – zusammen: Der höchste Grad an Habitat-Zufriedenheit wird in einem Armenviertel mit überschaubaren Ausmaßen und einem sozial heterogenen Wohnumfeld erreicht. Das gilt offenbar selbst dann, wenn die tatsächlichen Wohn- und Alltagsbedingungen äußerst prekär sind (wie im Fall des *campamento* Esperanza Andina). Möglicherweise noch erstaunlicher ist das Ergebnis, dass Konflikte, die durch soziale Diskriminierung ausgelöst werden, in diesen Fall nicht nachhaltig den Grad der Habitat-Zufriedenheit beeinträchtigen. Der Vergleich zwischen den drei für diese Untersuchung ausgewählten Armenvierteln zeigt, dass heterogene Sozialstrukturen in der Umgebung ihres Wohnquartiers von *pobladores* als Möglichkeit zur Integration wahrgenommen und tatsächlich auch genutzt werden – und das, obwohl in einem heterogenen Umfeld schmerzhafte und demütigende Erfahrungen von Segregation stärker spürbar sind.

Trotzdem gilt ganz eindeutig: Die Verringerung der geographischen Distanz zwischen Armen- und Reichensiedlungen bringt den Bewohnern von *poblaciones* und *campamentos* Vorteile, eröffnet Chancen auf Einkommensmöglichkeiten und Kommunikation – und macht es dank der eigenen Organisations- und Konflikterfahrung leichter, gegen die Ablehnung durch die Nachbarn aus besser situierten Vierteln sowie gegen Phänomene sozialer Desintegration Widerstand zu leisten. Dort, wo es diese heterogenen Nachbarschaften nicht gibt, wie im Fall des Armenviertels Santiago de Nueva Extremadura an der äußersten Südperipherie von Santiago, erleben die Menschen Ausgrenzung und Segregation zunächst viel abstrakter. Sie sind keinen unmittelbaren Demütigungen durch Bessersituierte ausgesetzt, da sie außerhalb ihres Viertels kaum über Sozialkontakte verfügen – es also gar nicht erst zur Begegnung kommt. Stattdessen kommen hier all die Phänomenen des Sozialzerfalls, die in der stadtgeographischen Literatur in direktem Kontext mit einer Politik forcierter sozialräumlicher Trennung (Gettoisierung) gesehen werden, zum Tragen. Die Gettosituation schwächt den Widerstands- und Veränderungswillen. Die Auswirkungen der Segregation sind in einem solchen Kontext am Ende also viel wirkungsvoller und nachhaltiger. Mit anderen Worten: In einem großflächigen und sozial homogenen Armenviertelsektor kann eine relativ hohe Habitat-Zufriedenheit zu einer gewissen Immobilität und Perpetuierung der Lebensbedingungen beitragen. Zwar wird die eigene Situation des „Ausgeschlossen-seins" durchaus erkannt und in Unzufriedenheitsbekundungen gegenüber der Umgebung der Wohnung geäußert. Dennoch ergeben die 100 Interviews mit *pobladores* aus Santiago de Nueva Extremadura immer noch einen erstaunlich hohen Grad an Habitat-Zufriedenheit – und das trotz der baulichen Probleme und Enge der Wohnungen und all der anderen, in den Interviews genannten Faktoren wie Angst und Unsicherheit, der Drogen- und Kriminalitätsproblematik, des Fehlens von Sozialkontakten und der Arbeitslosigkeit.

Nach wie vor eine der plausibelsten Erklärungen für dieses Phänomen bildet der aus der kognitiven sozialpsychologischen Forschung u. a. durch Martin Seligman abgeleitete Begriff der „erlernten Hilflosigkeit" *(desesperanza aprendida).*[127] Im chilenischen Kontext wird in diesem Zusammenhang auch der Terminus *pobreza dura* – hartnäckige Armut – verwendet. Er beschreibt die Situation in homogenen Armenviertelsektoren, deren Bewohner sich resigniert ihrem Schicksal ergeben haben. Die betroffenen Menschen verfügen über keine ausreichenden eigenen Erfahrungen der Begegnung und Nachbarschaft zu besser situierten sozialen Gruppen, um sich durch diese Nähe und die Begegnung mit anderen Lebensrealitäten motivieren zu lassen, Selbsthilfekräfte und -Initiativen zu mobilisieren.

Dieses Fehlen einer Alltagsempirie zur sozialen Diversität verfestigt das Gefühl, ausgeschlossen zu sein und es für immer zu bleiben. Es verhindert die Herausbildung einer Identifikation mit dem eigenen Wohnumfeld – und die Bereitschaft, sich für dessen Bewahrung und Verbesserung zu engagieren. Es trägt dazu bei, die derzeitige Situation zu perpetuieren. Erinnert sei an dieser Stelle auch noch einmal daran, dass sich am Beispiel der Stadtgemeinde Peñalolén zeigen ließ, wie auch für die Bewohner besser situierter Siedlungen die Verringerung der geographischen Distanz zu Armenvierteln, also die Heterogenität des Wohnumfeldes, selbst wenn diese Nachbarschaft zunächst als Bedrohung wahrgenommen wird – nach Überwindung einer Konfrontationsphase – mittelfristig zu einer Lebensqualitäts verbesserung beitragen kann. Es ist also möglich, auch in einem Umfeld mit sozialen Unterschieden gut zu wohnen – und zwar ohne Segregation! Habitat-Zufriedenheit und der Abbau von Segregation, stellen strukturierende Elemente bei der Bildung eines nachhaltigen urbanen Systems dar, und sie müssen als prioritäre Ziele bei der Stadtplanung berücksichtigt zu werden. Grundlage dafür ist die Überzeugung, dass das nachbarschaftliche Zusammenleben von sozialökonomisch unterschiedlich konstituierten Gruppen für alle Seiten mit Vorteilen verbunden ist.

In Chile ist es während der zurückliegenden 16 Jahre seit dem Beginn des „Übergangs zur Demokratie" *(transición a la democracia)* zweifelsohne gelungen, einen signifikanten Beitrag zur Reduzierung von Armut und extremer Armut zu leisten. Demgegenüber lässt sich im Blick auf die Reduzierung der eklatanten sozialen Ungleichheiten kein Fortschritt erkennen. Ermutigend ist jedoch, dass es heute ein breites Bewusstsein bei fast allen

---

[127] Die Theorie von der „erlernten Hilflosigkeit" (SELIGMAN & PETERMANN 2000) beschreibt das Gefühl, die Kontrolle zu verlieren, hilflos zu sein – und zwar mit weitreichenden Folgen wie Depression, Angst und schließlich fehlendem Widerstandswillen, Apathie. Dieses 1974 erstmals veröffentlichte Erklärungsmodell bildete den Ausgangspunkt für zahlreiche Forschungsvorhaben und Abhandlungen in der Klinischen Psychologie, der Entwicklungs- und Sozialpsychologie, der Pädagogik und auch der Stadtsoziologie. Seligmans Theorie von der „erlernten Hilflosigkeit", die er an vielen anschaulichen Beispielen entwickelt, erklärt psychische Störungen, aber auch gesellschaftliche Zustände wie Armut und Arbeitslosigkeit – und die Probleme der Betroffenen, einen eigenen Beitrag zu deren Überwindung zu leisten. Sie bildet das Pendant zu dem in dieser Arbeit mehrfach zitierten Ansatz vom *locus of control* (ROTTER 1966).

zivilgesellschaftlichen Akteuren, aber auch den politischen Parteien, den Gebietskörperschaften und der Regierung gibt, diese sozialen Ungleichheiten als prioritäres gesellschaftliches Problem zu benennen.

Soziale Ungleichheiten erzeugen Segregation – und versperren Millionen von Menschen den Zugang zu Chancen und Möglichkeiten, die eigene Lebens- und Habitat-Situation zu verbessern. Eine Gesellschaft, die nicht in der Lage ist, armutsbedingte Ausgrenzungen und Diskriminierungen zu bekämpfen, Bedingungen für eine größere Chancengerechtigkeit zu schaffen und ihren Bürgern den gleichen Zugang zu den verfassungsmäßigen Rechten zu garantieren, wird sich niemals auf dem Weg zur Modernisierung im Sinne der sozialen Gerechtigkeit legitimieren können. Gerade in Lateinamerika – mit seinem atemberaubenden Prozess der Verstädterung – stellt sich die Frage nach der urbanen und sozialen Nachhaltigkeit als eine der Schlüsselherausforderungen des 21. Jahrhunderts.[128]

---

[128] Die Zahl der 5,5 Millionen Chilenen, die noch 1987 unterhalb der Armutsgrenze lebten, verringerte sich bis zum Jahr 2000 auf 3 Millionen Menschen. 2,5 Millionen Bürgern ist es demnach gelungen, ihre Lebenssituation zu verbessern. Fast 1,3 Millionen extrem Arme, die zuvor nicht in der Lage waren, ihren täglichen Kalorienmindestbedarf zu befriedigen, konnten zumindest die Situation von *indigencia* überwinden. Während dieser 13 Jahre zwischen 1987 und 2000 erreichte Chile jährliche Wachstumsraten von 7, 8 oder sogar 10% (DEL RÍO & SOTO 2004). Dennoch zeigt die Erfahrung, dass es immer schwieriger wird, wirkungsvolle Strategien zu entwickeln, um gemeinsam mit der verbliebenen Gruppe von Armen und extrem Armen Perspektiven zur Überwindung prekärer Lebens- und Habitat-Bedingungen zu entwickeln. Das extrem vom Weltmarkt abhängige Wachstumsmodell Chiles ist äußerst anfällig für Krisen. Das zeigt sich vor allem auf dem starken Schwankungen unterworfenen Arbeitsmarkt. Die Beschäftigungsverhältnisse sind prekär, schlecht bezahlt und von hoher Instabilität. Die Menschen aus den niedrigen Einkommensgruppen fallen daher mit großer Häufigkeit schnell wieder unter die Armutsgrenze – oder oszillieren zwischen Armut und extremer Armut.

8 Schlussfolgerungen

In den vergangenen Jahren avancierte die Frage nach den Chancen für eine nachhaltige urbane Entwicklung oder – anders formuliert – nach der sozialen und ökonomischen Überlebensfähigkeit von Metropolen mit ihrem wachsenden Anteil an Menschen unterhalb der Armutsgrenze zu einer immer drängenderen Herausforderung für die politisch Verantwortlichen und für die sozialwissenschaftliche und stadtgeographische Forschung. Die Kernaussagen zu diesem Thema zielen dabei immer deutlicher auf die schlichte Erkenntnis, dass die Umwelt der Raum ist, in dem wir alle leben, und Entwicklung als Vektorsumme all dessen verstanden werden muss, was wir an Anstrengungen unternehmen, um unser Schicksal auf dieser Erde zu verbessern bzw. – noch elementarer – unsere Überlebensfähigkeit zu gewährleisten. Allerdings wird bei der Auseinandersetzung mit dieser Frage sehr schnell deutlich, dass diese grundlegende Einsicht vor allem in der Wohnungsbau- und Stadtplanungspolitik, bei der es um die Lösung von Habitat-Problemen von Angehörigen niedriger Einkommensgruppen ging, während der vergangenen Jahrzehnte immer wieder sträflich missachtet wurde.

Mittlerweile bestreitet niemand mehr ernsthaft, dass – etwa in Lateinamerika, wo inzwischen über 80 % der Menschen in mittleren und großen Städten leben –, gerade auch die urbane Entwicklung dem Prinzip der Nachhaltigkeit genügen muss. Chancen und Zugänge zu den grundlegenden Infrastrukturangeboten, Möglichkeiten zur Einkommensschaffung und Reproduktion müssen für alle Menschen erreichbar werden. Ansonsten ist weder sozialer Friede garantiert noch der sorgsame Umgang mit Ressourcen. Die Armut stellt einen sozialen „Nachteil" für das Umfeld dar – sie mündet vor allem in urbanen Ballungsräumen in einer „Spirale der Segregation". Diese Spirale zeigt ihre verheerenden Auswirkungen dort, wo sie dazu beiträgt, dass die Situation der gesellschaftlichen Entwürdigung all jener Sektoren, in denen sich die Armut und extreme Armut konzentrieren, auf das gesamte Gebilde der Stadt zurückwirkt. Die Konsequenzen sind vor allem eine kollektive Wahrnehmung an fehlender Sicherheit der Bürger – wohlhabender und armer –, die wiederum, wie in jedem Spiralen- oder Eskalationssystem, weitere Aus- und Abgrenzungsmechanismen auslöst. Die Stadt als gemeinsamer Lebensraum all ihrer Bewohner zerbricht so in viele Einzelsegmente, sie verliert ihre Fähigkeit zur nachhaltigen Reproduktion.

Die geographische Dimension der Segregation bezieht sich auf die aufgezwungene Ausgrenzung von Bevölkerungsgruppen, die von wirtschaftlicher Verarmung und gesellschaftlicher Marginalisierung betroffen sind und sich in benachteiligten städtischen Lagen konzentrieren bzw. dorthin abgedrängt werden. Dort entwickeln sich sozialräumliche Armutsinseln, die vom umliegenden städtischen Umfeld zunehmend abgeschnitten sind. Wird das Wohnumfeld dauerhaft – und aus der Wahrnehmung seiner Bewohner – unveränderbar durch Armut, Unsicherheit, Kriminalität und Gewalt geprägt, ist die Gefahr einer Verfestigung von Lebensrealitäten in Armut und extremer Armut besonders hoch.

Das Ergebnis ist, dass die Distanz zwischen Menschen aus verschiedenen sozialen Verhältnissen kontinuierlich wächst. Um die Formen und Mechanismen der Marginalisierung sowie – umgekehrt – die Möglichkeiten für eine soziale Integration zu begreifen, ist es daher unumgänglich, die Auswirkungen der urbanen Strukturen auf die Bewohner und ihr Umfeld zu verstehen. Unbestritten hat Nachhaltigkeit vor allem auch eine soziale Dimension. Ohne eine austarierte Verteilung von Ressourcen und Reichtum läuft eine Stadt Gefahr, in Situationen extremer gesellschaftlicher Spannung oder sogar in einen permanenten Konflikt zwischen Besitzenden und Besitzlosen zu geraten. Soziale Nachhaltigkeit bedeutet nach diesem Verständnis also auch, einzelne Stadtviertel und ihre Bewohner für einen Austausch miteinander zu verknüpfen und voneinander profitieren zu lassen.

Ein weiteres Element, das dieser Arbeit Relevanz verleiht, ist die Annäherung an das entwicklungstheoretische Paradigma von der Stadtentwicklung nach menschlichem Maß. In diesen Zusammenhang wird „Entwicklung" als das Ergebnis eines „Freisetzens von kreativen Potentialen und Möglichkeiten" bei allen Mitgliedern einer Gesellschaft definiert. Daraus ergibt sich als Schlussfolgerung, dass quantitatives, expansives Wachstum in qualitatives, intensives Wachstum umzuwandeln ist. Dieser Ansatz legt besonderes Gewicht auf Prozesse im unmittelbaren, kleinräumlichen Umfeld und auf das Engagement der Betroffenen in eigener Sache. Dabei kann kein Zweifel daran bestehen, dass die Entwicklung der zurückliegenden Jahrzehnte allen Anlass zu pessimistischen Prognosen gibt, was die weitere Verschlechterung der urbanen Lebensqualität vor allem in den Ländern des Südens anbelangt. Überall geht es in urbanen Ballungsräumen um die gleichen existenziellen Fragen nach genügend Arbeitsplätzen und Möglichkeiten, sich ein Einkommen zu erwirtschaften, ausreichend Wohnraum, Infrastruktur, Verkehr, atembarer Luft, Trink- und Abwasser, Müllentsorgung sowie einer nachhaltigen Art der Flächennutzung. Überall bedarf es dafür eines ineinander greifenden Zusammenspiels zwischen mehreren Akteuren: dem Staat, den Bürgerinnen und Bürgern, der Kommunalverwaltung sowie privaten Investoren. Urbane Nachhaltigkeit ist in diesem Kontext also eng mit der Forderung nach *good governance* auf kommunaler Ebene verbunden.

Gerade die Stadtentwicklungsplanung erlangt vor diesem Hintergrund ein neues Gewicht. Sie wird verstärkt als Strukturentwicklung begriffen, weil neben dem Ziel, die Wohnsituation zu verbessern, weitere – für den Alltag der Menschen und ihr Zusammenleben, für Produktion und Reproduktion – relevante Themen artikuliert werden. Einen geographischen Raum, in dem Menschen leben und arbeiten, zu entwickeln, ist also nicht etwa nur gleichbedeutend mit dem Entwerfen von Häusern, Fabriken, Straßen und Plätzen. Es geht darum, dem Wissen um die Gestaltung und die Abläufe von sozialen Prozessen und den Gesetzen psychologischer Entwicklungen gerecht zu werden.

Deutlich wird, wie sehr ein institutioneller Rahmen, der Prozesse der Wirtschafts- und Sozialentwicklung auf solider Grundlage und langfristig (also nachhaltig) fördern kann, einen wesentlichen Rückhalt für die menschliche Entwicklung insgesamt darstellt. Diese

Schlussfolgerungen

Arbeit teilt und folgt dem Ansatz und der Idee von Amartya Sen, dass es Menschen auch in Extremsituationen immer wieder gelingen kann, ihr Leben eigenständig zu gestalten und zu verändern. Die vorgeschlagene Strategie zur Bekämpfung von Armut besteht also nicht darin, dass alle zur Verfügung stehenden Ressourcen gleichmäßig verteilt sein sollten, vielmehr geht es darum, dass eine Gleichheit der Chancen und Zugangsmöglichkeiten zu diesen Ressourcen hergestellt wird. Eine auf die Menschen ausgerichtete Strategie zur Beseitigung der Armut sollte also damit beginnen, die Fähigkeiten und Potentiale der Armen anzuerkennen und ihre Entfaltungsmöglichkeiten zu unterstützen. Im Kontext mit der Fragestellung dieser Untersuchung lässt sich sagen, dass Prozesse der räumlichen Ausgrenzung von Menschen, die unter Bedingungen von Armut und extremer Armut leben, im Sinne von Sens Theorie zweifelsohne die Wahlmöglichkeiten für die Betroffenen entscheidend beschneiden und sich ihren Entwicklungspotenzialen genauso entgegenstellen, wie den entsprechenden „Funktionsmöglichkeiten", von denen Sen spricht.

Ein weiterer Aspekt, durch den dieser Arbeit Relevanz erwächst, besteht in der Einbeziehung der Diskussion über Ansätze zur Homogenisierung bzw. zur sozialen Integration in der Stadt. Hilfreich für die Beantwortung unserer Fragestellung erscheint auch die von Pierre Bourdieu entwickelte soziologische Lebensstilanalyse und ihr Beitrag zur Ungleichheitsforschung im urbanen Raum. In Bourdieus Ansatz von den Auswirkungen von „Ortseffekten" finden wir eine wichtige theoretische Verknüpfung zwischen dem physischen und dem sozialen Raum. Für Bourdieu – ebenso wie einst für Louis Wirth – überträgt der soziale Raum seine Formen gesellschaftlicher Praxis und seine Bewertungsschemata auf das Individuum. Der soziale Raum prägt und definiert die in ihm lebenden und agierenden Menschen.

Die Stadt als Lebensraum toleriert individuelle Unterschiede nicht nur, sondern begünstigt sie sogar. Sie hat Menschen aus allen Teilen der Welt deshalb zusammengeführt, weil sie unterschiedlich sind und sich damit gegenseitig von Nutzen sein können – aber eben nicht, weil sie alle gleich oder homogen wären und über eine ähnliche Mentalität verfügen. Die Herausforderung besteht darin, alle diese Ansätze unter dem Blickwinkel der Realität lateinamerikanischer Großstädte zu sehen. Diese tatsächlichen urbanen Wirklichkeiten in Lateinamerika stehen jedoch in krassem Gegensatz zu den akademischen Postulaten. Dort dominiert bei der Beschäftigung mit dem Thema Habitat seit spätestens Mitte der siebziger Jahre und dem politisch gewollten Verzicht des Staates auf Steuerung und Einflussnahme fast ausschließlich die unternehmerische Perspektive, die sich lediglich an den Potenzialen des Immobilienmarktes und den Möglichkeiten zur Gewinnmaximierung orientiert. Die Auswirkungen dieses Prozesses sind in den urbanen Strukturen lateinamerikanischer Ballungszentren augenfällig.

Man kann als regionale Tendenz in Lateinamerika beobachten, dass sich in den vergangenen Jahren die Expansion des urbanen Raums vor allem auf die Entstehung von neuen, teilweise außerordentlich großflächigen homogenen Wohnkomplexen gründete – und eben nicht auf die Schaffung einer ineinander greifenden gesamtstädtischen urbanen Infrastruktur. Dieser Prozess hat zu einer drastischen Verschlechterung der Lebensbedingungen und der Lebensqualität von Millionen Menschen geführt. Die Reaktion von Armenviertelbewohnern, die Opfer von Ausgrenzungsprozessen werden, besteht vielfach in einer völligen Entfremdung gegenüber der Gesellschaft. Resignation, Teilnahmslosigkeit und Rückzug nehmen überhand. Von der Gesellschaft im Stich gelassen, erwarten diese Menschen nichts mehr von ihr. Dies aber hat zur Folge, dass sie sich genauso indifferent gegenüber ihrem eigenen sozialen und physischen Raum verhalten. Aus einem benachteiligten Viertel wird auf diese Weise leicht ein benachteiligendes Viertel. Die Konzentration Armer und extrem Armer in einem bestimmten Stadtviertel macht wiederum die Herkunft aus diesem Stadtteil selbst zur Ursache von Benachteiligung und Ausgrenzung.

Als eine Schlussfolgerung aus den zitierten theoretischen Ansätzen und den dargestellten empirischen Befunden lässt sich daher festhalten, dass sich die *comunidad* eines benachteiligten Viertels ab einem bestimmten Grad sozialer Homogenisierung nicht mehr selbst helfen kann. Vor diesem Hintergrund erhalten *collective self reliance*-Prozesse, also die Entwicklung eines kollektiven Selbstbewusstseins von Menschen in Lebenssituationen extremer Armut, eine zusätzliche, besondere Bedeutung. In der jüngeren entwicklungspolitischen Forschung hat sich zunehmend die ernüchternde Einsicht durchgesetzt, dass all diese Überlebensstrategien nur zum Teil einen Beitrag zur sozialen Nachhaltigkeit in urbanen Ballungszentren zu leisten vermögen. Auch in ihrer Kumulation (produktive und reproduktive Selbsthilfeinitiativen gemeinsam) sind sie keine Garantie für eine dauerhafte Lösung – also für eine tatsächliche gesellschaftliche Integration, für Chancengleichheit und für Verbesserung der Lebensqualität von Menschen aus Armenviertelsektoren.

Lange Zeit konzentrierte sich die Diskussion um die Befriedigung des Grundrechtes auf menschenwürdiges Wohnen darauf, materielle Bedingungen und Mindeststandards zu definieren – sowie ein stärkeres staatliches Engagement bei der Bereitstellung von Wohnraum zu fordern, ohne die psychologisch-emotionale Dimension des Themas in ihrer ganzen Bedeutung zu erkennen. Heute ist jedoch klar – und diese Erkenntnis wird durch die empirischen Befunde dieser Untersuchung unterstrichen –, dass es für das Erreichen von sozialer Nachhaltigkeit in urbanen Räumen unabdingbar ist, diesem Aspekt sowohl in der sozialwissenschaftlichen Forschung als auch bei politischen Entscheidungsprozessen und ihrer Umsetzung gerecht zu werden. Dabei müssen Formen gefunden werden, damit *habitare*, der Prozess des Wohnens, zu einer Aneignung der Räume durch die in ihnen lebenden Menschen führt, also ein Identifikationsprozess mit dem Wohnumfeld stimuliert wird – und zwar sowohl in den privaten als auch in den öffentlich genutzten Bereichen.

Wohnen bedeutet, die unterschiedlichen Beziehungsgeflechte, innerhalb derer wir leben, zu entwickeln. Die Befriedigung der individuellen und sozialen Bedürfnisse durch das Knüpfen eigener Netzwerke zu fördern, heißt dabei keinesfalls, Andere auszuschließen.

Stattdessen geht es darum, zusätzliche – spezifischeren Interessen und Anforderungen gerecht werdende – Netze zu schaffen, die die bereits vorhandenen, vielfach traditionellen Sozialbindungen und lokalen Selbsthilfestrukturen ergänzen und erweitern, wobei die ursprünglich bestehenden, vielschichtigen Formen respektiert werden. Nicht die Ungleichheiten, sondern die Diversität soll unterstützt werden. Es geht darum, Bedingungen für eine Chancengleichheit der am stärksten benachteiligten Sektoren innerhalb der Stadtbewohner zu schaffen, ohne in Gleichmacherei zu verfallen.

Vor dem Hintergrund der in ganz Lateinamerika evidenten Paradigmenkrise der öffentlichen Sozialwohnungsbauanstrengungen und der Rolle eines massenhaft „wohnraumschaffenden" Staates gewinnen diejenigen Forschungsansätze und Fallstudien, die von der Idee einer aktiven, partizipierenden Bevölkerung, die sich in die Planung, Umsetzung und Ausgestaltung von Wohnungsbauprojekten einmischt, ausgehen, innerhalb der Sozialwissenschaften zunehmend an Gewicht. Das Wissen um die Faktoren und Mechanismen, die Habitat-Zufriedenheit ermöglichen, und die systematische Anwendung dieser Erkenntnisse konstituieren einen Garant für die soziale und ökonomische Stabilität einer Siedlung oder eines Stadtviertels. Bedingungen für Habitat-Zufriedenheit zu schaffen oder sie gegebenenfalls wiederherzustellen, kann daher als zentrale Aufgabe der Wohnungsbau- und Stadtplanung betrachtet werden.

In keiner anderen Region der Erde stehen Armut und Reichtum in einem so schroffen Gegensatz wie in Lateinamerika und der Karibik. Der Grund dafür ist die außergewöhnliche Ungleichheit der Einkommensverteilung in der Region. Die Konsequenzen manifestieren sich in Gestalt von Armut, gespaltenen Gesellschaften voller struktureller Gewalt und innerer Konflikte – sowie in sozialer Ausgrenzung. Praktiken sozialer Ausgrenzung sind in Lateinamerika kein neues Thema, sie haben tief reichende historische Wurzeln. Seit dem Beginn der Kolonialzeit führten Ausgrenzungsprozesse zur Entstehung von fragmentierten Gesellschaften, in denen sich die Armen, Marginalisierten und Ausgegrenzten gezwungen sahen, ihre eigenen Strukturen zu schaffen, die sich von den formalen, institutionellen Strukturen unterscheiden, um auf diese Weise Überlebensstrategien und Widerstandsformen als Antwort auf ihre materielle Not und völlige Rechtsunsicherheit zu entwickeln.

Diese Segregation wurde in den zurückliegenden Jahrzehnten durch Fragmentierungserscheinungen akzentuiert, die eine sehr feinteilige Differenzierung der urbanen Gesellschaft zur Folge haben. Dieses Phänomen steht im Zusammenhang mit der ungleichen Entwicklung in der Stadt. Eine denkbare Ursache bilden Globalisierungsprozesse, die zunächst in den größeren Metropolen die Gründung bzw. Weiterentwicklung moderner Unternehmen im Produktions- wie im Dienstleistungsbereich fördern, damit neue, hochspezialisierte Berufsgruppen entstehen lassen und insgesamt zu einer Steigerung des Einkommens bei bestimmten Gruppen, eben den „Profiteuren" dieser Prozesse, beitragen, während andere Bevölkerungsgruppen durch die *precarización* ihrer Arbeitsmöglichkeiten eine deutliche Verschlechterung ihrer Einkommen hinnehmen müssen.

Das räumliche Wachstum der lateinamerikanischen Metropolen steht seit Anfang der sechziger Jahre in einem engen Kausalzusammenhang mit Veränderungen innerhalb des Immobilienmarktes. Zunehmend wurden angesichts der rasanten Expansion der Städte und eines gewissen Kaufkraftzuwachses der Mittelschichten auch periphere Territorien, die ursprünglich aus Armenvierteln bestanden, für Großimmobilienprojekte interessant.

Mit diesem Phänomen sind sowohl negative als auch positive sozialen Wirkungen für die Bewohner der Armenviertel verbunden. Einerseits ist es möglich, dass – wie Milton Santos aufzeigt – durch dieses Vordringen neuer Wohngebiete für Familien aus der Mittelschicht *sítios sociais* entstehen, Überlappungsräume, in denen sich Armenviertelbewohner und „Neuankömmlinge" begegnen. Andererseits birgt dieser Prozess jedoch erhebliche Risiken für die Bewohner der Armenviertel in sich. Ihre Nachbarschaftsbeziehung zu den besser situierten Vierteln ist fragil und vorübergehend. Sie haben der Expansion der wohlhabenderen Nachbarviertel nichts entgegen zu setzen und werden, falls das Terrain, auf dem sie leben, für entsprechende Immobilienprojekte nutzbar ist, von ihnen über kurz oder lang zwangsläufig verdrängt. Im Fall von Chile und seiner Hauptstadt Santiago lässt sich die Praxis hoch differenzierter sozialer Ab- und Ausgrenzungen zwischen den unterschiedlichen Schichten bis zur Stadtgründung im 16. Jahrhundert zurückverfolgen. Sie manifestiert sich im Stadtplan, der schon um 1900 deutlich voneinander abgegrenzte und klar zu unterscheidende Sektoren mit sozialräumlicher Trennung ausweist. Das von den Verantwortlichen der Pinochet-Administration im Ministerium für nationale Planung (ODEPLAN) postulierte, explizite Ziel einer sozialen und wirtschaftlichen Homogenität als Ergebnis des parallel zu den *erradicaciones* betriebenen Prozesses der kommunalen Neuordnung *(Proceso de Reformulación Comunal)*, gab dieser Segregation eine neue Dimension. Vor allem ihr ist es zu verdanken, dass sich bereits bestehende Ungleichheiten zwischen den einzelnen – vertieften, die bis heute für die Stadtlandschaft der chilenischen Hauptstadt so charakteristisch – und im lateinamerikanischen Kontext in dieser Form – einzigartig sind.

Durch die Verdrängung großer, sozial benachteiligter Bevölkerungsteile in Gebiete an der Peripherie der Metropole wurde ein Szenarium geschaffen, in dem sich der ökonomische Abstand zwischen „reichen" und „armen" *comunas* im Laufe der Jahre kontinuierlich weiter vergrößert hat und das so dazu beitrug, die in sich homogenen Züge der jeweiligen – jetzt voneinander klar getrennten – Stadtregionen zu akzentuieren und Polarisierungstendenzen innerhalb des urbanen Raumes mit seinen fast sechs Millionen Einwohnern weiter zu verschärfen.

Schlussfolgerungen

Auf der anderen Seite verursachte das Programm zur *erradicación de campamentos* nicht nur eine räumliche Trennung zwischen Armen und Reichen sondern in den neu geschaffenen Getto-Stadtteilen auch gravierende Probleme u. a. durch das zu enge Aufeinanderleben. Um Kosten zu sparen, wurden monotone, eng aneinander gefügte Wohnblocks errichtet. Die jeweilige Wohnungsfläche und der zur Verfügung stehende umbaute Raum lagen drastisch unter dem Durchschnitt jener sozialen Wohnungsbauprojekte, die in Chile vor der Zeit des Militärregimes umgesetzt worden waren.

Zu unterscheiden sind bei der Analyse der urbanistischen Entwicklung Santiagos während der 17 Jahre unter dem Militärregime (1973-1990) zwei Phasen – eine puristisch neoliberale und eine, in der dem Staat immerhin sowohl eine gewisse ordnungspolitische, als auch eine auf dem Idee der Subsidiarität basierende Funktion zugesprochen wird. Charakteristische Merkmale dieser Art von Stadtentwicklungspolitik sind einerseits die Umsiedlung der Armen und ihre Konzentration in Peripherie-Kommunen – sowie andererseits die „Justierung", sprich Neu-Dimensionierung des urbanen Raumes. Zu den gravierendsten Auswirkungen, die diese Art von Politik nach sich zieht, zählt die soziale Desintegration. Unter solchen Umständen werden die im Sinne der Idee von der „nachhaltigen Stadt" dringend notwendigen Integrationsmöglichkeiten für die Bewohner von Armenvierteln extrem erschwert. Gegenseitiges Misstrauen und der Kampf um die eigene Existenzsicherung verhindern die Entstehung von kollektiven Selbsthilfe-Mechanismen und funktionierenden Nachbarschaftsorganisationen. Stattdessen wird die Situation in den neuen Massensiedlungen durch eine hohe Gewaltbereitschaft und Kriminalitätsrate vor allem unter Jugendlichen geprägt, die über keine Erwerbsmöglichkeiten und Zukunftsperspektiven verfügen.

Deutlich wurde bei der Rückschau auf dieses urbane Szenarium, dass es – bis in die frühen neunziger Jahre hinein – im Fall von Santiago de Chile keinem der beteiligten Akteure, die bei der Expansion der Stadt eine Rolle spielten (etwa den verschiedenen staatlichen und kommunalen Instanzen, mittleren und kleinen Immobilienfirmen sowie privaten Bauherren, aber auch nicht den illegalen Landbesetzern auf der Suche nach einer Ansiedlungsmöglichkeit), gelungen war, die sozialräumlichen Sektorengrenzen der Stadt zu verändern. Gezeigt werden konnte, dass ihre Interventionen stets zu einer Konsolidierung der bestehenden sozialräumlichen Struktur beigetragen haben.

Erst die Herausbildung eines finanzstarken Immobiliensektors mit bislang nicht gekannten Möglichkeiten, Flächennutzungsänderungen durchzusetzen, trug in entscheidendem Maß zur Veränderung der sozialräumlichen Struktur Santiagos bei. Der Beginn dieses Veränderungsprozesses fällt mit der beschleunigten Liberalisierung des urbanen Bodenmarktes gegen Ende der achtziger Jahre und einer Phase starken wirtschaftlichen Wachstums zusammen. Charakteristisch ist, dass die neuen Projekte ein derartiges Finanzvolumen erreichen und derart ausgedehnte Flächen involvieren, dass es ihnen gelingt, in bestehende sozialräumliche Strukturen zu intervenieren, sie neu zu prägen und am Ende urbanistische Fakten zu schaffen und aufrecht zu erhalten, die es vorher in dieser Form nicht gab. Die Entwicklung des Immobilienmarktes in Santiago de Chile hat zur Entstehung dieses bereits oben erwähnten neuen „sozialen Raumes" geführt.

Diese, durch die Entstehung von Mittelschicht- und obere Mittelschicht-Wohngebieten in unmittelbarer Nachbarschaft ausgedehnter *poblaciones* verursachten Veränderungen, werden begleitet von Projekten neuer Geschäfts- und Dienstleistungszentren, die dazu beitragen, die urbane Struktur zu dezentralisieren. Diese Expansion von Bessersituierten hinein in Kommunen, die zuvor durch Armenviertelstrukturen geprägt wurden, steht in direktem Zusammenhang mit der erfolgreichen Strategie der Wohnungsbauwirtschaft, „exklusive" neue Viertel zu kreieren und anzubieten. Dieser Prozess ist nur durch soziale Segregation zu leisten. Das Modell des mit Mauern und Zäunen umschlossenen und von privaten Wachdiensten geschützten *condominio* kann als verallgemeinerbare Antwort auf dieses Bedürfnis nach sozialer Exklusivität eines aufstiegsorientierten Mittelschichtsegments angesehen werden. Die Entwicklung des Immobilienmarktes in Santiago hat zur Entstehung neuer sozialer Räume geführt. Daraus leitet sich ein Paradoxon ab. Einerseits werden Erfahrungen von Segregation in sozial heterogenen Strukturen für die Betroffenen solcher Ausgrenzungen deutlicher manifest – und damit auch schmerzhafter. Andererseits nehmen die Bewohner von Armenvierteln durchaus wahr, dass diese veränderten Strukturbedingungen für sie gewisse Integrationschancen erschließen und zwar dadurch, dass sich die empfundene Dimension des eigenen Armenviertels relativiert. Die Trostlosigkeit der *población* wird jetzt begrenzt durch die Nachbarschaft zu einem besser situierten Viertel.

Die *pobladores* werden zu Nachbarn einer gewissen urbanen Vielfalt, die nicht nur aus den neuen Mittelschichtswohnvierteln, sondern auch den zusammen mit ihnen entstandenen Dienstleistungszentren und der verbesserten öffentlichen Infrastruktur besteht. Es ist diese heterogene Nachbarschaft, die Chancen für Arbeitsmöglichkeiten bietet und die Lebensqualität verbessern kann. Der Gegensatz zwischen einem solchen – neuen – Szenarium und dem strategischen Ziel einer sozioökonomisch homogen strukturierten Stadtlandschaft mit klaren Grenzziehungen zwischen den einzelnen Sektoren ist augenfällig. Bei ausgedehnten, an der Peripherie gelegenen Armenviertel-Gettos, die ihrerseits nur von anderen Armenvierteln umgeben sind, besteht die große Gefahr, dass sich ein derartiges System immer weiter verfestigt und perpetuiert – mit allen negativen Implikationen für Umwelt und Lebensbedingungen der Bewohner. Deshalb ist die Verringerung der Distanz zwischen Unterschichts- und Mittelschichts-Wohnvierteln ein wünschenswertes politisches Ziel.

Das Zusammenleben sozioökonomisch unterschiedlicher Gesellschaftsgruppen erscheint nicht nur als wünschenswert und zweckmäßig – sondern als *win-win*-Situation sowohl für die Bewohner von wohlhabenderen Siedlungen, als auch für die von Unterschichtsvier-

Schlussfolgerungen 195

teln. Dabei ist klar, dass allein die Reduzierung der geographischen Dimension der Segregation nicht ausreicht, um urbane Armut und Exklusion zu beseitigen. Nichtsdestotrotz bringt die Verkürzung der Distanzen entscheidende Vorteile für Armenviertelbewohner mit sich, vor allem, wenn es darum geht, Konflikte zwischen verschiedenen sozioökonomischen Gruppen zu vermeiden – und in dem Maß, in dem es den *pobladores* gelingt, das Phänomen sozialer Desintegration einzugrenzen oder auch ihm entgegenzuwirken.

Vor diesem Hintergrund ist es im Fall Santiagos unabdingbar, die Konsequenzen der *erradicaciones*, der Zwangsumsiedlungen an die Peripherie – sowie die oben beschriebenen Auswirkungen der völligen Liberalisierung des Immobilienmarktes – zu korrigieren. Dies erscheint umso dringender, je deutlicher zu beobachten ist, dass Konflikte, die sich als Konsequenz aus Exklusion und Segregation ergeben, an Schärfe und Gefährlichkeit zunehmen. Die Suche nach Möglichkeiten sozialer Integration zwischen Wohnvierteln unterschiedlicher sozioökonomischer Zusammensetzung und entsprechender Infrastruktur-Ausstattung wird vor diesem Hintergrund zu einem vorrangigen strategischen Ziel, dessen Umsetzung im Interesse aller sozioökonomischen Gruppen innerhalb der Stadt liegt. Eine Lösung für das Habitat-Problem einer großen Zahl von Menschen zu finden, bedeutet mehr, als nur eine bestimmte Zahl von Sozialwohnungen an einem bestimmen Ort zu bauen.

Es gilt, eines der fundamentalsten Strukturelemente für die Bildung einer Gesellschaft zur Verfügung zu stellen. Affektive Bedürfnisse, bewusste und unbewusste, aus der eigenen Biographie abgeleitete Erwartungen und Projektionen, Stereotypen und Ideologien: All das konkretisiert und kristallisiert sich für die beteiligten Menschen in einer derartigen Lebensanstrengung. Diese Einsicht fordert dazu auf, Habitat immer aus der Perspektive konkreter Lebensrealitäten der Bewohner anzugehen und eben nicht aus einem nur abstrakten, gestalterischen Prinzipien oder wirtschaftlichen Interessen verpflichteten Blickwinkel. Es ist unabdingbar, hinter die Zahlen und Blaupausen zu blicken, um sich an den Motivationen und Wünschen der Menschen zu orientieren, an den außerordentlich komplexen subjektiven Realitäten jeder einzelnen Wohnumfeld-Situation.

Diese theoretisch-historisch hergeleitete Analyse zu Erscheinungsformen und Folgen von sozialräumlicher Polarisierung und Trennung – unter besonderer Berücksichtigung ihrer geographischen Dimension sowie der außergewöhnlich markant herausgearbeiteten Ansätze einer konsequenten sozialräumlichen Homogenisierung – versus einer sozialheterogenen Integration, mit dem Recht auf ein sozialintegriertes Wohnen und der Zufriedenheit von Unterschichtsviertel-Bewohnern im Blick auf ihren Habitat – wurde in dieser Untersuchung am Beispiel der lateinamerikanischen Metropole Santiago de Chile und drei verschiedener Armenviertelsektoren der chilenischen Hauptstadt beleuchtet.

Als Grundlage für die im Mittelpunkt dieser Arbeit stehenden Fallstudie zur Habitat-Zufriedenheit unter Armenviertelbewohnern wurde ein Ringmodell entwickelt und angewandt, das die eigene Wohnung als Kernbereich und geographischen Lebensmittelpunkt definiert. Die weiteren Komponenten dieses Ringmodells stehen für die Straße, in der sich die Wohnung befindet (Wohnstraße), die Siedlung (das Viertel), die Umgebung dieser Siedlung, die Kommune – sowie zuletzt der Gesamtraum der metropolitanen Stadt. Alle diese Einheiten oder Ringsegmente üben als Lebens- und Interaktionsräume Schlüsselfunktionen in der Wahrnehmung der Bewohner und Nutzer der Stadt aus.

Als nächsten Schritt ging es darum, die Faktoren zu identifizieren, die über den Grad der Zufriedenheit mit diesem Habitat – bezogen auf die beschriebenen Lebensräume – entscheiden. Ausgangspunkt dafür war das Verständnis des Konzeptes Habitat-Zufriedenheit als das des Ergebnisses der Wahrnehmung und Bewertung der Bestandteile des urbanen Raumes in einem Prozess kontextueller Interaktionen zwischen verschiedenen Umwelten, urbanen Räumen, Beobachtern und Teilnehmern, die eben diesem Habitat angehören. Der Grad der Zufriedenheit reflektiert eine emotionale Reaktion auf diese Lebensräume, ein positives oder negatives Gefühl, das die Bewohner ihrem Habitat entgegenbringen und das ihr eigenes Nutzungsverhalten gegenüber diesem Raum bestimmt.

Die empirische Beschäftigung mit Fragen nach der Habitat-Zufriedenheit brachte während der Erarbeitung des Befragungsteils dieser Arbeit den Untersuchenden, Erforschenden in direkten Kontakt mit den Menschen einer Straße, einer Siedlung, eines Stadtteils. Dabei entwickelte sich ein Kommunikationsprozess, der auch für die beteiligten *pobladores* mit einer Reflektion ihrer jeweiligen Wahrnehmungen von und ihrer Erfahrungen mit erlebten sozialen Interaktionsabläufen verbunden war. Die Erkenntnisse über Habitat-Zufriedenheit sind – weit über die Reichweite diese Untersuchung hinaus – deshalb so wichtig, weil sie helfen, Bedürfnisse, Wünsche und soziale Probleme zu identifizieren und so zu einer Grundlage für eine nachhaltige Gemeindeentwicklung werden können und gleichzeitig in der Lage sind, Aufschluss darüber zu geben, durch welche Schritte es möglich ist, Lebens- und Wohnqualität zu verbessern.

Die Einbeziehung des Konzeptes der Habitat-Zufriedenheit in Untersuchungen über Phänomene urbaner Segregationsmechanismen gegen Armenviertelbewohner – sowie bei der Beantwortung der Frage, welche Bedingungen notwendig sind, um derartige Segregationserfahrungen zu reduzieren – hilft, sowohl Räume als auch Prozesse auf zu zeigen, die den Rahmen für die Herausbildung von sozialer Identität und Verhaltensformen innerhalb einer (Bewohner-)Gruppe bilden. In diesem Zusammenhang – und das ist eines der wichtigsten Ergebnisse aus den empirischen Erkenntnissen der Gegenüberstellung der drei Fallbeispiele – erscheint es von außerordentlicher Bedeutung, die sozialen Subjekte gleichzeitig als Betroffene, deren Lebens- und Alltagsbedingungen durch dieses Phänomen bestimmt wird, als auch als Handelnde innerhalb eines Prozesses urbaner Segregation zu verstehen, die in der Lage sein können, eben genau diesen Prozess – positiv oder negativ – zu beeinflussen.

Schlussfolgerungen

Die von einem Menschen im Alltag frequentierten und genutzten Räume konstituieren jeweils ein System, das von Individuum zu Individuum unterschiedlich ist, wie die Forschungen über Bewegungsmuster im urbanen Raum belegen. Die für die vorliegende Untersuchung gewählte, vom Individuum ausgehende konzentrische Gliederung der frequentierten urbanen Räume (Ringmodell) macht, trotz durchaus ähnlicher sozioökonomischer Bedingungen in allen drei Fallbeispielen, klare Unterschiede in der Frequenz und der Nutzung der zu diesem System gehörenden Räume deutlich: Die Perspektive der Menschen verschiebt sich von Bewegungsmuster zu Bewegungsmuster – und damit ihre Fähigkeit, sich mit den frequentierten Räumen in Beziehung zu setzen und für sich Handlungsspielräume zu erschließen – oder eben die Barrieren auf dem Weg zu dieser Aneignung nicht überwinden zu können.

Die Erweiterung des Konzeptes der Wohnzufriedenheit zu einer Habitat-Zufriedenheit wird als entscheidende Bedingung für das sozialwissenschaftliche Verständnis verschiedener Wahrnehmungskomponenten gesehen, die aus der Perspektive von Armenviertelbewohnern notwendig für die Entwicklung von Integrationsprozessen und dadurch die Schaffung einer sozial tragfähigen Stadt sind, aber auch als Methode, um Wahrnehmungsprozesse im urbanen Kontext besser nachvollziehen zu können. Die Erstellung der Fallstudie zeigte, wie die Verringerung sozialräumlicher Distanz zwischen Unterschichts- und Mittelschichts-Angehörigen, die Schaffung sozial heterogener Räume – zusammen mit der Aktivierung von Selbsthilfeinitiativen, der Mobilisierung lokaler Potenziale und der Vernetzung vorhandener Ressourcen zur Voraussetzungen für eine hohe Habitat-Zufriedenheit werden kann und somit sozialer Ausgrenzung entgegenwirkt.

Die Wahrnehmungen der *pobladores* von Santiago de Nueva Extremadura, dem ersten Fallbeispiel, spiegeln die Lebenserfahrung mit großflächigen, homogenen Räumen urbaner Armut wider. Die Umgebung der eigenen Siedlung wird als der problematischste aller frequentierten Räume betrachtet, als eine Barriere, die den Zugang zur Stadt erschwert. Diese Negativwahrnehmung wird auf alle anderen Ring-Komponenten projiziert. Ihre Wahrnehmung erscheint homogen und undifferenziert. In diesem Fall (sozioökonomisch einheitliches Wohnumfeld – größte denkbare geographische Distanz zwischen Arm und Reich), ohne Überschneidungen und Nachbarschaften zwischen sozioökonomisch differenzierten Bewohnergruppen, dominiert für die Interviewten das Gefühl des Ausgeschlossenseins und die Bedrohung durch Gewalt und Drogenkriminalität. Die Habitat-Zufriedenheit wird daher durch negative Faktoren beherrscht.

In Arturo Prat, dem zweiten Fallbeispiel, ist es, vor allem wegen der Drogenkriminalität, das eigene Armenviertel, das – umgeben von *malls* und besseren Wohnvierteln – als der problematischste aller frequentierten Räume bewertet wird. Diese Negativ-Wahrnehmung wird so nicht auf die anderen Ring-Komponenten projiziert. Besonders gut schneidet in der Habitat-Bewertung die Kommune ab. Deutlich wird in Arturo Prat die positive Wahrnehmung eines sozioökonomisch relativ heterogenen Wohnumfeldes. Der Standort, der das Gefühl von Integration vermittelt (Zugang zur urbanen Infrastruktur und Arbeitsmöglichkeiten im Dienstleistungsbereich), sowie die soziale Umgebung sind Zufriedenheitsfaktoren. Die Ergebnisse in Esperanza Andina, dem dritten Beispiel, dokumentieren, dass trotz der kategorischen Ablehnung der *campamento*-Familien durch die Bewohner der umgebenden Mittelschichtsviertel und der Kennzeichnung dieser Umgebung der eigenen Siedlung als problematischer Bereich, das heterogene Umfeld mit seinen Chancen und Möglichkeiten als wichtiger Vorteil empfunden wird, der vieles Andere zu kompensieren vermag.

Am Beispiel Peñalolén lässt sich zeigen, wie die Verringerung der geografischen Distanz zwischen Armen und finanziell Bessersituierten – trotz aller Konflikte und erlittener Diskriminierung – von den *pobladores* des *campamento* Esperanza Andina positiv wahrgenommen wird. Dies schlägt sich in der Habitat-Zufriedenheit nieder. Der Vergleich zwischen Esperanza Andina und Nueva Extremadura verdeutlicht, welchen Einfluss unterschiedliche geografische Distanzen auf unterschiedliche Standorte und unterschiedliche Umgebungen bzw. Lebens- und Zukunftsperspektiven der Befragten haben. Die Bewohner von Esperanza Andina zeigen eine deutlich differenzierte Wahrnehmung gegenüber den verschiedenen frequentierten Räume und den ermittelten Faktoren der Habitat-Zufriedenheit. Sie nehmen ihre urbane Umgebung bewusster wahr.

Entscheidend ist also die sozioökonomische Struktur des Wohnumfeldes. Es werden – wie gesehen – bei den Befragten klare Unterschiede in der Einschätzung von heterogenen und homogenen Wohnumfeldsituationen und ihrem positiven bzw. negativen Einfluss deutlich. Eine sozialräumlich heterogene Struktur des Wohnumfeldes wird von den Bewohnern eines Armenviertels als Chance und als Lebensqualitätsmerkmal wahrgenommen. Anders formuliert, eine große sozialräumliche Distanz zwischen Wohngebieten von Angehörigen unterschiedlicher Einkommensgruppen ist eine der Ursachen für sich verstärkende Verelendungsprozesse und die Exklusion ohnedies benachteiligter Bevölkerungsgruppen. Diese sozioökonomische Grenzziehung bildet – vor allem, wenn die Segregation zur Expansion sozialhomogener Armenviertel mit großer Flächenausdehnung führt – einen Schlüsselfaktor zur Verstärkung sozialer Zerfallsprozesse mit ihren bekannten psychosozialen Konsequenzen.

Im Licht dieser Untersuchung ist es daher erstrebenswert, dass innerhalb eines Viertels Menschen unterschiedlicher sozialer Herkunft und sozioökonomischer Kondition zusammenleben. Soziale Wohnungsbauprogramme benötigen ganz eindeutig, was ihre Flächenausdehnung und die Zahl ihrer Bewohner anbelangt, Obergrenzen. Ihre Standortwahl ist entscheidend für die Vermeidung von strukturellen Konflikten – wie sozialer Ausgrenzung und Isolation. Die Schaffung großflächiger Armenviertelghettos an der Peripherie der Städte birgt erhebliche Risiken für die Integrationsfähigkeit des urbanen Raumes, die Nachhaltigkeit der Stadt. Soziale Wohnungsbauprojekte – gerade auch im lateinamerika-

Schlussfolgerungen

nischen Kontext – müssen so entwickelt werden, dass sie den Bewohnern ausreichend Platz bieten, ihre Bedürfnisse u. a. nach einem Gleichgewicht zwischen Intimsphäre und Kommunikation zu befriedigen – und von ihrer architektonischen Gesamtgestaltung her der Tatsache Rechnung tragen, dass vor allem junge Familien mit vielen Kindern die wichtigste Bevölkerungsgruppe bilden werden – und diese Wohnungsbauprojekte nicht stigmatisierend wirken dürfen, abschreckend für die eigenen Bewohner und die Nachbarn in den umgebenden Siedlungen. Im Zusammenhang mit dem Problem des Defizits an sozialem Wohnraum in urbanen Ballungszentren wie der Region Metropolitana in Chile ist deutlich geworden, dass entsprechende Wohnungsbauprogramme sehr viel stärker als bisher auf die Frage nach der sozialen Integration der in diesen Wohnungen lebenden Menschen ausgerichtet sein müssen.

Eine Habitat-Politik, die die Bevölkerungsgruppen mit den niedrigsten Einkommen und den größten Armutsproblemen in den Mittelpunkt stellt, kann sich nicht ausschließlich auf die Peripherie von Großstädten konzentrieren, sondern muss in Stadtentwicklungskonzepte, die ein nachbarschaftliches Zusammenleben mit Bevölkerungsgruppen mittlerer Einkommen anstreben und ermöglichen, münden. Solche Konzepte werden nicht spontan vom Wohnungsbaumarkt generiert, hier ist die politische Steuerung durch Kommunen und regionale Gebietskörperschaften unverzichtbar. Es bedarf Stadtentwicklungs- und Bebauungsplänen, die den politischen Willen zur Heterogenität durchsetzen.

Die intensive Zusammenarbeit mit Armenviertelbewohnern und ihren Organisationen, dort, wo sie existieren, ermöglicht es, sehr viel besser Bedürfnisse im Blick auf angemessene Habitat-Lösungen zu verstehen und entsprechende Projekte partizipativ zu entwickeln. Durch die Mitwirkung und Mitverantwortung der zukünftigen Bewohner bei der Überwindung ihrer Habitat-Probleme entsteht erstmals eine Perspektive von Nachhaltigkeit. Das gilt vor allem auch angesichts des Bedrohungsgefühls gegenüber Gewalt und Kriminalität. Nur, wenn es gelingt, engmaschige soziale Netzwerkstrukturen aufzubauen und zu verteidigen, wird es möglich sein, eine ausreichende soziale Kontrolle auszuüben, um den Sicherheitsbedürfnissen von Armenviertelbewohnern Rechnung zu tragen.

Je großflächiger, homogener und anonymer Armenviertelsektoren sind, umso schwieriger ist es, derartige Netzwerk- oder Nachbarschaftsstrukturen am Leben zu erhalten, um so radikaler erfolgt der Rückzug und die Abschottung in den eigenen vier Wänden – mit der logischen Folge des Zusammenbrechens sozialer Kontrollmechanismen im unmittelbaren Wohnumfeld. Positive Erfahrungen wie die der *pobladores* aus dem *campamento* Esperanza Andina haben in Chile zumindest in einigen Kommunen dazu beigetragen, einen Prozess der Reflektion und Weiterentwicklung von Sozialwohnungsbauprogrammen anzustoßen. Auf der anderen Seite unterstreichen die Ergebnisse dieser Untersuchung erneut, welche Bedeutung der historischen siedlungsgeographischen Frage nach dem „menschlichen Maßstab" eines Wohnviertels zukommt. Deutlich geworden ist, dass in großflächigen, homogenen Armenviertelsiedlungen die Chancen auf eine Veränderung

der Lebenssituation äußerst gering sind und derartige geographische Systeme eine extrem destruktive Dynamik der Perpetuierung des Status quo, bzw. sogar der weiteren Verschlechterung von Lebens- und Alltagsbedingungen ihrer Bewohner entwickeln.

Die Bewohner von kleineren Armenviertelsiedlungen in einem sozial heterogenen Umfeld verfügen dagegen über die besseren Bedingungen, um ihre eigene Situation positiv zu beeinflussen. Wirken diese beiden Bedingungen (überschaubare Größe und heterogenes Umfeld) zusammen – und werden sie verstärkt von Prozessen der Organisation und Partizipation –, wachsen die Chancen auf Integration, also Teilhabe, Überwindung von Segregation und damit urbane Konfliktreduzierung. Die vorgestellten empirischen Befunde lassen aber auch erkennen, welche entscheidende Bedeutung dem unmittelbar die eigene Wohnung umgebenden Raum für die Strukturierung der gesamten Umfeld-Wahrnehmung zukommt. Er ist prägend für die Sicht auf alle anderen Räume, auf die der Kommune, auf die der Stadt als Ganzes. Was sich die Menschen von ihrer unmittelbaren Nachbarschaft, der Straße vor ihrem Haus, ihrer Hütte, ihrer Wohnung erhoffen, ist, dass dieser Raum ihre Bedürfnisse nach sozialer Kommunikation und – ganz entscheidend – nach Sicherheit angemessen befriedigt. Dabei spielen die tatsächlichen Wohnbedingungen in den „eigenen vier Wänden" nicht die dominierende Rolle, die eigentlich zu erwarten gewesen wäre.

In der Art und Weise, wie es dem umgebenden Raum gelingt, diese grundlegenden Bedürfnisse zu befriedigen, steigt auch der Grad an Habitat-Zufriedenheit. Es ist das soziale Umfeld, *el entorno social inmediato*, das (der) die Gesamtwahrnehmung ganz entscheidend determiniert. Auf der anderen Seite müssen wir eingestehen, dass hier Habitat-Zufriedenheit als Teil eines janusgesichtigen Systems erkennbar wird, in dem das komplexe Zusammenspiel von Aktion und Reaktion derjenigen Elemente, aus denen es zusammengefügt ist, in dem spezifischen Kontext von extremer Armut auch dazu führen kann, eine Art destruktives Gleichgewicht aufrecht zu erhalten, das einen voranschreitenden Verfall des Wohnumfeldes und damit eine psychische und physische Beschädigung der Menschen, die es frequentieren müssen, zur Folge hat.

Mit anderen Worten: Beides ist möglich – eine stimulierende, *locus of control*-verändernde Wirkung der ermutigenden Erfahrung einer sozialen Umgebung, die Kommunikations- und Sicherheitsbedürfnisse zu befriedigen vermag und eine – sozusagen – funktionale Habitat-Zufriedenheit, die aus dem Eingeschlossensein, der Isolation und dem Abbruch der Sozialkontakte zu den Nachbarn auf der Straße einen Diskurs zum Lob auf die „eigenen vier Wände" werden lässt und damit jede Mitwirkung an einer Veränderung der erlebten Situation im Keim erstickt. Unsere Städte mit ihren Strukturen sind also in der Lage, aus Menschen, die in ihnen leben, aus Einwohnern und Bürgern, Marginalisierte zu machen. Diese Strukturen sind scheinbar so mächtig, dass sie dafür sorgen können, dass einmal Marginalisierte für immer ausgeschlossen bleiben. Auf der anderen Seite ist es die gleiche Stadt, die dort, wo es Menschen dennoch gelingt, diese Zäune und Mauern, die durch die

Schlussfolgerungen

Mechanismen der Segregation errichtet wurden, zu durchbrechen, Arbeitsmöglichkeiten in nächster Nähe, Nachfrage nach Dienstleistungen, Aufgaben und Einkommensquellen im Zusammenhang mit der Erhaltung und der Pflege des urbanen Raumes, seiner Infrastruktur und seiner Wohnviertel in Hülle und Fülle anbietet.

Entscheidend für das Durchbrechen der Zäune und Mauern von Segregation, Marginalisierung und Diskriminierung ist es, dass die Stadtviertel, in denen überwiegend Menschen in Lebenssituationen von Armut und extremer Armut wohnen, dass Sozialwohnungsbauprojekte eine begeh- und überschaubare Dimension nicht überschreiten. Armenviertel und die Stadtbezirke, in denen sich diese Armenviertelsektoren konzentrieren, dürfen für ihre Bewohner nicht den einzig vorstellbaren Horizont ringsherum – soweit das Auge reicht – bilden.

Armutsüberwindung und die dafür unabdingbare Mobilisierung von Selbsthilfekräften haben ganz entscheidend mit dem Wahrnehmen und dem Erleben von Heterogenität in allen ihren Dimensionen – und mit allen Konflikten, die sie verursachen kann – zu tun. Das nachbarschaftliche Zusammenleben, die Begegnung, das Wiedererkennen von Gesichtern, das Einander-Bekanntwerden, das Miteinander-Sprechen auf den Straßen, im Supermarkt, auf dem Spielplatz, bildet die beste denkbare Arznei gegen das Gefühl von Unsicherheit und Bedrohung. Der Blick richtet sich also auf einen steinigen Weg, der uns dem Ziel näher bringen könnte, die Stadt um uns herum wieder rationaler wahrzunehmen, Entscheidungen vom Verstand her zu fällen – und zwar auf der Grundlage eines sensiblen Umgangs mit unserer Umgebung. Es geht um nichts weniger als um eine Stadt, die uns annimmt und die uns beschützt, „eine Stadt", wie Restrepo poetisch formuliert, „die es uns erlaubt, das Recht auf Zärtlichkeit auszuüben".[1]

---

1 RESTREPO 1994

Abstract:

Segregation processes to which most Chileans in suburban contexts are exposed, the lack of neighbourhood interaction between residential areas with a different socio-economic background, unequal access to urban infrastructure and difficult living conditions, which have additionally been aggravated during recent years through an increase in crime and violence, inevitably bring up the question of the social dimension of urban development. The knowledge about the satisfaction level of slum dwellers in view of their living space and the variety of components which influence and structure their views are a crucial factor in the struggle for a sustainable, socially balanced urban development. To a larger extent than most other Latin American cities Santiago de Chile is characterized by the clearly distinct segregation by socio-economic status, extreme disparities and large distances between low-income neighbourhoods and the residential areas of the well-off families. Based on the analyses of three low-income neighbourhoods with different characteristics – and the inhabitants' perception of their respective residential environment – the question is discussed in how far a socio-spatial heterogeneity of the environment structure – a rudimentary tendency of which can be observed recently in some suburban contexts – may imply an improved quality of life for all inhabitants.

Resumen:

La persistencia de procesos de desarticulación a que la mayoría de los habitantes chilenos de barrios periféricos en las grandes ciudades están expuestos, el bloqueo de la relación entre los vecinos, la discriminacíon entre ricos y pobres en la dotación de infraestructura urbana e iniciativas privadas, y la dureza de las condiciones de vida en la ciudad, que en los últimos años se han agravado por un aumento de la violencia y criminalidad, nos plantean la cuestión ineludible del rol social del desarrollo urbano. El conocimiento acerca de los niveles de satisfacción con el hábitat, la percepción socioespacial y la variedad de componentes que la influyen y estructuran constituyen un factor crucial en la búsqueda de sustentabilidad y un desarrollo urbano socialmente equilibrado. En el contexto de las grandes ciudades latinoamericanas, Santiago de Chile se caracteriza por un alto grado de segregación socioeconómica, desigualdades extremas y grandes distancias geográficas y subjetivas entre barrios de bajos ingresos y áreas residenciales de altos ingresos. La investigación ae llevó a cabo en tres contextos de pobreza urbana, poblaciones de bajos ingresos en Santiago de Chile con diferentes características geoespaciales de localización, tamaño, homogeneidad/heterogeneidad socioeconómica del entorno, y recoge la percepción urbana de los habitantes de estas poblaciones en relación a sus vidas.

Se discute la pregunta de cómo una heterogeneidad de la estructura socioespacial urbana, tendencia observada en muchos contextos suburbanos impulsada por una fuerte dinámica inmobiliaria, puede tener un impacto significativo en el mejoramiento de la calidad de vida de habitantes pobres y de la población urbana en general. En el gran perímetro homogéneo de una estructura segregada a gran escala, el entorno social es significativamente valorado, aunque se reduce la posibilidad de establecer contactos fuera de éste. En un contexto de aglomeración de pobreza, una alta satisfacción residencial contribuye a mantener dicho sistema. Las estructuras socialmente heterogéneas son valoradas por las posibilidades de integración, aunque en éstas es más palpable la segregación.

La localización se percibe como una ventaja crucial compensando el peso negativo de la percepción de exclusión. Una reducción de la dimensión geográfica de la segregación trae beneficios a los habitantes de estratos bajos que ellos valoran más allá del rechazo y los fenómenos de desintegración social percibidos y asociados a la segregación urbana. El modelo de análisis de anillos de percepción del espacio urbano muestra que la dimensión geográfica de la segregación actúa en las percepciones incorporando u omitiendo elementos determinantes en la composición de la satisfacción con el hábitat. Desde este punto de vista la reducción de la dimensión geográfica de la segregación se convierte en un objetivo deseable para el desarrollo urbano, que requiere ser considerado bajo el precepto que la convivencia de las clases sociales es una necesidad y un beneficio tanto para las clases acomodadas, como para las modestas. Nuestras ciudades generan personas que se convierten en marginales. Los empleos de proximidad, de servicios de persona a persona, o el mantenimiento urbano, el cuidado de espacios y equipamientos colectivos en las unidades residenciales, ofrecen posibilidades infinitas.

Es necesario lograr una dimensión „caminable" de los conjuntos habitacionales de vivienda social. Barrios y poblaciones no pueden proyectarse en los ojos de sus habitantes como el único horizonte posible, tiene que verse y experimentarse la heterogeneidad en todas sus dimensiones y asumiendo los posibles conflictos que ello pueda generar. La convivencia, el conocerse unos y otros, el hablarse en las calles y plazas, es el mejor remedio a los sentimientos de inseguridad. La apuesta vá por el camino de recuperar una mayor capacidad de razonar a partir de la sensibilidad. Una ciudad que nos acoja y nos proteja, una ciudad que nos permita ejercer el „derecho a la ternura".[2]

---

2 RESTREPO 1994

9 Literaturverzeichnis

ACKERS, W.; C. FRANK & H. STRÄB (1983): Stadtleben + Stadt Leben lassen. Deutscher Ausschuss für die Europäische Kampagne zur Stadterneuerung. Darmstadt.

ALISCH, M. & J. DANGSCHAT (1998): Armut und soziale Integration. Strategien sozialer Stadtentwicklung und lokaler Nachhaltigkeit. Opladen.

ALTWEGG, J. (2002): Welche Perspektiven braucht die Gesundheitspolitik, Frau Brundtland? In: Future - das Aventis-Magazin 1/2002, S. 20-24. Schiltigheim.

AMÉRIGO, M. (1994): Satisfacción Residencial. Evaluación de la calidad residencial desde una perspectiva psicosocial. In: Revista Sicología y Ciencias Humanas de la Universidad Central 6 (1), Especial 1993 - 1994, Santiago, S. 24-35.

AMÉRIGO, M. (1995): Satisfacción Residencial. Un análisis sicológico de la vivienda y su entorno. Madrid.

Arbeitsgemeinschaft Baden-Württembergischer Bausparkassen, Wirtschaftsministerium Baden-Württemberg, Sozialministerium Baden-Württemberg (Hrsg.) (2001): Gelungene Siedlungen – Attraktive Wohnquartiere – Lebendige Nachbarschaft. Wege zur Wohnzufriedenheit: 150 Bausteine für innovativen Wohnungs- und Siedlungs-Bau. Ideen, Ansätze, Konzepte. Schwäbisch-Hall.

Arbeitsgemeinschaft Baden-Württembergischer Bausparkassen, Wirtschaftsministerium Baden-Württemberg, Sozialministerium Baden-Württemberg (Hrsg.) (2001): Gelungene Siedlungen – Attraktive Wohnquartiere – Lebendige Nachbarschaft. Ergebnisse der Wettbewerbs-Initiative 2000/2001. Städtebaukongress 12. Februar 2001, Stuttgart. Wettbewerbs-Dokumentation. Schwäbisch-Hall.

BÄHR, J. & R. RIESCO (1981): Estructura urbana de las metrópolis latinoamericanas. El caso de la ciudad de Santiago. In: Revista Norte Grande del Instituto de Geografía de la Pontificia Universidad Católica de Chile 8, S. 27–56.

BÄHR, J. & G. MERTINS (1992): Verstädterung in Lateinamerika. In: Geographische Rundschau 44 (6), S. 360-370.

BÄHR, J. & G. MERTINS (2000): Marginalviertel in Großstädten der Dritten Welt. In: Geographische Rundschau 52 (7-8), S. 19-26.

BAILLY, A. (1979): La percepción del espacio urbano. Conceptos, métodos de estudio y su utilización en la investigación urbanística. Instituto de estudios de administración local. Madrid.

BAUMAN, Z. (1992): Moderne und Ambivalenz. Das Ende der Eindeutigkeit. Hamburg.

BECKER, H.; J. JESSEN; R. SANDER (Hrsg.) (1999): Ohne Leitbild? Städtebau in Deutschland und Europa. Stuttgart/Zürich.

BENEVOLO, L. (1991): Die Geschichte der Stadt. Frankfurt.

BERMAN, M. (1995): Todo lo sólido se desvanece en el aire: La experiencia de la modernidad. Barcelona.

BIEBER, E. (2003): Die lebenswerte Stadt nicht nur für Reiche. In: DIALOG - Magazin für Internationale Weiterbildung und Zusammenarbeit 4. Köln.

BIERSCHENK, T. (2002): Hans-Dieter Evers – Die Bielefelder Schule der Entwicklungssoziologie: Informeller Sektor und strategische Gruppen. In: E+Z - Entwicklung und Zusammenarbeit 43(10). Frankfurt, S. 273-276.
BOLLNOW, O. (2000): Mensch und Raum. Stuttgart.
BONNY, H. (1999): Funktionsmischung - Zur Integration der Funktionen Wohnen und Arbeiten. In: Becker, J.; J. Jessen; R. Sander (Hrsg.): Ohne Leitbild? Städtebau in Deutschland und Europa. Wüstenrot Stiftung. Ludwigsburg, S. 241-254.
BORJA, J. & M. CASTELLS (1997): Local y Global. La gestión de las ciudades en la era de la información. Madrid.
BOURDIEU, P. et al. (1997): Das Elend der Welt. Zeugnisse und Diagnosen alltäglichen Leidens an der Gesellschaft. Konstanz.
BRENDLE, K. (1989): Städtischer Lebensraum. Stadt als sozial gestaltetes und gestaltendes System. Arbeitsdokument Städtebauliches Institut, Universität Stuttgart. Stuttgart.
BRONGER, D. (2000): Chicago: Ethnische, wirtschaftliche, soziale und kulturelle Segregation in einer US-Megastadt. In: Geographische Rundschau 52 (6), S. 41-47.
Bundeszentrale für Politische Bildung (Hrsg.) (1996): Menschenrechte. Dokumente und Deklarationen. Bonn.
BUTTIMER, A. (1985): Hogar, campo de movimiento y sentido del lugar. In: Teoría y método en la Geografía Humana anglosajona. Barcelona.
CÁCERES, G. & F. SABATINI (Hrsg.) (2004): Barrios cerrados en Santiago de Chile: entre la exclusión y la integración residencial. Santiago.
CANTRIL, H. (1965): The Pattern of Human Concern. New Brunswick.
CAPEL, H. (1973): Percepción del medio y comportamiento geográfico. In: Revista de Geografía de la Universidad de Barcelona, Band VII (1-2), S. 58-150.
CARDOSO, E. & A. HELWEGE (1992): La economía latinoamericana. Diversidad, tendencias y conflictos. México D.F.
CASTELLS, M. (1999): La era de la información. Economía, sociedad y cultura. Vol. I. La sociedad red. Madrid.
CEPAL (1989): La crisis urbana en América Latina y el Caribe: reflexiones sobre alternativas de solución. CEPAL. Santiago.
CEPAL (1998-1999-2002): Panorama social de América Latina. Cepal. Santiago.
CEPAL-UNICEF (2001): Construir equidad desde la infancia y la adolescencia en Iberoamérica. Santiago.
CHAMUSSY, H.; J. CHARRE; P. DUMOLARD; M. DURAND & M. LE BERRE (1980): Iniciación a los métodos estadísticos en geografía. Barcelona.
CHATEAU, J.; B. GALLARDO; E. MORALES; C. PIÑA; H. POZO; S. ROJAS; D. SANCHEZ & T. VALDÉS (1987): Espacio y poder. Los pobladores. Santiago.
CHERMAYEFF, S. & C. ALEXANDER (1977): Comunidad y privacidad: hacia una nueva arquitectura humanista. Buenos Aires.

CLARKE, N. (2002): La geografía del desarrollo en las Américas: el factor olvidado. In: DHIAL, Desarrollo humano e institucional en América Latina N° 36. URL: http://www.iigov.org/dhial/?P=36_05 (Stand 11.11. 2002).

CONCHA, C. & V. SALAS (Hrsg.) (1994) : Amasando el Pan y la Vida. Santiago.

COUTRAS, J. (1996): Crise urbaine et espaces sexués. Paris.

COY, M. (2002): Jüngere Tendenzen der Verstädterung in Lateinamerika. In: Bodemer, K.; D. Nolte; H. Sangmeister (Hrsg.) Lateinamerika Jahrbuch 2002. Hamburg, S. 9-42.

DAVIS, M. (1994): City Of Quartz. Berlin/Göttingen.

DE RAMON, A. (1978ª): Suburbios y arrabales en un área metropolitana: el caso de Santiago de Chile, 1872-1932. In: HARDOY, J.; R. MORSE & R. SCHAEDEL (Hrsg.) 1978: Ensayos histórico-sociales sobre la urbanización en América Latina. Sociedad Interamericana de Planificación (SIAP). Buenos Aires, S. 113-130.

DE RAMON, A. (1978b): Santiago de Chile 1850-1990: Límites urbanos y segregación espacial según estratos. In: Revista paraguaya de Sociología 15 (42/43). Asunción, S. 253-276.

DE RAMON, A. (1985): Estudio de una periferia urbana: Santiago de Chile, 1850-1899. In: Revista Historia 20. Santiago, S. 199-294.

DE SOTO, H. (1992): Marktwirtschaft von unten. Die unsichtbare Revolution in Entwicklungsländern. Zürich.

DEL RÍO, M. (2002): Chile visto desde Harvard: arquitectura de primer mundo. In: Revista Capital Online N° 89. URL: http://www.capital.cl/Despliegue. aspx?IDDoc=1042775 (Stand 11.11.2002)

DEL RÍO, M. & H. SOTO (2004): El país de las brechas. In: Revista Capital Online N° 140. URL: http://www.capital.cl/Default.aspx?fecha=2004/09/10 (Stand 05.10.2004).

DIDIER, M. (1987): Satisfacción comunitaria en dos campamentos de la comuna de La Florida. Revista Chilena de Psicología 9 (1). Santiago, S. 24-35.

DOCKENDORFF, E. & C. FUENSALIDA (1990): Santiago dos ciudades. Análisis de la estructura socioeconómica-espacial del Gran Santiago. (Centro de Estudios del Desarrollo). Santiago.

DREKONJA-KORNAT, G. & M. MAX-NEEF (2002): El desarrollo a la medida humana. In: D+C Desarrollo y Cooperación N° 2/2002. Bonn, S. 25-30.

DUCCI, M. (1998): Santiago ¿Una mancha de aceite sin fin? ¿Qué pasa con la población cuando la ciudad crece indiscriminadamente? In: Revista Eure 24 (72). Santiago, S. 84-94.

DUCCI, M. (2002): Area urbana de Santiago 1991-2000: Expansión de la industria y la vivienda. In: Revista Eure 28 (85). Santiago, S.187-207.

El Mercurio (1986): En Villa La Pintana: Denuncian problemas de orden delictual con erradicados. 12 de Noviembre. Santiago.

El Mercurio (1996): Plan Frei. 18 de Agosto. Santiago.

El Mercurio (1998): Santiago Dividido. Fricción en los barrios por la segregación urbana. Revista del Sábado. 16 Octubre. Santiago.

El Mercurio (1999): Peñalolén: planificando el crecimiento. 5 de Septiembre. Santiago.

El Mercurio (2003): Arquitecto Alejandro Aravena: ubicación en la ciudad es clave para calidad de viviendas sociales. 27 de Noviembre. Santiago.

Epd-Entwicklungspolitik (2002): Nr. 16. Frankfurt.

ERMUTH, F. (1974): Residential satisfaction and urban environmental preferences. Toronto.

ESPINOZA, V. (1988): Para una historia de los pobres de la ciudad. Santiago.

FARAH, M.; F. AGUIRRE & B. GALLARDO (1996): Una visión del transporte en las ciudades. In: Chile Urbano. Antecedentes de la consulta nacional para la formulación de una nueva política de desarrollo urbano 1993-1996. N° 5. Santiago, S. 257-281.

FARWICK, A. (1998): Soziale Ausgrenzung in der Stadt. Struktur und Verlauf der Sozialhilfebedürftigkeit in städtischen Armutsgebieten. In: Geographische Rundschau. 50 (3), S. 142-153.

FAUST, J. (2002): Mancur Olson – Warum sind manche Länder arm und andere reich? Die Rolle von Institutionen und Good Governance. In: E+Z Entwicklung und Zusammenarbeit 43 (10), Frankfurt, S. 277-280.

FAZIO, H. (1997): Mapa actual de la extrema riqueza en Chile. Santiago.

FLOCK, W. (2004): Armut und soziokulturelle Bedingungen von Selbstorganisation im chilenischen Neoliberalismus. Die población José Maria Caro. In: Solidaridad. Berichte und Analyse aus Chile 25 (232-233). Münster, S. 30-35.

FLÜELER, M. & N. FLÜELER (1992): Stadtluft, Hirsebrei und Bettelmönch. Die Stadt um 1300. Katalog zur Ausstellung. Landesdenkmalamt Baden-Württemberg. Zürich/Stuttgart.

FRANKLIN, K. (1997): K. L. Pike on etic vs. emic: A review and interview. URL: http://www.sil.org/klp/karlintv.htm (Stand 07.12.2003).

FRIEDRICHS, J. (1977): Stadtanalyse. Hamburg.

FRIEDRICHS, J. (1981): Methoden empirischer Sozialforschung. Opladen.

FRIEDRICHS, J. (1983): Stadtanalyse. Soziale und räumliche Organisation der Gesellschaft. Opladen.

FRIEDRICHS, J. (1995): Stadtsoziologie. Opladen.

FUES, T. (1997): Rio Plus 10. The German Contribution to a Global Strategy for Sustainable Development. Policy Paper 6. Stiftung Entwicklung und Frieden. Bonn.

GALLARDO, B. & S. ROJAS (1987): El hacinamiento en sectores populares. In: Hechos Urbanos. Boletín de información y análisis 68. (SUR Documentación). Santiago, S. 5.

GALLEGUILLOS, M. (1990): La satisfacción residencial como elemento estructurador del espacio urbano. (Pontificia Universidad Católica de Chile). Santiago.

GALLEGUILLOS, M. (2000): La satisfacción residencial y la segregación urbana en un contexto de pobreza. (Pontificia Universidad Católica de Chile). Santiago.

GALSTER, G. (1984): Identifying the correlates of dwelling satisfaction. An empirical critique. In: Environment and Behavior 19 (5), S. 539-568.
GARCÍA, A. (Hrsg.) (1995): Geografía Urbana I - La Ciudad: Objeto de estudio pluridisciplinar. Barcelona.
GARCIA-RAMON, D.; M. PRATS & G. CANOVES (1995): Las mujeres y el uso del tiempo. Instituto de la Mujer. Madrid.
GATICA, K. (2002): Segregación residencial por condición socioeconómica y construcción de identidades territoriales: estudio comparativo de dos poblaciones de Santiago. (Universidad de Chile). Santiago.
GIDDENS, A. (1989): A Constituição da Sociedade. São Paulo.
GIDDENS, A.; Z. BAUMAN; N. LUHMANN & U. BECK (1996): Las consecuencias perversas de la modernidad. Barcelona.
GREENE, M. (1994): 5° Taller de Coyuntura: Seguridad ciudadana en hábitat residenciales pobres. Realidad y perspectivas. Instituto de la Vivienda, Facultad de Arquitectura y Urbanismo. Universidad de Chile. Separata del Boletín N°22. Santiago.
GROSS, P. & A. DE RAMÓN (1982): Calidad ambiental Urbana. El caso de Santiago de Chile en el período 1870 a 1940. In: Revista Cuadernos de Historia 2. Santiago, S. 141-165.
GUARDIA-BUTRON, F. (1991): La situación de la vivienda popular en América Latina. In: Revista Interamericana de Planificación 94. México, S. 7-18.
GÜNTHER, T. & E. RIBBECK (1974): Infrastrukturplanung für Wohngebiete in Entwicklungsländer. In: Deutsche Bauzeitung, 108 (4), S. 348-350.
GUROVICH, A. (1989): Una ciudad interminable: La Pintana. In: CA - Revista oficial del Colegio de Arquitectos de Chile 57. Santiago, S. 32-35.
GUTIÉRREZ, J. & J. DELGADO (1995): Métodos y técnicas cualitativas de investigación en Ciencias Sociales. Madrid.
HAGGETT, P. (1983): Geographie. Eine moderne Synthese. New York.
HARAMOTO, E. (1992): Espacio y comportamiento: estudio de casos de mejoramiento en el entorno inmediato a la vivienda social. (CEDVI-Universidad Central). Santiago.
ICELAND, J.; D. WEINBERG & E. STEINMETZ (2002): Racial and Ethnic Residential Segregation in the United States: 1980-2000. U.S. Census Bureau, Series CENSR-3. Washington D.C.
HARDY, C. (1987): Organizarse para vivir. Pobreza urbana y organización popular. Santiago.
HARVEY, D. (1979): Urbanismo y desigualdad social. Madrid.
HARVEY, D. (1989): The Urban Experience. Oxford.
HÄUSSERMANN, H. (1998): Armut und städtische Gesellschaft. In: Geographische Rundschau 50 (3), S.136-138.
HEIDEGGER, M. (1954): Bauen Wohnen Denken - Vorträge und Aufsätze. Teil II. Pfullingen.

HEIN, M. (2000): Kirche in der Stadt – Ihr Beitrag zum Gelingen des sozialen Friedens. URL: http://www.ekkw.de/bischof/publikationen.html (Stand: 10.05.2007)

HIDALGO, R.; A. SALAZAR A. & L. ALVAREZ (2003): Los condominios y urbanizaciones cerradas como nuevo modelo de construcción del espacio residencial en Santiago de Chile 1992-2000. In: Scripta Nova, Revista electrónica de Geografía y Ciencias Sociales, 146 (123). URL: http://www.ub.es/geocrit/sn/sn-146(123).htm. (Stand 16.11. 2005).

HIDALGO, R. & B. SALDIAS (1998): Los programas de vivienda social en Santiago de Chile: la evaluación de los usuarios. In: Actas del III Congreso de CEALC, Centro de Estudios de América Latina. Universidad de Cataluña. Barcelona.

HIDALGO, R. (1997): La vivienda social en la ciudad de Santiago: análisis de sus alcances territoriales en la perspectiva del desarrollo urbano 1978-1995. In: Revista de Geografía Norte Grande 24. Santiago, S. 31-38.

HIRATA, J. & D. SENOTIER (Hrsg.) (1996): Femmes et Partage du Travail. Paris.

HOFMEISTER, B. (1976): Stadtgeographie. Reihe: Das Geographische Seminar. Braunschweig.

HOFMEISTER, B. (1980): Stadtgeographie. Braunschweig. (4. verb. Auflage).

HOTZAN, J. (1994): DTV-Atlas zur Stadt. München.

HOURIHAN, K. (1984): Residential Satisfaction, Neighbourhood Attributes and Personal Characteristics: An Exploratory Path Analysis in Cork, Irland. In: Environment and Planning, Band XVI, S. 425-436.

HRADIL, S. (1993): Schicht, Schichtung und Mobilität. In: KORTE, H. & B. SCHÄFERS: Einführung in die Hauptbegriffe der Soziologie. Opladen, S. 145–164.

ILO (1976): Beschäftigung, Wachstum und Grundbedurfnisse. Ein weltweites Problem. Genf.

INE – Instituto Nacional de Estadísticas (1996): Situación económica y social de las regiones de Chile. Santiago.

JACKSON, J. (1973): La información y la planificación territorial urbana. Barcelona.

JACOBS, J. (1992): Muerte y vida de las grandes ciudades americanas. New York.

JOHNSTON, R. & P. CLAVAL (Hrsg.) (1986): La geografía actual: geógrafos y tendencias. Barcelona.

KÄES, R. (1963): Vivir en grandes conjuntos. Madrid.

KALTMAIER, O. (2003): Global umkämpfte Stadt. In: Institut für Theologie und Politik. Rundbrief Nr. 20. Münster, S. 4-6.

KAUFMANN, P. (1969): L'expérience Emotionnelle de l'espace. Paris.

KIMMERLE, S. (2000): Neomarxismus. Der Klassenbegriff in neuen Ansätzen. Berlin.

KROMREY, H. (2002): Empirische Sozialforschung. Opladen.

KROSS, E. (1999): Entwicklungsländer im Erdkundeunterricht heute. Geographische Rundschau 51 (1), S. 38-43.

KÜRSCHNER-PELKMANN, F. (2006): Verschwiegene Stärken. In: E+Z Entwicklung und Zusammenarbeit 3, S. 110-113. Frankfurt.

KUNTZE, L. (1989): Das Konzept von Turner. In: SCHMIDT-KALLERT, E. (Hrsg.): Zum Beispiel: Slums. Göttingen, S. 94-99.
LADD, B. (1990): Urban Planning and Civic Order in Germany, 1860-1914. Harvard.
LARRAÍN, P. & H. TOLEDO (1990): Diferencias espaciales en los niveles de bienestar social en el Gran Santiago: implicancias conceptuales, metodológicas y políticas. In: Eure 16 (49). Santiago, S. 33-49.
LASAGNA, M. & A. CARDENAL (1998): Desarrollo y reforma política en América Latina: la agenda pendiente. In: Instituciones y Desarrollo 1. Barcelona, S. 103-142.
La Tercera (1989): Ex allegados recibieron 190 casas en La Pintana. 23 de Febrero, S. 4. Santiago.
La Tercera (1998): Vecinos de Peñalolén alegan discriminación. 8 de Octubre, S. 9. Santiago.
LEFEBVRE, H. (1969): El derecho a la ciudad. Barcelona.
LLOYD, P. (1979): Slums of Hope? Shanty Towns of the Third World. New York.
LOJKINE, J. (1986): La classe ouvriere en mutations. Paris.
LOWENTHAL, D. (1968): Environmental Perception and Behavior. Chicago.
LUHMANN, N. (1990): Sociedad y Sistema: La ambición de la teoría. Barcelona.
LYNCH, K. (1970): La imagen de la ciudad. Buenos Aires.
MASSEY, D. & N. DENTON (1988): The Dimensions of Residential Segregation. In: Social Forces 67 (2), S. 281 315.
MATAS, J. & R. JORDAN (1985): Expansión urbana de Santiago. Documento de trabajo N° 160/88. (Pontificia Universidad Católica de Chile, Instituto de Estudios Urbanos). Santiago.
MATTELART, A. (1967): La morfología social de una capital latinoamericana: Santiago de Chile. In: Cuadernos de Economía 4 (11), S. 15-47.
MAX-NEEF, M. (2001): Desarrollo a escala humana. Santiago.
MC LOUGHLIN, J. (1971): Planificación urbana y regional. Un enfoque de sistemas. Madrid.
MEYER, K. & J. BÄHR (2001): Condominios in greater Santiago de Chile and their impact on the urban structure. In: Die Erde 132 (3), S. 293–321.
Ministerio de Planificación - MIDEPLAN (2002): Encuesta CASEN. Santiago.
Ministerio de Vivienda y Urbanismo - MINVU (1979): Política Nacional de Desarrollo Urbano - Chile 1979. Santiago.
MOLINA, I. (1985): El Programa de Erradicación de Campamentos en la Región Metropolitana (1979-1984). Implicancias socioeconómicas y espaciales. (Pontificia Universidad Católica de Chile). Santiago.
MOLINA, I. (1997): Stadens Rasifiering. Etnisk Boendesegregation i Folkhemmet: Uppsala. Geografiska Regionstudier 32. Uppsala.
MONTERO, A. (1997): Desarrollo Local Sustentable. Agricultura Urbana, Microempresas y Manejo de Residuos Sólidos. In: Agroecología y Desarrollo 11/12. Santiago, S. 89-98.

MORALES, E. & S. ROJAS (1986): Relocalización Socioespacial de la Pobreza. Política Estatal y Presión Popular 1979-1985. Documento de trabajo 280. (Facultad Latinoamericana de Ciencias Sociales – FLACSO). Santiago.
MORALES, E. & S. ROJAS (1987). Sectores Populares y Municipio. Documento de Trabajo 353 - FLACSO - Facultad Latinoamericana de Ciencias Sociales. Santiago.
MORÍN, E. (1994): Introducción al pensamiento complejo. Barcelona.
MOYANO, D. & H. FERNÁNDEZ (1992): Calidad ambiental en las ciudades latinoamericanas. El problema de la imagen urbana. Cuadernos Americanos 4 (34). México D.F.
MÜLLER, H. (1989): Lebensstile. Ein neues Paradigma der Differenzierungs- und Ungleichheitsforschung? In: Kölner Zeitschrift für Soziologie und Sozialpsychologie, S. 54-71.
MUNIZAGA, G. (1997): Diseño Urbano. Teoría y Método. (Pontificia Universidad Católica de Chile). Santiago.
NEWMAN, O. (1972): Defensible Space. New York.
NOHLEN, D. & F. NUSCHELER (1992): Handbuch der Dritten Welt. Grundprobleme, Theorien, Strategien. Bonn.
NOHLEN, D. (Hrsg.) (1998): Lexikon Dritte Welt. Reinbek.
NOLTE, D. (1998): Politischer, wirtschaftlicher und sozialer Wandel in Chile. In: Geographische Rundschau 50 (11), S. 639-640.
NOLTE, D. (2002): Demokratie kann man nicht essen – zur politischen Lage in Lateinamerika, In: Lateinamerika Analysen 3. Institut für Iberoamerika-Kunde. Hamburg, S. 149-172.
Nord-Süd-Kommission (Hrsg.) (1981): Das Überleben sichern. Der Brandt-Report – Bericht der unabhängigen Kommission für internationale Entwicklungsfragen. Frankfurt/Berlin.
NUSCHELER, F. (1991): Lern- und Arbeitsbuch Entwicklungspolitik. Bonn.
ORTEGA, E. & E. TIRONI (1988): Pobreza en Chile. (Centro de Estudios del Desarrollo). Santiago.
OVIEDO, E. & A. RODRÍGUEZ (1999): Santiago, una ciudad con temor. In: Revista Panamericana de Salud Pública 5 (4-5). Washington D.C. , S. 278-285.
PARAVICINI, U. (1990): Habitat au Féminin. Lausanne, S. 177.
PEARCE, J. (2002): Small is still Beautiful. London.
PERROT, M. (1984): Rebellische Weiber. Die Frau in der französischen Stadt des 19. Jahrhunderts, In: HONNEGER, C. & B. HEINTZ (Hrsg.) Listen der Ohnmacht. Zur Sozialgeschichte weiblicher Widerstandsformen. Frankfurt, S. 71-98.
Promoción e intercambio de recursos educacionales y tecnológicos - PIRET (1996): Problemática de la vivienda en Peñalolén. Separata N°18. Santiago.
PNUD (1992): Agenda 21. Desarrollo sostenible en Chile. Conferencia de las Naciones Unidas sobre Medio Ambiente y Desarrollo. Rio de Janeiro.
PNUD (1996): Habitat II. Conferencia sobre los asentamientos humanos. Istanbul.

PNUD (1998): Desarrollo humano en Chile. Programa de las Naciones Unidas para el desarrollo. Santiago.
PROSHANSKY, H.; W. ITTELSON & L. RIVLIN (1983): Psicología ambiental. El hombre y su entorno físico. México D.F.
RAPOPORT, A. (1978): Aspectos humanos de la forma urbana. Hacia una confrontación de las ciencias sociales con el diseño de la forma urbana. Barcelona.
RAPOPORT, A. (1980): Cross-cultural aspects of environmental design. Culture and environment. New York.
RAU, I. (2000): Ist unsere Großwohnsiedlung nachhaltig? Eine Wohnumfelderkundung. In: Praxis Geographie 11, S. 23-26.
RAZETO, L. (1986): Economía popular de solidaridad. Identidad y proyecto en una visión integradora. Conferencia episcopal de Chile. Santiago.
RESTREPO, L. (1994): El derecho a la ternura. Bogotá.
RODENSTEIN, M. (1994): Wege zur nicht sexistischen Stadt. Freiburg.
RODRÍGUEZ, A. (1987): Veinte años de las poblaciones de Santiago: resultados de investigación. Documento de trabajo Sur - Centro de estudios sociales y educación, CADIS - Centre d´analyse et d´intervention sociologique. Paris/ Santiago.
RODRÍGUEZ, A. & L. WINCHESTER (1999): Santiago de Chile. Metropolización, globalización, desigualdad. Comunidad Virtual de Gobernabilidad, Desarrollo Humano e Institucional. URL: http://www.gobernabilidad.cl/modules.php?name=News&file=article&sid=261 (Stand 11.11. 2005).
RODRÍGUEZ, J & J. LOJKINE (1974): Contribución a la teoría de la urbanización capitalista. Barcelona.
ROMERO, J. (1976): Latinoamérica, las ciudades y las ideas. Buenos Aires.
ROMERO, L. (1997): ¿Qué hacer con los pobres? Elite y sectores populares en Santiago de Chile 1840-1895. Buenos Aires.
ROTTER, J. (1966): Generalized expectancies for internal versus external control of reinforcement. In: Psychological Monographs, 80. Connecticut.
SABATÉ, A.; J. RODRIGUEZ & M. DIAZ (Hrsg.) (1995): Mujeres, espacio y sociedad. Madrid.
SABATINI, F. (1995): Barrio y participación. Mujeres pobladoras en Santiago de Chile. Santiago.
SABATINI, F. (1997): Liberalización de los mercados de suelo y segregación social en las ciudades latinoamericanas: el caso de Santiago de Chile. Guadalajara, Abril 17-19 de 1997. Guadalajara.
SABATINI, F. (1998): Transformación urbana y dialéctica entre integración y exclusión social: reflexiones sobre las ciudades latinoamericanas y notas sobre Santiago de Chile. Documento serie azul N°19 (Pontificia Universidad Católica de Chile – Instituto de Estudios Urbanos). Santiago.
SABATINI, F. (1998ª): Hacia una nueva planificación urbana: algunos de sus principales dilemas conceptuales y prácticos. Documento serie azul N°22 (Pontificia Universidad Católica de Chile – Instituto de Estudios Urbanos). Santiago.

SABATINI, F. (1999): La demanda ciudadana y la crítica ecologista de la ciudad. Ponencia 6° Encuentro del Medio Ambiente. Santiago.
SABATINI, F.; G. CÁCERES; J. CERDA & M. GALLEGUILLOS (2000): Segregación social en Santiago de Chile. Conceptos, métodos y efectos urbanos. Documento serie azul N°31. (Pontificia Universidad Católica de Chile - Instituto de Estudios Urbanos). Santiago.
SALAMANCA, F. & M. SOUZA (1992): Percepción de los programas sociales. In : Revista Interamericana de Planificación 97. México D.F., S. 65-82.
SALAS, J. (1998): El problema de la vivienda. Problema común de „las Américas Latinas". In: Revista Ciudad y Territorio 98. Madrid, S. 637-665.
SANGMEISTER, H. (2001): Redistribuir sólo no alcanza. La pobreza y la lucha contra la pobreza en América Latina. In: Revista D+C Desarrollo y Cooperación N°6. Deutsche Stiftung für internationale Entwicklung (DSE). Bonn, S. 4-5.
SANTOS, M. (1993): A urbanização brasileira. São Paulo.
SASSEN, S. (2000): The Global City: New York, London, Tokyo. New Jersey.
SAYER, J. (2001): Antwort auf die Zeichen der Zeit. In: MISEREOR Jahresbericht. Aachen, S. 1-3.
SCHARLOWSKI, B. (1999): Prozesse kritischer Öffentlichkeitsproduktion. Die Beispiele der Comunicación Popular in Chile und der entwicklungs-politischen Informationsarbeit in Deutschland. Frankfurt.
SCHIAPPACASSE, P. (1998): Diferenciación del espacio social intraurbano en el Gran Santiago. Un análisis a nivel distrital. (Universidad de Chile). Santiago.
SCHMIDT-KALLERT, E. (1989): Zum Beispiel Slums. Göttingen.
SCHOLZ, F. & D. MÜLLER-MAHN (1993): Entwicklungspolitik der Bundesrepublik Deutschland. In: Geographische Rundschau 45 (5), S. 264-270.
SCHOLZ, F. (1993): Hilfe zur Selbsthilfe. Wirkungsvolle Ansätze zur Armutsbekämpfung. Geographische Rundschau 45 (5), S. 284-289.
SCHÖNAUER, S. (2002): Cross-Border-Leasing – Ausverkauf kommunalen Vermögens. Aushebelung der Gemeindeordnung. In: Bund Naturschutz in Bayern. (Bund für Umwelt und Naturschutz Deutschland). Rothenbuch.
SCHÜBELIN, J. (1985): Funktionalität städtischer Armut in Lateinamerika: Pobladores-Familien in Santiago de Chile. Tübingen.
SCHÜBELIN, J. (1992): Reconversión de ollas comunes en amasanderías populares. In: QUIÑONES L. & R. ALVAYAY (Hrsg.): La Cadena Trigo-Harina-Pan y su Realidad en el Mundo Popular, S. 39-44. Santiago.
SCHÜBELIN, J. (1993): Feminisierung der Armut in Chile. In: Korrespondenz der ChristInnen für den Sozialismus 79. Münster, S. 16-26.
SCHÜBELIN, J. (1998): Chile – 25 Jahre danach. In: Quetzal – Magazin für Politik und Kultur in Lateinamerika 23. Leipzig, S. 2-6.
SCHÜBELIN, J. (2004): Zwischen Ratten und Zecken – ein chilenisches Lehrstück. In: Neue Wege 98 (6). Zürich, S. 180-185.

SCHULZE, C. (1987): Slums of Hope in Indien? In: Praxis Geographie 17 (1), S. 30-36.
SCHUMACHER, E. (2001): Small is Beautiful: Die Rückkehr zum menschlichen Maß. Stiftung Ökologie und Landbau. Bad Dürkheim.
SCHÜTZ, E. (1996): Ciudades en América Latina. Desarrollo barrial y vivienda. Santiago.
SCHÜTZ, E. (2001): Städtische Armut – Entwicklungsarbeit im Zeitalter der Urbanisierung. In: MISEREOR Jahresbericht. Aachen, S. 12-13.
SCHÜTZ, E. (2002): Aus der Not geboren. Nicht-ökonomische Aspekte im „informellen Sektor" der Städte. In: Contacts 37 (2). Köln, S. 18-19.
SCHWAN, G. (1997): Politik und Schuld. Die zerstörerische Macht des Schweigens. Frankfurt.
SCHWAN, G. (2002): Schuld sind immer die anderen. In: Kölner Stadt-Anzeiger 25.05.2002. Köln.
SCHWINGEL, M. (1995): Bourdieu zur Einführung. Hamburg.
SCRIMSHAW, N. & G. GLEASON (Hrsg.) (1992): Rapid Assessment Procedures: Qualitative Methodologies for Planning and Evaluation of Health Related Programmes. International Nutrition Foundation For Developing Countries. Boston.
SCRIMSHAW, S. & E. HURTADO (1988): Procedimientos de Asesoría Rápida para Programas de Nutrición y Atención Primaria en Salud. UCLA - Latin American Center Publications. Los Angeles.
SEGOVIA, O. & M. SABORIDO (1996): Espacio Público Barrial. Una Perspectiva de Género. Santiago.
SELIGMAN, M. & F. PETERMANN (2000): Erlernte Hilflosigkeit. Weinheim.
SEN, A. (1999): Development as Freedom. New York.
SENGENBERGER, W. (2001): Globale Trends bei Arbeit, Beschäftigung und Einkommen – Herausforderungen für die soziale Entwicklung. (ILO). Genf.
SENNETT, R. (1970): The Uses of Disorder. Personal Identity and City Life. New York.
SENNETT, R. (1975): Vida urbana e identidad personal. Barcelona.
SENNETT, R. (1990): La ville à vue d'oeil. Paris.
SEPÚLVEDA, R.; P. DE LA PUENTE; E. TORRES; C. ARDITI & P. MUÑOZ (1992): Enfoque sistémico y lugar. Una perspectiva para el estudio de hábitat residenciales urbanos. Instituto de la vivienda. Documento de trabajo FONDECYT 1114-92. (Facultad de Arquitectura y Urbanismo Universidad de Chile). Santiago.
SEWELL, J. (1993): The Shape of the City. Toronto Struggles with Modern Planning. Toronto.
SHELLER, M. & J. URRY (2006): The new mobilities paradigm. In: Environment and Planning A 38, S. 207–226. URL: http://www.envplan.com/epa/abstracts/a38/a37268.html (Stand 21.04. 2006).
SIEVERTS, T.; M. TRIEB & U. HAMANN (1973): Der Stuttgarter Westen als Erlebnisraum. Eine Stadtbildanalyse. Arbeitsgruppe Stadtbildanalyse Stuttgart West. Stuttgart.
SIEVERTS, T. (1997): Zwischenstadt: Zwischen Ort und Welt, Raum und Zeit, Stadt und Land. Braunschweig/Wiesbaden.

SIMMEL, G. (1920): Philosophie des Geldes. Köln.
SIMMEL, G. (1939): Sociología. Buenos Aires.
SOTO, H. (1997): El país que queremos. In: Revista Capital. Especial Inmobiliario, Agosto. Santiago, S. 10-12.
SPERBERG, J. & B. HAPPE (2000): Violencia y delincuencia en barrios pobres de Santiago de Chile y Río de Janeiro. In: Revista Nueva Sociedad 169, S. 44-60.
SPITTHÖVER, M. (1993): Macht und Raum. Über die Verfügbarkeit des öffentlichen Raumes für Männer und Frauen. In: METTLER-MEIBOM, B. & C. BAUHARDT (Hrsg.): Nahe Ferne - Fremde Nähe. Infrastrukturen und Alltag. Berlin, S. 69-78.
SUNKEL, O. & N. GLIGO (1981): Estilos de desarrollo y medio ambiente en la América Latina. México D. F.
TERLINDEN, U. (1990): Gebrauchswirtschaft und Raumstruktur. Ein feministischer Ansatz in der soziologischen Stadtforschung. Stuttgart.
THIEL, R. (2002). Megacities: Schreckbild oder Chance für Entwicklungsländer? In: E+Z - Entwicklung und Zusammenarbeit 43 (8/9), S. 256-257.
THIEME, G. (1993): Segregation. In: BÖRSCH, D. (Hrsg.): Handbuch des Geographieunterrichts Band II. Köln, S. 167-171.
TORRES, E.; P. DE LA PUENTE; R. MUÑOZ; R. SEPÚLVEDA & R. TAPIA (1994): Hacia una definición de la seguridad residencial en habitat de pobreza urbana. In: Boletin INVI 23 (9). Santiago, S. 4-26.
TREIBEL, A. (1994): Einführung in soziologische Theorien der Gegenwart. Opladen.
TRIEB, M.; A. SCHMIDT & U. HOTZ (1986): Städtebauliche Erneuerung und Stadtgestaltung in Baden-Württemberg. Universität Stuttgart. Städtebauliches Institut Fachgebiet Stadtgestaltung. Stuttgart.
TRIVELLI, P. (1981): Reflexiones en torno a la Política Nacional de Desarrollo Urbano. In: Eure 8 (22) . Santiago, S. 22.
TUAN, Y. (1974): Topophilia. A Study of Environmental Perception, Attitudes and Values. Englewood Cliffs.
TURNER, J. (1978): Verelendung durch Architektur. Plädoyer für eine politische Gegenarchitektur in der Dritten Welt. Reinbek.
URRUTIA, C. (1972): Historia de las poblaciones callampas. Santiago.
VICHERAT, D. (2002): Todo cifras. Pobreza, desigualdad, gasto social y desempleo en América Latina. Desarrollo humano e institucional en América Latina. IIG. Edición, N° 30. Barcelona.
VILLAÇA, F. (1998): Espaço Intra-Urbano no Brasil. (Lincoln Institute of Land Policy). São Paulo.
VILLASANTE, T. (1998): Cuatro redes para mejor-vivir. Volumen 1: del desarrollo local a las redes para mejor vivir. Buenos Aires.
WAGNER, C. (2000): Amartya Sen. Entwicklung als Freiheit – Demokratie gegen Hunger. In: E+Z – Entwicklung und Zusammenarbeit 4/00. Frankfurt, S. 116-119.

WALDENFELS, B. (1996): Architektonik am Leitfaden des Leibes. In: Thema 1(1). Technische Universität. Cottbus. URL: http://www-1.tu-cottbus.de/BTU/Fak2/TheoArch/Wolke/deu/Themen/961/waldenfels/Waldenfels_t.html (Stand: 13.05.2007)

WEHRHAHN, R. (1998): Urbanisierung und Stadtentwicklung in Brasilien. Aktuelle Prozesse und Probleme. In: Geographische Rundschau 50 (11), S. 656-663.

WERLEN, B. (1993): Handlungs- und Raummodelle in sozialgeographischer Forschung und Praxis. In: Geographische Rundschau 45 (12), S. 724-729.

WIESENFELD, E. (1994): Un estudio psicosocial de la privacidad. Psicología y Ciencias Humanas. Universidad Central 6 (1) Universidad Central. Santiago, S. 51-61.

WILHELMY, H. & A. BORSDORF (1984): Die Städte Südamerikas. Teil 1. Wesen und Wandel. Berlin/Stuttgart.

WIRTH, L. (1938): El urbanismo como modo de vida. In: American Journal of Sociology, (Spanische Übersetzung, 1962). Buenos Aires, S. 27-30.

WIRTH, L. (1983): Urbanität als Lebensform. In: Schmals, K. (Hrsg.): Stadt und Gesellschaft. Ein Arbeits- und Grundlagenwerk. München, S. 341-359.

YAÑEZ, C. (1999): Los estados latinoamericanos y la pertinaz desigualdad: una interpretación histórica de los obstáculos al desarrollo humano. Documento de trabajo 5. Barcelona. URL: http://www.guanajuato.gob.mx/ssg/observatorio/bibliografia.htm

YAÑEZ, C. (2000): Chile: Mirando al pasado, proyectando el futuro. Un aporte desde la historia económica. In: Magazine Dhial 1.
URL: http://www.iigov.org/dhial/?P=1_02 (Stand 11.11. 2005).

YOUNG, I. (1995): City Life and Difference. In: Metrópolis. Center and Symbol of our Times. New York.

ZAMBRANO, R. (1984): La Política de Vivienda y su impacto urbano en el Area Metropolitana de Santiago 1978-1980. (Pontificia Universidad Católica de Chile). Santiago.

ZAPATA, I. (1999): Proyecto de vivienda económica en el pericentro de Santiago. Renovación Población Juan Antonio Rios - Sector 3b. Comuna de Independencia. Boletín INVI 36 – Band 14 (3). Santiago.

Anhang – Fragebogen 217

Familienbefragung

Interviewer
Sektor des Armenviertels
Strasse
Datum

Hinweise für den Interviewer:
Gesprächspartner begrüßen, Sinn und Aufgabe der Befragung erläutern.
Der Fragebogen bleibt während des gesamten Gesprächs in der Hand des Interviewers.
Die Befragung hat als Ziel,
die Wahrnehmung und Einschätzungen der Befragten zu untersuchen.
Deshalb muss jede Beeinflussung der Antworten der Interviewpartner vermieden werden.
Notieren Sie die Antwort Ihres Gesprächspartners wortwörtlich
Lesen Sie den Fragebogen gründlich durch, bevor Sie ihn anwenden.
Stellen Sie nur Fragen, die im Fragebogen stehen. Nur in dem Fall,
dass der Interviewpartner die Frage nicht versteht, formulieren Sie sie um.

1. Informationen, die von dem Interviewpartner zur Situation der anderen Familienmitglieder ergänzt werden müssen					
(Codierung: Notieren Sie die Nummer der gewählten Alternative in dem entsprechenden Bereich der Tabelle)					
(Anmerkung: Als mitbewohnende Familienangehörige werden nur diejenigen verstanden, die in der selben Wohnung leben und die Mahlzeiten mit der Gesprächspartnerin, dem Gesprächspartner teilen)					
1.2 Personenstand:	1.3 Mitbewohner:	1.6 Gesundheitsprobleme:	1.8 Beschäftigung:	1.9 Ausbildung:	
1. Ledig	1. Ehefrau	1. Atemwegserkrankungen	1. Hausfrau	1. Ohne Schulbildung	
2. Verheiratet	2. Ehemann	2. Herzerkrankungen	2. Student	2. Bis zum 3. Schuljahr	
3. Verwitwet	3. Tochter/Sohn	3. Entzündungen	3. Kleinunternehmer	3. Bis zum 7. Schuljahr	
4. Getrennt	4. Schwester/Bruder	4. Depression	4. Angestellter mit Vertrag	4. Hauptschulabschluss	
5. Lebensgefährte	5. Nichte/Neffe	5. Psychische Erkrankung	5. Angestellter ohne Vertrag	5. Unvollst. Sekundarstufe	
	6. Enkelin/Enkel	6. Drogenabhängigkeit	6. Selbstständiger	6. Abgeschl. Sekundarstufe	
1.5 Geschlecht	7. Andere Verwandtschaft	7. Alkoholabhängigkeit	7. Gelegenheitsarbeiter	7. Unvollst. techn. Ausbildung	
1. Weiblich	8. Keine Verwandtschaft	8. Andere	8. Arbeitslos	8. Abgeschl. techn. Ausbildung	
2. Männlich		1.7 Schwangere im Haus?	9. Rentner	9. Unvollst. Univ.-Ausbildung	
		1. Ja	10. Ruhestand ohne Rente	10. Abgeschl. Univ.-Ausbildung	
		2. Nein	11. Andere (erläutern)	

N°	1.2 Personenstand	1.3 Verwandtschaft 1.4 Alter	1.5. Geschlecht	1.6 Gesundheitsprobleme	1.8 Beschäftigung	1.9 Ausbildung	1.10 Beruf oder Tätigkeit	1.11 Letztes Monatseinkommen
1								
2								
3								
4								
5								

2. Allgemeine Informationen über die Wohnung und die Familie aus der Sicht des/der Interviewpartner(s)/in
(Die Einordnung EOD 91 - *Encuesta de Origen y Destino 1991* - Befragung über zum Bewegungsmuster -
wurde in Bezug auf die Einkommensskala entsprechend
der chilenischen Inflationsrate zwischen den Jahren 1991 und März 1999 aktualisiert.
(http://www.ine.cl/int1.htm gesehen im März 1999)

2.1 Anzahl der Schlafräume pro Wohnung	2.2 Rechtssituation in Bezug auf die Wohnung	2.4 Familiendurchschnitts-einkommen

2.3a Wieviele Jahre leben Sie bereits in dieser Wohnung?
2.3b Wieviele Jahre leben Sie bereits in diesem Viertel?
2.3c Wieviele Jahre leben Sie in dieser Kommune?

Codierung	
2. Rechtssituation:	4. Einkommen (Pesos Chilenos):
1. Eigentümer (zahlt monatl. Dividende)	1A: 0-60.000 (Hütte aus Holz)
2. Eigentümer (Wohnung schuldenfrei)	1B: 0- 60.000 (Wohnung aus solidem Baumaterial)
3. Zahlt Miete	2/3: 60.001 - 160.000
4. Untermieter	4: 160.001 - 250.000
5. Wohnung geliehen	5: 250.001 - 380.000
6. Illegale Besetzung	6/7/8: 380.000 und +

3. Angaben über die/den Befragten
3.1 Wie sind Sie in dieses Viertel gekommen?
1. Bewerbung im staatlichen Sozialwohnungsbauprogramm
2. Privatkauf
3. Landbesetzung
4. Zwangsumsiedlung
5. Andere (erläutern)

3.2 Wo wohnten Sie, bevor Sie in dieses Viertel zogen?
1. Siedlung:
2. Kommune:
3. Bis zu welchem Jahr:

3.2 (Nur für Esperanza Andina)
Seit dem Sie hier (am provisorischen Standort) wohnen,
haben Sie die Bekanntschaft mit Personen aus Nachbarsiedlungen gemacht?
1. Ja
2. Nein

4. Angaben über Mobilität	1. Wohin gehen/ fahren Sie, um die folgenden Aktivitäten auszuüben?			2. Wie lange brauchen Sie, um dort anzukommen?
	1. Siedlung	2. Kommune	3. Andere Kommune (erläutern)	(Schätzung in Stunden und Minuten)
1. Arbeiten/Haus-haltsvorstand				Stunden Minuten
2. Arbeiten/ Hausfrau				Stunden Minuten
3. Arbeiten/ Andere				Stunden Minuten
4. Einkaufen/ Gemüse				Stunden Minuten
5. Einkaufen/ Konserven				Stunden Minuten
6. Einkaufen/ Kleidung und Schuhe				Stunden Minuten

Anhang – Fragebogen

4. Angaben über Mobilität
3. Wie erreichen Sie das jeweilige Ziel?   1. Arbeiten/Haushalts-vorstand   2. Arbeiten/Hausfrau   3. Arbeiten/Andere   4. Einkaufen/Gemüse   5. Einkaufen/Konserven   6. Einkaufen/Kleidung und Schuhe   (Benennen Sie die häufigste Fortbewegungsart)

	1. Zu Fuß	2. Eigenes Auto	3. Sammel-taxi	4. Taxi	5. Bus	6. Fahrrad	7. UBahn	8. Andere (erläutern)
1								
2								
3								
4								
5								
6								

5. Grad an Zufriedenheit der/des Interviewten mit…
(Modifizierte Cantrils Zufriedenheitsskale, 1965)
Geben Sie eine Note von 1 bis 7, um zu zeigen, wie zufrieden Sie mit … sind - und wieso?

1. Der Stadt Santiago	2. Der Kommune	3. Der Umgebung der eigenen Siedlung	4. Ihrer Siedlung	5. Ihrer Wohnstrasse	6. Ihrer Wohnung

6. Was gefällt Ihnen und was gefällt Ihnen nicht an der Umgebung Ihres Viertelns?	
(Nennen Sie nur das, was Sie für wichtig halten)	
1. Was Ihnen gefällt	2. Was Ihnen nicht gefällt
1.	1.
2.	2.
3.	3.

7. Wenn Sie die Chance hätten, würden Sie in ein anderes Viertel umziehen? In welches? Warum?			
1. Ja	Wohin?	Warum?	
2. Nein	Warum?		

8. Wenn Sie auswählen könnten:
1. Ohne lange zu zögern, würde ich in meine vorherige Wohnung zurückkehren
2. Nach einigem Überlegen, würde ich, wenn ich könnte, doch lieber in meine Wohnung zuückkehren
3. Ist mir egal
4. Ich ziehe, trotz der Probleme, die wir haben, die jetzige Wohnung vor
5. Das ist für mich keine Frage, ich ziehe die jetzige Wohnung auf alle Fälle vor

9. Welche dieser Aussagen entspricht am Ehesten Ihrer Meinung?
1. Wenn sich die Menschen anstrengen, können sie die Armut überwinden
2. Wenn sich die Menschen anstrengen, können sie zwar Manches verbessern, aber die eigene Armut können sie nicht überwinden
3. Egal, wie sehr sich die Menschen anstrengen, sie werden es niemals schaffen, ihre Armut zu überwinden

10. Wenn sich eine Familie in einer sehr prekären ökonomischen Lage befände, würden Sie es rechtfertigen, dass die Betroffenen Lebensmittel aus einen Supermarkt entnehmen, ohne zu bezahlen?

1. Ja
2. Nein

11. Würden Sie es rechtfertigen, Kinder aus der Schule zu nehmen, um Sie zur Arbeit zu schicken?

1. Ja
2. Nein

12. Wo, glauben Sie, werden Sie in zwei Jahren wohnen?

1. Hier, weil es mir hier gefällt
2. Hier, weil ich keine Möglichkeit habe, anderswo zu leben
3. In einem anderen Viertel (erläutern)

13. Wenn die Stadtverwaltung Fortbildungskurse anbieten würde:

1. Ich würde mich auf alle Fälle einschreiben
2. Ich würde mich einschreiben, wenn etwas für mich Sinnvolles dabei wäre
3. Es wäre mir egal, ich würde die Kurse nicht wahrnehmen
4. Ich bin mir nicht ganz sicher, aber ich würde mich eher nicht einschreiben
5. Ich würde mich sicher nicht einschreiben

14. Wie würden Sie diese Probleme in Ihrem Viertel bewerten?

	1. Dieses Problem existiert nicht	2. Das Problem ist nicht sehr gravierend	3. Das Problem ist gravierend	4. Das Problem ist äußerst schwerwiegend
1. Kriminalität				
2. Unsicherheit				
3. Müll auf der Straße				
4. Soziale Ausgrenzung				
5. Ungeziefer / Seuchen				
6. Schlägereien				
7. Mangel an Polizeiwachen				
8. Luftverschmutzung				
9. Gewalt in der Familie				
10. Drogenh.,-konsum				
11. Armut				
12. Arbeitslosigkeit				
13. Alkoholismus				

Vielen Dank für Ihre Hilfe!

Glossar

Arm – Armutsgrenze:
In den meisten – sich auf Lateinamerika beziehenden – Statistiken wird die "Armutsgrenze" mit einem pro Familienmitglied und Tag erreichten Einkommensbetrag von zwei Dollar gleichgesetzt. "Extreme Armut" bedeutet nach dieser Definition, dass die pro Tag und Kopf für den Lebensunterhalt zur Verfügung stehende Summe auf unter einen Dollar absinkt. In einzelnen Ländern der Region wird, um diese statistische Messgröße präziser feststellen zu können, dazu der Wert von Basiswarenkörben ausgewiesen. Im Fall von Chile definiert die nationale Statistikbehörde "extreme Armut", indem jährlich neu berechnet wird, welches Pro-Kopf-Einkommen notwendig wäre, um einen täglichen Nahrungsbedarf von 2000 Kalorien abzudecken. Wird dieses Summe nicht erreicht, leidet diese Familie unter pobreza extrema. Arm ist, wer nicht mindestens das Doppelte dieses Mindest-Tageseinkommens verdient.

Armut und extreme Armut:
Die beiden Begriffe Armut und extreme Armut (Mittel-losigkeit) werden in Chile in der Regel nach einer Definition des Planungs- und Entwicklungsministerium (MIDEPLAN) wie folgt voneinander abgegrenzt: Als „arm" wird eine Familie eingestuft, deren durchschnittliches Monatseinkommen nicht ausreicht, den doppelten Wert eines Minimalwarenkorbes (1992 bei 20 US-Dollar pro Familienmitglied) zu finanzieren. „Extrem arm" (indigente) ist eine Familie, mit deren durchschnittlichem Monatseinkommen nicht einmal die Kosten dieses Minimalwarenkorbes getragen werden können.

Casetas sanitarias:
Hierbei handelt es sich um vorgefertigte, einheitliche Bauteile, bestehend aus einem "Badezimmer" mit Toilette und Waschbecken sowie einer winzigen Küche mit Wasserhahn und Herdanschluss, die vom Eigentümer in Eigeninitiative durch den Bau weiterer Räume ergänzt werden müssen.

Comités de Adelanto (Zusammenschlüsse zur Verbesserung der Lebens- und Wohn-situation im Armenviertel) sowie *Comités de Allegados* (Zusammenschlüsse von Wohnungslosen und Untermietern in Armenvierteln) haben dagegen meist informellen Charakter. Alle diese Organisationen spielten jedoch in der historischen Phase vor dem Plebiszit vom Oktober 1988 und bei den Mobilisierungen zu den Präsidentschafts- und Parlamentswahlen vom Dezember 1989 eine wichtige Rolle.

Core housing-Projekte:
Unter core housing-Projekte versteht man eine Variante des site and services-Konzeptes, bei dem nicht nur ein erschlossenes Grundstück, sondern auch der darauf errichtete Hauskern, beispielsweise in Gestalt der Küche und Toilette verkauft wird. In Chile nennt sich dieses Modell: Vivienda progresiva con caseta sanitaria. Den Bau dieses Kerns führen die künftigen Bewohner oft vorher aus, ebenfalls die späteren Erweiterungen.

Cross-border-leasing:
Unter diesem Begriff ist Folgendes zu verstehen: Zahlreiche Städte in Deutschland und Europa verpachten kommunale Klärwerke, Straßenbahnen, Messehallen oder Schulen für bis zu 100 Jahre an US-Investoren und leasen sie dann von diesen zurück. Dabei entstehen in den USA Steuervorteile, von denen die Städte einen Anteil als „Barwertvorteil" erhalten. Das Konzept dahinter, nennt sich US-Lease oder Cross–Border-Geschäft (auf deutsch: grenzübergreifendes Geschäft). Der technische Ablauf ist dabei folgender: Amerikanische Banken, Versicherungen und Industriekonzerne pachten von einer Stadt eine Immobilie. Dieses Objekt wird von Experten bewertet, anschließend wird ein Pachtzins festgelegt und von den US-Investoren sofort für die gesamte Laufzeit (die bis zu 100 Jahre umfassen kann) ausgezahlt. Die Kommune mietet dann mit Vertragsbeginn genau diese Immobilie wieder an. Die Beteiligten nutzen dabei eine Lücke im us-amerikanischen Steuerrecht. Ihre Investitionen können von der Steuer abgesetzt werden. Den auf diese Weise erzielten Gewinn teilen sie sich mit der deutschen Gemeinde.

Habitat-Zufriedenheit:
wird als eine positive Bewertung der Wohnumwelt, die die Lebensqualität erhöht und mit Wohlbefinden und psychischer Stabilität einhergeht, verstanden. Habitat-Zufriedenheit ist indessen nicht nur individuell erstrebenswert, sondern auch gesellschaftlich erwünscht. Habitat-zufriedene Bewohner engagieren sich für ihre Wohnumwelt und gehen mit der Wohnung und den Gemeinschaftseinrichtungen besonders pfleglich um. Sie identifizieren sich nicht nur mit ihrer Wohnung und ihren Haus, sondern vielfach auch mit dem sozialgeographischen Raum in dem sie wohnen und sind bereit, Verantwortung zu übernehmen. Hohe Habitat-Zufriedenheit kann also Engagement und Verantwortung für die Wohnumwelt auslösen oder verstärken. Der Ansatz der Habitat-Zufriedenheit geht von der Wohnung als Kernraum aus, bezieht dann die Straße, in der sich die Wohnung befindet, ein (Wohnstrasse), verweist als Nächstes auf die Siedlung (Viertel), die Umgebung dieser Siedlung, die Kommune – sowie zuletzt auf den Großraum der metropolitanen Stadt; Einheiten, die allesamt als Lebens- und Interaktionsräume Schlüsselfunktionen in der Wahrnehmung der Bewohner und Nutzer der Stadt ausüben.

Indigencia:
Indigencia = Extreme Armut, Mittellosigkeit. Im Fall von Chile definiert die nationale Statistikbehörde „extreme Armut", indem jährlich neu berechnet wird, welches Pro-Kopf-Einkommen notwendig wäre, um einen täglichen Nahrungsbedarf von 2000 Kalo-

rien abzudecken. Wird diese Summe nicht erreicht, leidet diese Familie unter indigencia. Arm ist, wer nicht mindestens das Doppelte dieses Mindest-Tageseinkommens verdient

Juntas de Vecinos (Nachbarschaftsverbände) und ***Uniones Comunales*** (Zusammenschlüsse dieser Verbände auf kommunaler Ebene) sind seit Ende der sechziger Jahre in Chile Körperschaften des öffentlichen Rechtes, die bestimmte Territorialfunktionen ausüben.

Lebensstil:
Der Begriff Lebensstil taucht in der soziologischen Literatur ursprünglich als „Lebensführung" auf und ist durch Max Weber geprägt worden. Schon Weber versuchte, Gruppierungen und Konturen innerhalb einer Gesellschaft und deren Prinzipien und Wirkungsweise zu erkennen. In seinem Ansatz geht es um die religiöse Ethik bzw. deren Werte und die gruppenbezogene Betrachtung von verschiedenen gesellschaftlichen Schichten, um so die Ordnung und Zugehörigkeit von Personen innerhalb der Gruppe zu bestimmen. Die wichtigsten Wertemerkmale innerhalb einer Gruppierung sind die Ehre, das Prestige und die Bildung.

***Llave en Mano*-Wohnungsbauprojekte:**
Zwischen 1987 und 1988 – im Vorfeld des Plebiszites, das über eine weitere, zehnjährige Mandatsverlängerung für das autoritäre System entscheiden sollte – bot der Staat Armenviertelbewohnern zu relativ günstigen finanziellen Bedingungen standardisierte 36-Quadratmeter-Wohnungen in aus dem Boden gestampften gleichförmigen, dicht aneinander gebauten Wohnblocks an der Peripherie von Santiago an. Nur 14 Jahre später machen diese Siedlungen vielfach den Eindruck von verwahrlosten, ruinierten Gettos – mit der gesamten Palette erschwerter Lebensbedingungen, so wie sie aus historischen Armenvierteln bekannt sind.

Low cost housing:
Unter dem Begriff Low cost housing werden Wohnungsbauprojekte beschrieben, bei denen komplette Wohneinheiten einschließlich der zugehörigen Infrastruktur zu möglichst geringen Kosten errichtet werden. Meist sind es Behörden oder halbstaatliche Organisationen, die diese Projekte „von der Stange" umsetzen. Die künftigen Bewohner haben keinerlei Einfluss auf Grundriss-gestaltung und layout der Siedlung. Low cost housing-Projekte erreichen nur die Angehörigen der untersten Einkommensschichten, die über ein regelmäßiges Verdienst verfügen.

Mapúdungún:
Mapúdungún (mapu „Erde" + dungun „Sprache") ist eine araukanische Sprache, die in Chile und Argentinien von den Mapuche gesprochen wird.

Poblador:
Der Begriff *poblador* bedeutet wörtlich übersetzt Siedler, Ansiedler, Bewohner. In Chile steht er für Bewohner eines Armenviertelns, einer *población*. Im Gegensatz zur Wortwahl in anderen lateinamerikanischen Ländern bei der Bezeichnung von in Armensiedlungen lebenden Menschen hat das Wort *poblador* auch in der chilenischen Umgangssprache keinen pejorativen Charakter. Diejenigen, die in den *poblaciones*, in *callampas* (pilzartig entstandenen Slums ohne jegliche urbane Infrastruktur) oder in *campamentos* – provisorischen Zelt- und Hüttenstädten auf besetzten Grundstücken, die oft den Anfang für die Entstehung einer neuen *población* bilden – leben, sprechen von sich selbst als *pobladores*. Während er Zeit der Unidad Popular erhielt das Wort eine zusätzliche Aufwertung – nicht zuletzt durch die Lieder Victor Jaras wie z. B. Compañero Poblador.

Racialización:
Racialización wird als einen Prozess definiert, der Individuen und Institutionen innerhalb einer Gesellschaft dazu bewegt, sich in ihrem Denken, Handeln, bei Parteinahme und Ablehnung (Sympathie und Antipathie) von der jeweiligen ethnischen Zugehörigkeit ihres Gegenübers – Person oder Gruppe – leiten zu lassen. Ein direkter Kontakt, eine unmittelbare Beziehung zueinander ist dafür nicht notwendig.

Ringmodell:
Die Anwendung dieser konzentrischen Ringe und ihre Abgrenzung untereinander geht auf eine Feldstudie über *mental maps* von Armenviertelbewohnern zweier Peripheriestadtteile von Santiago de Chile zurück, in der genau diese Ringe immer wieder als wahrgenommene Referenzelemente benannt werden.

Segregation:
Von lateinisch segregatio, der Begriff bedeutet Absonderung, Trennung, Entfernung, etwa wenn von segrego a re publica: „Jemanden aus dem Gemeinwesen ausschließen", die Rede ist. Die Trennung umfasst über die allgemeine Bedeutung des Nebeneinanders hinaus etwas Institutionalisiertes und zugleich etwas Erzwungenes: Segregation bezeichnet das Gegenteil von Integration. In der bis zum Jahr 1991 existierenden südafrikanischen Apartheid (Rassentrennung) fand die Segregation ihre krasseste Ausprägung.

Selbsthilfe:
Unter Selbsthilfe wird ganz allgemein das Bemühen von Personen oder Gruppen – im Mittelpunkt stehen dabei vor allem Frauen – verstanden, die Lösung ihrer Probleme, die Sicherung ihrer Existenz und die Verbesserung ihrer Lebensbedingungen selbst in die Hand zu nehmen. Das Konzept der Selbsthilfe basiert auf der Erkenntnis, dass Entwicklung nur dann nachhaltig sein kann, wenn sie von der Mobilisierung eigener Kräfte benachteiligter Bevölkerungsgruppen ausgeht.

Site and service-Siedlungen:
Bereitstellung von erschlossenen, parzellierten Siedlungs-flächen zu relativ niedrigen Preisen durch öffentliche oder karitative Institutionen, Der Hausbau geschieht meistens in gemeinschaftlicher Selbsthilfe.

Sozialer Raum:
Unter anderem Bourdieu (1997) beschreibt den sozialen Raum als abstraktes Konstrukt, aus dem Menschen in ihrem Alltagsleben ihren Blick auf die Welt werfen. Die persönliche, soziale Verortung des Individuums in diesem Raum wird kontinuierlich neu bestimmt.

Stadt:
Nach Wirth (1938) ist eine Stadt vor allem eine dauerhafte Ansiedlung. Damit sind drei Bedingungen verbunden, die sich auf das Zusammenleben der Menschen beziehen: 1) Die Anzahl der Einwohner. 2) Die Einwohnerdichte pro Fläche. 3) Die Verschiedenartigkeit der Bewohner. Über Wirths noch recht formale Definition hinaus führen spätere Beschreibungen: Danach gehören zur Stadt Geschlossenheit, ausgeprägte Arbeitsteilung und soziale Differenzierung, aber auch die Zentralfunktion für ein Umland in ökonomischer, verwaltungsmäßiger, kultureller und sozialer Hinsicht. Und schließlich – was nicht zu unterschätzen ist – gehört zur Stadt ein bestimmter Lebensstil.

Strukturalismus:
Unter Strukturalismus versteht man ein soziologisches Modell, das in den vierziger Jahren des 20. Jahrhunderts entwickelt wurde, um im Rahmen einer gesamtgesellschaftlichen Synthese urbane Prozesse holistisch zu verstehen und zu bewerten. Im Kontext dieses Forschungsansatzes sind vor allem auch neue Bewertungen über Stadtentwicklung und soziale Veränderungen in Lateinamerika relevant.

Subsistenzproduktion:
Der Begriff Subsistenzproduktion (Überlebensarbeit) wird hier – angelehnt an den Forschungsansatz der so genannten Bielefelder Schule für Entwicklungssoziologie – im Sinne einer Produktion von Gebrauchswerten verstanden, bei denen – anders als bei der Lohnarbeit – das gesamte Risiko und die kompletten Reproduktionskosten auf den Schultern des arbeitenden Individuums und seiner Familienangehörigen lasten. Die Vorteile für den Staat und die formalen Wirtschaftsstrukturen, die sich aus einem derartig breiten Organisationsprozess weg von der Lohnarbeit – hin zur „eigenverantwortlichen" Überlebensarbeit des isolierten Individuums – ergeben, liegen auf der Hand: Die Verantwortung für die Reproduktion der Arbeitskraft wird völlig „privatisiert", während auf der anderen Seite die betroffenen Menschen durch den Erwerb von Grundnahrungsmitteln, Kleidung, sonstiger Konsumgüter und Dienstleistungen alles, was sie an Geldwerten erarbeitet haben, wieder in formale Markt- und Finanz-strukturen einfließen lassen müssen.

***Trickle down*-Effekt:**
Diese Annahme wird in der Entwicklungssoziologie als Durchsicker- oder trickle down-These bezeichnet. Sie beruht auf der Hypothese, dass die durch Kapitaltransfer in den Entwicklungsländern ausgelösten Wachstumsprozesse irgendwie zu den Massen durchsickern und deren Lebensbedingungen verbessern würden. Sie wird analog für die Annahme angewendet, dass steigender Wohlstand und Reichtum bei den Eliten einer Gesellschaft zur Reduzierung von Armut der unteren Gesellschaftsschichten beitragen würde.

Urban Underclass:
Gemeint ist ein Segment der Armutsbevölkerung, das sich, sozial und räumlich ausgegrenzt, dem Teufelskreis der Armut nicht mehr entziehen kann.

Ältere Bände der
Schriften des Geographischen Instituts der Universität Kiel
(Band I, 1932 - Band 43, 1975)
sowie der
Kieler Geographischen Schriften
(Band 44, 1976 - Band 57, 1983)
sind teilweise noch auf Anfrage im Geographischen Institut der CAU erhältlich

Band 58
Bähr, Jürgen (Hrsg.): Kiel 1879 - 1979. Entwicklung von Stadt und Umland im Bild der Topographischen Karte 1:25 000. Zum 32. Deutschen Kartographentag vom 11. - 14. Mai 1983 in Kiel. 1983. III, 192 S., 21 Tab., 38 Abb. mit 2 Kartenblättern in Anlage. ISBN 3-923887-00-0.
14,30 €

Band 59
Gans, Paul: Raumzeitliche Eigenschaften und Verflechtungen innerstädtischer Wanderungen in Ludwigshafen/Rhein zwischen 1971 und 1978. Eine empirische Analyse mit Hilfe des Entropiekonzeptes und der Informationsstatistik. 1983. XII, 226 S., 45 Tab. und 41 Abb. ISBN 3-923887-01-9.
15,30 €

Band 60
*Paffen, Karlheinz und Kortum, Gerhard: Die Geographie des Meeres. Disziplingeschichtliche Entwicklung seit 1650 und heutiger methodischer Stand. 1984. XIV, 293 S., 25 Abb. ISBN 3-923887-02-7.

Band 61
*Bartels, Dietrich u. a.: Lebensraum Norddeutschland. 1984. IX, 139 S., 23 Tab. und 21 Karten. ISBN 3-923887-03-5.

Band 62
Klug, Heinz (Hrsg.): Küste und Meeresboden. Neue Ergebnisse geomorphologischer Feldforschungen. 1985. V, 214 S., 45 Fotos, 10 Tab.und 66 Abb. ISBN 3-923887-04-3.
19,90 €

Band 63
Kortum, Gerhard: Zuckerrübenanbau und Entwicklung ländlicher Wirtschaftsräume in der Türkei. Ausbreitung und Auswirkung einer Industriepflanze unter besonderer Berücksichtigung des Bezirks Beypazari (Provinz Ankara). 1986. XVI, 392 S., 36 Tab., 47 Abb. und 8 Fotos im Anhang. ISBN 3-923887-05-1.
23,00 €

Band 64
Fränzle, Otto (Hrsg.): Geoökologische Umweltbewertung. Wissenschaftstheoretische und methodische Beiträge zur Analyse und Planung. 1986. VI,130 S., 26 Tab. und 30 Abb. ISBN 3-923887-06-X.
12,30 €

Band 65
Stewig, Reinhard: Bursa, Nordwestanatolien. Auswirkungen der Industrialisierung auf die Bevölkerungs- und Sozialstruktur einer Industriegroßstadt im Orient. Teil 2. 1986. XVI, 222 S., 71 Tab., 7 Abb. und 20 Fotos. ISBN 3-923887-07-8
19,00 €

Band 66
Stewig, Reinhard (Hrsg.): Untersuchungen über die Kleinstadt in Schleswig-Holstein. 1987. VI, 370 S., 38 Tab., 11 Diagr. und 84 Karten
ISBN 3-923887-08-6.
24,50 €

Band 67
Achenbach, Hermann: Historische Wirtschaftskarte des östlichen Schleswig-Holstein um 1850. XII, 277 S., 38 Tab., 34 Abb., Textband und Kartenmappe.
ISBN 3-923887-09-4.
34,30 €

*= vergriffen

Band 68
Bähr, Jürgen (Hrsg.): Wohnen in lateinamerikanischen Städten - Housing in Latin American cities. 1988. IX, 299 S., 64 Tab., 71 Abb. und 21 Fotos.
ISBN 3-923887-10-8. 22,50 €

Band 69
Baudissin-Zinzendorf, Ute Gräfin von: Freizeitverkehr an der Lübecker Bucht. Eine gruppen- und regionsspezifische Analyse der Nachfrageseite. 1988. XII, 350 S., 50 Tab., 40 Abb. und 4 Abb. im Anhang. ISBN 3-923887-11-6. 16,40 €

Band 70
Härtling, Andrea: Regionalpolitische Maßnahmen in Schweden. Analyse und Bewertung ihrer Auswirkungen auf die strukturschwachen peripheren Landesteile. 1988. IV, 341 Seiten, 50 Tab., 8 Abb. und 16 Karten. ISBN 3-923887-12-4.
15,70 €

Band 71
Pez, Peter: Sonderkulturen im Umland von Hamburg. Eine standortanalytische Untersuchung. 1989. XII, 190 S., 27 Tab. und 35 Abb. ISBN 3-923887-13-2.
11,40 €

Band 72
Kruse, Elfriede: Die Holzveredelungsindustrie in Finnland. Struktur- und Standortmerkmale von 1850 bis zur Gegenwart. 1989. X, 123 S., 30 Tab., 26 Abb. und 9 Karten.
ISBN 3-923887-14-0. 12,60 €

Band 73
Bähr, Jürgen, Christoph Corves und Wolfram Noodt (Hrsg.): Die Bedrohung tropischer Wälder: Ursachen, Auswirkungen, Schutzkonzepte. 1989. IV, 149 S., 9 Tab. und 27 Abb. ISBN 3-923887-15-9 13,20 €

Band 74
Bruhn, Norbert: Substratgenese - Rumpfflächendynamik. Bodenbildung und Tiefenverwitterung in saprolitisch zersetzten granitischen Gneisen aus Südindien. 1990. IV, 191 S. 35 Tab., 31 Abb. und 28 Fotos.
ISBN 3-923887-16-7. 11,60 €

Band 75
Priebs, Axel: Dorfbezogene Politik und Planung in Dänemark unter sich wandelnden gesellschaftlichen Rahmenbedingungen. 1990. IX, 239 S., 5 Tab. und 28 Abb.
ISBN 3-923887-17-5. 17,30 €

Band 76
Stewig, Reinhard: Über das Verhältnis der Geographie zur Wirklichkeit und zu den Nachbarwissenschaften. Eine Einführung. 1990. IX, 131 S., 15 Abb.
IBSN 923887-18-3. 12,80 €

Band 77
Gans, Paul: Die Innenstädte von Buenos Aires und Montevideo. Dynamik der Nutzungsstruktur, Wohnbedingungen und informeller Sektor. 1990. XVIII, 252 S., & 64 Tab., 36 Abb. und 30 Karten in separatem Kartenband. ISBN 3-923887-19-1.
45,00 €

Band 78
Bähr, Jürgen & Paul Gans (eds): The Geographical Approach to Fertility. 1991. XII, 452 S., 84 Tab. und 167 Fig. ISBN 3-923887-20-5.
22,40 €

Band 79
Reiche, Ernst-Walter: Entwicklung, Validierung und Anwendung eines Modellsystems zur Beschreibung und flächenhaften Bilanzierung der Wasser- und Stickstoffdynamik in Böden. 1991. XIII, 150 S., 27 Tab. und 57 Abb.
ISBN 3-923887-21-3. 9,70 €

Band 80
Achenbach, Hermann (Hrsg.): Beiträge zur regionalen Geographie von Schleswig-Holstein. Festschrift Reinhard Stewig. 1991. X, 386 S., 54 Tab. und 73 Abb.
ISBN 3-923887-22-1.   19,10 €

Band 81
Stewig, Reinhard (Hrsg.): Endogener Tourismus. 1991. V, 193 S., 53 Tab. und 44 Abb. ISBN 3-923887-23-X.   16,80 €

Band 82
Jürgens, Ulrich: Gemischtrassige Wohngebiete in südafrikanischen Städten. 1991. XVII, 299 S., 58 Tab. und 28 Abb. ISBN 3-923887-24-8.   13,80 €

Band 83
Eckert, Markus: Industrialisierung und Entindustrialisierung in Schleswig-Holstein. 1992. XVII, 350 S., 31 Tab. und 42 Abb
ISBN 3-923887-25-6.   12,70 €

Band 84
Neumeyer, Michael: Heimat. Zu Geschichte und Begriff eines Phänomens. 1992. V, 150 S. ISBN 3-923887-26-4.   9.00 €

Band 85
Kuhnt, Gerald und Zölitz-Möller, Reinhard (Hrsg): Beiträge zur Geoökologie aus Forschung, Praxis und Lehre. Otto Fränzle zum 60. Geburtstag. 1992. VIII, 376 S., 34 Tab. und 88 Abb. ISBN 3-923887-27-2.   19,00 €

Band 86
Reimers, Thomas: Bewirtschaftungsintensität und Extensivierung in der Landwirtschaft. Eine Untersuchung zum raum-, agrar- und betriebsstrukturellen Umfeld am Beispiel Schleswig-Holsteins. 1993. XII, 232 S., 44 Tab., 46 Abb. und 12 Klappkarten im Anhang.
ISBN 3-923887-28-0.   12,20 €

Band 87
Stewig, Reinhard (Hrsg.): Stadtteiluntersuchungen in Kiel, Baugeschichte, Sozialstruktur, Lebensqualität, Heimatgefühl. 1993. VIII, 337 S., 159 Tab., 10 Abb., 33 Karten und 77 Graphiken. ISBN 923887-29-9.   12.30 €

Band 88
Wichmann, Peter: Jungquartäre randtropische Verwitterung. Ein bodengeographischer Beitrag zur Landschaftsentwicklung von Südwest-Nepal. 1993. X, 125 S., 18 Tab. und 17 Abb. ISBN 3-923887-30-2.   10.10 €

Band 89
Wehrhahn, Rainer: Konflikte zwischen Naturschutz und Entwicklung im Bereich des Atlantischen Regenwaldes im Bundesstaat São Paulo, Brasilien. Untersuchungen zur Wahrnehmung von Umweltproblemen und zur Umsetzung von Schutzkonzepten. 1994. XIV, 293 S., 72 Tab., 41 Abb. und 20 Fotos. ISBN 3-923887-31-0.   17,50 €

Band 90
Stewig, Reinhard (Hrsg.): Entstehung und Entwicklung der Industriegesellschaft auf den Britischen Inseln. 1995. XII, 367 S., 20 Tab., 54 Abb. und 5 Graphiken.
ISBN 3-923887-32-9.   16,60 €

Band 91
Bock, Steffen: Ein Ansatz zur polygonbasierten Klassifikation von Luft- und Satellitenbildern mittels künstlicher neuronaler Netze. 1995. XI, 152 S., 4 Tab. und 48 Abb.
ISBN 3-923887-33-7.   8,60 €

Band 92
Matuschewski, Anke: Stadtentwicklung durch Public-Private-Partnership in Schweden. Kooperationsansätze der achtziger und neunziger Jahre im Vergleich. 1996. XI, 246 S., 16 Tab., 34 Abb., und 20 Fotos.
ISBN 3-923887-34-5.   12,20 €

Band 93
Ulrich, Johannes und Kortum, Gerhard.: Otto Krümmel (1854-1912): Geograph und Wegbereiter der modernen Ozeanographie. 1997. VIII, 340 S. ISBN 3-923887-35-3.
24,00 €

Band 94
Schenck, Freya S.: Strukturveränderungen spanisch-amerikanischer Mittelstädte untersucht am Beispiel der Stadt Cuenca, Ecuador. 1997. XVIII, 270 S.
ISBN 3-923887-36-1.
13,20 €

Band 95
Pez, Peter: Verkehrsmittelwahl im Stadtbereich und ihre Beeinflussbarkeit. Eine verkehrsgeographische Analyse am Beispiel Kiel und Lüneburg. 1998. XVII, 396 S., 52 Tab. und 86 Abb.
ISBN 3-923887-37-X.
17,30 €

Band 96
Stewig, Reinhard: Entstehung der Industriegesellschaft in der Türkei. Teil 1: Entwicklung bis 1950, 1998. XV, 349 S., 35 Abb., 4 Graph., 5 Tab. und 4 Listen.
ISBN 3-923887-38-8.
15,40 €

Band 97
Higelke, Bodo (Hrsg.): Beiträge zur Küsten- und Meeresgeographie. Heinz Klug zum 65. Geburtstag gewidmet von Schülern, Freunden und Kollegen. 1998. XXII, 338 S., 29 Tab., 3 Fotos und 2 Klappkarten. ISBN 3-923887-39-6.
18,40 €

Band 98
Jürgens, Ulrich: Einzelhandel in den Neuen Bundesländern - die Konkurrenzsituation zwischen Innenstadt und "Grüner Wiese", dargestellt anhand der Entwicklungen in Leipzig, Rostock und Cottbus. 1998. XVI. 395 S., 83 Tab. und 52 Abb.
ISBN 3-923887-40-X.
16,30 €

Band 99
Stewig, Reinhard: Entstehung der Industriegesellschaft in der Türkei. Teil 2: Entwicklung 1950-1980. 1999. XI, 289 S., 36 Abb., 8 Graph., 12 Tab. und 2 Listen.
ISBN 3-923887-41-8.
13,80 €

Band 100
Eglitis, Andri: Grundversorgung mit Gütern und Dienstleistungen in ländlichen Räumen der neuen Bundesländer. Persistenz und Wandel der dezentralen Versorgungsstrukturen seit der deutschen Einheit. 1999. XXI, 422 S., 90 Tab. und 35 Abb.
ISBN 3-923887-42-6.
20,60 €

Band 101
Dünckmann, Florian: Naturschutz und kleinbäuerliche Landnutzung im Rahmen Nachhaltiger Entwicklung. Untersuchungen zu regionalen und lokalen Auswirkungen von umweltpolitischen Maßnahmen im Vale do Ribeira, Brasilien. 1999. XII, 294 S., 10 Tab., 9 Karten und 1 Klappkarte.ISBN 3-923887-43-4.
23,40 €

Band 102
Stewig, Reinhard: Entstehung der Industriegesellschaft in der Türkei. Teil 3: Entwicklung seit 1980. 2000. XX, 360 S., 65 Tab., 12 Abb. und 5 Graphiken
ISBN 3-923887-44-2.
17,10 €

Band 103
Bähr, Jürgen & Widderich, Sönke: Vom Notstand zum Normalzustand - eine Bilanz des kubanischen Transformationsprozesses. La larga marcha desde el período especial habia la normalidad - un balance de la transformación cubana. 2000. XI, 222 S., 51 Tab. und 15 Abb. ISBN 3-923887-45-0.
11,40 €

Band 104
Bähr, Jürgen & Jürgens, Ulrich: Transformationsprozesse im Südlichen Afrika - Konsequenzen für Gesellschaft und Natur. Symposium in Kiel vom 29.10.-30.10.1999. 2000. 222 S., 40 Tab., 42 Abb. und 2 Fig.
ISBN 3-923887-46-9.
13,30 €

Band 105
Gnad, Martin: Desegregation und neue Segregation in Johannesburg nach dem Ende der Apartheid. 2002. 281 S., 28 Tab. und 55 Abb.
ISBN 3-923887-47-7.　　　　　　　　　　　　　　　　　　　　　　　　　14,80 €

Band 106
*Widderich, Sönke: Die sozialen Auswirkungen des kubanischen Transformationsprozesses. 2002. 210 S., 44 Tab. und 17 Abb. ISBN 3-923887-48-5.　　　12,55 €

Band 107
Stewig, Reinhard: Bursa, Nordwestanatolien: 30 Jahre danach. 2003. 163 S., 16 Tab., 20 Abb. und 20 Fotos.ISBN 3-923887-49-3.　　　　　　　　　　　　　　13,00 €

Band 108
Stewig, Reinhard: Proposal for Including Bursa, the Cradle City of the Ottoman Empire, in the UNESCO Wolrd Heritage Inventory. 2004. X, 75 S., 21 Abb., 16 Farbfotos und 3 Pläne. ISBN 3-923887-50-7.　　　　　　　　　　　　　　　　　　　　　18,00 €

Band 109
Rathje, Frank: Umnutzungsvorgänge in der Gutslandschaft von Schleswig-Holstein und Mecklenburg-Vorpommern. Eine Bilanz unter der besonderen Berücksichtigung des Tourismus. 2004. VI, 330 S., 56 Abb. ISBN 3-923887-51-5.　　　　　　　　18,20 €

Band 110
Matuschewski, Anke: Regionale Verankerung der Informationswirtschaft in Deutschland. Materielle und immaterielle Beziehungen von Unternehmen der Informationswirtschaft in Dresden-Ostsachsen, Hamburg und der TechnologieRegion Karlsruhe. 2004. II, 385 S., 71 Tab. und 30 Abb. ISBN 3-923887-52-3.　　　　　　　　　　　18,00 €

Band 111
Gans, Paul, Axel Priebs und Rainer Wehrhahn (Hrsg.): Kulturgeographie der Stadt. 2006. VI, 646 S., 65 Tab. und 110 Abb.
ISBN 3-923887-53-1.　　　　　　　　　　　　　　　　　　　　　　　　　34,00 €

Band 112
Plöger, Jörg: Die nachträglich abgeschotteten Nachbarschaften in Lima (Peru). Eine Analyse sozialräumlicher Kontrollmaßnahmen im Kontext zunehmender Unsicherheiten. 2006. VI, 202 S., 1 Tab. und 22 Abb. ISBN 3-923887-54-X.　　　　14,50 €

Band 113
Stewig, Reinhard: Proposal for Including the Bosphorus, a Singularly Integrated Natural, Cultural and Historical Sea- and Landscape, in the UNESCO World Heritage Inventory. 2006. VII, 102 S., 5 Abb. und 48 Farbfotos. ISBN 3-923887-55-8.　　　19,50 €

Band 114
Herzig, Alexander: Entwicklung eines GIS-basierten Entscheidungsunterstützungssystems als Werkzeug nachhaltiger Landnutzungsplanung. Konzeption und Aufbau des räumlichen Landnutzungsmanagementsystems LUMASS für die ökologische Optimierung von Landnutzungsprozessen und -mustern. 2007. VI, 146 S., 21 Tab. und 46 Abb.
ISBN 987-3-923887-56-9.　　　　　　　　　　　　　　　　　　　　　　12,00 €

Band 115
Galleguillos Araya-Schübelin, Myriam Ximena: Möglichkeiten zum Abbau von Segregation in Armenvierteln. Die Frage nach der sozialen und ökonomischen Nachhaltigkeit urbaner Ballungsräume am Beispiel Santiago de Chile. 2007. VII, 226 S., 6 Tab. und 19 Abb. ISBN 987-3-923887-57-6.　　　　　　　　　　　　　　　　　XX,XX €